"有X"的历时演变与共时功能研究

张亮 ◎ 著

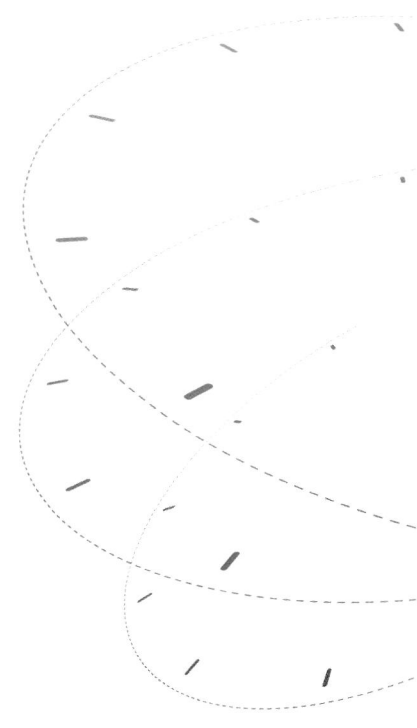

中国社会科学出版社

图书在版编目（CIP）数据

"有 X"的历时演变与共时功能研究 / 张亮著 . —北京：中国社会科学出版社，2023.3

ISBN 978-7-5227-1410-3

Ⅰ.①有… Ⅱ.①张… Ⅲ.①汉语—语言学—研究 Ⅳ.①H1

中国国家版本馆 CIP 数据核字（2023）第 026578 号

出 版 人	赵剑英
责任编辑	张　林
特约编辑	乔盖乔
责任校对	季　静
责任印制	戴　宽

出　　版	中国社会科学出版社
社　　址	北京鼓楼西大街甲 158 号
邮　　编	100720
网　　址	http://www.csspw.cn
发 行 部	010-84083685
门 市 部	010-84029450
经　　销	新华书店及其他书店
印　　刷	北京明恒达印务有限公司
装　　订	廊坊市广阳区广增装订厂
版　　次	2023 年 3 月第 1 版
印　　次	2023 年 3 月第 1 次印刷
开　　本	710×1000　1/16
印　　张	26
插　　页	2
字　　数	432 千字
定　　价	138.00 元

凡购买中国社会科学出版社图书,如有质量问题请与本社营销中心联系调换
电话：010-84083683
版权所有　侵权必究

序

　　这些年来，随着各种语言学理论的引入和借鉴，研究方法的不断改进和完善，研究手段的一再更新和提升，汉语的各种演变现象的研究取得了多方面的发展，研究成果与日俱增，质量也持续提高。张亮的这本《"有X"的历时演变与共时功能研究》正是从语法化、词汇化、构式化等多个角度探究了与"有X"相关的基本特征及其发展过程，同时还讨论与探索了语法化研究的理论借鉴和方法运用等各方面的问题。专著在整体研究与探究的基础上，针对"有"及"有X"等一系列相关语言现象，根据研究对象与性质的不同，展开了多方面的专题描写。作者在精细调查的基础上，设置了系统合理的研究框架，制定了清晰有效的论证方案。我认为，这本专著的学术贡献与理论价值，主要体现在以下三个方面：

　　首先，研究内容全面、系统。现代汉语"有"及其"有X"是汉语中极为重要的语言现象。但迄今为止，研究相关语言现象的成果，无论是单篇论文还是研究生论文，基本上都只是涉及其中一部分语言现象，而这项研究成果将语义功能语法与结构主义、认知功能、语法化等语言理论有效结合起来，依据分布调查、比较统计、语义特征、语篇分析等各种研究方法，基本做到点与面、定量与定性、动态与静态相结合的多维研究。在描写与分析的基础上注重综合与解释，对汉语"有"及"有X"的功能、特征、用法与发展、演变、趋势，都作了相当全面、深入的研究与分析，并且还作了系统的梳理与全新的阐释。

　　其次，研究结论新颖、独到。本书从语法化发展趋势的角度，揭示了"有"在不同阶段的核心义演变的连续统；并且从主观化、标记化、零形化的角度论证了由于后附的"于"趋向零形化，致使"有X于+宾语"中"有 X"的词汇化与及物化。正因为有效地借鉴了相关理论，作者还揭示了语言演变所带来的语义泛化、磨损、销蚀等现象，及其在语用层面获得语用义补偿，句法语义配置对语言演变的内在促动、接触等外在动因双重作用制约"有 X"的演变的趋势。作者还观察到，无论在语法化，还是在词汇化、构式化的操作平面，都能通过对语言单位语义分配机制的探讨进而分析语义演变对语言单位演变的制约作用。经过深入、系统的调查研究，作者提出了一系列新颖的结论与独到精辟的见解。

最后，研究成果实用、有效。一般而言，虽然语言都在不断发展与演变中，但是，对各种语言现象的演变持续密切关注，主要出现在专有的语法研究和词汇研究成果中，而学生的语言教学与词典编纂则相对滞后。比如，"有感"及物性语言用例的增加及其形容词用法的增设，"有幸"的副词属性等各种值得重视与关注的现象，作者依据有效的理论、采用精确的方法，得出的基本结论，既具有一定的创新意识，也具有特定的实用价值。尤其是从汉语的运用与学习及辞书编纂的角度看，专著对"有"及"有 X"的研究与学习，对于相关词汇、语法研究的前瞻性，词典收词、修订的启发性，无疑具有重要的参考与借鉴功用。

总之，这本专著聚焦于"有 X"的语法化、主观化、词汇化、副词化、构式化、标记化、附缀化等各种演变现象。对与"有 X"相近、相关的单词、短语、构式的功用与演变作了分析与探究。将有关"有"及"有 X"等多种语言现象，融于一体进行反复论证，研究方法得当，论证过程合理，结论完善可信。正因为作者能够认真汲取与借鉴已有各种与汉语"有 X"研究成果，能够做到有效地借鉴认知功能语言学理论，并且注意对有关的各种具体语料的搜集、整理、归纳、描写、分析的条理也很顺畅；所以，本书所提出的一系列认识与见解、归纳与总结的规律有效到位，对"有"与"有 X"的一系列语言现象的说明与解释，完全符合语言事实，而且对于相关类语言现象研究，也具有很强的开拓性。

我认为，本书应该是迄今探索"有"及"有 X"的形式与功能方面的一项新颖且有效的研究成果，具备特定的学术水平，是一本很有价值的著作。这一创新成果，不但具有特定的研究与教学参考价值，而且在辞书编纂方面也具有借鉴作用。所以，我慎重向学界同人与语言学博士生、硕士生推荐。

张亮这本著作是在其博士学位论文《"有X"的功能演化及相关现象专题研究》基础上，几经修改后完成的。自从跟我读博以来，我跟张亮在一直保持着多方面的联系。我觉得，他为人正直，品行端正；做事踏实，工作勤恳。张亮博士毕业后，进入中国社科学院语言研究所，跟随吴福祥研究员做博士后，出站后入职于语言研究所词典编辑室。我知道，他目前主要在从事词典编修工作，同时也在努力进行语言学研究。我衷心希望，张亮在认真做好本职工作的基础上，继续发挥其特有的优势，在汉语语法研究的道路上越走越远。

　　是为序。

张谊生
2022 年 9 月 10 日

目 录

第一章 绪论 ……………………………………………………（1）
  第一节 研究对象与任务 …………………………………（1）
  第二节 研究概况与不足 …………………………………（9）
  第三节 研究理论与视角 …………………………………（18）
  第四节 研究内容与设置 …………………………………（23）
  第五节 语料及数据来源 …………………………………（25）

第二章 "有待"的性质、功能及其形式化 ……………………（26）
  第一节 "有待"的性质与句法分布 ………………………（27）
  第二节 "有待"的句法形式与变换 ………………………（37）
  第三节 "有待"的语用功能 ………………………………（42）
  第四节 "有待"的词汇化与形式化 ………………………（48）
  第五节 "有待"与"亟待""急待" …………………………（55）
  第六节 小结 ………………………………………………（59）
  附录 "有待/亟待/急待+X"频次分布统计 ……………（61）

第三章 "有感"的及物化与形容词化 …………………………（71）
  第一节 "于"的零形化与"有感"的及物化 ………………（72）
  第二节 类推与"有感"的及物化 …………………………（77）
  第三节 "有感"的形容词化 ………………………………（81）
  第四节 "有感"与"无感"的区别和联系 …………………（84）
  第五节 小结 ………………………………………………（88）

第四章 "有望"的副词化及其性质与功能 ……………………（90）
　　第一节　"有望"的词汇化 ……………………………………（90）
　　第二节　"有望"的历时分化与性质 …………………………（95）
　　第三节　"有望"的分布、功能与发展 ………………………（101）
　　第四节　"有望"与"无望""在望"的不对称 ………………（110）
　　第五节　小结 …………………………………………………（114）
　　附录　有望/无望/在望与VP组配统计 ……………………（116）

第五章 "有幸"的性质、功能及其副词化 ……………………（132）
　　第一节　"有幸"的句法分布及其性质 ………………………（133）
　　第二节　"有幸"的副词表达功能及其解读 …………………（144）
　　第三节　"有幸"的演变与功能 ………………………………（148）
　　第四节　小结 …………………………………………………（152）
　　附录　"有幸"后接双音节VP统计 …………………………（154）

第六章 "有意"的副词化与主观化及其属性 …………………（158）
　　第一节　"有意"的性质与功能 ………………………………（158）
　　第二节　"有意"的副词化解读 ………………………………（164）
　　第三节　"有意"的描摹性副词功能 …………………………（170）
　　第四节　"有意"的主观性与主观化 …………………………（172）
　　第五节　小结 …………………………………………………（178）
　　附录　"有意"后附VP情形统计 ……………………………（180）

第七章 "有失X"的表达功能及其构式成因 …………………（203）
　　第一节　"有失（X）"的性质与功能 ………………………（204）
　　第二节　"有失"的演变 ………………………………………（212）
　　第三节　"有失X"与"失之X""失于X" …………………（221）
　　第四节　小结 …………………………………………………（229）
　　附录　"有失"类后接双音节成分统计 ………………………（232）

第八章 "有+NP$_{双}$"的构式化与语法化 (240)
 第一节 "有+NP$_{双}$"的构件属性 (241)
 第二节 "有+NP$_{双}$"的演变及存在形态 (251)
 第三节 "有NP$_{双}$"构式义认知解读 (261)
 第四节 小结 (264)
 附录 通行语文辞书收词情况 (266)

第九章 "有+NP$_{双}$"构式功能及其构式化扩展 (269)
 第一节 "有+NP$_{双}$"的句法功能 (270)
 第二节 "有NP$_{双}$"的语用功能 (277)
 第三节 "有NP$_{双}$"功能延伸及其再虚化 (282)
 第四节 小结 (291)
 附录 "有+X$_{双}$"频次统计 (294)

第十章 "有+VP"产生机制与动因 (313)
 第一节 "有+VP"的来源 (315)
 第二节 方言接触与类推 (318)
 第三节 肯定、否定表达的不对称 (326)
 第四节 "have"与"有"的对译 (331)
 第五节 小结 (334)

第十一章 "有+VP"的历时演变及其功能 (336)
 第一节 古代汉语范畴内的"有+VP" (337)
 第二节 现代汉语范畴内的"有+VP" (343)
 第三节 "有+VP"的结构性质解读 (347)
 第四节 "有"与体 (352)
 第五节 小结 (360)

第十二章　结语 ……………………………………………（362）
　第一节　研究结论 …………………………………………（362）
　第二节　研究不足与展望 …………………………………（367）

参考文献 ………………………………………………………（369）

后　记 …………………………………………………………（403）

第 一 章

绪 论

第一节 研究对象与任务

"有"是汉语中仅次于"是"的第二高频动词,有多种引申甚至虚化的用法(刘丹青,2011:99)。本书立足已有研究成果,在现有理论研究范式的基础上,对汉语中"有""有 X"的历时词汇化、语法化及共时句法语义功能演变及相关问题进行有选择地描写与研究。

一 研究对象的确立

"有"作为构件参与形成的语言单位,诸如词、短语、构式及句式等,在汉语中存在形态以多样化形式呈现。与"有"形成组构的构件可统一码化为:X。语言单位多样化形态下,"有 X"的结构性质与句法语义表达功能均不同。本书通过专题化形式,对所选个案进行词汇化、语法化与构式化分析,同时对参与组构的"有"的属性进行解构。

本书主要关注与分析以下语言事实:第一,"有待"的词汇化与形式化,及其语用表达功能。例如:

(1)另外,这些企业的一些行为还<u>有待规范</u>:其一传销产品因省去了流通费用而……其二,现有企业网络一般为 5—6 万人,最多的达 40 万人,不少企业只顾得上给传销员解释一下奖励制度,职业道德培训和管理还<u>有待进一步加强</u>。(1996 年《人民日报》)

第二,"有感"的及物化与形容词化。例如:

（2）他们<u>有感</u>生活索然无味，又少了一份独立自主，再加上有空巢感的家长以中老年居多，他们中的大部分又要面临更年期的困惑。（覃潇《春节假结束 开学季到来"剩爸剩妈"再陷"空巢危机"》恩施新闻网）

（3）那么过去我们说，很多大陆的让利政策，可能台湾最基层的民众感受不到。但是这一项覆盖全面，对于台湾2300万的民众来说绝对是一项<u>有感</u>措施。（《台商：80年代办台胞证要5天 现在免签求之不得》凤凰网资讯）

第三，"有望"的词汇化与副词化，及其主观情态表达功能。例如：

（4）广东计划2004年在珠三角地区推动区域性同网同价，这意味着同类用电<u>有望打破</u>现有的城市间、农村与城市间的电价差别，实现珠三角地区的统一电价。（新华社2003年12月新闻报道）

第四，"有幸"的语法化与副词化。例如：

（5）当然，我从未<u>有幸</u>一睹玛丽莲小姐的真实的芳容丽姿，虽然我梦寐以求，并时常荣幸地在梦中与她相见。（马文《海明威心中的玛莉莲·梦露》）

（6）大夫已经看过了，我记得他对我说过，他是<u>有幸跟您一起看</u>的，我也觉得他不必为了陪我而去订票再看一次。（普鲁斯特《追忆似水年华》）

第五，"有意"的副词化及其主观化表达功能。例如：

（7）福尔摩斯说道，"那两个是什么人？布莱星顿先生，他们为什么要<u>有意捉弄</u>你？"（阿瑟·柯南道尔《福尔摩斯探案集》）

第六，"有失"的词汇化与附缀化及"有失X"的构式化。例如：

(8) 在应对新冠肺炎的全球行动中，世界卫生组织发挥着重要作用，得到国际社会普遍赞赏。然而，一些美国媒体却给世卫组织找碴儿，甚至指责世卫组织独立性"令人质疑"。美媒这种行为，不仅不专业，而且<u>有失道义</u>。（《新华国际时评：美媒找茬世卫组织<u>有失道义</u>》人民网）

(9) 把"滞胀"统统归罪于货币发行量的过度增加，<u>有失片面</u>，因为关键是垄断资本在追逐利润与超额利润的进程中面临困境而又欲图摆脱，便不惜增发货币去刺激经济。（《读书》vol-061）

第七，"有+NP$_{双}$"的构式化、语法化及"有"的高量级表达功能。例如：

(10) 身处哈佛那样的学术环境读博士，非常重要的是要有自信。在专业上要想做得好，必须得<u>有自己的独创想法</u>。导师看重那些真正<u>有才华</u>、做实验<u>有想法</u>、<u>有创新</u>的人。实验做得好的人，老师都希望你去他的实验室。（汪传华《困难是我们的恩人》）

(11) 但要是风不惑有私心，他批得自己<u>有机会</u>、<u>有可能</u>成为皇帝，甚至雄霸天下，他会如何部署呢？（刘定坚《刀剑笑》）

第八，"有+VP"的产生动因、演变机制、语用功能及"有"的评注性副词化。例如：

(12) 火凤还是比较有点腼腆，随即娇羞地低下了头，含笑不语，粉面上<u>有浮现出</u>两朵可爱的红云，看上去更加的楚楚动人。（飘雨无踪《尘世仙侠》）

(13) 这一仗看来是碎了一张石桌裂了一口鱼缸伤了两人出手的是余神负、何可乐、庄怀飞、唐天海与铁手。其实不止，谢梦山也<u>有出过手</u>，至少他有"企图"出手。（温瑞安《四大名捕打老虎》）

本书所选取的八个研究个案主要聚焦于"有X"的词汇化、语法化及其构式化。在专题描写与分析的基础上，适当展开兼及与"有X"具有相近的"无X"及其他相关词、短语、构式进行对比。每个专题研究都涉及共时描写与历时分析。

二 研究任务的设置

所有专题根据研究对象与研究目的的不同设置不同的研究任务。"有X"演变涉及的研究课题较多，我们在个案分析过程中设置了以下研究任务：

第一，"有X"的词汇化与"于"的脱落、零形化之间的关系。

真正意义上"有X于"三音节词不符合汉语的韵律特征要求，不具有稳固性。"有X于"中"于"势必会走向零形化。"有望"的词汇化和及物化与"有望于"中"于"的脱落之间具有怎样的关系？是不是"有X"的词汇化都与"有X于"中的"于"的零形化有关？"有X"可以借助"于"将其语义指涉成分在句子层面显示，这样造成"有X于"格式；"有X于"格式的产生对"有X"的进一步语法化是否存在影响？"有望于"中"于"的脱落与"有望"的词汇化不同于"有失于"中"有失"的词汇化，"有失"的词汇化与"于"的脱落没有必然的内在联系。

"有X"与"有X于"在何种条件下具有等值替换性，为什么有的"有X"与"有X于"之间不能替换？"于"的脱落与添加前后语用功能上的差异又如何解释？

第二，类推对"有X"的词类、结构属性划分的影响。

"有X"与其他成分组合形成结构性质与功能均存有差异的更大的语言单位。类推机制作用下，我们可以对"有X"参与形成的语言单位进行解构，对"有X"的属性进行深入解读。比如，在SVO经典句法格式的类推下，当"有X"处在V句法位置时，"有X"可以获得谓词性解读。比如，"有望"原属不及物动词，一般情况下不能后接宾语，但是随着语言的发展，"有望"却可以在V位置出现，且同时可带宾语O，这样的句法环境下，"有望"的属性被重新解读。再如，"有幸"的副词化分析过程中，其所处句法位置的类推作用对其属性的界定具有很大的推动作用。

在"程度副词(F)+有NP"的结构中,"有NP"能够被程度副词修饰;"程度副词(F)+有NP"结构与汉语典型的"副词(F)+形容词(A)"结构相似,在"副词(F)+形容词(A)"结构类推下,"有NP"获得形容词属性解读。在"副词(F)+动词性成分(VP)"(按:或曰"adv.+VP")句法结构的类推下,"有NP+VP"结构中"有NP"具备副词化分析基础;"有+VP"结构内"有"获得了被重新分析为副词的可能。

第三,连续统的构建及连续统概念的实施。

"有X"的词汇化是一个历时演变过程,经历不同的演变阶段,这些不同的演变阶段在共时层面通常以连续统的形式呈现。"有X"的词汇化肇始阶段,"有""X"之间不存在句法关系,此阶段"有X"可视为跨层结构。发展至一定阶段,在韵律结构的制约下,"有X"被压缩为一个双音节标准音步,"一个标准音步就是一个标准韵律词"(冯胜利,2000:178)。韵律词的形成是"有X"走向词汇化的关键一步。随着使用频率的提高,"有X"的结构逐渐固化,语义凝练,但在完成词汇化前,会出现"有X"词类及结构属性判别两可的情况,这阶段可称为"有X"的语法词阶段。语法词是"有X"介于韵律词与词汇词之间的过渡阶段。最终,"有X"能够进入汉语词汇库藏,以词的身份进入语言使用过程。所以,可以认为"有X"的词汇化过程呈现为一个连续统,即"跨层结构→韵律词→语法词→词汇词"。

连续统概念并不是仅会在"有X"的词汇化阶段有所体现。完成词汇化的"有X"依旧会继续演变,走向语法化。有的"有X"经历了由动词向副词的语法化,有的"有X"这是从动词语法化为形容词,这就造成"有X"继续语法化。比如"名词→动词→形容词→副词→助词→附缀→词缀→零形式",这样的过程可看作"有X"由"较低的语法程度"向"较高的语法程度"的演变。"有X"的语法化过程不一定完全遵循"名词→动词→形容词→副词→助词→附缀→词缀→零形式"的单向性路径,但是其整体语法化趋势是不会产生较大偏差的,即"实词→虚词→附缀→词缀→零形式"。

此外,"有+NP"结构的构式化过程伴随NP的性质切分也可进行连续统勾勒。

第四，互动视域下，"有"与"有 X"及其所处句法语境的句法语义动态呈现。

语言使用、语法规则等并非一成不变，"有 X"的句法、语义、语用功能在实际的语言交际中呈现为动态发展状态。比如，"有失＋X［＋贬义］"结构的出现可能是偶然性的"言语误用"，但是当"有失＋X［＋贬义］"结构具备较高的使用频率后，对"有失＋X［＋贬义］"结构的解读不可仍视作"言语误用"。我们寻求"有失＋X［＋贬义］"结构合理化解读的过程可视为言语交际者与语言运用之间的动态互动。

"有＋NP"的构件包含两个部分：固有构件"有"和可变成分 NP。"有＋NP"的构式解读过程是语言要素之间的互动过程。NP 从名词经由动词语法化为形容词，抽象化程度不断深化；"有"与不同的 NP 进行组构可形成不同的"有＋NP"结构；NP 的指称化程度越高，"有＋NP"的内部结构被重新分析为述宾结构的概率越大，"有"更倾向表存在；NP 的抽象化程度越高，其述谓性及描摹性越高，"有＋NP"的构式化程度越高，语义更加凝固。换言之，"有＋NP"的构式化过程与 NP 的性质切分及"有"的虚化程度判定之间存在动态互动关系。

第五，语言演变的动因与机制的内在、外在彰显。句法语义配置对语言演变的内在促动、接触等外在动因双重作用制约"有 X"的演变。

无论在词汇化层面，还是在语法化与构式化操作过程中，我们都能通过对语言单位的语义分配机制的探讨进而分析语义演变对语言单位演变的制约作用。词汇化阶段的"有"与 X，语法化阶段"有 X"与相邻的语言单位（句中的其他动词性谓语成分），都具有语义等值性，彼此间语义负载相同，可视为语义等价物（Semantic Equivalent），都是句子的基本信息负载单位（Primary Information-bearing Units，简称 PIBUs）。但是，随着语言单位演变程度的加深，语义泛化，原本等值的语义负载单位彼此间语义偏移。语义泛化的语言单位，也即非基本信息负载单位，更易于语法化，最终失去词的独立地位，进而向后附单位黏附。[1] 此演变规律

---

[1] If there is more than one profile equivalent for a phrase/clause, the profile equivalent that is not the PIBU will eventually undergo reduction（降级、降格）and attachment（黏附）to the PIBU profile equivalent（head）.

在"有X"的演变过程中具有重要的指导意义。

接触引发的语法化,主要考察汉语"有+VP"结构的来源与"有"的属性解析。"有+VP"结构究竟是古代汉语的遗存与复兴,还是南方方言的"感染"?目前尚存争议。改革开放以来,在南北方经济交流、文化发展的作用下,南北语言接触、融合,相互借鉴与影响。此过程中,以台湾话为代表的闽南方言、以香港话为代表的粤方言,以福州话为代表的东南沿海方言等被北方语言社团所模仿与学习。"有+VP"正是在这样的语言接触与融合过程中逐渐被北方人所接受并使用。同时,在对外交流中,英汉对译、互译与直译的过程中,"have"与"有"的互动同样促进了"有+VP"的使用。当然,语言内部结构的发展机制同样不容忽视。

第六,主观化与词汇化、语法化及构式化之间的内在关系。

"有X"的演变肇始于词汇化的开端,完成词汇化,"有X"仍将经历语法化的发展过程,"有X"与其他语言单位构成更大的结构体,经由构式化过程,"有X"会走向附缀化。汉语中同时存在这样分布在不同演变阶段的"有X",如"有望"的词汇化、"有感"的形容词化、"有失X"的构式化、"有所""有加"的附缀化。

语言演变的整体原则势必遵循语义三角"质量守恒"。演变所带来的语义泛化、语义磨损、销蚀等,势必会在语用层面获得"语用义补偿"。比如,"有望"的语法化是其副词化程度不断深化的过程,同时,"有望"的副词化程度深化也是其主观情态强化的过程,其原词汇意义则逐渐退化,但是"有望"的主观化功能则不断强化。再如,"有幸""有意"的词汇化与语法化。"有幸"在使用中虽然保留有原有词汇意义,但是其作为其备评注功能的描摹性副词属性却不断凸显。"有意"基于言者对情景的认定,通过焦点化手段传递言者的主观态度;"有意"主观情态表达虽与其原始词义具有较大关联,但是主观化是其演变的必然趋势。

主观化与词汇化、语法化及构式化之间的内在互动过程同时验证Bolinger(1952)所提出的"线性增量"原则。

第七,"有"的词性、功能与用法的多重解读性。

学界对"有"的词性、功能与用法的界定仍是"智者见智"。我们在对"有"所出现的句法语境进行考察的基础上,结合"有"的基本核心义,对"有"的功能与用法进行有限制的讨论。不存在的事物是不可被领有的。"有"的核心义是"表存在"。其他的词汇义、语用功能义都是在"有"的"存在"义基础上展开的。汉语"有"存在以下语法化连续统：

存在动词→客观领有→主观领有→客观确认→主观确认→主观评注→助词

此连续统的归纳虽具有一定的主观性，却能说明一定的问题。"有+VP"的句式框架下，"有"究竟具有何种功能，是否表"体"？笔者所持观点认为，"有+VP"中"有"表示肯定与确认，其功能是对VP所代表事件及动作行为的认同。"有"的语法化程度越高，"有"的主观化程度也更强。从客观存在语法化为主观确认，"有"的主观化程度表达伴随强化，最终可视为"评注性副词"。

"有"的确认表达功能是否存在"体"解读可能？如果"有"能够表达"体"的概念，那么究竟是一种什么体，是完成体、经历体，还是经历完成体？表"体"的同时是否能传递"时"的概念？这些都有待验证。

对"有"的功能、用法的判断应建立在全面的语言调查研究的基础之上，根据"有"所处的句法语境、所在的句子结构及不同的变换形式，进行不同的解读与分析。比如，"有+VP"和"VP+有"二结构中"有"的功能与用法是存有差异的，不能混作一谈。

第八，词典收词、修订的滞后性与词汇、语法研究的前瞻性。

词典，尤其是常规的通用语文规范词典，在词条收录、词语释义、词的词性判定以及词语例句的选用上均相对稳妥、相对滞后。比如，"有X"词族的收录与选用上，《现代汉语词典（第7版）》与《现代汉语词典（第6版）》之间前后未作任何修订；《现代汉语词典（第7版）》与《现代汉语规范词典（第4版）》二者存有收词差异，个别条目释义、属性判定略有不同。①

语言在不断地发展与演变，对这些演变持密切关注的主要发生在专

---

① 通行词典收词情况详见本书附录。

有的语法研究和词汇研究成果中。词典收词、修订较之词汇、语法研究相对滞后；前瞻性的研究成果将有助于词典后期修订。比如，"有感"及物性语言用例的增加，及其形容词用法的增设；"有幸"的副词属性有待词典编纂者的重视与关注。此外，一些深度演变的词条，如"有所""有加"等的条目设置；一些新词、新语的收录等，都需要词典予以酌情收录与修订。

研究对象的合理确立与研究任务的适当设置有利于本课题研究的顺利开展。

第二节 研究概况与不足

汉语"有"的近现代研究肇始于马建忠（1898），其后关乎"有"的研究著述陆续涌现。我们基于中国知网（CNKI）对2000年以来的博士、硕士论文进行检索，检索关键词"有"，总计得到4篇博士学位论文，135篇硕士学位论文；对中国知网（CNKI）全面文献检索，涉及"有"的研究性论文2000篇左右。① 这些研究成果涉及"有"的性质、句法、语义、语用等方面；研究领域涵括古代汉语、现代汉语、方言、少数民族语言、外语及中外语言对比，既有个案语法研究，也有专书语法研究；研究理论既涉及传统的结构主义语言学，也有最新的语言类型学、互动语言学；研究视角关注"有"和"有X"的演变，"有"参与的词汇化、语法化与构式化等。

研究伊始，我们设定研究目标，限定了研究范围，主要关注汉语"有"的词类属性、语义功能，"有X"的演变（词汇化、语法化和构式化），"有+NP"构式化与语法化，"有+VP"的句式化及其他相关研究现状。为更好、更深入地对研究对象展开研究，完成既定研究任务，我们对时人先贤的研究成果，尤其是20世纪80年代以来的研究著述进行概论式述评。

---

① 检索日期截至2017年5月。

一 "有"的词类属性与语义功能

"有"作为汉语非动作义动词,《马氏文通》归言:"不记行而惟言不动之境……谓之同动,以其同乎动字之用也。"(马建忠,1898/2007:177)马建忠(1898)将"有"视为"同动字",亦即"同动词"。黎锦熙(1924)在对"国语"动词详细分类、总结的基础上,认定"有"为同动词,即"没有动态,只有动性"(黎锦熙,1924/2007:108)。黎锦熙(1924)进一步将"有"分为两类:同外动词和同内动词。① 吕叔湘(1942)认为"同动词"意思就是"准动词"(吕叔湘,1942/2014:92),"有"作为普通动词,"简直算不上活动"(吕叔湘,1942/2014:23)。高名凯(1957)将"有"视作"具有动词功能"的"绝对动词"(高名凯,1957/2011:455),意味"有"不具有动词的典型性特征。丁声树等(1961)承认"有"是动词,但是"却不表示什么动作"(丁声树等,1961/1999:78)。朱德熙(1982)认为"有"是"准谓宾动词"(朱德熙,1982/2010:60),与普通动词有别。

"有"字用法最复杂(黎锦熙,1924/2007:53),黎锦熙(1924)、吕叔湘(1942)、丁声树等(1961)、朱德熙(1982)等开启了现代汉语"有"的研究。"有"的后续研究在现代语言学尤其是现代语法学的理论推动下呈现出多元化特点,研究视角、研究方法多样化,研究成果纷呈迭出。

"有"的词类属性与其语义功能的划定通常具有交织性。黎锦熙(1924)基于"有"的不同句法语义表征,对"有"做了多元分析。例如:②

(14)深山有老猿;大海有鲸鱼。　　元朝末年有一个嵚奇磊落的人。

(15)人民"有"很多的财产。

---

① "外动词","动作影响,外及他物";"内动词","动作表现,内正自身"。"有"的外动词、内动词之间的区别,及其句法表征,详见黎锦熙(1924/2007,108—116)。

② 此三例均引自黎锦熙(1924/2007)。所引例句均保留原文的句式标注体例。

(16) 有人"传说"这件事，但没有人"看见"过。

黎锦熙（1924）认为，例（14）中"有"是专表"存在"意味的内动词；例（15）中句子主、宾异体，"有"具有外动性；例（16）中"有"是领起主语的"冠词（article）性的形容词"（黎锦熙，1924/2007：53），相当于英语的 a 或 some 和 any。此外，根据"有"的主、宾语之间的不同语义关系，"有"字的用法存在多重解读。

"有"的语义、语用功能与其属性解读之间具有动态互动关系。汉语研究者在对"有"的研究中始终贯彻这种"依句辨品"的研究观。例如：

(17) 你老可要我作甚么呀？有跑堂儿的呢。（儿四）[①]
(18) 此地有崇山峻岭，茂林修竹。（《兰亭集序》）
(19) 船有两种，普通坐的都是乌篷船，白篷的大抵作航船用。（叶绍钧：《乌篷船》）
(20) 我有一本书。

例（17）—（20）为吕叔湘（1942）对"有"所做的四种分类，原文分别标识为甲、乙、丙、丁四类。例（17）、例（19）中，"有"只表示"存在"；例（18）、例（20）中，"有"在表示"存在"概念外，还可表示"领属关系"。看似灵活的解读实际上与"有"所处句法语境有着紧密的联系，两种类型情况下，"有"的前后主、宾语不同。

赵元任（1979）根据"有"的使用语境，将"有"看作是动态变化的，但总体不改变"有"的动词属性。赵元任（1979）指出，"有"的主要用途是表"领有"和表"存在"。在此基础上，"有"的用法与功能发生一定的引申、转化与派生。表领有的"有"可以引申出"表示从下往上达到一定数"（赵元任，1979/2005：322）。例如：

(21) 大车的宽有小车那么长。（赵元任，1979/2005：302）

[①] 此四例取自吕叔湘（1942）。例句中"儿四"指"《儿女英雄传》第四回"。引用中未改变例句的原貌。

此外,赵元任(1979)还指出,表存在的"有"可以派生出叹词"有",用于点名应到。而在否定条件下,"有"由动词转化为助动词。这也是汉语研究中较早提出"有"的"助动词说"的文献。

句子层面"有"的研究文献翔实,为我们研究"有"的性质与功能提供了参照依据。但是,鉴于研究指涉性,我们在概述中只能有选择地进行,在此不做全面综述。在涉及章节,文章会有针对性地去进行研究成果评述。

基于"有"的用法与特点,各通行现代汉语教材也做出一定的归纳:

A. 存现动词:张斌(2008),齐沪扬(2007/2015),邵敬敏(2007/2015),张谊生(2013),崔应贤、刘钦荣(2014),杨文全(2010/2015),王世凯(2016)。B. 存在动词:黄伯荣、廖序东(2011/2014),黄伯荣、李炜(2016),陆俭明(2012/2014)。C. 有无动词:邢福义、汪国胜(2011)。D. 联系动词:周一民(2010/2015)。

吕叔湘(1999)、刘月华等(2001)对现代汉语"有"的功能做出了总结。吕叔湘(1999/2009,《现代汉语八百词》):"有",表示领有、具有;表示存在;表示性质、数量达到某种程度。刘月华等(2001/2014,《实用现代汉语语法》):"有",非动作动词,基本意思是"领有"与"存在"。

基于 BCC 语料库的统计,现将"有"的义项频次图绘制如下:

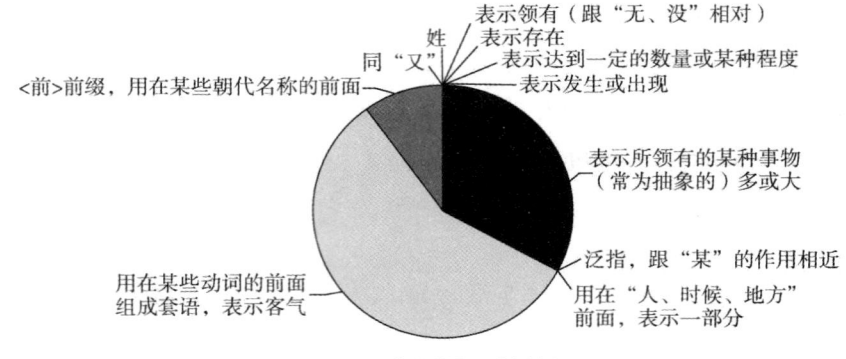

"有"的义项频次图

汉语"有"的词类、句法、语义、语用功能的概括应把握两条原则：语言演变观和动态语法观。在动态的语境中坚持发展的观点，对"有"的属性进行合理的解读。以下，结合"有X"的演变，"有+NP"的构式化，"有+VP"的句式表征对相关问题进一步评述。

二 "有X"的词汇化研究

"有X"的词汇化现象较早即引起了赵元任（1979）的关注。"'有'用作一个 V-O 复合词的第一个成分是结合能力很强的，它的宾语或者是一个黏着成分，或者是一个自由成分而结合之后意义专门化了。"（赵元任，1979/2005：323）此处的"意义专门化"显然意味着"有X"已经完成了词汇化。鉴于术语使用的滞后性，赵元任（1979）并未使用"词汇化"或"语法化"概念，但是其所概括的语言现象却是典型的词汇化过程。

随后，张谊生（2002、2014），薛宏武（2007、2008、2009、2010、2012a、2012b、2014），王志恺（2007），董祥冬（2009），张谊生、顿婷（2010），袁金平（2010），薛宏武、闫梦月（2011、2012），段晓燕（2012），雷冬平（2013），董秀芳（2014），刘钦（2016）等有针对性地对汉语中"有X"的词汇化与语法化现象进行深入而又细致的分析与研究。

张谊生（2002、2014），张谊生、顿婷（2010）系列著述分别就"有失""有望""有所"及"有加"的词汇化、语法化及其附缀化进行翔实的探讨，并对"有X"的整体演变趋势及其相关演变动因与机制做出解读。薛宏武（2007）以后系列文章均在其博士学位论文《现代汉语"有"、"有"字结构与"有"字句》的基础上改编而来。薛宏武的系列论文同样为"有X"演变的个案分析，其主要对"有着""有请""有所""有些""有点""有的""有害""有如"等个案进行了研究。

个案研究具有很高的研究深度，对单个"有X"的功能挖掘比较深入，分析都比较仔细，但是"有"与X的搭配潜能和构词潜能是无限的（王志恺，2007：11）。典型词的演变研究不能对"有X"的整体演变趋势做出合理预测。"有X"的演变机制与动因不能截然划一。"有X"的演变不仅包括"有X"的词汇化，还包括其语法化与构式化。"有X"的演变过程也并不遵循相同的演变路径，共时层面其所呈现的语法化连续统也存有差异。"有 X"词汇化与"有 X"的语法化和构式化之间是动态互动的，彼此间相互促进。所以，只有将"有 X"的词汇化、语法化及其构式化放在一个框架下进行分析，才有可能得出更为合理的规律。

三　"有 + NP"构式化研究概况

"有 + NP"结构是汉语中一组较为能产的、具有特殊语用功能的动态发展构式。构件"有"与 NP 的双重互动、概念语义整合诱发"有 + NP"构式的多重解读。于根元（1991），贺阳（1994a），李宇明（1995），张豫峰（1999），唐善生（2000），施春宏（2001），姚占龙（2004），闫新艳（2006），王志恺（2007），刘春卉（2007），袁金平（2010），温锁林（2010），张新华（2011），赵春利、石定栩（2011），李先银（2012），薛宏武（2012），吴为善（2013），宗守云（2013），温锁林、刘元虹（2014），荣晶、丁崇明（2014），徐阳春（2015），李思月（2015），刘志富（2016），王灿龙（2016）等结合语言研究的最新研究成果，从不同的视角对"有 + NP"结构、"有"的属性及其相关问题展开了充分的论述。

于根元（1991）指出，"有 + 名"结构在汉语中可以表示具有关系和表示程度关系，"有"是揭示性质的一种形式。施春宏（2001）却认为，"有 + 名"结构中"有"揭示的是描述性语义特征，而不是揭示表示存在、领有之类的关涉性语义特征。"有"具有使某些中性名词发生语义性质的偏转。同时，施春宏（2001）指出，"有 + NP"结构中的 NP 为抽象名词，且有相当一部分 NP 易与形容词形成兼类。于根元（1991）、施春宏（2001）代表汉语"有 + NP"构式化研究的研究路径与研究方法。其间涉及"有"的属性解读，NP 的性质判别，"有 + NP"构式化发展及其句法、语义、语用功能的界定等。

纵观已有研究，"有"的属性依然是在"存在"与"领有"之争上展开的，"有"在不同的结构状态中其性质与功能不同。张豫峰（1999）认为，"程度副词 + 有 + NP"结构中的"有"表领有关系，而"程度副词 + 有 + VP"中"有"是表示产生或发展意义的动词。姚占龙（2004）认为，"有 + NP"结构中"有"是存在动词；而李先银（2012）认为

"有"既表存在，也可表容纳关系，存在与容纳构成连续统。吴为善（2013）指出，"有"表"拥有"还是"存在"，取决于NP的语义倾向，积极义NP激活"拥有"，消极义NP激活"存在"。温锁林、刘元虹（2014）发展了吴为善（2013）的观点，认为"有"是"领有动词"，还是"存在动词"，与"有+NP"的构式义表达有关。徐阳春（2015）则坚持，"有+NP+VP"是广义存在句，但是刘志富（2016）却坚持"有"在底层是领有动词。

在标记语法的推动下，部分研究著述提出"有"的"标记说"。吴为善（2013）指出："'有+N$_{双}$'整体功能的转化导致了'有'字意义变得淡化、空灵了，有可能成为名词转化为形容词的形式标记。"（吴为善，2013：366）刘志富（2016）认为，伴随句子或言语交际主观性表达的需要，"有"可能演变成一个表示主观增量的量标记。"有+NP"结构中的"有"是一个肯定标记，"当我们说某人拥有某物，或某地存在某物的时候，我们不仅仅是做出一个判断，同时我们也是进行一种肯定（判断）"（王灿龙，2016：56）。

NP作为可变构件，在"有+NP"的构式化过程中有着重要的作用。NP的属性与"有+NP"的构式化程度具有动态互动性。"名词本身表积极义还是表消极义，会对句法构式产生影响。"（吴为善，2013：376）"NP"的空间性越强与"有"字的结合越松散，空间性越弱与"有"字的结合越紧密（姚占龙，2004：32）。张新华（2011）认为，进入"有"字句的名词要具有离散性。李先银（2012）指出，"有"后NP可以是离散名词，也可以是连续名词，两种情况下，"有"的语义凸显不同。能够进入"有+NP"句法槽的中性名词基本上都是抽象名词。（温锁林、刘元虹，2014：13）

NP抽象化程度、NP的空间性与连续性、NP的语义色彩等都会对"有+NP"的构式化造成影响。贺阳（1994a），李宇明（1995），张豫峰（1999），唐善生（2000），温锁林（2010），荣晶、丁崇明（2014），王灿龙（2016）等研究成果皆持有类似观点。

"有+NP"构式义的获得是整合"有"与NP语义双重表达的过程。"有+NP"的基本意义是"确认事物的存在"（姚占龙，2004：30），此外，"有+NP"结构可被视为一种表评价义的特殊的结构，既具有短语的性质同时又具有性质形容词的特性（闫新艳，2006：104）。"有 + NP"结构是形容词性的，它们可以受程度副词"很"、"最"等修饰（刘春卉，2007：59），"很 + 有 + NP"结构中"有 + NP"的整体功能相当于一个形容词（李宇明，1995：80）。

李宇明（1995）、姚占龙（2004）、闫新艳（2006）三文的研究是"有 + NP"构式化研究的代表。"有 + NP"构式整体符合汉语形容词的特点，具备形容词化的基础，所以"有 + NP"结构能够受副词尤其是程度副词的修饰。贺阳（1994a），张豫峰（1999），李先银（2012），吴为善（2013），温锁林、刘元虹（2014），刘志富（2016）等都将"有 + NP"视作表义结构体，应将"有 + NP"视作词汇单位。

动态语法视角下，"有"、NP 与"有 + NP"结构的互动共同诱发构式的多重解读。差异化 NP 与"有"可以组构不同属性的"有 + NP"结构。前期研究成功缺乏对 NP 连续统的构建。同时，"有"的原型功能对"有 + NP"的构式化具有十分重要的影响。"有"表存在和表领有之间存在相互包含关系，二者间存在梯次过渡。同样，可以在存在与领属（领有）之间可以构建连续统，进而将"存在的有"与"领属的有"进行归并。

连续统的概念的构建将统一 NP 不同下位切分，将"有"的"存在"表达和"领有"表达统一，最终构拟出"有 + NP"构式化连续统。这是我们对前期研究成果的修正。

四 "有 + VP"句式表征研究

"有 + VP"结构及其句式化表征与"有"的性质与用法较早引起学界关注与研究。王士元（1965），赵元任（1979/2010），朱德熙（1982），宋玉柱（1989、1991），邢福义（1990），宋金兰（1994），施其生（1996），刘利（1997），吕叔湘（1999），石毓智（2004a），董秀芳（2004），祝晓宏（2004），王森、王毅、姜丽（2006），付习涛（2006），王国栓、马庆株（2008），左思民（2008），任鹰（2009），兰碧仙（2009），陈前瑞、王继红（2010），王勇、徐杰（2010），郭中（2012）等从句法、语义、语用等角度，将共时与历时演变相结合，对古代汉语、南北方方言中"有 + VP"结构、"有"的性质和功能等进行了多维度的研究。

"有+VP"结构的来源上,南方方言的接触与感染、古代汉语的遗留与复苏、现代汉语内部的结构类推是三种主流观点。

赵元任(1979),郑懿德(1985),黄伯荣(1996),施其生(1996),王国栓、马庆株(2008),郑敏惠(2009),陈前瑞、王继红(2010)等所持观点倾向于"有+VP"是"从广州话(以及台湾闽南话)传入普通话的一个新用法"(赵元任,1979/2010:331)。"有+VP"结构"有可能来自于粤语或闽语,也可能来自二者的结合"(王国栓、马庆株,2008:87)。

宋金兰(1994)、兰碧仙(2009)在对上古汉语及现存闽方言中"有+VP"结构进行研究后指出,闽方言中"有+VP"结构的使用仅是对古代汉语的继承与保留。"有+VP"结构最早可追溯到殷商时代的甲骨文(兰碧仙,2009:59)。

石毓智、李讷(2001),董秀芳(2004),王森、王毅、姜丽(2006),王国栓、马庆株(2008),郭中(2012)等所持观点认为,现代汉语中"有+VP"结构的出现和使用是现代汉语自身结构调整的结果,结构类推有着重要的作用。在"语法内部发展规律"(王国栓、马庆株,2008:90)的要求下,"有"及"有+VP"在普通话中的使用已呈渐增趋势。"有+VP"的使用"有其深刻的认知理据"(石毓智、李讷,2001:281),"有+VP"结构出现符合"语言系统从不平衡走向平衡的内部机制"(董秀芳,2004:7)。

"有"的性质与功能的解读与"有+VP"句式框架密不可分。目前,已有研究成果将"有+VP"中的"有"归为三类:动词说、助词说和副词说。

吕叔湘(1999)认为"有+VP"中的"有"是动词,表示存在,"用在动词后面,结合紧凑,类似一个词"(吕叔湘,1999:631)。赵元任(1979)、施其生(1996)、董秀芳(2004)则支持"有+VP"结构中"有"是个助动词。邢福义(1990:87)指出"有+VP"结构中,"有""具有纯状语性……可以归入副词,划到然否副词一类"(邢福义,1990:87)。郭中(2012)也支持"有+VP"中"有"是从动词虚化而来的副词。

那么,"有"究竟是动词、助词还是副词?争议的背后,应以发展的眼光去看待,即"有+VP"中"有"都是由动词语法化而来,在词源上应属动词。

"有+VP"句式框架内,"有"的功能属性同样存在多重解读:"有+VP"中,"有"的作用在于"肯定后面的谓词词性成分所述事态的客观现实性。具体地说,'有'的意义是'肯定一种情况存在',即肯定有这么一回事"(施其生,1996:28)。施文所提观点虽针对的是南方方言,但却具有指导性意义。祝晓宏(2004),王森、王毅、姜丽(2006),王国栓、马庆株(2008),郑敏惠(2009),陈前瑞、王继红(2010),郭中(2012)等多支持"有"的肯定与确认功能。

与上述观点有所不同的是,陈前瑞、王继红(2010)认为"有"是"广义结果体的一种形式标记"(陈前瑞、王继红,2010:52)。"有""确认事件现实性的用法是一种完成体用法,而确认状态的现实性是一种广义的结果体用法,前者是从后者发展而来"(陈前瑞、王继红,2010:47)。"体"概念的引入对"有"的研究具有较大的促进作用。王士元(1965),宋金兰(1994),黄伯荣(1996),刘利(1997),石毓智、李讷(2001)等承认"有"具有"体"功能。

"有"表确认和肯定功能与"有"的"体"表达之间是否存在演变关系,前期文献尚未做出清楚分析,此为我们进一步研究提供了研究空间。

第三节 研究理论与视角

本书依据并借鉴词汇化、语法化、构式化、主观化等理论,在此基础上对语言事实展开翔实描写,并对相关语言现象进行讨论与分析。

一 词汇化视角下的"有X"研究

所谓词汇化,通俗而言,就是指词汇的形成过程,即语言发展出用以编码各种功能的词汇手段的过程(Frajzyngior, Iygmunt, 2008:64—66)。共时层面:词汇化,泛指概念范畴的编码,即义素或概念用词语表达时的结合模式(Brinton & Traugott, 2005:266)。历时层面:词汇化就是"新的语言实体在词汇层面上规约化的过程"(Blank, Andreas, 2001: 1603—1604),其间词语在形式和意义上丧失理据(demotivation);换言之,一个表达式被当作词收进词库或被排除出语法的生成规则(即不再能用语法规则对其形式和意义的组合做出解释)的过程(Brinton & Traugott, 2005: 18);词汇化过程多伴随"语用意义的语义化"(semanticization)或"语用法的固化"(fossilization)(Hopper & Traugott, 2003: 235)。

汉语词汇化方面,董秀芳(2002、2002/2013、2003、2007、2009)、陈宝勤(2004)、刘红妮(2009、2010)等系列研究成果为汉语词汇化研究提供了可资借鉴的参考。基此,我们对"有X"的词汇化展开专题研究。例如:

(22)这个拦路虎似的问题解决了之后,会议才能够进一步研究处理其他问题,还有许多复杂的问题<u>有待</u>解决。(马里奥·普佐《教父》)

(23)第二次世界大战期间,美国本土的重要工业将受到日本轰炸的传言甚嚣尘上,加州米高梅制片厂<u>有感</u>事态严重,乃聘请伪装工事专家,不惜一切将制片厂妥予伪装。(黄验《36计智典:现代人求变应变宝典》)

(24)与广家不同的是,江马家毕竟曾经是<u>有望</u>问鼎一国霸权的家族,他们不会轻易就放弃家族的光荣。而且轮才干,江马时政以及河上富信等重臣也高于广家,他们有光复家业的可能性。(欧阳宏《武家天下》)

"有待""有感""有望"作为双音节标准音步,具备词汇化的基本条件。"有待""有感""有望"及"有意""有幸""有失"等各自的词汇化来源并不相同,他们的词汇化过程不同,诱发其走向词汇化的机制与动因也存有差异,需要个案分析。

二 语法化视角下的"有X"研究

相比词汇化而言,语法化理论的发展及语法化研究的过程则更为完善。语法化作为一种较为特殊的语言演变过程,是"词汇项逐渐获得新的语法地位和词法、句法形式的动态的、单向的历时变化过程(即单向的语法变化过程)"(Traugott,1988:406),这样的过程可视作"词汇语素演变为语法语素,或从较低的语法地位跃进到较高的语法地位的过程"(张秀松,2011:9)。语法化具有单向性特征,这样的单向性发展,可以认为是"有实在词汇意义的根语素变成表示功能意义的语法语素的语义过程",是"语法范畴和语法标记的产生过程"。

"有 X"完成词汇化后并未停止进一步演变。"有 X"在词汇化的基础上继续演变的过程可视为"有 X"的语法化过程。例如:

(25)制造业讲求的是质量与效率,并不思考客户的真正需求;经济结构调整后,逐渐转化为除产品质量外,还要讲求客户的服务,甚而还要让客户<u>有感</u>;感觉事件很奇妙的事,因人而异,所以厂商要开始学习与客户共创<u>有感</u>的经济。(http://www.cio.com.cn/eyan/242469.html)

(26)初涉职场的王晓庆深知,虽然自己在大学里积累了一些社会经验,但知识面及知识结构却还<u>有待进一步提高和完善</u>。(中国大学生就业问题研究中心《经赢你的大学》)

(27)我们称它为"龙聚电池",这是我们研究开发出来的一种全新的能源。它将在很大的程度上<u>有望解决</u>我们国家的电力短缺问题。(龙帝冥王《现代奇人》)

例(25)中前一个"有感"不同于后一个"有感",二者的语法化程度不同。例(26)中"有待"在完成词汇化后进一步发生语法化,向形式动词演变。例(27)中"有望"处在状语位置,已经发生了副词化。

类似"有感"的形容词化、"有待"的形式动词化、"有望"的副词化等都是在"有 X"完成词汇化的基础上发生语法化,重新分析的结果。

三 构式化视角下的"有 X"研究

构式化理论或说构式语法自 Goldberg(1995)以来得到了学界的普遍

关注。① 构式被看作语言中的基本单位，是形式与意义的配对。即：

> C 是一个构式当且仅当 C 是一个形式—意义的配对 $<F_i, S_i>$，且 C 的形式（F_i）或意义（S_i）的某些方面不能从 C 的构成成分或其他先前已有的构式中得到完全预测。②

Goldberg（2006）对此概念做了进一步的增补：

> 即使有些语言格式可以得到完全预测，只要它们的出现频率很高，这些格式仍然会被语言使用者存储为构式。③

"有"能与不同的语言单位进行组构，其所形成的较大语言单位"有+X"是一般意义上的述宾结构，还是已经发生固化的构式，其间存在一个构式化等级。"有"可与名词、动词、形容词组配构成"有+X"结构，其中动词、形容词可视为动名兼类词和形名兼类词。每一类"有+X"结构内部均存在不同的固化层级，我们称为"构式化层级"。比如，我们以"有+名"为例，对 BCC 语料库"有"与名词的搭配进行统计制图，如下：

如上图所示，"有企业""有时间""有资产"等为 VO 式述宾结构，内部结构关系明晰；而"有机会""有意义""有能力"等虽然也能看作 VO 式述宾结构，但其内部结构关系紧密，"有+X"已经倾向固化，结构整体发生构式化。换言之，"有+X"中当 X 为名词或名词性成分时，"有+X"结构的构式化程度不同，存在构式化层级。

---

① 中国知网（CNKI）1999—2017 年有关"构式"方面的研究文章多达 3800 篇，其中博士学位论文近 200 篇，硕士学位论文近 900 篇。
② ［美］Adele E. Goldberg：《构式：论元结构的构式语法研究》，吴海波译，北京大学出版社 2007 年版，第 4 页。
③ ［美］Adele E. Goldberg：《运作中的构式：语言概括的本质》，吴海波译，北京大学出版社 2013 年版，第 5 页。

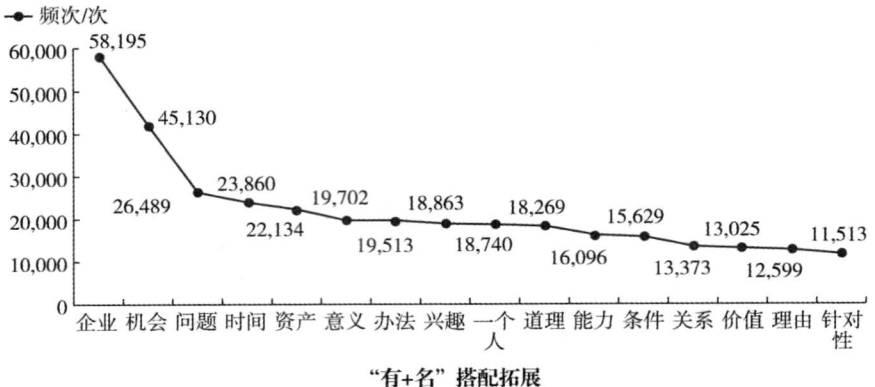

"有+名"搭配拓展

"有 + X"结构固化，整体功能已不表存在或领有 X，或者说结构整体表存在或领有义弱化。"有 + X"的构式化过程中，结构整体语义融合泛化，部分构式化程度较高的"有 + X"结构能够被程度副词修饰，表现出形容词的特质。例如：

（28）夕阳照着孤零零的白杨，也照着他苍白的脸，他的鼻子挺直，颧骨高耸，无论谁都看得出他一定是个<u>很有威严</u>，也<u>很有权威</u>的人，只可惜他一双炯炯有光的眸子，现在竟已变成了两个漆黑的洞。（古龙《绣花大盗》）

（29）你会将他从我身边带走，这就是你不对的地方没错，你是<u>很有能力</u>、<u>很有智慧</u>也<u>有才华</u>，如果你真像你自己伪装的身份是个男人，或许今天就不会有这些情况发生可是你不是，你没<u>有资格</u>进官，如果赵阙要和你在一起，他就必须离开官中，那是我绝对不允许的事。（李葳《爱错皇帝表对情》）

同样，"有"与动词、形容词搭配构成"有 + X"结构内部也以连续统的形式呈现，不同的"有 + X"结构位于构式化斜坡的不同阶段。构式化程度不同的"有 + X"结构的语义整合度、句法功能等均存有差异。

四 主观化视角下的"有 X"研究

"有 X"语法化过程中会经历一些相似的句法变化和语义变化。"有

X"起初在形式和结构上以具体的、词汇的、客观的意义表达为主,在一定句法环境中反复使用,逐渐演变为抽象的、语用的、人际的和基于说话人的功能(Traugott,1995),这一演变趋势即是语言的主观化现象。"有X"的主观化伴随其语法化而发生,"有X"的"意义变得越来越依赖于说话人对命题内容的主观信念和态度"(Traugott,1995),即"语法化中的主观化"(Traugott,1995)。

说话人在会话中借助一定的语言形式,传递客观信息的同时,表达自己的态度与情感的过程,就是主观化过程(沈家煊,2001;张谊生,2006等)。语言形式的高频运用和最终固化,就形成主观化语言表达形式,这是语用推理(pragmatic inference)过程。例如:

(30)进一步想,如果是白梅郡主<u>有意</u>暗中<u>相助</u>,<u>特意</u>用种种暗示使我看出两老怪的弱点的话,这一回她就不该下令制止他们。(司马翎《八表雄风》)

(31)这次,刘建业<u>有幸</u>可以亲眼<u>见到</u>这位在豫湘桂会战时,宁死不当俘虏,在寡不敌众情况下拼死战斗,赤手空拳与日军肉搏,最后被敌人刺刀刺中腹部,壮烈牺牲的抗战先驱,使得刘建业内心里充满激动。(UN《民国军旅之随波逐流》)

"有意""有幸"词汇化为动词,在使用中多与动词性结构并置,构成"有X+VP"句法结构;在此句法环境中,"有X"发生语法化,被重新分析为副词或类副词性成分。"有X"的词汇义虚化、泛化,在言语交际中多传递言者的主观情感与态度,最终成为主观化语言表达形式。

第四节 研究内容与设置

本书研究内容的设置以篇、章组合方式进行,研究范式与体例严格遵循既有研究规范。全书包含绪论、结论共12章,绪论、结语各占一章,即第一章和第十二章;主体部分总计十章,即第二至十一章。具体设置如下:

第一章,绪论:介绍文章的研究对象、研究任务,对相关研究概况进行概括与评述，介绍研究理论与研究视角，概述文章的研究内容与体例，简述文章的语料来源。

第二章，"有待"的性质、功能及其形式化：动词"有待"的性质与句法功能分布，"有待"与"有待于"的变换使用、"有待""有待 VP"的共用、连用与合用，"有待"作为指称标志、受事前置标志、焦点标志和未然性弱化否定标志的语用功能考察，"有待"的历时词汇化过程分析及其形式化过程探讨，"有待"与"亟待""急待"的使用异同。第三章，"有感"的功能演变及其新用法：首先，考察"有感"的及物化与"于"零形化之间的关系；其次，"有感"及物化的类推机制分析；再次，"有感"的形容词化考证；最后，对比分析"有感"与"无感"之间的区别和联系。

第四章，"有望"的演变、性质及其功能：首先，分析"有望"的历时词汇化过程；其次，对"S 有望"→"NP 有望"→"VP 有望"和"有望于 NP"→"有望于 VP"→"有望 VP"两个分布形态考察；再次，通过对"有望 VP"和"VP 有望"的分布、功能及"有望"的再发展进行分析；最后，对"有望""无望""在望"的不对称使用进行考察。第五章，"有幸"的性质、功能与演变：在对"有幸"的句法分布及其性质分析的基础上，对"有幸"的副词化表达功能进行解读，之后考察"有幸"的历时演变。第六章，"有意"的副词化及其主观化：首先，分析"有意"的性质和功能；其次，对"有意"的副词化进行解读；再次，分析"有意"的描摹性副词属性；最后，对"有意"的主观性与主观化进行考察。

第七章，"有失 X"的表达功能及其构式成因：在全面分析"有失""有失 X"的性质与功能的基础上，考察"有失"在现代汉语中的存在形态、"有失"的否定义生成机制、"有失"的否定表达功能；历时演变与共时分析相结合，分析"有失"的词汇化与语法化，结合"有失 + X [+贬义]"结构存在合理性解读对"有失"的附缀化进行拟测；最后，对比分析"有失 X"与"失之 X""失于 X"之间的区别与联系。

第八章、第九章聚焦于"有 + NP"的构式化与语法化，主要关注"有 + NP"的构件属性分析，"有 + NP"的构式化与语法化，"有 + NP"的构式义解读，"有 + NP"的句法功能，"有 + NP"的语用功能以及"有

NP"功能延伸及其再虚化等方面及其相关问题。第十章、第十一章主要关注"有+VP"的句式框架及其演变与功能,首先,在对"有+VP"的来源问题概述的基础上,从三个方面考察"有+VP"在现代汉语出现的原因,即方言接触与类推,肯定、否定表达的不对称,"have"与"有"的对译。其次,从历时与共时两个层面对古代汉语、现代汉语中的"有+VP"的存在形态进行描摹。最后,考察"有+VP"的结构性质,对"有"属性进行解读,对"有"与"体"之间的关系进行界定。

第十二章,结语:全面总结全文,对有待研究的课题提出展望。

第五节 语料及数据来源

本书语料主要源于语料库、互联网及部分辞书和著述。

语料库:

北京大学中国语言学研究中心"现代汉语语料库"和"古代汉语语料库",统称CCL语料库,规模7.8亿字。

北京语言大学BCC汉语语料库,总字数约150亿字,包括:报刊(20亿)、文学(30亿)、微博(30亿)、科技(30亿)、综合(10亿)和古代汉语(20亿)等多领域语料。

陕西师范大学历史文化学院《汉籍全文检索系统(第四版)》。

网络语料:

利用百度、谷歌、人民网、新浪网及其他相关网站等搜索引擎对所需关键词进行检索;电影、电视剧及其他电影、电视节目台词及脚本;使用中对所选取语料做了甄别,剔除不符合语感的用例。

著述用例:

部分语料取自时人先贤的研究著述,部分取自相关的辞书、文献。

文中所有语料均注明出处,部分例句在使用中做了标识。

第二章

"有待"的性质、功能及其形式化

现代汉语中"有待"作为动词已被词典收录:《现代汉语词典(第 7 版)》解释为"要等待",《现代汉语规范词典(第 4 版)》的解释是"需要等待"。两部词典给出的例句分别为:

(1) 这个问题<u>有待</u>进一步研究。　《现代汉语词典(第 7 版)》
(2) 这<u>些</u>建议<u>有待</u>研究。　《现代汉语规范词典(第 4 版)》

此二例可看作"有待"所处的典型句法环境。类似"有待研究"句法格式为"有待"所处的典型语境,我们将其码化为"有待 VP",严格意义上应码化为"有待 X"。X 究竟是名词性成分(NP),还是动词性成分(VP),与"有待"的语法属性有着密切关联。"有待"的功能属性决定"有待 X"结构性质的划分。

演变过程中,"有待"和"有待于"共时层面在交际中具有较多共性。"有待"虽然词化,但是三音节超音步语块(chunk)"有待于"并未消失。但在汉语韵律机制及语言交际简约原则的双重制约下,"有待于"中"于"难免不会脱落走向零形化。"有待"完成词汇化后又将走上语法化的演变道路,向更加虚化、形式化的动词演变。同为"X 待"词族成员,"亟待""急待"与"有待"在言语交际中存有一定的语用差异,值得我们进行辨析。

我们对 CCL 现代汉语语料库"有待"语料进行穷尽分析:处理后含"有待于"985 条,含"有待进一步"755 条;去除"有待于""有待进

第二章 "有待"的性质、功能及其形式化 / 27

一步",得"有待"3278 条;而"亟待"2749 条,"急待"369 条。①

第一节 "有待"的性质与句法分布

现代汉语中"有待"主要以"有待 X"的形式出现。我们对 BCC 语料库收录的"有待 X"进行分析发现,X 多为双音节动词。如"提高、加强、解决、改进、完善、观察、商榷、改善、考证、继续"等为"有待 X"中出现频次最高的 10 个词。单看这 10 个词,都是汉语中常用动词。但是在"有待 X"结构中,这些动词该如何解读却受到"有待"的制约。为便于论述,以下行文均采用"有待 VP"形式。

一 "有待"的性质

穷尽语料发现,"有待""有待于"的后接核心成分多为双音节词,较少数为三音节词。我们认为,"有待"是虚化动词,是尚处在演变中的形式动词(dummy verb)。朱德熙(1985)曾指出:"所谓虚化动词(WV)指的是只在书面语里出现的少数几个及物动词,如'进行、加以、给予、给以、予以、作'等。这些动词原来的词汇意义已经明显地弱化了,因此在某些句子里把它们去掉并不影响原句的意思。"(朱德熙,1985:1)

需要注意的是,"有待"与传统的虚化动词界定不同。"有待"虽然原有词汇意义在弱化,但是却具有不可删除性。例如:

(3)然而,这些因素当真全是意外的吗?这的确<u>有待商榷</u>!(《哈佛经理弊病诊治》)

(4)人类至今对于自身的神经系统仍有许多不解之谜,<u>有待继续探索</u>。(《中国儿童百科全书》)

例(3)、例(4)中若删去"有待",句子不成立。

---

① 文中"有待 VP""亟待 VP""急待 VP"的对比数据分析及 VP 的频率分析数据来源北京语言大学汉语语料库(BCC)。

"有待"与 VP 构成述宾结构在句中做谓语（详见句法分布分析），过程中不改变 VP 的词义。"虚化动词的作用仅在于加在某些词语的前边在形式上造成动宾构造，而不改变原来的词语的意义。就这一点而论，虚化动词可以说是一种形式动词（dummy verb）。"（朱德熙，1985：1）故此，我们将"有待"判定为形式动词。例如：

（5）殷队长说，大连下岗职工观念已经转变不少，但观念仍需转变，<u>素质有待提高</u>。（1998 年《人民日报》）

（6）耕地的三分之二是中低产田，还有<u>大量的水面、草山、草原、滩涂有待开发和利用</u>，九亿农民中蕴藏着极大的生产积极性。（1994 年《报刊精选》）

例（5）、例（6）中"有待 VP"是述宾结构，整体充当谓语成分。述宾结构中，"有待"不改变"提高""开发""利用"的词义。句子原义仍为"提高素质""开发和利用大量的水面……""有待提高""有待开发和利用"中"有待"仅起到形式动词之作用。

"有待 VP"中 VP，应为"表示动作的双音节词"，而非双音节动词。类似"提高、加强、解决、改进、完善、观察、商榷、改善、考证、继续"等这些词是兼有名词性质的动词，通常可称为"名动词"。① 也就是说，"有待"作为形式动词，其后既可以接动态性、陈述性的 VP，同时又可以接静态性、指称性的 VP。所以，我们也可将"有待 VP"中的 VP 称为指称化动词。对此，我们可以从以下四个方面进行论证：

第一，VP 可受名词或表数量的词语修饰，同时还可以受副词修饰。例如：

（7）尽管中国和美国政府 15 日就中国加入世界贸易组织（WTO）达成初步协议，该文件还<u>有待美国国会批准</u>。（华民《WTO

---

① 朱德熙（1982、1985）均将此类词视作"名动词"；张谊生（2011）将类似 VP 称为"指称化动词"；沈家煊（2015a、2015b）以"名动包含"说将这些 VP 都看作名词。本章持"指称化动词"说。

与中国》)

(8) 但也有人认为气功师如运用这一形式与存思，行气相配合，或许有助于集中精力，诱导意念，使其容易进入气功能状态。不过，这也<u>有待</u>实践的<u>检验</u>。(卿希泰《中国道教》)

受名词或名词短语修饰可以带定语标记词"的"，也可以是不带"的"的无标记使用。一般情况下，不带标记的可以加上定语标记词"的"；有标记的使用也可删去标记词变为无标记用法。例（7）可加入定语标记"的"，例（8）可删去定语标记"的"，变换后：

(7′) 尽管中国和美国政府 15 日就中国加入世界贸易组织（WTO）达成初步协议，该文件还<u>有待</u>美国国会（的）<u>批准</u>。
(8′) 但也有人认为气功师如运用这一形式与存思，行气相配合，或许有助于集中精力，诱导意念，使其容易进入气功能状态。不过，这也<u>有待</u>实践（ ）<u>检验</u>。

同样，"有待 VP"中 VP 受副词状语修饰时同时存在有标记和无标记两种情形，状语标记词"地"也可删除或添加。例如：

(9) 其次是产品档次不高，有的质量较差，<u>有待</u>尽快<u>解决</u>。(1994 年《报刊精选》)
(10) 自然资源仍是非洲目前唯一拥有的国际竞争"王牌"，但这一"王牌"还<u>有待</u>更好地<u>开发、利用与管理</u>。(2000 年《人民日报》)

变换后原句基本未发生变化。例如：

(9′) 其次是产品档次不高，有的质量较差，<u>有待</u>尽快地<u>解决</u>。
(10′) 自然资源仍是非洲目前唯一拥有的国际竞争"王牌"，但这一"王牌"还<u>有待</u>更好<u>开发、利用与管理</u>。

为精确语言表达，"有待 VP"中 VP 受副词状语修饰的同时又被名词性定语限制，可以是有标记使用，也可以是无标记状态。例如：

（11）最后，还有一些道派，如武当道、崂山派、三丰派、萨祖派，以及自全真道中分衍出来的龙门、随山、南无、遇仙、华山、嵛山、清静七个支派，除龙门派外，皆因资料不足，只能暂付阙如，有待史料的进一步发现和研究的不断深入，再同读者见面。（卿希泰《中国道教》）

第二，作为及物动词，VP 通常不再带宾语；但是在一定条件下，VP 也可再带宾语。例如：

（12）但各地反腐败斗争的进展情况不平衡，所取得的成就也有待巩固，影响反腐败斗争的深层次问题还有待于进一步解决，反腐败斗争的形势依然比较严峻。（1994 年《人民日报》）

（13）由此看出，我们的三产发展尚不充分，交通适应能力有待提高；各地互通信息还很不够；名胜景点的接待、商家的服务水平与新的消费需求有差距；一些不法经营者趁机宰客、敲竹杠、要黑钱，说明假日市场有待更好规范及管理。（2000 年《人民日报》）

（14）印度的经济改革虽取得明显成绩，但也存在一些问题，如财政赤字又有所上升，公有企业亏损严重，失业人数增加和对外贸易仍然滞后等等。要解决这些问题，有待继续深化改革。（1995 年《人民日报》）

（15）然而，它(专业银行向商业银行转轨)毕竟还处于探索阶段，有待走向成熟，有待建立一整套有中国特色的金融市场体系。（1995 年《人民日报》）

例（12）—（15）代表"有待 VP"做谓语的两类情形：即宾语位置 VP 不再带宾语和再带宾语。通过数据统计，"有待 VP"更倾向于不带宾语，其在使用中所占比率超过 90%。但在一定条件下，VP 是可以再带宾语的，如例（12）、例（13）。

第三，VP多项连用时，VP间可用"和、与"等衔接组成名词性联合结构；但也可构成动词性联合结构。例如：

（16）关于金钱的真正意义，还<u>有待</u>人们的<u>解释和理解</u>。（德莱塞《嘉莉妹妹》）

（17）前人云"十步之内必有芳草"，地域文化<u>有待</u>我们<u>发掘、学习、光大</u>，当然这里指的地域建筑文化内涵较为广泛，从建筑到城市，从人工建筑文化到山水文化，从文态到生态的综合内容。（吴良镛《中国建筑文化的研究与创造》）

多项VP连用与"有待"构成述宾结构。从形式上分析，例（16）中联合结构"解释和理解"受有标记定语成分限定，例（17）中"发掘、学习、光大"同为联合结构短语，"我们"做定语。但当联合结构短语前不出现限定性成分时，"有待VP"中VP的多项联合存在双重解读的可能。例如：

（18）不过面向风险，面向发展，仍有一些问题<u>有待完善与解决</u>。（1994年《报刊精选》）

（19）但由于这座欧亚大陆桥刚建成不久，技术装备、运输组织以及同国境联检部门作业的协调<u>有待完善和加强</u>，规范的运输计划商定办法、完整的国际联运清算体系和科学合理、有竞争力的运价标准<u>有待确定、建立和制订</u>。（1994年《报刊精选》）

例（18）、例（19）中联合结构短语既可以分析为名词性联合结构，也可以分析为动词性联合结构。鉴于"有待"的动词性特征，类似联合结构多被界定为名词性联合结构。

当多项联合结构受状语修饰时，联合结构的动词性被凸显，结构整体易被分析为动词性联合结构。例如：

（20）他说，在此期间，波兰与欧共体各国贸易发展很快，增长了62%。与"东方"国家贸易<u>有待</u>继续<u>开发、拓宽</u>。（1995年《人

民日报》)

(21) 如何克服指数给定的人为性，如何简便解决各种地质条件的权重，如何把地质指标和技术经济指标结合起来等问题，都<u>有待</u>进一步地<u>研究和解决</u>。(CWAC\SGM0460)

例 (20)、例 (21) 中，受状语修饰的影响，VP 动态性、陈述性被凸显，多项联合结构呈动词性。

第四，"有待"的不可删除性。不管 VP 的性质、功能如何，也不管 VP 的动作性强弱，更不论"有待 VP"处在何种句法位置，一旦删除"有待"，句子就难以成立。"有待"具有较强的完句功能，VP 对"有待"具有依存性。例如：

(22) 中国的人权状况也还存在着不少<u>有待解决</u>的问题。(2000 年《人民日报》)

(23) 不过，特罗姆瑟是否能成为 2014 年冬奥会申办城市还<u>有待</u>挪威政府的<u>认可</u>。(新华社 2004 年 1 月新闻报道)

(24) 国有资产管理体制尚未完善，国有企业的管理体制<u>有待改革</u>；"新老三会"关系尚未理顺，法人治理结构<u>有待规范</u>；国有企业经营者尚未职业化；对经营者有效的激励机制尚未形成，监督约束机制<u>有待完善</u>，等等。(2000 年《人民日报》)

上述三例为"有待""有待 VP"常见的句法分布形态。若对其中"有待"做删除处理，除非变化原有句子结构，否则例 (22)—(24) 难以成句或被改变原有句意：

(22′) *中国的人权状况也还存在着不少 ( ) <u>解决</u>的问题。

(23′) *不过，特罗姆瑟是否能成为 2014 年冬奥会申办城市还 ( ) 挪威政府的<u>认可</u>。

(24′) ?国有资产管理体制尚未完善，国有企业的管理体制 ( ) <u>改革</u>；"新老三会"关系尚未理顺，法人治理结构 ( ) <u>规范</u>；国有企业经营者尚未职业化；对经营者有效的激励机制尚未形成，监督约束机制（ ）完善，等等。

删除"有待"后，例（22）、例（23）难以成立，例（24）原有句子结构发生变化，原有句意表达也已改变。

综上所述，作为形式动词，"有待"的宾语成分 VP 可以是单独的指称化动词，也可以是以指称化动词为核心的结构短语。"有待 VP"在使用中具有相互依存性，"有待"具有较强完句功能。无论是体词性成分，还是谓词性成分，当 VP 不被其他成分限定修饰时，"有待"都凸显 VP 的动词性。VP 的动作性越强，越能突出"有待"的虚化特征，越能证明"有待"的形式动词属性。

二　"有待""有待 VP"的分布

"有待"在现代汉语中主要后接 VP 构成述宾结构"有待 VP"。但作为及物动词，"有待"也可以在句中做谓语核心带宾语。"有待 VP"既可以充当句子成分，也可以充当句法成分。

虽然"有待"主要以"有待 VP"的形态呈现，但是，作为及物动词，其仍可以做独立谓语。例如：

（25）除了这浅显的分析，真正的研究还有待真有心思做学问的人，可惜目前似乎不多，学者们可能犯不上干这个。(《读书》vol - 157)

（26）曹雪芹这样设计李嬷嬷的形象，仅仅是一种调侃，还是有自己的一番道理呢？这些，就都有待方家给我们揭秘了。(《读书》vol - 158)

例（25）、例（26）中"有待"所在句式为典型的"主谓宾"式（可码化为 SVO）句子，尽管例（26）的句子主语为指示成分。

当然，"S 有待 O"中句子主语和宾语并非一定是简单名词，有时也可以是名词短语或事件短语。例如：

（27）这一点对于我们中国这个有着强大的实用传统而又缺乏学

术自由传统的国度来说，是特别难以深入人心的，<u>有待中国的科学家和学者自身持久的努力</u>。（CWAC\AHE0024）

（28）<u>对于三菱改进设计的新油管能否真正消除质量隐患，还有待有关专家进行技术论证和实车测试</u>。（新华社2001年2月新闻报道）

"S 有待 O"在例（27）、例（28）中主语 S 为疑问性事件小句，宾语 O 则分别为偏正式定中结构、事件小句。

进一步对"S 有待 O"句式进行变换，宾语 O 更多的是事件动词、动作行为动词，此时则构成"S 有待 VP"句式。例如：

（29）<u>他能否达到收拾残局，力挽狂澜，保住本派力量的目的，还有待观察</u>。（新华社2004年12月新闻报道）

例（29）与例（27）、例（28）为同结构句式，不同的是，例（29）中宾语 O 是动作行为动词也可说是事件动词。

"有待 VP"作为常态分布在现代汉语中可以充当或有条件地充当多种句子成分和句法成分。例如：

（30）当然，今天看来，单纯依靠典型调查是不够完善的，还要与普遍调查紧密结合起来。但<u>典型调查方法</u>的<u>有待完善</u>，并不能说明它已经过时。（《读书》vol-052）

（31）一方面，这个缺憾反映了电影创作者胸怀和视野的局限；另一方面，<u>整个社会文明程度</u>的<u>有待提高</u>，也制约着这个领域的精神产品的诞生。（1993年《人民日报》）

（32）但不足的是，这里的建筑过于单一，被居民戏称为"火柴盒"。而且，<u>空置楼宇</u>的<u>有待消化</u>，也使新口岸地区夜晚的灯火没有真正亮起来。（新华社2002年7月新闻报道）

上述三例中，"有待 VP"所在体词性结构充当主语，"有待 VP"为主语中心。述宾结构"有待 VP"做主语是一种临时性的指称化用法。此

外,"有待 VP"与"的"一起构成"的"字结构短语做主语。例如:

(33) 只有德国人才这样乱用动词。因此,现在<u>有待查明的</u>是这位用波希米亚纸写字、宁愿戴面具以掩盖他的庐山真面目的德国人到底想干些什么。(阿瑟·柯南道尔《福尔摩斯探案集》)

(34) 从石油价格上涨对世界经济影响的传导机制看,<u>有待关注的是</u>:第一,会不会造成发达国家"核心通胀率"(不包括能源价格)的上升;第二,产油国手中的利润是否再回流到世界市场中去;第三,西方国家会不会再次提高利率;第四,国际金融市场是否会发生资金流的变动。(2000年《人民日报》)

述宾结构"有待 VP"做主语、宾语都是特殊用例。在我们所统计的语料中,"有待 VP"做主语的仅为上述 5 个例句,而"有待 VP"做宾语的语料仅有 1 条。例如:

(35) 早从 1978 年开始,<u>李嘉诚</u>就考虑到内地教育事业的<u>有待繁荣</u>,特别当他看到广东地区有些教育尚待支持和开发,而广东的高等教育在他看来很难与不断腾飞的经济相互匹配。(窦应泰《李嘉诚家族传》)

例(35)中"有待繁荣"作为宾语中心,也是一种临时性的指称性用法。

"有待 VP"的核心句法功能是充当句子谓语或句法谓语。例如:

(36) 显然,根际固氮细菌对环境有不同适应性,其<u>生物多样性</u><u>有待开发利用</u>。(CWAC\SBJ0393)

(37) <u>法案</u>此前已在参议院获得通过,现<u>有待</u>克林顿总统的<u>批准</u>而<u>成</u>为法律。(1996年《人民日报》)

(38) 这里阐释的知识论认为,<u>一切理论的经验基础</u>都<u>有待检验</u>;或者换句话说,都<u>有待尝试加以反驳</u>。(卡尔·波普尔《猜想与反驳》)

（39）上述矿井物探技术，在探测工作面内和巷道前方的小断层、陷落柱、煤层厚度变化、采空区及地下岩溶等方面，都取得了一定成效。但是，尚不能满足煤矿开采技术发展的需要，有待今后进一步研究和突破。(CWAC\SGM0460)

此四例仅为"有待VP"做谓语的代表。例（37）"有待批准而成为"是连动结构做谓语，例（38）中"有待检验""有待反驳"做谓语。述宾结构"有待VP"内部，VP可受状语或定语修饰与限制。

充当句子定语或句法定语，也是"有待VP"的优势分布。"有待VP"做定语通常多为有标记使用。例如：

（40）现代汉字学作为一门正在形成中的学科，有待研究的问题很多，但基础已经奠定，并引起了人们的注意，正向着成熟的方向发展。(CWAC\ALB0035)

（41）总之，发展中国家虽然还存在许多有待解决和克服的发展瓶颈，但进入90年代以来，却有着长足的进步。(1994年《人民日报》)

（42）因此，行为主义和认知主义把学习过程看作是内化知识的动作，而构建主义则假设学习者不是一个有待充实知识的空容器。(CWAC\ALJ0044)

（43）马克思与德国古典哲学的关系、费尔巴哈与德国古典哲学的关系、后德国古典哲学时期中马克思与费尔巴哈的关系等等，仍然是有待深入探究的重要理论问题。(CWAC\APJ0056)

"有待VP"的定语句法分布主要以例（40）—（43）为代表。其中例（42）"有待充实知识"是VP带宾语做宾语，进而结构整体做定语。

从上文的例句中可以发现，无论"有待VP"充当何种句法成分，在使用中，VP都可受状语或定语的修饰与限定；"有待VP"也可以受"还、仍、也、尚、更、都"等副词修饰；VP还可以被"将来、将、今后、以后、日后"及"不断、深入、继续、进一步"等时间名词或副词修饰。具体分布情况，我们对CCL语料库进行封闭统计，结果详见表2-1。

表 2-1　　　　　CCL 语料库"有待"句法搭配统计

		还+	仍+	也+	尚+	更+	都+	将+	正+
有待	3278	852	163	112	95	12	83	5	7
~+于	985	376	39	42	22	5	63	5	9
		+进一步	+今后	+以后	+继续	+日后	+不断	+将来	+时日
有待	3278	755	20	14	37	5	6	3	35
~+于	985	226	26	3	16	3	6	2	0

注:"~+于"表"有待于";"还+"表示"还"修饰"有待 VP";"+进一步"表示"有待进一步 VP"。

第二节　"有待"的句法形式与变换

"有待"作为形式动词,后接动词或动词性成分构成述宾结构"有待 VP",主要充任句子或句法谓语。在使用中,"有待 VP"可连用、并用与合用。

一　"有待 VP"和"有待于 VP"

作为及物动词,"有待"可自由后接宾语;但是在现代汉语中,"有待"可接附缀"于"构成"有待于",再带宾语。"有待于"和"有待"在使用中除了使用频次的差异外,在语用功能上,二者间无明显差异(此仅通过"表 2-1"可见一斑)。例如:

(44) a. 当然,上述商机是不是商家的一厢情愿,还<u>有待验证</u>。(2000 年《人民日报》)

b. 这种印刷方式有无出版性质<u>有待于验证</u>。(CWAC\LCE0259)

(45) a. 但我国在无形资产评估上还缺乏经验,技术市场也只是刚刚开始发育,科技金融的可操作投入体系仍<u>有待不断地探索</u>。(1994 年《报刊精选》)

b. 在以计算机为核心的辅助教育不断发展的今天,要能真正实现网络化学习中"人高于环境"的思想,还<u>有待于不断地探索和实</u>

践。(CWAC\AET0017)

(46) a. 根据《企业会计制度》的规定，每日终了结算现金收支、财产清查等发现的<u>有待查明原因</u>的现金短缺或溢余，应通过"待处理财产损溢"科目核算……（CWAC\CAL0130）

b. 对于企业每日终了结算现金收支，以及财产清查等发现的<u>有待于查明原因</u>的现金短缺或溢余，应通过"待处理财产损溢—待处理流动资产损溢"科目核算……（CWAC\CAM0131）

从例（44）—（46）三组例子可以看出，"有待"和"有待于"或者说"有待VP"和"有待于VP"之间的无差异化使用，可以相互替换。

尽管"有待""有待于"二者间可以相互替换且不会造成语用差异，但是不可忽视的是，受汉语双音化韵律机制及语言交际的简洁性规则（按：也可视作省力原则）的双重制约，"有待于"难以进入汉语的词汇库藏。另"有待VP""有待于VP"中VP都以双音节词为主体，"有待于VP"的"3+2"韵律结构同样难以久居汉语词库。"于"的零形化只是时间问题。

二 "有待VP"的运用

为了强化表达，增加语言运用的修辞效果，交际中言者或作者会将"有待VP"多项连用、并用或合用。例如：

(47) 判卷归来谈06考研英语中的常见问题：1. 种种招数都有，<u>态度有待端正</u>；2. 总体感觉欠佳，<u>水平有待提高</u>；3. 偏题现象严重，<u>方法有待改进</u>；4. 错误共性突出，<u>环境有待优化</u>（网页/C000020）

(48) 当前，<u>教育改革有待进一步深化</u>；<u>教师待遇、住房有待进一步提高和改善</u>；新的入学高峰期中为避免"二部制"，<u>校舍有待进一步建设</u>；办学中<u>很多问题都有待进一步解决</u>，我们一定要看到差距，学习兄弟省市先进经验，继续努力，进一步下大力量抓好教育改革，坚决把教育搞上去。(1994年《人民日报》)

例（47）、例（48）为典型的"有待VP"连用情形。"有待VP"多项连用具有排比句的修辞效果，在使用中具有强化表达的作用。同时，"有待VP"也可与"有待于VP"共现连用。例如：

（49）人们的文化素质还普遍较低，有待提高。像看戏、听音乐会、参观画展之类的高雅情趣不是一朝一夕能养成的。同时这也有待于社会物质生活水平的提高。（1996年《人民日报》）

（50）经验提供素材，而把材料构造成一座知识大厦的，则有待某种先验东西的加工。同样，史料只是素材，要勾画出完整的历史画面，也有待于某种先验东西的加工。（《读书》vol–161）

（51）掩卷之余，也有不足之感，这主要恐怕是理论的创新还有待展开。……对于中国传统的文学批评，特别是那些点评式的断语，往往过于模糊、直观、象征、会意，缺乏质的规定性，因人而异，因作而异。这些，也还有待我们用现代的文艺理论去探讨。当然，这一些问题的解决，要求集中于一本著述，显然是不可能的，这还有待于作者和广大研究者的努力。（《读书》vol–074）

例（49）"有待提高"和"有待于提高"连用，后者加入了名词性限定成分定语；例（50）为"有待加工""有待于加工"共现，"加工"同时被同一定语限定；例（51）"有待展开""有待探讨""有待于努力"三项连用，后两项中"探讨""努力"接受其他成分修饰与限定。

与"有待VP"相比，"有待于VP"同样可以多项连用。例如：

（52）研究队伍还有待于不断扩大，研究的广度和深度还有待于进一步开拓。（1994年《报刊精选》）

（53）我省的旅游项目还有待于继续开发，旅游景点的建设还有待于加强，景点吸引力还跟不上形势的要求，我省旅游市场本身尚有待于治理整顿。（1994年《报刊精选》）

述宾结构"有待于VP"在例（52）、例（53）中做谓语。"扩大""开拓""开发"受状语无标记修饰。

"有待 VP"在使用中可以并列出现,简称"有待 VP"的并用。例如:

(54)设立董事会及董事会领导下的厂长负责制问题,股东会及股东监督问题,产权明晰问题等,这些都<u>有待完善</u>,<u>有待加强</u>改制与规范。(1994 年《报刊精选》)

(55)四季柚是<u>有待开发</u>、<u>有待深加工</u>、综合利用的天然果品,该镇引进中国柑橘研究所的最新技术,生产粒粒柚、柚香精等 8 个系列产品,其经济价值非常可观。(1994 年《市场报》)

"有待 VP"并列使用在例(54)中做谓语,在例(55)中充当定语成分。

"有待于 VP"和"有待 VP"相似,也存在并列使用情形。例如:

(56)如果我们对资本主义的认识都没有完成,都<u>有待于实践的进一步检验</u>,<u>有待于在实践中发展</u>,那么对社会主义的认识就更是这样了。(《读书》vol-010)

(57)这些问题的解决,<u>有待于旅游部门强化权威性</u>,加强管理和服务;<u>有待于进一步提高全省旅游从业人员的素质</u>;<u>有待于全省人民</u>在大旅游的大趋势中逐步<u>建立</u>大旅游意识,学会作一个旅游岛的合格居民。(1994 年《报刊精选》)

例(56)、例(57)中多项"有待于 VP"并列使用做谓语。例(56)中,"有待于实践的进一步检验"是述宾结构,宾语为定中式偏正结构"实践的"为定语,"进一步检验"为状中结构。例(57)"有待于 VP"内 VP 再带宾语,如"强化权威性""加强管理和服务""提高素质""建立意识"等;"有待于强化""有待建立"所在小句的宾语可看作事件小句。从"有待发展""有待建立"两例中可知,"有待"与 VP 之间可插入介宾结构状语。

"有待 VP"的连用与并用在交际中有时可以在同一语篇中出现。例如:

第二章 "有待"的性质、功能及其形式化

(58) 一九五〇年至一九六〇年以后，情况有了变化，反传统的研究方法盛行起来……这使人们的视野扩大了，提出了大量有待研究、有待解决的问题，不过，对这些问题进行研究的结果并不理想……（《读书》vol-044）

(59) 中国信息化应用远远落后于基础设施建设，网上中文信息和增值服务专案有待进一步发展，远端教育的质量保证体系和运转机制有待继续完善。（新华社 2002 年 9 月新闻报道）

"有待研究""有待解决"并用充当"问题"的定语，"有待发展""有待完善"前后共现连用做谓语。

所谓"有待 VP"的合用，是指当"有待 VP"多项连用时，为简化语言的表达形式，可以合并同类项，所构成的使用模式即为"有待 VP"的合用。此过程可以码化为：有待 VP_1 + 有待 VP_2 + 有待 VP_3 → 有待 VP_1、（和/与/同）VP_2、（和/与/同）VP_3

"有待 VP"在使用中一般较多的是两项、三项合用。例如：

(60) 我国的著作权保护工作起步较晚，还存在许多薄弱环节，有待加强、改进。（1994 年《人民日报》）

(61) 看到老人停止呼吸前种种超常现象和心跳停止后的奇特变化，我们觉得有些现象很难解释，有待进一步研究、探讨、突破。作为老人的家属，我们有责任、有义务为解开这个谜做一些工作。（1994 年《报刊精选》）

(62) 海南与其他特区不同，政策优势还没有充分发挥出来，体制优势还没有完全形成，也未涵盖整个特区，还没有转化为现实的产业优势，增创新优势的条件、基础还有待于进一步挖掘、整合与提高。（1994 年《报刊精选》）

(63) 无论如何，科学思想史及其在思想中的地位和作用，还是一个富矿，尚有待治思想史的学者们去勘探、去发掘、去开采。（《读书》vol-176）

例（60）为两项 VP 合用同一形式动词，构成述宾结构做谓语；例（61）—（63）为三项 VP 合用"有待"，"有待"与多项 VP 构成述宾结构。"有待"与多项 VP 合用存在被分解的可能性，一旦分解将会形成"有待 VP"的并用或连用。"有待 VP"的多项合用在语言形式上更简洁，但与"有待 VP"的并用或连用相比，在"气势"上有所减弱。

"有待 VP"的合用也可以是相同的 VP 合并使用。例如：

（64）京城第一家礼品回收店作为一个新事物，几个月便突然歇业，其中的奥秘，也许更<u>有待社会</u>、<u>有待众人去评说</u>，而究竟它何时东山再起，只有让时间来说明，众人拭目以待。（1994 年《报刊精选》）

例（64）"有待社会、有待众人去评说"可以扩展为"有待社会去评说、有待众人去评说"，合并后言简意赅。

"有待 VP"还可以与其他形式动词，与"亟待 VP""急待 VP"等在使用中连用，下文对此有相关论述。

第三节 "有待"的语用功能

"有待"作为形式动词或说虚化动词，后接 VP 构成述宾结构做谓语在使用中具有特殊的语用功能。对此我们将"有待"看作指称标志、受事前置标志、焦点标志和未然性弱化否定标志。

一 指称标志

"有待 X"中的 X 究竟是动词还是名词，抑或名动词？对此，我们认为，X 在"有待 X"中仍属动词性成分，但是在与"有待"的结合过程中，X 的动词性或陈述性被"压制"，X 的指称性被凸显。这就是"有待"的指称标志功能。即"有待"使得与其具有直接关联的动词性成分陈述性减弱，指称性加强。① "一个动词，做了形式动词的宾语后，就失去了动词的绝大部分功能（这些功能都与动词的陈述性相关），变成一个指称性的成分，而此时的形式动词就起了指称标记的作用。"（刁晏斌，2004：36）

我们对 BCC 语料库中"有待 VP"进行数据分析，现将与"有待"搭配频率最高的 20 个动词摘录如下：

表 2-2　　　　BCC 语料"有待 VP"前 20 个高频词表

提高	加强	解决	改进	完善	观察	商榷	改善	考证	继续
6552	2287	2004	1755	1594	1438	1005	768	684	673
探讨	开发	证实	研究	提升	验证	深化	探索	进行	挖掘
667	487	466	401	264	262	238	237	195	193

此处 20 个高频词在现代汉语中都是陈述性较强的动词，但进入"有待 X"结构做宾语，构成述宾，其陈述性被"压制"，指称性被凸显。例如：

（65）乌克兰"太大"，在政治体制、经济、人权等诸多方面有待更多的改进，欧盟内部目前的主流意见是不让其加入欧盟。（新华社 2004 年 12 月新闻报道）

（66）企业要有发展的后劲，有个好前途，不仅要靠企业自己素质的提高，更有待全社会全民族素质的提高。（1994 年《报刊精选》）

（67）当然，这不是哪个商家能够独立完成的事，需要全社会来协作完成——尚有待法律的完善，尚有待管理力度的加强等等。（1994 年《报刊精选》）

VP 指称性的凸显在上述三例中一目了然：述宾结构中 VP 进一步受

---

① 这也是我们坚持 X 为指称化动词的原因；也是我们倾向选择使用"有待 VP"，而不选择"有待 X"的原则。

到有标记定语的限定，VP 的指称性更加突出。

二 受事前置标志

言语交际中，言者出于交际策略、语篇限制及特定的句法语义要求，通常会选择受事前置句式。"虚化动词正是造成受事前置句式的一种重要手段。"（朱德熙，1985：5）尽管"有待"尚处于进一步的虚化（形式化）过程中，但是其标记受事前置的功能已经被高频化使用。例如：

（68）俄国的<u>力量</u>、<u>群众</u>、<u>勇敢</u>和<u>坚忍</u>还<u>有待考验</u>，但就战略、政策、预见和才能来判断，斯大林和他的人民委员们在当时是第二次世界大战中彻底受骗上当的笨伯。（温斯顿·丘吉尔《第二次世界大战回忆录》）

（69）全社会及有关方面对职业教育的重要地位和作用的<u>认识</u>还<u>有待进一步提高</u>；职业教育经费不足，缺少稳定的投入来源；<u>职业教育体系有待进一步理顺</u>，职业教育的<u>办学责任有待进一步落实</u>。（1995 年《人民日报》）

（70）尽管作为一种新的治理模式，<u>政策网络治理</u>还<u>有待于进一步研究和完善</u>，但无论在工具属性还是在价值属性方面，其都显示出独特的优越性……（CWAC \ APJ0071）

对上述三例进行受事还原变换，成为 VO 式述宾结构，即"考验力量、群众、勇敢和坚忍""提高认识、理顺体系、落实责任""研究和完善政策网络治理"。如例（68）所示，"力量、群众"等在句中作为形式主语，但在语义上却是"有待 VP"中 VP 的语义受事对象。

如果"有待 VP"中 VP 不再带宾语，那么我们原则上可以在"有待 VP"出现的句法环境中发现 VP 的语义指涉成分。该语义指涉对象即为 VP 的受事论元。此即"WV（虚化动词）+NVt（名动词）里的虚化动词有标记前置受事的作用"（朱德熙，1985：6）。

三 焦点标志

"有待 VP"所在句式受事前置，在语言形式上改变了汉语原有的句子语序。从语言信息传递的角度看，"有待 VP"所在句子语序的改变是言者根据不同的交际策略对相关信息进行凸显的结果。根据信息传递原则，语言编码过程中，言者通常选择将重要信息采取尾焦点处理策略。即把最想凸显的信息置于句子末尾，此即句法移位的过程。

"有待 VP"通常居于句子末尾，处在信息焦点的凸显位置。"有待 VP"所在句式的成立历经焦点变换和话题变换两个过程。这两个过程即一个问题的两个方面。例如：

(71) 在改革开放、发展社会主义市场经济的新形势下，在完成宏伟的"九五"计划和实现 2010 年远景目标的实践中，<u>新的矛盾有待解决</u>，<u>新的困难有待克服</u>，<u>新的事业有待开创</u>。(1996 年《人民日报》)

(72) <u>论战的结果</u>还有待于物理学的进一步发展才能<u>澄清</u>，但这种不畏艰难，勇于坚持真理的精神就足以使玻尔和他的哥本哈根学派名载史册。(《中国儿童百科全书》)

"有待 VP"做谓语是句子的核心语义焦点。例 (70) 中"新的矛盾""新的困难""新的事业"及例 (71) 中的"论战的结果"可看成话题成分，是论述的起点，其后的"有待 VP"才是作者所要凸显的内容。句法位置移位前后，句子凸显信息有所不同。

(71′) 在改革开放、发展社会主义市场经济的新形势下，在完成宏伟的"九五"计划和实现 2010 年远景目标的实践中，(需要)解决<u>新的矛盾</u>，克服<u>新的困难</u>，开创<u>新的事业</u>。

(72′) 物理学的进一步发展才能澄清<u>论战的结果</u>，但这种不畏艰难，勇于坚持真理的精神就足以使玻尔和他的哥本哈根学派名载史册。

变换后的 (71′) 凸显的是"新矛盾、新困难、新事业"，是陈述焦点；(72′) 凸显焦点是"论战的结果"。但是，例 (71) 要凸显的是 VP，作者想要着重提醒人们关注的是事情解决的急迫性；例 (72) 中大量的修饰限定成分更加凸显"澄清"的必要性。

"有待"的焦点标志功能与"加以、进行"等具有相似性。例如：

(73) a. 我们要批判这种违法乱纪行为

——我们要对这种违法乱纪行为<u>进行/加以</u>批判

b. 李四批评了张三的错误

——对张三的错误，李四<u>进行了</u>批评

变换前后，话题结构改变，句子凸显焦点也发生变化。不同的语言形式，表达的交际效果有所区别。"有待"与"加以、进行"等一样，是焦点标志，也是句法语序变换的标志。

四 未然性弱化否定标志

尽管"有待"已经走向虚化、形式化，但是其原始词汇意义在使用中仍有保留。"有待VP"可以解读为"存在尚未解决的或尚未发生的动作或事件"。此处，"有待发生"在一定程度上与"尚未发生"等同。所以，"有待VP"在使用多出现在未然性事件表达与陈述中。"有待VP"可以被表未然的时间名词或时间副词修饰。例如：

(74) 美国士兵死亡人数继续增加，美国民众是否会平静地吞下苦果，<u>将有待</u>时间来验证。（新华社2004年9月新闻报道）

(75) 随着长江水位的逐年上升，灵山石自唐代以后便很少浮出水面，清末以来从未露出水面，题刻内容的确认还<u>有待将来</u>依靠潜水寻找来解决。（新华社2002年11月新闻报道）

(76) 只有关于移民问题的信息制度尚未建成，<u>有待今后两三个月内</u>完善，即可实现9国间的人员自由流通。（1993年《人民日报》）

(77) 对有关利息所得如何征税，在此次磋商中未做出安排，<u>有待日后</u>两地进一步探讨后再作规定。（1998年《人民日报》）

(78) 意属非洲殖民地被置于英国的暂时托管之下，它们的最终地位<u>有待以后</u>决定。（L.S 斯塔夫里阿诺斯《全球通史》）

上述例句为"有待 VP"在将来时态下的五种常规分布,即"将有待VP""有待将来 VP""有待今后 VP""有待日后 VP""有待以后 VP"。另外从例句的其他相关词语的使用上同样可以感知"有待 VP"的未然化使用,如例(74)—(77)中的"是否会、从未、尚未、未"等词的使用。

在未然性时态表达下,"有待"还可与"来日""来者""时日"等时间名词组配。例如:

(79)可惜驻足时间太短,各种景致未及一一细看,只好<u>有待来日</u>了。(1994 年《人民日报》)

(80)但一本涵盖梁氏一生并兼顾其中西思想渊源的研究尚<u>有待来者</u>。(《读书》vol-159)

(81)由于各路资金蜂拥而至催生目前大盘强势格局,市场理性回归还<u>有待时日</u>,短期大盘将有望持续涨势。(网页/C000008)

未然时态下,"有待 VP"的五种常规分布使用频次不均:

表 2-3　　　　　未然时态下"有待"常规分布频次①

	将有待	有待将来	有待今后	有待日后	有待以后	+来日	+来者	+时日
CCL	10	6	44	8	9	3	2	35
BCC	293	45	1329	67	210	20	3	622

未然性事件有待发生,但在现实情况下并未发生,所以,"有待 VP"事件可以做现实条件下的非实现性否定解读。也就是说,"有待 VP"在使用中由未然化情态表达获得了非现实的否定解读,此即"有待"的弱化否定功能。"有待"的弱化否定只是现实状况下的未实现状态,非强化

---

① CCL 语料库数据为处理后精准数据,其中包含"有待于"的语料统计数据。BCC 语料库数据仅统计"综合、报刊、微博、科技"四部分数据,"将有待"数据包含"有待于"语料数,其他四种中不含"有待于"。

否定，属特殊否定范畴。例如：

（82）从这一目的来说，这本书显然留下了一些<u>有待解决</u>的课题。(《读书》vol－115)

（83）深刻、伟大却不等于尽善尽美，老一辈知识分子的心态递传到新一辈，也<u>有待丰富完善</u>，乃至于突破创造。(《读书》vol－127)

（84）由于墓葬曾遭偷盗，出土随葬品很少，因此有关墓主人的信息，<u>有待于</u>对随葬品的<u>进一步发掘清理</u>。(新华社 2003 年 11 月新闻报道)

（85）据国民警卫队有关官员说，出事的原因虽然还<u>有待于调查</u>，但气候不佳可能与飞机坠毁有直接的联系。(新华社 2001 年 3 月新闻报道)

这里"有待解决＝尚未解决/没有解决"，"有待丰富完善＝尚未丰富完善/没有丰富完善"，"有待于进一步发掘清理＝没有进一步发掘清理/尚未进一步发掘清理"，"有待于调查＝没有调查/尚未调查"。

"有待"的未然性表达功能与弱化否定表达功能其实是相辅相成的，二者间难以明确切分。

第四节　"有待"的词汇化与形式化

"有待"的词汇化肇始于先秦时期，在诸多动因、机制的共同作用下，"有待"从跨层结构逐步固化、词汇化。"有待"从不及物动词进化为及物动词，从及物动词逐渐虚化为形式动词，属语法化研究范畴。"有待"的词汇化与其语法化之间是先后演变关系。

一　"有待"的词汇化

"有待"在线性层面上共现最早出现在先秦时期，起初为跨层结构短语。例如：

(86) 赵穿追之不及。反。怒曰："裹粮坐甲，固敌是求，敌至不击，将何俟焉。"军吏曰："将<u>有待</u>也。"（《春秋左氏传·文公十二年》）

(87) 霜露惨凄而交下兮，心尚幸其弗济。霰雪雰糅其增加兮，乃知遭命之将至。愿徼幸而<u>有待</u>兮，泊莽莽与野草同死。愿自往而径游兮，路壅绝而不通。（先秦·宋玉《九辩》）

此二例中，"有"可看作动词词头，起衬音作用，无实义；"待"义为"等待"。"有"也可解读为表存在义动词，"有待"表示"有所待"，可解读为述宾结构短语。

"待"表"等待"是及物动词，可后接宾语 X。"有待 X"内部结构关系为"有 + [待 X]"而不是"有待 + [X]"。例如：

(88) 军志有之。先人<u>有夺</u>人之心。后人<u>有待</u>其衰。盍及其劳。且未定也。（《春秋左氏传·昭公二十一年》）

(89) 夫事物之性。有自然而成者。<u>有待</u>人事而成者。有失人事不成者。有虽加人事终身不可成者。是谓三势。（东汉·荀悦《汉纪·前汉高后纪》卷第六）

例（88）中"待其衰"为述宾结构，"待其衰"做宾语与"有"进一步构成述宾结构。同样，"有待人事而成者"在例（89）中也为述宾结构做宾语的述宾结构。

述宾结构"有待 X"在结构层次上虽然为"有 + [待 X]"，但是在韵律机制的干预下，"[有待] + X"的语音延宕是可以存在的。例如：

(90) 故旧书之不传于今，<u>有待</u>今人拾骨者，惟八种耳。（东晋·袁山松《后汉书序》

(91) 夫人姜氏归于齐。恶宣公也。<u>有不待</u>贬绝。而罪恶见者。<u>有待</u>贬绝。而恶从之者。（《春秋谷梁传·文公十八年》）

"有待今人拾骨者"的韵律结构可切分为"2/2/3"模式，"有待贬绝"则为"2+2"韵律单位。

在韵律机制的作用下,"有待"由跨层结构被重新分析为同一韵律语块（chunk）。韵律词"有待"的形成为其进一步词汇化提供了演变基础。"有待X"述宾结构经历一个句法与语音的错配（mismatching）。即"待X"在句法上构成述宾结构，但在语音上"有待"构成一个韵律词（prosodic words）。

秦汉至魏晋南北朝之间，"有待"在韵律词的基础上完成了向语法词的演变。所谓的语法词（grammatical words），"句法上已具备了单词的功能与作用，只是在深层结构与词义融合方面还未完全成词"（张谊生，2014：43）。也就是说，语法词"有待"是介于韵律词和词汇词之间的过渡阶段。例如：

（92）然臣隐忍于质帝之秋，而欲效忠于陛下之朝者，亦<u>有待</u>也。（汉·黄宪《天禄阁外史·辞受》）

（93）盖君子藏器以<u>有待</u>也，稽德以<u>有为</u>也，非其时不见也，非其君不事也，穷达任所值，出处无所系。（晋·葛洪《抱朴子·任命》）

（94）虽复音尘可嗣，终隔风云，梦想时通，无因觏止，依依望楚，寸阴<u>有待</u>，百年将半，轻生若是，命也如何。（北齐·刘逖《与徐仆射书》）

"有待"在此三例中，符合双音化韵律词要求，具备词的形式；"有待"在句中充当句法成分，具有句法功能。但是，"有待"的内部结构关系尚未固化，词义融合度不够高。例（92）—（94）中，"有待"可以用"有所待"进行替换。或者说，这三例中"有待"内部可以插入"所"。

"有待"在韵律机制的作用下，历经重新分析，从跨层结构"有待X"逐渐固化、词汇化。"有待"完成词汇的过程也是"待"与其宾语分离的过程。"有待"在古代汉语中是一个不及物动词，不能直接带宾语，除非借助介词"于"的引介。例如：

（95）李玄曰："昔者三仁戮而殷灭，今五仁锢而汉存犹，未若纣之当罪也。意者，尚<u>有待于</u>继乎？"（汉·黄宪《天禄阁外史·去蜀》）

（96）兵革无会，非有待于丹鸟；宫观不移，故无劳于白燕。（南北朝·庾信《三月三日华林园马射赋》）

（97）寻而继伏腊之土，日资月聚，颇有成规，将有待于同志之士也。（唐·释德诚《船子和尚拨棹歌·推篷室记幻住》）

（98）故无益于人，虽孔圣之庙犹不能朝夕而事焉。有待于人，而不能得善士、良士，则不如无待也。（五代·王定保《唐摭言·公荐》）

类似例子都是通过"于"的引介将"有待"的语义之指涉对象放置在其后做宾语。通过对语料分析发现，宋代之前，"有待于"只能接名词性宾语。例（94）是"有待于"最早使用语例，出现在秦汉时期；从隋唐五代开始，"有待"通过"于"带宾语的使用才逐渐推广。

最迟至隋唐时期，"有待"即完成了词汇化，完成了由语法词至词汇词（lexical words）的过渡。作为不及物动词，"有待"不能后接宾语，在句中做谓语，但可以受语气词、程度副词及否定词修饰。例如：

（99）北园干叶旋空枝，兰蕙还将众草衰。笼鸟上天犹有待，病龙兴雨岂无期。（唐·徐夤《北园》）

（100）贫居稍与池塘近，旬日轩车不降来。一树琼花空有待，晓风看落满青苔。（唐·朱景玄《和崔使君临发不得观积雪》）

（101）五亿诸天界，三千道境中。是非更有待，生死互无穷。（唐·杜光庭《通玄赞八首二蜀上》）

（102）沙之为物兮，视污若浮，金之为宝兮，耻居下流。沉其质兮，五才或阙，耀其光兮，六府以修。然则抱成器之珍，必将有待，当慎择之日，则又何求？（唐·柳宗元《披沙拣金赋》）

古代汉语中能修饰"有待"的状语词主要有"犹、尚、将、更、或、抑、方、终、应、假将、必将、其实"等。类似例（96）、例（100）能否定"有待"的否定词主要有"非、空、未曾"等。

虽然"有待"不能带宾语，但"有待"却能够与其他动词性成分（VP）连用构成连谓结构"有待VP"。连谓结构内部可插入"而"构成"有待而VP"；也可不带，直接构成"有待VP"结构。例如：

（103）良以食为民天，农为政本，金汤非粟而不守，水旰<u>有待而无迁</u>。（南朝·王融《永明九年策秀才文》）

（104）尝独以谓天之生夫人也，殆将以寿考成其才，使<u>有待而后显</u>，以施泽于天下。（北宋·王安石《王深父墓志铭》）

（105）吾闻不趋四民之利，莫致百镒之金。但大患未亡，<u>有待须养</u>。（隋·释彦琮《福田论》）

（106）仙人<u>有待乘黄鹤</u>，海客无心随白鸥。屈平词赋悬日月，楚王台榭空山丘。（唐·李白《江上吟》）

（107）周粟纵荣宁忍食，葛庐频顾谩劳思。江山<u>有待早归去</u>，好向鹡林择一枝。（唐·詹敦仁《劝王氏入贡，宠予以官，作辞命篇》）

（108）昼对南风独闭关，暗期幽鸟去仍还。如今<u>有待终身贵</u>，未若忘机尽日闲。（唐·杨发《秋晴独立南亭》）

例（103）、例（104）为"有待而VP"结构，例（105）—（108）为"有待VP"结构。

连谓结构是现代汉语述宾结构"有待VP"的源结构。例（107）、例（108）中"有待VP"的使用已与现代汉语中"有待VP"做谓语用法相似。我们认为，现代汉语述宾结构"有待VP"起源于古代汉语中的连谓结构"有待VP"。"有待"的进一步语法化也是在此语境条件下发生的。

同时，在"有待于"带名词性成分宾语的类推机制影响下，"有待于"在宋代以后陆续可以带动词性宾语。例如：

（109）用兵之法不欲久，惟能使调敛发输不劳而民有余力，则可以制敌而<u>有待于必胜</u>。（北宋·欧阳修《开封府开封县主簿孙量可保大军节度掌书记制》）

（110）天下皆非吾有，起于草莽之中，因乱而争之，故虽驰天下之人，以争一旦之命，而民犹<u>有待于戡定</u>，以息肩于此。（宋·苏辙《栾城应诏集·秦论》）

例（110）中，"戡定"意味"平定、可定"。

在韵律机制的作用下，"有待"从跨层结构被重新分析为韵律词，致使"有待X"结构内部发生句法和语音的错配。"有待"从韵律词经语法词最终成为不及物动词。"有待"借助"于"可后接宾语。连谓结构"有待VP"的形成为"有待"的进一步演变奠定基础。

表2-4　　　　"有待""有待于"古代汉语分布统计①

	先秦	秦汉	魏晋	南北朝	隋唐五代	宋辽金	元	明	清
文献（种）	68	61	36	44	146	282	82	397	942
有待	17	3	11	19	46	285	81	197	598
有待于	0	1	0	1	6	61	28	60	84

二　"有待"的形式化

"有待VP"从连谓结构演变为述宾结构的过程伴随"有待"的语法化而发生。连谓结构中"有待"与VP处于平等的句法地位，但述宾结构内部"有待"与VP却处在不同的句法层面。例如：

（111）中国人口就业结构性转换存在巨大的<u>存量</u><u>有待释放</u>。（CWAC\LRJ0368）

（112）但若要有效地指导实际应用，纹理特征提取的研究还有若干<u>问题</u><u>有待解决</u>。（CWAC\SCJ0421）

上文我们已对"有待"的语用功能进行分析，例（111）、例（112）中的信息焦点应是"释放"和"解决"，虽然受"有待"的未然性影响，但不改变其作为焦点的实质。换句话说，述宾结构"有待VP"的信息核心是VP，而非"有待"。

从Croft（2009）提出的基本信息负载单位（PIBUs）及语言单位语法化的观点来看，"有待VP"内部VP是交际的基本信息负载单位，是信

---

① 数据来源汉籍全文检索系统（第四版）。元代之前数据为精准数据分析，元明清三代仅为系统统计数据，有待（未）分析。

息传递的焦点;"有待"虽与 VP 处在相同的句法位置,同为交际的焦点信息备选单位,但是其只能是非基本信息的负载单位(non-PIBUs)。"当有两个核心备选项时,不是 PIBUs 的那个最容易发生语法化。"① (Croft,2009:259;张伯江,2009:23)

"有待"语法化的结果:由动词逐渐虚化,向形式动词演变。"有待"的形式化改变了原有句子的信息结构,受"有待"约束的潜在焦点范围(potential focus domain)在逐渐扩大。"有待"焦点标记域的扩大在句法上的形式体现即其句法位置的左移外围化。例如:

(113) 中日友好已经具有大致的框架,但其内容还有待充实,所以我们的工作还远远没有结束!(2000 年《人民日报》)

(114) 当然,我们在办理提案的过程中,也还存在一些不足,有待(我们)[进一步]改善和提高。(1994 年《报刊精选》)

(115) 但要使之成为一门国际学术界公认的、独立的新兴学科,还有待我们[在马克思主义指导下],[吸取一切关于人学思想的优秀成果],[进一步]探索、研究和创造。(1994 年《报刊精选》)

(116) 它们古典神秘的气度和厚重丰饶的内涵,无不有待我们[以一种超凡脱俗的价值观]去评估、去感悟、去诠释、去解读。(郭耕《天下奇兽——麋鹿》)

"有待"句法位置左移外围化过程其实就是 VP 修饰语逐层递增的过程。如从例(113)中的"有待充实"到例(116)中"有待"后接宾语小句。VP 可接受名词性成分、动词性成分及副词性成分的修饰与限定。如例(114)中"有待我们(的)进一步提高和改善","进一步"为状语、"我们"为定语;例(115)中进一步插入了条件状语及方式状语成分;例(116)中 VP 前进一步加入了虚化动词"去",使得"有待"的宾语由单个指称化动词逐渐扩展至宾语小句。当然,这些修饰限定成分是可以删除的,且不改变句子的核心语义。

---

① 原文为"If there are two candidates for headhood... the one that is not the PIBU will undergo grammaticalization"。

作为焦点标记,"有待"的后接句法成分都是其标记的内容。在句法位置左移外围化过程中,"有待"的焦点辖域（focus domain）在同步扩大。一定程度上,"有待"可统辖"予以、进行、加以"等形式动词。例如:

（117）克里斯托弗对中东的第 11 次访问已经结束,其实际结果似还<u>有待</u>巴以、叙以谈判<u>予以证实</u>。(1995 年《人民日报》)
（118）报道同时指出,美朝各自的建议还存在着差距,<u>具体的进展</u>还<u>有待</u>下轮会谈<u>进行解决</u>。(新华社 2004 年 6 月新闻报道)
（119）巴罗佐表示,<u>这些方针</u>还<u>有待</u>通过一系列具体措施<u>加以补充和完善</u>,但改革后的国家及公共机构无疑将提高工作效率和更贴近民众。(新华社 2003 年 6 月新闻报道)

所以说,"有待"的语法化过程即是其不断虚化走向形式化的过程。当然,受其演变滞后性的影响,现代汉语中,"有待"的性质存在多重解读的可能。

第五节 "有待"与"亟待""急待"

现代汉语中,"亟待""急待"有着与"有待"相似的功能与用法。例如:

（120）"九五"期间就业形势不容乐观,下岗人员<u>就业观念</u><u>亟待改变</u>。(1996 年《人民日报》)
（121）全面建设小康社会,是一项复杂而艰巨的系统工程,涉及经济、政治、文化建设与改革等各个领域,有许多<u>重大理论和现实问题</u><u>亟待</u>研究和<u>解答</u>,这必将为行政学院发挥科研咨询优势提供更加广阔的舞台。(新华社 2002 年 12 月新闻报道)
（122）我国市场经济快速发展,<u>各种经济关系</u><u>急待</u>法律的<u>规范</u>。(1998 年《人民日报》)
（123）鹿兆鹏现在确实忙,中共陕西省委的全会刚刚开罢,<u>党</u>

<u>的决议</u>急待贯彻，今冬明春要掀起乡村革命的高潮，党的组织发展重点也要从城市知识层转向乡村农民，在农村动摇摧毁封建统治的根基。(陈忠实《白鹿原》)

同"有待"相似，这里的"亟待""急待"也可解读为"指称标志""受事前置标志""焦点标志"和"未然性时体标志"，也即"亟待""急待"与"有待"具有相似的语用功能。

"亟待""急待"作为动词已经被《现代汉语规范词典（第4版）》收录，其动词属性及地位已经被确定。"有待"与"亟待""急待"之间的语义差异，可总结如下：

表2-5　　　　　"有待""亟待""急待"释义属性对照

	释义				结构属性	
	《现代汉语规范词典》		《现代汉语词典》			
有待	需要等等	需要［要求得到，应该有］	要等待	要［需要］	动+名	述宾
亟待	急切地等待	急切［紧急迫切，不容拖延］			副+动	状中
急待	迫切地等待	迫切［十分急切，愿望强烈］			副+动	状中

虽然"亟待""急待"和"有待"的用法属性相似，但是三者间在使用上尚有语体使用差异。正如《现代汉语规范词典（第4版）》(2022：641)所指出的那样："'亟待'文言色彩较浓，语意也较重，多用于较庄重的场合；'急待'较口语化，多用于一般场合。"对此，我们对"有待""亟待""急待"的语体使用分布情况进行了统计，详见表2-6。

表2-6　　　　　"有待""亟待""急待"语体分布统计

	CCL						BCC			
	人民日报	报刊精选	新华社	市场报	读书	其他	综合	微博	报刊	科技
有待	828	377	1146	54	238	643	10919	5305	3023	11219
	73.19%				26.81%		35.84%	17.41%	46.75%	
亟待	1065	531	830	101	54	168	4422	488	1089	5542
	91.92%				8.08%		38.31%	4.23%	57.46%	

续表

	CCL						BCC			
	人民日报	报刊精选	新华社	市场报	读书	其他	综合	微博	报刊	科技
急待	78	89	61	11	21	109	1614	231	564	1898
	64.77%			35.23%			37.47%	5.36%	57.17%	

从表 2-6 可以看出，在语体分布上，"有待""亟待"多出现在报刊、科技等较正式的语境中，而"急待"的使用多偏于口语化。在口语化的使用上，"急待"在类推的作用下或说词汇使用变异求新的作用下，演绎出类似"迫不及待"的"迫不急待"。例如：

（124）瑞士佛雷斯布克勒教授在胰腺癌的研究上处于国际领先水平，便<u>迫不急待</u>地向名师求教。（新华社 2001 年 8 月新闻报道）

（125）这位龙骑将的实力相当强，她拥有大量的龙人、地精，以及<u>迫不急待</u>等待开战的人类。我也承认情报显示圣克仙的部队活动越来越频繁。（玛格丽特·魏丝、崔西·西克曼《龙枪传奇》）

（126）因此我们又几乎带着一种（<u>迫不急待的</u>）心情迎接新年的到来……这就是生活，处处有遗憾，然而处处又有希望。（程乃珊《希望与遗憾》）

369 例"急待"语料中共发现"迫不急待"67 例：其中 55 例为"迫不急待"带"地"做有标记状语，如例（124）；11 例为无标记状语使用，如例（125）；1 例为"迫不急待"带"的"做有标记定语，即例（126）。

在语用上，"亟待""急待"与"有待"具有较多共性，但是在具体使用中还是存在差异的：在对事件描述或事态情状进行摹状时，"亟待""急待"更凸显动作、行为、事件的急迫性；相对而言，"有待"只是陈述了一个客观的情况。例如：

（127）他言辞恳切地说，<u>高等教育</u><u>亟待</u>改革，否则会"危害深远，影响几代人"。（新华社 2002 年 3 月新闻报道）

（128）据了解，对无毒防污底漆的研究，是当今海洋科技中<u>亟待解决</u>的<u>重大技术课题</u>之一。它的研发直接关系到海洋经济发展和海洋环境保护，许多临海国家为此都不惜投入巨资。（新华社2002年2月新闻报道）

（129）古城城墙和明清居民四合院，<u>急待保护</u>，倒是当务之急。（1994年《报刊精选》）

（130）原有公路<u>急待整修</u>，但目前国家不可能投入许多资金，而发展地方经济又迫切需要修路，怎么办？（1994年《报刊精选》）

上述四例"亟待""急待"的使用都凸显事态解决的迫在眉睫。"亟待VP""急待VP"所凸显的事件解决的重要性与急迫性还能从句中的其他相关论述中得到体现。如果将例（127）—（130）中"亟待""急待"替换为"有待"，则原有陈述事件需要解决的急迫性被极大弱化、销蚀；替换后，仅是对相关事件的陈述。

"有待"与"亟待""急待"的描述性摹状差异，可以在"有待VP""亟待VP""急待VP"的单用上得到体现。通过BCC语料库，我们对"有待""亟待""急待"后接双音节动词（指称化动词）情况加以统计、分析，详细情况可参看文章附录，此处仅列出搭配频次最高的10个词。

表2-7　　　　"有待""亟待""急待"搭配高频词统计

有待+	提高	加强	解决	改进	完善	观察	商榷	改善	考证	继续
	6552	2287	2004	1755	1594	1438	1005	768	684	673
亟待+	提高	加强	完善	研究	改进	改善	规范	建立	改变	开发
	1698	1668	516	483	475	397	315	313	283	283
急待+	解决	提高	救助	研究	加强	改进	开发	处理	改善	发展
	2259	174	143	98	95	76	72	63	56	53

孤立解读，将"有待""亟待""急待"当作最小对比对，语义对比分析：

有待提高 → "有待" [+存在需要，应该可以] → [+存在性]

亟待提高 → "亟待"［＋紧急迫切，不容拖延］→［＋紧迫性］
急待提高 → "急待"［＋十分急切，愿望强烈］→［＋急切性］

在使用中为了取得精确描摹、强化语势表达、避免繁复使用的语用效果，"急待 VP"可多项连用，但在 CCL 语料中尚未发现"亟待"连用的情况。例如：

（131）我们的教育事业<u>急待发展</u>；我们的基础产业和民族工业<u>急待振兴</u>；我们的老、少、边、穷地区<u>急待脱贫致富</u>，数千万人的温饱问题<u>急待解决</u>。(《读书》vol–132)

"急待 VP"多项连用在使用中出现频次较低。通常情况下，"有待"与"亟待"、"有待"与"急待"也可配合共现使用。例如：

（132）当前税收工作面临着一些<u>亟待解决</u>的问题，各种形式的偷税、骗税、漏税、欠税、越权减免税等现象还比较严重，税务部门内部管理存在漏洞，税收管理手段还比较落后，税务干部队伍<u>素质</u><u>亟待提高</u>，税收外部<u>环境</u><u>有待改善</u>。（新华社 2001 年 5 月新闻报道）

（133）太原市容虽有变化，但群众生活中仍有许多不便之处，小街小巷卫生<u>状况</u>还<u>有待改观</u>，全民卫生<u>意识</u><u>急待提高</u>，因此，抓好市容环境卫生、彻底美化省城形象，各方应再做努力。（1994 年《报刊精选》）

在 CCL 语料库中共发现 22 例"有待 VP"与"亟待 VP"共现使用；而"急待 VP"与"有待 VP"的共现仅发现 1 例，即例（133）。

第六节 小结

作为尚处演变中的形式动词，"有待"后接指称化动词构成述宾结构"有待 VP"。"有待"抑制进入其后动词的陈述性，凸显动词的指称性。

"有待VP"中VP既可以接受名词成分定语，也可以与时间名词、程度副词等状语成分组构。VP受定语成分限定时多为有标记形式，受状语修饰则不受限制。VP作为"有待VP"的宾语也可再带宾语；VP可构成多项并用，构成名词性结构短语或动词性结构短语。"有待"在使用中具有完句功能，不可删除。

"有待VP"在使用中主要充当句子或句法谓语，部分充当定语成分；充当谓语时，可受状语修饰。为了达到精确描摹、强化语势、避免繁复的语用效果，"有待VP"在使用中可连用、并用与合用。"有待"具有特殊的语用功能，是指称化动词标志，是受事前置标志，是焦点标志，是未然性弱化否定标志。"有待于VP"在使用中具有与"有待VP"相同的功能与句法分布。

在韵律机制、重新分析的作用下，"有待"从跨层结构完成分界转移，致使"有待X"在句法、语音上出现错配，"有待"从韵律词进一步经由语法词，最迟至隋唐时期完成词汇化。"有待"在古代汉语中是不及物动词。连谓结构"有待VP"是现代汉语述宾结构"有待VP"的直接来源，也是"有待"进一步语法化的演变基础。"有待"借助"于"可带宾语。在类推机制的影响下，"有待于"在宋朝开始可逐渐带谓词性宾语。现代汉语层面"有待于VP"与"有待VP"起源不同，"有待VP"的形成与"于"是否脱落无关。"有待"语法化程度加深，原有词义虚化，句法功能泛化，句法位置上逐渐左移外围化。"有待"的焦点标记域同步扩大。

尽管在语体分布上"亟待""急待"与"有待"三者间有一定使用限制，但三者却具有相似的句法分布与功能。但是，"亟待""急待"的使用更强调事态解决、事件实现、动作发生的急迫性。

附录 "有待/亟待/急待+X" 频次分布统计[①]

一 有待+X

提高 4989	实践 122	优化 51	斟酌 37
加强 1923	确定 119	拓展 50	商量 34
解决 1707	开拓 117	培养 49	磨炼 34
改进 1456	克服 115	推敲 49	补充 33
完善 1387	完成 115	落实 48	细化 32
观察 1167	检验 113	强化 47	总结 32
商榷 759	考察 111	查明 47	转移 32
改善 620	证明 95	增加 47	核实 31
继续 565	积累 92	消化 44	充实 31
探讨 548	增强 92	观望 44	随访 30
开发 407	发掘 90	学习 43	求证 30
证实 343	发现 90	理顺 43	突破 30
考证 334	确认 85	恢复 42	培育 30
研究 309	讨论 85	形成 42	回答 29
深化 208	扩大 85	解释 41	修正 29
探索 196	查证 75	开展 41	发挥 29
提升 181	澄清 75	制定 41	整理 29
验证 170	更新 72	处理 41	开垦 29
进行 166	阐明 68	论证 40	商讨 29
规范 161	发展 59	拓宽 40	揭示 28
挖掘 156	实现 59	转变 39	攻克 25
建立 149	考虑 58	释放 38	加大 25
健全 122	改变 57	填补 38	修改 24

[①] 本附录数据统计源于 BCC 语料库，数据为加和统计结果。鉴于数据、篇幅等原因，统计中取数值大于等于 2 以上的结果；特殊格式全部列出。如未作特殊说明，全文附录数据来源同此说明。

开掘 24	实施 15	采取 10	制订 8
破解 23	公布 14	关注 10	测定 8
商议 23	解开 13	选择 10	安排 7
修复 23	整治 12	立法 10	排除 7
推广 22	争取 12	争夺 9	开辟 7
引导 22	调查 12	消除 9	得到 7
摸索 22	治理 12	阐发 9	进入 7
巩固 22	清除 12	出现 9	梳理 7
商定 22	普及 12	提出 9	采用 7
创造 22	琢磨 12	评价 9	扩展 7
认识 21	查清 12	雕琢 9	创新 7
适应 21	实验 12	查实 9	揭开 7
加快 21	寻找 12	调整 9	起步 7
探究 20	评说 12	加工 9	启动 7
了解 20	划定 11	满足 9	开采 7
清理 20	协商 11	取得 9	引起 7
练习 20	降低 11	确证 9	重建 7
解答 19	试验 11	填充 9	商酌 6
探明 19	利用 11	升发 9	放大 6
改造 18	纠正 11	思考 9	弥补 6
改革 18	分析 11	加深 9	改正 6
协调 17	转化 11	开放 8	判断 6
出台 17	加速 11	值得 8	临床 6
确立 17	发表 11	推进 8	办事 6
说明 17	揭晓 11	化解 8	报道 6
展开 17	决定 10	熟悉 8	进步 6
成长 16	研制 10	重视 8	照料 6
加以 15	深入 10	锻炼 8	收拾 6
下去 15	整顿 10	收集 8	注意 6
结合 15	深思 10	深究 8	分流 6
改良 15	整合 10	审理 8	定夺 6

端正 6	征服 5	查考 4	区分 3
开创 6	转换 5	测试 4	筛选 3
淘汰 6	主持 4	抓紧 4	反弹 3
发觉 6	界定 4	装修 4	追查 3
在家 6	保持 4	追踪 4	变革 3
发育 5	评定 4	安置 4	累积 3
爆发 5	成为 4	试用 3	应用 3
考据 5	修理 4	出售 3	平定 3
清洗 5	解放 4	铸造 3	赠送 3
比赛 5	查处 4	追究 3	冲销 3
沟通 5	延伸 4	检讨 3	组织 3
商谈 5	调动 4	上报 3	崛起 3
遍访 5	辨析 4	进城 3	拿出 3
修订 5	简化 4	吸收 3	扩充 3
肃清 5	提炼 4	评估 3	考验 3
延长 5	树立 4	分割 3	上升 3
谈判 5	发生 4	获得 3	审核 3
廓清 5	规定 4	付诸 3	运行 3
批准 5	锤炼 4	破除 3	鉴别 3
理解 5	回国 4	构建 3	磨砺 3
扬弃 5	审议 4	收回 3	检查 3
开始 5	揭幕 4	认定 3	探险 3
净化 5	弄清 4	清运 3	激发 3
体验 5	塑造 4	相当 3	统一 3
统计 5	提交 4	更正 3	唤醒 3
寻求 5	使用 4	查究 3	疏通 3
输出 5	后续 4	揭发 3	壮大 3
打破 5	修缮 4	退出 3	改观 3
从事 5	控制 4	天亮 3	修炼 3
执行 5	印证 4	查访 3	修葺 3
重构 5	查验 4	联系 3	调试 3

登攀 3	开通 2	攀登 2	生效 2
引进 3	诊断 2	追赶 2	升华 2
阅读 3	认知 2	推行 2	结盟 2
酝酿 3	聚集 2	回到 2	揭露 2
达到 3	具备 2	学会 2	浇灌 2
增设 3	需要 2	消解 2	建造 2
解读 3	出土 2	扎根 2	找出 2
振兴 3	打磨 2	遴选 2	建成 2
争论 3	弥合 2	磨合 2	减轻 2
阐释 3	买卖 2	排斥 2	检修 2
接受 3	反思 2	判定 2	描述 2
重塑 3	升级 2	领养 2	继承 2
裁决 3	俘虏 2	列入 2	探求 2
设计 3	依靠 2	了结 2	计算 2
把握 3	别说 2	破译 2	探寻 2
安装 3	再版 2	签订 2	积聚 2
贯彻 2	展示 2	求解 2	回归 2
补偿 2	交付 2	口服 2	通过 2
增补 2	放开 2	获取 2	透露 2
举行 2	识别 2	加固 2	实行 2
攻关 2	改制 2	取决 2	怀疑 2
跟踪 2	引申 2	克制 2	还原 2
拯救 2	相关 2	跟上 2	脱贫 2
正视 2	创建 2	任命 2	合并 2
审计 2	限定 2	救助 2	归纳 2
补正 2	详解 2	产生 2	贯通 2
细究 2	尸检 2	超越 2	攻取 2
料理 2	付出 2	存在 2	更改 2
下凡 2	休整 2	建构 2	跟进 2
介绍 2	唤起 2	进修 2	销售 2
转让 2	汇总 2	进化 2	校正 2

新建 2	通知 2	提名 2	制度化 4
兴建 2	诱导 2	质疑 2	系统化 3
行事 2	运用 2	治愈 2	精细化 2
分解 2	补课 2	比较 2	合理化 2
翻译 2	召开 2	救援 2	明朗化 2
修行 2	进出 2	注册 2	明确化 1
达成 2	再审 2	参加 2	高度化 1
激活 2	掌握 2	摈弃 2	工业化 1
细分 2	侦破 2	拼搏 2	多样化 1
出版 2	增多 2	变通 2	社会化 1
点燃 2	辨别 2	追求 2	综合化 1
养成 2	静观 2	撰写 2	完善化 1
成立 2	查看 2	准备 2	标准化 1
移交 2	指出 2	挖潜 2	下功夫 1
到达 2	指点 2	办理 2	下决心 1
议论 2	体现 2	具体化 7	

二　亟待+X

加强 1495	重视 92	处理 55	抢救 39
提高 1493	探讨 86	转变 54	攻克 38
完善 436	加以 76	提升 53	采取 35
改进 425	改革 73	开拓 52	出台 34
研究 424	克服 68	补充 49	需要 34
改善 329	治理 67	修改 46	恢复 31
建立 302	整顿 64	开展 46	关注 30
规范 286	探索 64	加快 44	澄清 29
改变 251	整治 63	了解 44	保护 28
开发 232	制定 60	破解 43	普及 27
更新 135	纠正 60	突破 43	培养 27
引起 135	深化 58	强化 43	实现 26
进行 120	回答 57	健全 41	理顺 26
发展 99	增强 55	完成 40	扩大 25

寻找 25	继续 14	医治 9	更换 6
优化 25	培育 14	展开 9	化解 6
开垦 25	解答 14	料理 8	讨论 6
推广 23	立法 13	出售 8	引入 6
填补 23	制订 13	拓宽 8	跨越 6
落实 23	整合 13	安置 8	注意 6
调整 23	推进 13	查明 8	解释 6
挖掘 23	改造 12	整修 7	转换 5
消除 22	引导 11	推行 7	维护 5
考虑 22	思考 11	救治 7	开辟 5
清理 21	跟上 11	开创 7	重组 5
增加 21	清除 11	学习 7	重修 5
走出 20	构建 11	纳入 7	降低 5
加速 20	正视 11	改良 7	知道 5
充实 20	净化 11	设法 7	运用 5
拓展 19	抓紧 11	启动 7	扩充 5
加大 19	脱贫 11	树立 7	打破 5
修复 18	开掘 10	弥补 7	研制 5
转移 17	修缮 10	休息 7	反映 5
救助 17	救援 10	发泄 7	推出 5
振兴 16	实施 10	排除 6	深入 5
拯救 16	修订 10	制止 6	商榷 5
扶持 16	整理 10	支持 6	起飞 5
确立 16	转化 10	盼望 6	升级 5
创新 16	帮助 9	修建 6	适应 5
修补 16	遏制 9	重塑 6	面对 5
重建 15	修整 9	建设 6	利用 5
形成 15	寻求 9	引进 6	满足 5
发掘 15	着手 9	革除 6	解放 5
扭转 15	摆脱 9	上马 6	证实 4
得到 14	予以 9	破除 6	解救 4

办理 4	施救 3	匡正 3	追查 2
营造 4	征服 3	发力 3	跳出 2
拆除 4	挖潜 3	造就 3	提到 2
接受 4	起步 3	提供 3	筹资 2
揭露 4	倡导 3	有所 3	鉴定 2
重申 4	出现 3	整改 3	用钱 2
巩固 4	继承 3	冲破 3	开放 2
重整 4	上升 3	阐明 3	消化 2
加固 4	应对 3	裁员 3	新建 2
处置 4	耕种 3	颁布 3	抚慰 2
控制 4	划清 3	矫正 3	突围 2
发育 4	说明 3	抓住 3	输血 2
挽救 4	放开 3	转产 3	安排 2
培训 4	反思 3	爆发 3	疏导 2
扫除 4	统一 3	摒弃 3	唤醒 2
求解 4	细化 3	复仇 2	呵护 2
廓清 4	根除 3	休整 2	认识 2
取得 4	跟进 3	打开 2	攻破 2
填充 4	确定 3	提前 2	清查 2
明了 4	实践 3	出手 2	购买 2
研讨 4	根治 3	纠偏 2	国家 2
兴建 4	实行 3	攻关 2	释疑 2
兴起 4	借助 3	偿还 2	收拾 2
整肃 4	收回 3	取消 2	收获 2
抓好 4	疏浚 3	追回 2	疏运 2
壮大 4	回归 3	倾吐 2	熟悉 2
总结 4	改正 3	组织 2	弄清 2
探究 3	组建 3	扩展 2	搞好 2
运送 3	回去 3	推动 2	添置 2
肃清 3	回收 3	援助 2	改观 2
扩建 3	修正 3	立功 2	推崇 2

改建 2	增补 2	致力 2	成长 2
分流 2	存放 2	采用 2	规范化 4
吸取 2	创作 2	步出 2	规模化 2
升起 2	整编 2	补缺 2	下功夫 2
获得 2	淘汰 2	思索 2	正规化 1
发生 2	复兴 2	就业 2	职业化 1
修葺 2	激活 2	出版 2	制度化 1
商量 2	付诸 2	疏通 2	市场化 1
依赖 2	梳理 2	转型 2	现代化 1
定型 2	嫉妒 2	解开 2	多样化 1
获利 2	加重 2	补课 2	正常化 1
应接 2	变革 2	阻止 2	专业化 1

三　急待+X

解决 1897	办理 15	解救 8	开垦 6
提高 145	补充 14	回答 8	开拓 6
加强 80	改革 14	规范 8	探索 6
研究 77	完成 14	纠正 7	充实 6
改进 66	发泄 13	弥补 7	增加 6
处理 58	探讨 13	转身 7	振兴 6
开发 54	恢复 12	扭转 7	解答 5
改善 43	建立 12	拓展 7	安排 5
发展 43	治理 11	需要 7	批复 5
更新 36	培养 10	整治 7	知道 5
救助 33	制定 10	转移 7	重建 5
进行 29	上马 9	创立 6	挣扎 5
完善 22	出售 9	救援 6	解开 5
改变 22	攻克 9	抢修 6	运往 5
开展 19	采取 9	料理 6	实施 5
克服 19	治疗 8	整理 6	调整 5
抢救 15	深化 8	强化 6	接受 5
救治 15	填补 8	加以 6	就业 5

理顺 5	释放 3	重视 2	实现 2
提升 5	营救 3	抢收 2	谋求 2
澄清 5	寻求 3	装船 2	配备 2
拯救 5	清理 3	推销 2	安置 2
回身 4	立法 3	拓宽 2	起来 2
认识 4	提出 3	创新 2	起身 2
了解 4	收回 3	检修 2	革新 2
出台 4	纳入 3	阻止 2	倾吐 2
修缮 4	回家 3	等候 2	躲闪 2
向前 4	改良 3	消灭 2	张嘴 2
培训 4	开始 3	敲定 2	改造 2
靠岸 4	扩充 3	出兵 2	破解 2
加速 4	开辟 3	购买 2	安装 2
帮助 4	开采 3	回来 2	入托 2
医治 4	普及 3	予以 2	复苏 2
增援 4	增强 3	送往 2	闪身 2
决定 4	求证 3	补救 2	翻修 2
加快 4	推广 3	嫁接 2	发掘 2
利用 4	商量 3	新建 2	收割 2
启动 4	惩处 3	结婚 2	收受 2
清除 4	寻找 3	出栏 2	抒发 2
发出 4	引进 3	结束 2	树立 2
修复 4	优化 3	建构 2	打开 2
展开 4	修补 3	间伐 2	索取 2
挣脱 4	出手 3	进入 2	探明 2
支援 4	找出 3	剿灭 2	统一 2
维修 3	休整 3	加固 2	完工 2
批阅 3	贯彻 3	加工 2	挽回 2
施展 3	装车 3	加大 2	发作 2
赶路 3	走向 3	转化 2	上前 2
赈济 3	就诊 2	组织 2	修改 2

阐释 2	整顿 2	重组 2	装卸 2
宣泄 2	离去 2	养伤 2	资助 2
有志 2	回击 2	破译 2	摆脱 2
采用 2			

第 三 章

"有感"的及物化与形容词化

"有感"在汉语史上出现时间较早，最早可追溯到春秋时期庚桑楚的《亢仓子·训道篇第七》："至诚之至，通乎神明，光于四海，有感必应，善事父母之所致也。"《汉语大词典》最早为"有感"立目；现代汉语中，"有感"作为动词已明确被《现代汉语词典（第7版）》等通用词典收录。① 本章不拟对"有感"的词汇化历程进行探讨，仅将研究视角锁定在现代汉语中"有感"的功能演变及其新用法。例如：

（1）孙立人……1922年赴美……受聘于美国桥梁公司担任设计师。期间<u>有感</u>国运衰微，投笔从戎，考入弗吉尼亚军校学习军事，自此戎马一生。（《一代名将孙立人：陷兵变谜案 遭软禁33年》人民网 2015 - 6 - 12）

（2）马英九也力拼"<u>有感</u>经济"，承诺未来会在改造产业结构、提高薪资水平、排除投资障碍、扩大就业机会等方面重点多做努力。（《大学生延期毕业成风潮》人民网 2012 - 12 - 25）

（3）BIGBANG 成员 G-dragon（GD/权志龙）在接受某时尚杂志采访时，表示"理想型是<u>有感</u>（sense）的女人"。采访当天，GD

---

① 《汉语大词典》（第6卷，第1160页）：【有感】有感触；有感受。宋·梅尧臣《河阳秋夕梦与永叔游嵩》诗："揽衣方有感，还喜问来音。"清·叶廷琯《鸥陂渔话·刘涧香父子遗诗》："先涧翁殁，以诸生终，未竟所学，同人咸深惜之。记所见二章，如《梅雨有感》云：'移榻向窗下，神意殊弗适。'"《现代汉语词典》（第7版）第1589页：【有感】动有所感触；有感想（多用于诗文标题）：南游~｜《读史~》。《现代汉语规范词典》（第4版），第1672页：【有感】动有感受；有感触▷~而发。

说："喜欢<u>有感</u>的女人。不管是交谈还是穿搭都<u>很有感</u>的女人。如果再加上美貌那就更好了。"(《金秀贤爱混血女模李敏镐钟情宋慧乔揭韩美男理想女友》人民网 2015-2-16)

"有感"从不及物动词到及物动词的及物化，"有感"的形容词化及其背后演变动因是什么？"有感"有哪些新用法，与"无感"的区别和联系又有哪些？这些问题值得探讨。

第一节 "于"的零形化与"有感"的及物化

言语交际中语言单位的演变通常以连续统的形式呈现，即如 Givón (1979) 所提出的 "discourse > synth > morphology > morphophonemics > zero" (Hopper & Traugott, 1993：168)。也就是说，语法化的程度越高就越倾向于采用形尾和零形式（沈家煊，1994：21）。因为汉语形态变化手段表现不明显，所以零形式无疑是其语言单位语法化发展的最后阶段。作为隐性的语迹（trace），"于"的零形化与"有感"的及物化之间具有怎样的关系？例如：

(4) a. 1907 年李大钊的祖父去世，他<u>有感</u>于国势衰微，萌发了研究政治的想法。这一年暑假，他到天津报考了北洋法政专门学校。(《历史上的今天李大钊就义狱中为何以国民党人写自述》人民网 2015-5-13)

b. 孙立人……1922 年赴美……受聘于美国桥梁公司担任设计师。期间<u>有感</u>国运衰微，投笔从戎，考入弗吉尼亚军校学习军事，自此戎马一生。(《一代名将孙立人：陷兵变谜案 遭软禁 33 年》人民网 2015-6-12)

汉语中"于"处在由动词到介词至附缀，最后走向零形化，其演变过程不是一蹴而就的，其间也多有共存状态出现。① 对于"有感于"中"于"的性质及其演变路线，我们支持张谊生（2010）之观点，即"真正的'V/A 于'三音节词汇词几乎不可能形成"。"于"由附缀进而脱落是个渐进的动态过程，其零形化直接导致"有感"的词汇化。在此过程中，双音节音步的韵律制约是"于"脱落的最基本动因。

一 "有感于"的类别与性质

"有感于"作为具有超音步特征的三音节语法词，其结构内部关系是明确的，这得到了学界的相对认可。金钟赞（2004）考察并划分了"双音形式＋于"的三种类型，即 a."OO＋于"；b."O＋（O＋于）"或"O＋（O 于）"；c."O＋O＋于"。我们认为"有感于"其内部结构关系应属于"O＋O＋于"，即"有＋感＋于"。张谊生（2010）的判断更是肯定了该划分。根据结构类型，张谊生（2010）把"V/A 于"分为通用和专用两类。根据专用语素"有、无、不"的使用与否和"于"的是否脱落，专用类"V/A 于"又可分为 a、b 两小类，"有感于"属专用 b 类。②

"有感于"内部三个语素间的结构关系只会是"（有＋感）＋于"，而不会是"有＋（感＋于）"，其中"有"是必有要素，"于"可脱落，但不会出现双音词"感于"。例如：

(5) a. <u>有感于</u>传统文化的逐渐衰败，1981 年，为了保护传统文化，当地民众决定成立太鼓文化保护研究会。（《日本高中生要让太鼓响彻上海世博会》中日经济交流网 2010－5－6）

b. 虽则"百想"的人气男女演员奖接受网民投票，每次收费约 4.1 港元，但李敏镐粉丝<u>有感</u>（ ）评选不公而做出抵制，宁愿省下投票费来行善贺偶像生日。（明星资讯，腾讯娱乐 2014－4－29）

"有"始终保持其动词性，"有感"应属于 VO 式述宾结构。汉语中，

---

① 有关"于"的演变详情参阅郭锡良（1997）、时宾（2003）、梅祖麟（2004）、董秀芳（2006）、张谊生（2010）等研究成果，此不赘述。

② 划分依据及标准请参看金钟赞（2004：36—37）、张谊生（2010：136—137）。

VO 式述宾结构多是二价不及物动词的一个主要来源。通常情况下，二价动词需关涉两个语义论元，其所处的句法环境应该是：

NP1 + 对 + NP2 + 有感
NP1 + 有感 + 于 + NP2

"有感"起初是个 VO 式不及物二价动词，不能直接指涉两个语义论元。所以，其关涉论元如果要在句法环境中出现必须借助介词（引入论元标记，也可叫"格标记"）。一般前置式使用"对"，后置式使用"于"。

实际使用中"有感于"的使用频率要远高于"对……有感"，对此我们对比了 CCL 语料库、BCC 语料库和人民网主站检索系统。

表 3-1   "有感于 X" VS. "对 X 有感"①

	CCL	人民网	BCC
有感于 X	358	9660	3828
对 X 有感	13	138	78

"对 X 有感"中介宾结构"对 X"前置做状语，但是其宾语通常不会太长，其中多为双音节名词短语，占 86%。究其原因，盖因宾语太长易造成句子重心不稳定。所以，"有感"的语义指涉对象多倾向用"于"进行引介。例如：

（6）六十年代出生的我，七十年代开始对生活有感，偏僻的山村交通不畅、信息闭塞在所难免。（龚少青《我家的十年幸福生活》）
（7）作为我，对于其画其书固然看不出门道，但读其辞章，每每有感于"滔滔乎言辞崛崛乎气象"，有感于"观古今于须臾抚四海

---

① 对同一项的比较出现数据较大差异，可能是因为语料库的规模导致的。表一中的 CCL、BCC 数据是精确的无重复统计；人民网主站检索日期为 2015 年 10 月 20 日，未去除重复用例，所以实际数据要少一些。本章统计数据标准如不特殊交代，同此标准。

于一瞬"。(林少华《夏日乡间好读书》)

一般情况下,当"有感"的语义关涉对象太长时,其指涉论元可以用代词替代,但是实际语料中,仅检索到"有感于X"中"X"被代词替代的情况,尚未检索到"对X有感"的用例。我们发现,能用代词替代的"有感于X"在句中多充当状语成分。例如:

(8)该男子还表示,当今社会的婚恋状况很多时候处于"亚健康",很多相亲交友群都是聊天灌水的多,感情交流的少,而且很多人不敢大胆表达自己的爱。有感于此,他最终选择了这种大胆、新颖的征友方式。(《柳州一男子车内挂告示征女友 长期停在大学内》《南国今报》2015-4-4)

(9)1970年,斯维特兰娜再次坠入爱河,这次的对象是一位美国建筑师维斯勒·彼得斯。巧合的是彼得斯在一次车祸中丧生的前妻就叫斯维特兰娜,他们见面就是前岳母有感于此而撮合的。(《斯大林子女的悲惨结局:长子惨死在纳粹集中营》人民网 2014-9-13)

(10)"现在的大学生,学习和生活都离不开网络。互联网时代,获取信息的手段固然较过去便利得多,但也客观上造成了学生阅读碎片化、记忆碎片化等问题。"有感于这一点,冯润民说,有意识地引导学生……(《科学+人文:定制人生"维生素片"》《文汇报》2015-2-26)

实际上,"有感于此"已经成为固化格式,走向习语化。

与"对X有感"相比,"有感于X"中"于"在句法位置上和"有感"具备相邻性,具有被重新分析的可能,同时也更具有研究意义。

二 "于"的错位与零形化

"有感于X"中"于"是介词,是词缀,还是附缀?一时难以做出明确的切分,因为"于"处在不断演变之中,人们对其主观认识也在不断地变化。"严格意义上的介词和词缀是少量的,绝大多数演变中的类后缀

'于',其实质就是一个介于虚词和词缀之间的后附缀(enclitic)。"(张谊生,2010:137—138)我们认为,"有感于"中的"于"就是这样一个尚处在演变中的附缀。例如:

(11) 听众中有当时的河西佛教领袖、凉州慧威法师,他<u>有感于</u>玄奘的决心和宏愿(<u>对</u>玄奘的决心和宏愿<u>有感</u>),遂密派两位弟子趁夜偷偷送玄奘出关,到达今甘肃安西县东。(《高僧玄奘:为取经"偷渡"17年记录110个国家风貌》人民网2015-7-22)

(12) 左派人士主张……亲美的右派人士也<u>有感于</u>中国经济实力不容小觑(*<u>对</u>中国经济实力不容小觑<u>有感</u>),纷纷自称"亲中"、"知中"派,忙于补上汉语课。(《如何与中国相处左右民族未来》《环球时报》2013-7-22)

(13) 黄洪认为,数据反映青年<u>有感</u>香港经济不断进步,但他们的上流机会却日渐减少,青年人觉得未必可受惠其中。(《调查显示香港青年有感经济进步 但向上流动机会少》中国新闻网2015-7-14)

不作严格意义上的切分,例(11)—(13)代表了"于"存在的三个发展状态,即介词→后附缀→零形式。"于"是介词时,"有感于X"可简单地替换为"对X有感"而不影响句义的表达。

当然,"于"从介词到后附缀的演变不是一蹴而就的,其间允许存有过渡阶段。例如:

(14) 1982年退休后,他<u>有感于</u>森林资源过度采伐,水土流失日益严重,决心向大山"还账"。(解国记、张宿堂《要下决心把砍树人变成种树人》)

作为介词,"于"的起始功能是引介句子谓词("有感")的语义论元"X",与"X"组配构成介宾结构"于X"。整个介宾结构与"有感"组配,构成"有感+于X"。在历时演变过程中,"于"不断虚化,由介词逐渐向附缀演变。"虚化成分具有强烈的后附倾向"(张谊生,2010:

138)，随着虚化程度的加深，在高频化使用的促发下，"于"逐渐后附于"有感"。加上汉语"2+1"式重音的指派规则的影响，导致"于"在句法和语音错位：在句法结构上，"于"和"X"（介词宾语）仍互为直接成分；在韵律层面上，"于"后附于"有感"（宿主，host）构成临时的三音节韵律结构"有感于"。也即，"有感 + 于 X"→"有感于 + X"。

"有感于"是一个超音步、不稳定的动态语法词，仍处在演变之中。受双音节韵律机制的制约，"于"最终会走上零形化的道路。显然，零形化不会仅发生在"于"演变的最后阶段，因为无论是介词还是附缀，三音节的"有感于"都是不稳定的。换言之，"于"的零形化在其附缀化的演变历程中随时可以发生。

最终，"有感 + 于 + X"的语法化连续统可构拟为：

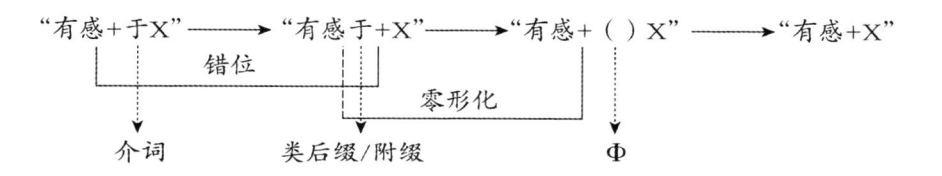

"有感+于X" ⟶ "有感于+X" ⟶ "有感+（ ）X" ⟶ "有感+X"
　　　错位　　　　　　　零形化
　　↓　　　　　　↓　　　　　　　　↓
　　介词　　　类后缀/附缀　　　　　Φ

所以，双音节音步的韵律机制是"于"零形化的最基本动因，也是"有感"及物化的最直接诱因。

第二节　类推与"有感"的及物化

双音节音步的韵律机制致使"于"走向零形化，最终导致"有感"的及物化。作为二价不及物动词，"有感"在句法层面可以再带宾语，也就是说，其后存在句法宾语空位。句法空位的存在同样为"有感"的及物化奠定了基础。

一　"有感"的动词性表现

作为尚处于演变中的二价准及物动词，"有感"在句法层面的表现与正常动词无异。例如：

（15）众队员<u>有感</u>瀚韬处事固执，向来团结的 A Team 竟面临四分五裂的危机，瀚韬该如何化解？（林志华《飞虎》）

从例（15）来看，作为核心谓词，"有感"完全可以带宾语。我们所要探讨的是其在没有"介词"引介下走向及物化的动因。

"有感"被语言受众所广为接纳的是在文论的标题中。例如：

（16）诗一首——<u>听</u>伍绍祖论武术<u>有感</u>
酒和水的区别——<u>读</u>《啊，战友》<u>有感</u>
后生可畏——<u>观</u>中国青年足球队比赛<u>有感</u>
实践出真知——<u>纪念</u>延安文艺座谈会<u>有感</u>
<u>游</u>都江堰、武侯祠<u>有感</u>
<u>看</u>廉洁行医光荣榜<u>有感</u>

例（16）一组例句可以归纳为"［V＋X］＋有感"，其中动词 V 可以是"读、听、观、看、游、访、纪念、参观……"此处，"［V＋X］＋有感"是连动结构，还是状中结构？我们认为，"［V＋X］＋有感"是状中结构。因为"V＋X"在结构中仅起到限定修饰的作用，是次要成分，"［V＋X］＋有感"整体是对"有感"的凸显。这可以从例（17）得到验证。

（17）几度樱桃红——"巴黎公社"一百二十五周年纪念<u>有感</u>（1996 年《人民日报》）

将"X"从结构中提取并前置，可以发现"V 有感"也是成立的，如"纪念有感"；"纪念"只会被分析为次要成分。

伴随着语言的不断发展，"有感"在文论标题中已经显示其及物性用法，例如：

（18）筑起新的长城——<u>有感</u>三江源自然保护区成立（2000 年《人民日报》）

对此，我们留待下文解释。与一般动词一样，"有感"可以与时体标记连用。例如：

（19）据外媒报道，英国一名 49 岁单亲妈妈<u>有感过</u>自己去多年一直在照顾别人，认为是时候为自己的幸福打算，毅然……寻找她的"真命天子"。（《单身妈妈变卖家当开车走天涯 寻找"真命天子"》中国新闻网 2015 – 6 – 9）

（20）马英九连任届满后回顾改革成果，许多积弊去除了，施政步履稳健了，人民<u>有感了</u>，不再火大了，而民进党仍没有主张……（《拿游行当法宝 民进党可笑》中国台湾网 2013 – 1 – 16）

在我们检索的语料中，没有发现"有感"与进行体标记"着"共现。究其原因大概与"有"相关。因为"有"表存在与领有，既然是存在与领有，就可以表完成与结束，所以"有感"不能与进行体标记"着"共用。

二　类推机制

作为 VO 式二价不及物动词，"有感"所处的句法环境应该是：

A. V + X + 有感
B. S + 对 + X + 有感
C. S + 有感 + 于 + X

A 式为"有感"的习用句式，其中 V 多为感官体验类动词。B、C 式是"有感"的常用句式，其中介宾结构"对 X""于 X"分别引介"有感"的语义指涉对象，"对 X"前置充当句中状语，"于 X"后置充当句子补语。例如：

（21）告别黄昏是朝阳——观《当代中国山水画名家邀请展》<u>有感</u>（1995 年《人民日报》）

（22）23 日正式对外发表"HOPE 宝宝"Q 版公仔贴图，让关心矫正工作的民众，<u>对</u>监狱的各项活动更能贴近与<u>有感</u>。（《澎湖监狱

服刑人员推 Q 版公仔贴图 模样超萌》中国新闻网 2015 – 4 – 24）

（23）<u>有感于</u>经济前景难以乐观，国内各界尤其是地方政府关于再度启动大规模投资刺激政策的呼声不绝于耳。（《报告称稳增长应重视深化改革与结构调整》《经济参考报》2012 – 9 – 3）

上文"表 3 – 1"的数据对比说明在实际使用中 C 式较 B 式有绝对使用优势。双音节音步韵律机制迫使"于"走上附缀化，最终零形化。受其影响，"有感"逐渐走向及物化。

从言语交际的经济性原则看，"有感 X"要比"有感于 X"在表达上更经济，符合语用经济性需求。在韵律机制和语用经济性双重标准的驱动下，"有感"所处句法环境随着"于"的零形化而转化：

  D. S + 有感 + X

D 式与汉语典型的句法格式"S + V + O"相似，"有感"与典型二价动词处于相同句法位置。在 SVO 句式的类推下，"有感"可以直接带宾语，实现及物化。例如：

（24）有传<u>子珊</u><u>有感</u>无线冷待而心灰意冷离开，昨日她出席铜锣湾活动，承认正在等约满，不过，她强调未来方向还未决定，并称："觉得自己是时候做点新工作了。"（《TVB 将再失花旦 签约 11 年徐子珊<u>有意</u>约满离巢》北青网娱乐 2015 – 9 – 5）

（25）7 月 2 日，<u>马云</u><u>有感</u>近日在巴西期间和各国创业者交流，回国途中写下了题为《送给那些在艰难创业路上的人》文章……（《马云向创业者敞开心扉："用心、用脑、用体力"做生意》人民网教育频道 2015 – 7 – 3）

"有感"完成及物化，正式以二价动词身份进入言语交际。在信息传递安排上，汉语倾向于先交代旧的、已知信息，而对新的、焦点信息则从后处理。所以说，汉语句子核心谓词之后的部分才是言者所要传递的信息，是焦点。根据自然焦点凸显原则，"有感"及物化前后，其所在语句所凸显的语义焦点是不同的。也就是说，A、B 两句式其语义焦点是"有感"，而 D 句式的自然焦点是"有感"的宾语"X"。例如：

（26）继承传统，发展武术——看民运会武术赛有感（1995 年《人民日报》）

（27）据台湾"中央社"报道，台当局新任"青辅会主委"陈以真今天表示，当局对青年的态度不应是威权式的上对下"辅导"，而是改善外在环境，在年轻人的需要下协助他们"发展"，自然就能让年轻人对幸福有感。（《台官员：当局应在年轻人需要下协助他们发展》人民网台湾频道 2012 - 2 - 6）

（28）有感高龄产妇怀胎十月不容易，徐若瑄也称将把各种问题集结写书，分享她的怀孕过程。（《徐若瑄出院回家卧床养胎 将出书曝怀孕过程》中国新闻网 2015 - 4 - 27）

例（26）作为文论标题，破折号前面的才是作者想要强调的重点，也即"有感"；例（25）可将"对幸福"做删除处理，不影响表达效果，因为"有感"才是句子的语义焦点。而例（26）中，"高龄产妇怀胎十月不容易"才是句子的自然焦点。

在"有感"及物化的类推作用下，汉语中的习用句式 A 也在逐渐地发生变化。例如：

（29）a. 在国外有感天安门升旗仪式（1996 年《人民日报》）
　　　b. 有感护林碑石被沙埋（采访随想）（1998 年《人民日报》）

第三节　"有感"的形容词化

双音化的韵律机制、类推的强势作用共同诱发了"有感"的及物化。作为 VO 式二价及物动词，"有感"在现代汉语中并未停止演变的脚步。随着演变深入，"有感"获得了新的用法，即形容词用法。"有感"的形容词用法主要表现为："有感"可以做定语，可以受程度副词修饰，少数可以做状语。以下，我们主要以数据统计验证"有感"的形容词化。

一 "有感"的定语分布

"有感"用作形容词多属"新晋用法"，多用来修饰"经济、政策、施政、政绩"等，这种新用法应起源于台湾新闻媒介。"有感"定语分布呈现为有标记和无标记两种类型。例如：

（30）看来在岛内民众心中，跑场再多再流利，最终还是要靠做出<u>有感</u>的<u>政绩</u>说话。政治人物"跑场学"再讲究，精髓不过如是。（《台湾政治人物"跑场学"讲究多：终极版仍拼政绩》《人民日报》海外版 2015－4－20）

（31）据台湾今日新闻网报道，海基会今日上午举行年终记者会，副董事长……他提出航班、观光、交流互访三项<u>有感政绩</u>，并期许新的一年，两岸能有更深、更广的交流。（《两岸交流"三有感"海基会盘点 2012 工作重点》人民网—海外 2013－1－24）

通过对人民网主站及 BCC 语料库检索，得出下表：

表3-2　　　　　　　　"有感"的定语分布①

人民网						BCC					
有感+		有感的+				有感+		有感的+			
地震	1665	女人	189	春晚	8	地震	254	广告	25	人	4
范围	177	政策	29	改革	8	范围	18	图	16	地震	2
经济	64	经济	17	余震	8	经济	0	歌	8	短片	2
施政	35	地震	17	施政	6	施政	0	时候	6	片子	2
政绩	14	网友	15	幸福	5	政绩	0	地方	5	作品	2
红利	14	措施	12	程度	4	红利	0	照片	5	小说	2
政策	12	政绩	9	操控	4	政策	0	文章	4	话	2

---

① 截止到 2015 年 10 月 20 日，人民网主站检索系统内"有感"实际用例 15127 条。BCC 语料统计"有感"的无标记用法为对比定向检索，"有感"有标记用例 297 条。

从以上统计数据看，形容词"有感"作定语频率比较低，属新兴用法。可以推断"有感"做定语的使用频次会逐渐提高。

二　"有感"的状语分布

"有感"做状语可以后接状语标记"地"，也可以无须借助状语标记而直接做状语。例如：

（32）"如今有了党建工作站，……现在我们的话有人听了，问题有人理了，事情也有人跟了。"4月14日，浦北县北通镇车木阁村甘春海<u>有感地说</u>。(《浦北赋予党建工作站"尚方宝剑"》)

（33）当天下午，……看着孩子们脸上洋溢着笑容，听着孩子们欢快的笑声，现场气氛温馨感人，李书记<u>有感说到</u>："孩子们是国家的未来，……"(《青海电力信通公司捐资助学芦花乡希望小学》)

在"有感"的状语用法中，最为典型的是"有感而发"。"有感而发"已经完成了固化，作为成语被广泛使用。① 受"有感而发"的类推影响，"有感而V"成为构式模块，"哭、唱、说、写、做、作、笑、谈、来"等单音节动词可自由进入。

三　受程度副词修饰的"有感"

作为新兴形容词，"有感"可被程度副词修饰。例如：

（34）……这座小铺体现了日本精致的特点，小而有特色，<u>十分有感</u>。(人民网海外频道)

（35）……这两天台湾北部雾蒙蒙，气管敏感和慢性肺病患者<u>最有感</u>，台北荣总呼吸治疗科主任江启辉说……(《台北雾蒙蒙 大医院呼吸科病床爆满》人民网福建频道 2015 - 3 - 18)

---

① 不排除重复计数，在人民网 16035 条"有感而V"用例中，"有感而发"有 15508 条，占 96.7%。

此外，"有感"还可以被"更、最、很、挺、满、蛮、超、好、爆、太、十分、相当、真正、特别、不够、纷纷、非常、比较"等程度副词修饰。尽管可以被程度副词修饰，但是使用频率比较低。

表3-3　　　　　　　　　　"有感"受程度副词修饰情况

	BCC 371545	人民网 15127		BCC 371545	人民网 15127
很+有感	14797	252	特别+有感	1052	48
好+有感	5689	9	比较+有感	494	7
更+有感	2291	108	非常+有感	516	12
最+有感	1719	38	相当+有感	174	9
超+有感	1258	51	十分+有感	48	2
挺+有感	1081	8	不够+有感	6	0
蛮+有感	595	0	纷纷+有感	1	42
满+有感	52	5			
爆+有感	9	0			
太+有感	0	5			

综上所述，我们认为"有感"在现代汉语中已经具备了形容词的用法属性。尽管使用频次较低，但是由此可以窥见"有感"正在由二价及物动词向形容词演变。演变过程中，"有感"同时具有及物动词、不及物动词及形容词等用法。

第四节　"有感"与"无感"的区别和联系

"有感"和"无感"是一对功能相近的反义词，但是"无感"却并不具备"有感"的全部用法及功能。例如：

（36）a. 据台湾媒体报道，言辞向来犀利的李敖，近来<u>对演艺圈</u>相当"<u>有感</u>"，继上个月底批评演艺圈太过虚荣、不择手段后，攻击目标深入到特定艺人身上……（《李敖批蔡依林自称"老娘"：小S

后又一奇观》人民网广西频道 2015-6-18)

b. 未来洪办将以青年以及经济为主轴"端牛肉",<u>让</u>民众<u>有感</u>,拉抬民调,然后在三方辩论时,一举击溃宋楚瑜参选策略中的矛盾。(《洪秀柱急电朱立伦拟定"不引战也不畏战"对宋策略》中国台湾网 2015-8-7)

c. 这个学会的成立是其成员<u>有感于</u>经济财政问题与国家命脉关系巨大,中国政府及多数士人则不懂得"生计之竞争",且研究者很少,以至于……(《留学岁月》中国共产党新闻网 2011-2-21)

(37) a.《宫锁珠帘》的时候对她(袁珊珊)还有一点的好感的,看了这部剧,<u>对</u>她已经完全<u>无感</u>了。(《刘诗诗杨幂刘亦菲安以轩 同部剧里美女比美》人民网湖北频道 2015-10-3)

b. 当前,大众创新、万众创业已经成为中国经济的一个亮点,但向另外一端移动的努力似乎有点<u>让</u>人<u>无感</u>。(《愿早日实现品牌强国梦》)人民网北京频道 2015-7-30)

c. 2012 年台湾民众<u>无感于</u>经济复苏,又爆发是否删除"立委"津贴的争论,本年度的"台湾代表字"颇受关注。(《2012 台湾代表字票选启动 前三年各为乱、盼、淡》人民网台湾频道 2012-11-1)

那么,"无感"和"有感"在功能和用法上是否完全相同呢?通过对比,答案是否定的。对比表 3-1,我们对"无感"使用情况进行了统计。

表 3-4 "无感"的使用情况统计①

	CCL	人民网	BCC
无感	13	4357	11742
对 X 无感	0	270	269
无感于 X	0	11	30
让 X 无感	1	13	1

① 对同一项的比较出现数据较大差异,可能是因为语料库的规模导致的。表 3-4 中的 CCL、BCC 数据是精确的无重复统计;人民网主站检索日期为 2015 年 10 月 20 日,未去除重复用例,所以实际数据要少。

"无感"与"有感"结构性质相同，可看作 VO 式二价动词，不同的是"有感"已完成及物化，而"无感"则尚处在演变阶段。"无感"作为 VO 式不及物动词，其关涉语义论元须借助介词的引介。与"有感"所不同的是，"无感"倾向于使用前置介词"对"，仅有小部分使用后置介词"于"，二者使用比率接近 25∶1。①

"对 X 无感"中"对 X"做状语，是严格的介宾结构；"无感"是典型的不及物动词。使用中"无感"主要做谓语，可以被副词修饰，可以充当定语和状语成分，少数可以充当宾语成分。例如：

(38) 他以前看 A 片很兴奋，现在已无感了！（凤凰网 2011 - 5 - 30）

(39) 论颜值、论拼劲儿、论智商、论霸气，范爷都是无可挑剔的，就算泥浆溅到嘴里也不服输爬起来继续拼。哪怕之前对范冰冰丝毫无感，看了这期也会转粉的。（《范冰冰李晨同台 绯闻抢尽风头》人民网江西频道 2015 - 4 - 20）

可以修饰"无感"的副词主要有"真心、一直、依然、明显、很、基本、浑然、超级、丝毫、完全"等。

"无感"在充当状语和定语时多后附标记词。例如：

(40)《归来》于当地时间 5 月 20 日在戛纳展映，网友热烈讨论张艺谋和巩俐如何在 24 年后"一笑泯恩仇"，张艺谋无感地表示，自己只是做到了导演的本分。（《盘点分手后仍合作的明星》人民网湖北频道 2015 - 10 - 20）

(41) 母亲……也不看我，话也不多，无非是说少和媳妇吵架，少喝酒，多带儿子玩之类的。我尽量表现出无感的样子。……我已没法，也不能再要求她什么。（《从天而降的母亲》人民网浙江频道 2015 - 8 - 4）

---

① 此处的 25∶1 仅以 270∶11 得来，去除语料中的大量重复用例，比率或许更高。排除重复用例，实际有效的"无感于 X"仅有 4 条。

实际语料中，我们仅检索到两例"无感"做宾语的例子，且都是做"表示"的宾语。例如：

（42）对于这样的数字，不少商户表示无感，感叹生意冷清。"五一"假期接近尾声，零售业续吹淡风。（《香港游丁旺财不旺》《人民日报》海外版 2015-5-5）

例（38）—（42）中，"无感"可以被替换为"没有感觉"。据此，我们认为"没有感觉"是"无感"的原始词源。"没有感觉"虽然是四音节稳定结构，但是在双音化和语言经济性的双重标准制约下，必然会走向简化，最终成就"无感"。但是此简化过程是漫长的，言语交际中"没有感觉"与"无感"的使用比率高达5∶1。

前置式"对X"引介"无感"的语义指涉论元做状语，但是其宾语通常不能太长，否则会造成句子重心不稳。此时，需要借助后置式介宾结构"于X"，形成"无感于X"结构。一旦"无感于X"结构形成，那么其有可能走上与"有感于X"相同的演变道路。例如：

（43）虽然台湾当局承受美国巨大压力不得为钓鱼岛和大陆联手，此番"全家福"号出海时，也未能携带"五星旗"，但不可能无感于大陆海监船就在近处"执行公务"。（《妈祖"被登岛"保护钓岛不能只"问鬼神"》《人民日报》海外版 2013-1-28）

对例（43），我们做如下变换：

（43′）……此番"全家福"号出海时，也未能携带"五星旗"，但不可能对大陆海监船就在近处"执行公务"无感。
（43″）……此番"全家福"号出海时，也未能携带"五星旗"，但不可能无感（ ）大陆海监船就在近处"执行公务"。

还原后，例（43′）中状语位介宾结构"对X"宾语太长，句子不稳定，所以倾向于使用例（43）。对比例（43）和例（43″），可以发现，"于"使用与否的两可中间状态存在。

"于"的可用可不用状态的存在说明，"于"在功能上已经处于羡余（redundancy）状态。两可变换的存在，表明"于"已处在演变的临界点。所以，我们认为"无感于 X"和"有感于 X"具有相同演变路径。

"无感于 X"中"于"同样遵守"介词→附缀→零形化"的演变路径。不同的是，"有感"已经完成了及物化过程，成为真正的 VO 式二价动词；而"无感"的及物化演变仅初露端倪。在"有感"及物化用法的类推下，在双音节音步的韵律机制和语用经济性的双重制约下，"无感"也会走上及物化道路，成为名副其实的二价动词。

"无感"可以充当定语、状语等句法成分，可以被程度副词修饰，俨然与"有感"一样具备了形容词的用法与属性，走上了形容词化的演变路径。

第五节　小结

真正的三音节词"有感于"难以存在，在双音节韵律机制的作用下，受语用经济性的制约，"于"最终必然会走上零形化道路。"于"的零形化直接导致"有感"的及物化。"有感"作为 VO 式二价不及物动词，其语义关涉论元需借助前置介词"对"或后置介词"于"进行引介。当前置介宾"对 X"宾语太长时，句子重心不稳，在语用调节下，需借助后置介宾结构"于 X"。在"于"附缀化过程中，"于"前附于"有感"，"有感 + 于 X"结构被重新分析为"有感于 + X"。双音节韵律机制诱发动态语法词"有感于"的进一步演变，即"于"的零形化。最终，"于"错位和零形化直接导致"有感"的及物化。"于"的零形化使得"有感"占据了典型的二价动词所处位置，在典型"S + V + O"句法格式强势类推下，"有感"演变为真正二价动词。

"有感"在现代汉语中可以做定语、状语，可以被程度副词修饰，显然具备了形容词的用法与属性。尽管使用频次不高，但"有感"的新功能用法不容忽视。同时，作为其反义同类，"无感"正沿着"有感"的演变路径逐渐向及物动词靠拢。

总之，介词零形化，句法格式类推化及语言交际经济性原则等一起促成了"有感"的及物化和形容词化。在类推机制作用下，"无感"的演变也逐渐开始。

第 四 章

"有望"的副词化及其性质与功能

"当代汉语'有望'正在逐渐转化为一个表情态（modality）为主的评注性副词，其主要的句法分布就是充当状语。"（张谊生、顿婷，2010：12）鉴于"有望"尚处在演变中，对其属性界定仍有争议。"有望"的语法化、词汇化过程及其句法语义功能仍有待讨论。"有望"的词汇化、演变动因和机制；"有望"的副词化与其动词属性之间的关系；作为尚处演变中的副词，"有望"在交际表达中又具有哪些新兴的独特的用法；"有望 VP""VP 有望"与"VP 在望""VP 无望""无望 VP"之间的不对称关系有哪些差异？这些尚值得深思。本章拟在现有研究成果的基础上，对现代汉语中"有望"的演变、性质及其功能作进一步探索。

第一节 "有望"的词汇化

任何语法现象的产生都有其历时用法的缩影，副词"有望"的产生也不例外。"有望"的副词化源于其动词用法的形成。"有望"的词汇化过程是一个顿变的演变结果。"有望"从动词到副词的演变即副词化，属语法化范畴。"有望"的词汇化与副词化过程并行，具有演变互动性。

"有"，《说文解字·卷七·有部》释为："不宜有也。《春秋传》曰：'日月有食之。'从月又声。凡有之属皆从有。云九切。""望"，《说文解字·卷十二·亡部》释曰："出亡在外，望其还也。从亡，望省声。巫放切。""有""望"最早共现在先秦时期。例如：

（1）穆姜出于房，再拜曰："大夫勤辱。不忘先君以及嗣君，施

及未亡人。先君犹<u>有望</u>也!"(《春秋左氏传·成公九年》)

(2) 子思谓子上曰:"白乎!吾尝深<u>有思</u>而莫之得也,于学则瘳焉。吾尝企<u>有望</u>而莫之见也,登高则睹焉。是故虽有本性而加之以学,则无惑矣。"(《孔丛子·杂训第六》)

(3) 始死,充充如<u>有穷</u>;既殡,瞿瞿如<u>有求</u>而弗得;既葬,皇皇如<u>有望</u>而弗至。练而慨然,祥而廓然。(西汉·戴圣《礼记·檀弓上》)

先秦时期"有"既可被看作无实义仅起凑足音节之用的动词词头,也可分析为具有实在意义的动词。据此,"有望"在先秦时期结构属性存在二重划分,即韵律单位"有望"和句法结构"有望"。我们倾向"有"是动词,"有望"为VO式述宾结构。例(1)中"有望"做谓语,受方式状语"企"修饰。① 例(2)中"先君有望"为主谓结构,"有望"做谓语。例(3)中"有望而弗至"和"有求而弗得"结构对举,整体做句子谓语;"有望""有求"在结构中做句法主语。

秦汉时期,"有望"词汇化进程加快,能够出现在疑问句中,可以受语气副词、时间名词修饰。例如:

(4) 未屈而丧已发,引至圹将窆,而柩不肯进。其母抚之曰:"元伯岂<u>有望</u>也?"妻曰:"亡者有遗恨,必待范先生耳。"停柩移时,见有素车白马哭而来,母曰:"必巨卿也。"既至,叩丧言曰:"行矣元伯,死生异路,永从此辞。"(晋·谢承《后汉书·循吏传》)

(5) 天命不当遇于齐,王不用其言,天岂为三日之间,易命使之遇乎?在鲁则归之于天,<u>绝意无冀</u>;在齐则归之于王,<u>庶几有望</u>。夫如是,不遇之议,一在人也。(汉·王充《论衡·刺孟篇》)

(6) 先帝圣德淑茂,早弃天下。朕抚育幼帝,日月<u>有望</u>,遭家不造,仍罹凶祸。(东晋·袁宏《后汉纪·孝殇皇帝纪》卷第十五)

---

① "企"原为动词,义为"踮着脚看"。例(1)中"有望"与"有思"处在相同句法位置,"有思"受程度状语修饰,类推作用下,我们将"企"做状语处理。

例（4）—（6）中，"有望"之"望"义为"期待、希望、盼望"。例（5）中"有望"与"无冀"对举；"绝意"和"庶几"所处句法位置相同，做状语修饰句子谓语。例（5）中句子主语为事件主语。例（6）"有望"受时间名词"日月"修饰。

此阶段，"有望"动词化趋势明显，可后接介词宾语。"有望"可看作 VO 式不及物动词。例如：

（7）今国家秉聪明之弘道，明公履晏晏之纯德，君臣相合，天下翕然，治平之化，<u>有望</u>于今。（南朝宋·范晔《后汉书·何敞传》）

（8）阴阳不和，万人失所，朝廷望公思惟得失，与国同心，而托病自洁，求去重任，谁当与吾同忧责者？非<u>有望</u>于<u>断金</u>也。司徒固疾，司空年老，公其伛偻，勿露所敕。（南朝宋·范晔《后汉书·袁张韩周列传》第三五）

例（7）可做双重分析，既可以分析为"有望"后接介词宾语，也可分析成介词宾语为状语后置。但是，例（8）只能分析成不及物动词"有望"借助介词"于"引介语义指涉成分。同时，从例（8）可以看出，不及物动词"有望"可以被否定。"有望于断金"义为"有望于同心（齐心）"。

至此，在一定程度上，我们可以认为"有望"已经完成了词汇化，是不及物动词。虽然"有望"的词汇化突变完成，但是不可忽视语言演变的滞后性。受"望"的多义性影响，"有望"在共时层面上具备多重解读性。例如：

（9）玮以楷前夺己中候，又与亮、瓘婚亲，密遣讨楷。楷素知玮<u>有望</u>于<u>己</u>，闻有变，单车入城，匿于妻父王浑家，与亮小子一夜八徙，故得免难。（《晋书卷三五·列传第五》）

（10）初，胜至关中，自以年位素重，见太祖不拜，寻而自悔，太祖亦<u>有望</u>焉。（《周书卷一四·列传第六》）

例（9）、例（10）是魏晋南北朝时期语料。"有望"之"望"在例

(9)中义为"企图、希图",在例(10)中则表示"责怪、怨恨"之意。

魏晋南北朝时期,"有望"作为不及物动词,用法稳定,做句子谓语,可受副词修饰,能被否定。一般情况下,"有望"多与同结构词语共现。例如:

(11)吾等叩心泣血,实有望于圣时。公以德佐世,欲物得其所,岂可令建平王枉直不分邪?(《南齐书卷四三·列传第二四》)

(12)纵有学优入室,勤逾刺股,名高海内,擢第甲科,若命偶时来,未有望于青紫,或数将运舛,必见弃于草泽。(《北史·卷八二·列传第七〇》)

例(11)、例(12)为肯定、否定对应。"有望"与同结构词共现,多在相同或相似的句式中出现。例如:

(13)于是处子恍若有望而不来,忽若有来而不见,意密体疏,俯仰异观,含喜微笑,窃视流眄。(《文选》卷第十九)

(14)越人铸金诚有思,魏后庄木亦云悲。……设像居室若有望,间仪驻景暧如之。连卿共日独先后,道悠命舛将无时。倾怀结想恻以慕,乖灵写照拂尘疑。(《全齐文·礼舍利宝塔篇颂》)

在对举句式中,"有望"的句法表现不同。例(13)中"有望"充当句法主语,其所在结构做句子宾语;例(14)中,"有望"做句子谓语。通常,共现用法也可出现在诗歌中。例如:

(15)洛桥初度烛,青门欲上关。中人应有望,上客莫前还。(《玉台新咏》卷八)

此外,"有望"还可以出现在诗歌的标题中。例如:

(16)庚丹秋闺有望(《玉台新咏》卷五)
(17)和王舍人送客未还闺中有望(《玉台新咏》卷八)

隋唐以降，不及物动词"有望"借助"于"带宾语用法成熟，形成"2+1"式"有望于"超音步韵律单位。例如：

（18）曲江、杏园之盛，其知遇之感又当何如耶？余更<u>有望于</u>多士矣，因乐得而记之。（《大慈恩寺志·雁塔题名》）

（19）善人斯进，其类皆<u>有望于</u>拾遗公；拾遗公傥不为起，使众善人不与斯人施也。（唐·韩愈《与少室李拾遗书》）

表4-1　　　　　古代汉语"有望""有望于"频次比①

时代	先秦	秦汉	魏晋	南北朝	隋唐五代	宋辽金	元	明	清	民国
文献数	68	61	36	44	146	282	82	397	942	70
有望	7	12	5	18	38	177	21	58	554	27
有望于	0	2	2	3	12	55	5	28	68	3
比率/%	0	16.7	40.0	16.7	31.6	31.1	23.8	48.3	12.3	11.1

类似例（18）、例（19），古代汉语中能修饰"有望"的单音节词有"必、便、诚、大、独、复、敢、更、固、将、皆、切、窃、情、尚、深、实、属、庶、微、为、应、远、早、终、重"等。"有望"也可受双音节词修饰。例如：

（20）惟阴阳不调，元元不赡，未睹厥咎。娄敕公卿，庶几<u>有望</u>。（东汉·班固《汉书·纪·哀帝纪》）

（21）初，遵诲自以历位尹正，与安重诲素亦相款，衷心<u>有望于</u>节钺，及郊禋毕，止为绛州刺史，郁郁不乐。（北宋·薛居正《旧五代史·后唐·列传十三》）

---

①　表4-1数据来源于汉籍全文检索系统（第四版）语料分析，清代之前数据为处理后语料数据分析，清代、民国时期语料仅为数据库检索数据对比。其中"文献数"指汉籍全文检索系统所收全部文献总数。表4-4同此。

古代汉语中能够修饰"有望"的双音节词还有"大可、多分、方能、方始、或可、仍可、尚可"等。

"有望"作为动词性成分在使用中可以被否定。例如：

(22) 凡九十六人，列之如右。五等之外，盖多贤哲。声闻虽美，功业未遒。空<u>有望</u>于<u>屠龙</u>，竟难成于<u>画虎</u>。不入流品，深虑遗材。(唐·张怀瓘《书估》)

(23) 罕有治经，至于周礼一经乃绝无<u>有望</u>，自今经义文理优长合格人有余许将诗赋人材不足之数，通融优取仍以十分为率不得过三分从之。(宋·李心传《建炎以来系年要录》卷一百七十五)

能否定"有望"的否定词主要有"空、难、未、不敢、断难、绝无、未必、无复"等。

"有望"借助"于"后接宾语，构成"有望于+O"为"有望"的进一步演变奠定了语境基础。① 受汉语双音节韵律特征的制约，三音节"有望于"难以固化成词。"有望于+O"中"于"必然会走上零形化道路。

第二节 "有望"的历时分化与性质

一 "S 有望"的分化

"有望"做谓语其所处句法语境可码化为"S 有望"。主语 S 在历时演变中可以是人或指人名词，可以是物或物性名词，也可以是指称性动词或事件动词结构。对此，我们分别将其码化为"S 有望""NP 有望""VP 有望"。②

（一）"S 有望"

人称代词、指人名词都可以充当"有望"的主语，如前文例（18）。

---

① "有望于 O""有望+于 O"或"有望 O"中"O"既指"有望"的语义指涉成分，也可指不及物动词"有望"的后接宾语。本章同此。

② 严格意义上而言，"NP 有望""VP 有望"都可视作"S 有望"；但为了论述方便，姑且分而述之。

再例如：

(24) 赵孟曰："善哉保家之主也。吾<u>有望</u>矣。"（《春秋左氏传·襄公二十七年》）

(25) 季武子赋绵之卒章。韩子赋角弓。季武子拜曰。敢拜子之弥缝敝邑。寡君<u>有望</u>矣。武子赋节之卒章。（《春秋左氏传·昭公二年》）

(26) 初，胜至关中，自以年位素重，见周文不拜。寻而自悔，周文亦<u>有望</u>焉。（《北史·列传》卷三七）

例（18）、例（24）中句子主语分别为人称代词"余""吾"；例（25）、例（26）中则为指人名词"寡君""周文"。例（26）与前文例（10）叙述同一件事，记载于不同时期，"S有望"的主语为同一人，"周文"即是"太祖"。前文例（2）、例（4）、例（6）、例（9）等中的"先君、元伯、朕、玮"等均是有生名词主语。

"有望"通过介词"于"引介语义指涉对象，构成"S有望于O"，如上文例（18）。古代汉语中"S有望于O"，一般情况下，句子主语可以承前出现，或者主谓之间可以被其他成分隔开。例如：

(27) 仆常闵时俗人，有耳不自闻其过，懔懔然惟恐己之不自闻也。而今而后<u>有望于</u>吾子矣。（唐·韩愈《答冯宿书》）

例（27）原句结构应为"仆有望于吾子"，句子主语承前出现，在后续论述中被启后隐省；句中谓语成分受时间状语"而今而后"修饰。上文例（6）—（8）、例（11）、例（21）等用例均类似例（27）。

当言者所陈事实或事件的出发点为共识性主语时，句子主语可以不出现，如例（12）。但将所陈事件置于大论述背景下，言者主语与事件主语是截然分明的。例如：

(28) 五龄六岁，幼而嫁、幼而婚；寸帛尺书，宜尔家、宜尔室。岂特效恭于子婿，盖将<u>有望于</u>父师。（宋·谢枋得《谢叠山全集

校注·卷三·聘定》）

例（28）言者或作者在陈述一个事实，其间并未出现陈述句子主语。
（二）"NP 有望"
当名词性成分进入"S 有望"句式时，就构成"NP 有望"。例如：

（29）春云始繁，时雪遂降，实丰穰之嘉瑞，销疠疫于新年，<u>东作可期，南亩有望</u>。（唐·韩愈《为宰相贺雪表》）

（30）绰绰夫君，是膺柱下。<u>准绳有望</u>，<u>名器无假</u>。宠盖伯山，气雄公雅。立朝正色，俟我能者。（唐·元希声《赠皇甫侍御赴都八首》）

（31）敬叩玄科，窃依真荫。<u>土灰有望</u>，傥沾再造之仁；草木何知，永戴曲全之赐。（宋·元好问《刘宣抚设醮青词》）

例（29）—（31）中"NP 有望"构成主谓结构，充当小句。古代汉语中类似"南亩有望"的用例较多，如"秋田、准绳、秋稼、民岁、秋成、粢盛、麦田、丰年、岁事、粳稻、二麦、晚禾、麦秋、春畴"等。这也反映了中国古代农耕社会的民生期望。

（三）"VP 有望"
动词或动词性成分进入"S 有望"构成"VP 有望"，主语位置上"VP"述谓性减弱，指称性增强，多指称一个谓词性事件。例如：

（32）世上求道，酒肉愚痴。百年欲过，颠颠不知。金公制伏，还丹一支。朱砂伏火，治病无疑。<u>长生有望</u>，坚固无疑。不衰不老，彭祖同时。（唐·杨行真人《还丹歌》）

（33）尚书时廉察陕郊，诘景方曰："我名弘景，汝兄弘方，汝名景方，兄弟各分吾名一字名之，殊无义也。"遂更名周方，滂闻之，极喜曰："吾<u>及第有望</u>矣。"（唐·钟辂《续前定录》）

（34）又丁溪迤下洩水入海甚速。低田皆涸。<u>春耕有望</u>。（《清实录·康熙朝实录》）

动词性成分"春耕""长生""及第"在此都指称一个事件，述谓性程度降低。类似的表事件 VP 有"将佐、丰登、耕桑、练日、春耕、秋收、麦收"等。

类似例（33）的用例应该引起我们的重视。"吾及第有望矣"存在两重分析：

```
A. 吾， 及第 有望 矣           B. 吾 及第 <有望> 矣
        └─主谓─┘                     └─述补─┘
   └──话题陈述──┘                 └──主谓──┘
```

在"有望"的副词化过程中，我们倾向于第二种分析。即将"VP 有望"分析为广义上的述补结构而不是主谓结构。① "任何对动词的直接描述都是状语，无论其在动词前还是在动词后，其基本性质不变。"（金立鑫，2009：394）此处对动词概念可取宽泛理解，即谓语核心或谓语动词。状语不会因为其位置改变而改变其句法基本属性。"有望"无论在谓词前还是在谓词后，都是对谓词的修饰或限定，前后变换过程中，"有望"的句法功能不变，即后置状语（金立鑫，2009：397）。

"有望"作为后置状语在"SVP 有望"句式中句法位置可变。当"有望"从核心谓语后前移至核心谓语前时，则"S 有望 VP"句式成立，"有望"由后置状语变"前置状语"。居状语位是"有望"副词化的关键句法语境。

二 "于"的零形化与"有望 VP"

作为 VO 式二价不及物动词，"有望"如带宾语（O），必须借助介词"于"，从而构成"S 有望于 O"。"有望于"可带体词性宾语，也可带谓词性宾语，可分别码化为"有望于 NP"和"有望于 VP"。

（一）"有望于 NP"

"有望于"后接体词性宾语可以是时间名词、指人名词和事件名词。例如：

---

① 对"VP 有望"的结构性质下文有详细论述，此不赘述。

（35）强学以待，知音不无。思达人之惠顾，庶<u>有望于</u>亨衢。（唐·岑参《感旧赋附歌》）

（36）观此五诗，可见其艰窘而<u>有望于</u>朋友故旧也。然当时能期赒之者几何人哉？（宋·阮阅《诗话总龟后集·怨嗟门》）

（37）伯修今参议中书，实在其列，是书之成，尚<u>有望于</u>伯修也。愚昔叙名臣事略，以为有出事略之外者，盖以史期之。今也又<u>有望于</u>条格之外者焉，可与言而不与言失人，伯修以为何如？（元·苏天爵《滋溪文稿》）

（38）若保此不懈，庶<u>有望于</u>将来。然非如近日诸贤所谓顿悟之机也。向来所闻诲谕诸说之未契者，今日细思，吻合无疑。（明·王守仁《朱子晚年定论》）

"有望于"还可以后接"斯世、残年、后世、今日、将来、圣时"等时间名词，与例（11）、例（38）类似；例（36）、例（37）为"有望于"后接指人名词或表人的名词性短语；例（35）与例（12）相同，为"有望于"后接事件名词做宾语，"亨衢、青紫"都预示前程美好、官运通达。"有望于 NP"充当句子谓语可受语气副词、频率副词等修饰，如"庶、尚、又"等。

（二）"有望于 VP"

"有望"带宾语，在类推机制的作用下，谓词性成分借助"于"也可进入"S 有望于 O"句式，构成"有望于 VP"。VP 可以是动作动词或动词性成分，也可以是动词性事件结构。例如：

（39）如此则边衅<u>可期于</u>止息，生灵<u>有望于</u>安全；亦足使四夷知朝廷前日兴师之意，在于拯患问罪而不在乎疆土之利也。（《续资治通鉴长编》卷三百七十二）

（40）若思出於位，理或侵官，言匪尽忠，徒<u>欲沽於</u>謇直；词多率意，实<u>有望於</u>指陈。（《册府元龟·卷四百七十六·奏议第七》）

（41）朕恭己绍庭，向明图治，缉熙绪业，追通先猷，方<u>有望于</u>弼谐。(《宋大诏令集》卷第六十九)

（42）昔北都之变，以身在田里，且<u>有望于</u>中兴而不死。(《明亡述略》卷二)

（43）今慎之久矣，得之详矣，苟有所请，实<u>有望于</u>见信而从之也。(北宋·欧阳修《论河北财产上时相书》)

例(39)—(41)中"安全"义为"保全，没有危险"；"指陈"义为"指明，叙述"；"弼谐"义为"辅佐，协调"。"中兴而不死""见信而从之"在例(42)、例(43)中为动词性事件结构。

"有望"作为 VO 式二价不及物动词，借助"于"后接语义指涉成分，在使用中构成"S 有望于 O"句式。但是，不可忽视的是，"有望于"不符合汉语双音化韵律规则，是一个不稳定的句法结构。也就是说，三音节的"有望于"难以成词。在双音化的韵律机制作用下，在语言经济性规则的约束下，"有望于 NP""有望于 VP"中，"于"势必会脱落，走上零形化。

古代汉语中，"有望于 NP"的使用频率远高于"有望于 VP"，"有望 NP"的出现频次远少于"有望 VP"。据此，我们认为，"于"的零形化应该是在"有望于 VP"结构中实现的：

S 有望 → S 有望于 NP → S 有望于 VP → S 有望 VP

（三）"有望 VP"

"于"的零形化造就了"有望 VP"。与"有望于 VP"相似，"有望 VP"中 VP 既可以是双音节动词或动词性成分，也可以是动词性事件结构。① 例如：

（44）伏惟悯怜孤贱，特赐抚存，则缧绁之辱，<u>有望蠲除</u>，鸣吠之能，<u>犹希效用</u>。(唐·柳宗元《上江陵严司空献所著文启》)

---

① VP 可是做"V + O"即"动词 + 宾语"结构。"有望 VP"是"有望"副词化的分析基础。

（45）宜以六曹繁简相参，每两曹差详定、检详官各一员，庶人各任责，朝廷<u>有望</u>成就。（《续资治通鉴长编》卷三百三十九）

（46）恭惟圣政日新，德泽流霈，穷幽极远，蒙被生成，其势如大病之后，偶得良药，以活其命，<u>有望</u>更生。（《续资治通鉴长编》卷三百七十六）

"蠲除"义为"废除，免除"；"成就"为动词词组，义为"成全，造就"；"更生"义为"死而复生"。

（47）朕别无他谕，想卿同此心，惟<u>有望上天早赐惠一日</u>，即早解一日之忧耳。（《清实录·高宗实录》）

（48）悉由涡口渡淮，彼或长驱，则两淮皆非我，<u>有望速遣精锐列戍</u>，勿使敌得。（《建炎以来系年要录》卷一百九十二）

表面上看例（47）、例（48）都为"有望"后接动词性事件结构的"有望VP"，但是其内部结构关系与例（44）—（46）不同。例（47）、例（48）中"有望VP"为述宾小句，例（47）宾语VP是一个主谓结构；例（48）宾语VP为述宾结构。

例（44）—（46）三例中"有望VP"不是连谓结构，也不是述宾结构，应重新分析为状中结构。现代汉语"有望VP"与此处古代汉语"有望VP"用法非常相似。此处三例中"有望VP"均可置换为"将VP"，而不影响句义的表达。古代汉语中状中结构关系"有望VP"的成形固化，是现代汉语"有望"副词化的演变语境。现代汉语"有望VP"格式的使用与发展同古代汉语有直接相关内因。

第三节 "有望"的分布、功能与发展

一 "有望（VP）"的句法分布

"有望"在现代汉语中以动词和副词的双重身份存在。受"于"零形化影响，作为不及物动词，"有望"在现代汉语中很少可以带宾语，部分

可以充当句子谓语。① 例如：

（49）如果我们能度过今后的三四个月，则战争的前途就非常有望。空战情况良好。我们已击败了敌人的空袭并对德国进行轰炸，给希特勒以沉重的打击。（温斯顿·丘吉尔《第二次世界大战回忆录》）

（50）中国的知识分子，已下海者，当不自足于"商人"，向在海中，必系"学术"的方法继续自己的文化使命；在岸上者，当继续抵御来自海中的种种诱惑，继续前行。如此，则中国的市场经济有望，中国前途有望。（1994年《报刊精选》）

除了例（49）、例（50），"有望"做句子谓语，其述谓对象还可以是指称性事件结构或者陈述性事件结构。例如：

（51）14岁的新娘杨彩虹是与我家仅五家之隔的杨大伯的小女，陶家花了800元彩礼买来的。婚姻虽然难尽人意，但毕竟了却了老母亲的一桩心事，也好告慰九泉之下的丈夫亡灵，陶家香火有望了。（周红岩《亚当夏娃的疯狂绝唱》）

（52）多亏了赵大夫，银桥今年参加毛主席诞辰100周年纪念大会有望了！（1993年《人民日报》）

（53）值得赵庸教授欣慰的是，航模运动再次在国内开展起来已经有望了，最近南京、海南有两家中外合资企业，瞄准了……填补了我国仿真动力普及型航空模型生产方面的空白。（1994年《报刊精选》）

例（51）—（53）句子主语都是在陈述一个事件，句中"了"是句尾语气词，而不是完成体标记。

---

① CCL现代汉语语料中，"有望于"总计182条，有效用例170条。类似古代汉语"有望于"带宾语的仅2例，其他168条中"于"引介时间、地点名词做状语。

现代汉语中，作为副词"有望"主要做状语，以"有望VP""VP有望"的句法结构形式出现。①"有望VP"通常多充当句子谓语成分，部分可做定语；"VP有望"可以做谓语、定语和宾语。例如：

（54）预计，匈牙利籍前锋绍比奇和克罗地亚后卫济夫科维奇<u>有望复出</u>。（新华社2004年5月新闻报道）

（55）已经无望出线的沙特队以0比5"惨"败于新西兰队，使本已<u>有望出线</u>的中国队再次仓促上阵。（1994年《报刊精选》）

（56）蒋方良还意味深长地说，如果将来<u>回归大陆有望</u>，她愿意返回溪口长住。（周玉蔻《晚年蒋方良》）

（57）而最让丁晓莲感到揪心的，是眼看着一些<u>读书有望</u>的农村孩子含着眼泪离开校园。（1998年《人民日报》）

（58）入关，曾让人们激动不已，以为<u>买车有望</u>了，加入GATT，进口限制解除，但……真正与国际市场看齐，又不知要到何年何月了。（1994年《报刊精选》）

二 "有望VP"与"VP有望"

（一）状语与后置状语

现代汉语中，"有望VP"是状中性偏正结构已得到认可。但是对于"VP有望"的结构性质却鲜有定论。我们认为，"SVP有望"中"VP有望"也是状中式偏正结构，VP是述谓核心，"有望"是后置状语。例如：

（59）a. 专家解释：副热带高压盘踞不去，短时<u>缓解有望</u>（1994年《人民日报》）

b. 全国男排锦标赛接近尾声　上海队<u>夺冠有望</u>（1998年《人民日报》）

c. 中东和谈<u>恢复有望</u>（1993年《人民日报》）

d. 上海环球金融中心<u>开工有望</u>（新华社2004年11月新闻报道）

---

① 据张谊生、顿婷（2010）对人民网语料的抽样统计，"有望"充当状语占97%。

例（59）为一组新闻标题，"VP 有望"做谓语，其中"有望"都是对述谓核心的描摹修饰。"VP 有望"中"有望"是后置状语。后置状语"有望"可前移至核心谓语之前。例如：

（60）a. 中国信息安全产业人才短缺状况<u>有望缓解</u>（新华社 2003 年 12 月新闻报道）

b. 全国排球联赛上海队<u>有望夺冠</u>（2000 年《人民日报》）

c. 以国防部长称以巴双方今年<u>有望恢复</u>和谈（新华社 2003 年 3 月新闻报道）

d. 中国南水北调工程今年<u>有望开工</u>（新华社 2002 年 1 月新闻报道）

例（60）同样为一组新闻标题，"有望 VP"做谓语，"有望"修饰限定谓语核心，"有望 VP"是状中结构。

依据句子成分的句法功能规则，"有望 VP"和"VP 有望"中"有望"不管是在 VP 前还是在 VP 后，"有望"的基本性质不变，其都是对句子的谓语核心 VP 的直接描摹。"有望 VP"和"VP 有望"中"有望"都是状语，不同的是，"VP 有望"中"有望"是后置状语。"有望"居核心谓语 VP 之后做状语符合世界语言的普遍类型，因为"VO 型语言的修饰谓词的附加成分倾向于在谓词之后"（金立鑫，2009：394）。

（二）表达差异

通过例（59）、例（60）两组语料对比，"有望"前置、后置都不改变其与核心谓语 VP 之间的句法语义关系。换句话说，"有望"不管后置与否，其语义指向均指向 VP。例如：

（61）a. 北京西洋参联合开发总公司将向学员提供西洋参良种和全套技术指导，西洋参栽培技术在我国<u>推广有望</u>。（1994 年《市场报》）

b. 分段多次公开征集志愿<u>有望推广</u>（网页/C000020）

（62）a. 四川新秀黄晶在前全能前三轮比赛中一直名列四强，<u>夺

牌<u>有望</u>，但在高低杠上也摔了下来……（新华社 2001 年 11 月新闻报道）

b. 谢颖认为此次参赛选手并不是很强，中国队后起之秀钟玲<u>有望夺牌</u>。（新华社 2001 年 8 月新闻报道）

例（61）、例（62）两组语料中，"有望"做状语，a 为后置状语，b 为前置状语。不论前后，"有望"的语义指向均指向"推广""夺牌"。

语言具有交际功能，是人类思维表达的直接体现。从语言信息编码、情感表达等方面看，"有望 VP"与"VP 有望"之间还是存有一定的语义差别的。"有望 VP""VP 有望"二者以 VP 为核心形成"镜像表达结构"。"汉语的镜像表达以核心动词为界，动词前的成分是有意的，动词后的成分是无意的。"（张黎，2003：30）也即，"有望 VP"与"VP 有望"在表达上存在主观性差异。

汉语交际中信息焦点的设置一般遵照由旧至新的原则。言者通常将主要信息，即焦点信息编码在句子的最后。据此，我们认为"有望 VP"与"VP 有望"之间句法位置的变换，改变的是交际信息焦点的凸显。例如：

（63）a. 我们更具有发展的有利条件：产量和销售收入大幅增加……<u>下半年钢材价格有望回升</u>；随着公司激励机制的加强，职工的积极性增强。（新华社 2001 年 1 月新闻报道）

b. 正当企业顺利发展，<u>社会公众股有望上市</u>，股东等待分配红利的时候，大部分股权却在股东们不知不觉中被卖掉了。（1994 年《报刊精选》）

（64）a. 可可市场价格<u>回升有望</u>（1993 年《人民日报》）

b. 中国中医研究院研制的治疗艾滋病的药物"克艾可"、"中研一号"已转让给制药公司，正式<u>上市有望</u>；国家中医药管理局专门……（1994 年《报刊精选》）

尽管"有望VP"和"VP有望"都具有主观情态表达功能，①但根据信息焦点编码原则，二者在语义表达上存有细微差别。例（63），"S有望"为非完整性陈述事件，"有望VP"中VP为全句焦点信息；例（64）"SVP"是完整性陈述事件，"VP有望"的焦点在"有望"。例（63）凸显的是可能实现的事件，而例（64）侧重的是事件实现的主观意愿性。

"有望VP"和"VP有望"居谓语位可同时受其他成分的修饰，已属常态化语言运用。例如：

（65）困扰教育科研网的"出口"问题终于<u>有望解决</u>，这是一个令人振奋的好消息，因为长期以来——教育科研网是我国花费大量人力、物力建设的一条重要网络，为教育科技事业的发展做出了不可替代的贡献。（2000年《人民日报》）

（66）平川市水电路老大难的问题，终于<u>解决有望</u>。同样是原有的班子，只因带班人不同，结果却大不一样。（1998年《人民日报》）

"终于"的副词等级高于"有望"，使用中需前置于"有望"。反证，"有望"与VP的语义关系更紧密。

故此可认为，现代汉语中"有望VP""VP有望"都是"有望"副词化的句法环境。

三 "有望"的情态化

"有望VP""VP有望"中呈现出"有望"的黏谓分布特征仅是其副词化进程的一个阶段。"有望"在完成副词化后又进一步向主观情态化演变，成为以表情态为主的评注性副词。

（一）"有望"句法位置外围化

"有望"句法位置外围化仅针对"有望VP"而言，指的是"有望"与核心谓语脱离，逐渐左移的过程。"有望"句法位置外围化过程同时是其主观情态化深化过程。过程中，"有望"和VP间可插入时间状语、地

---

① 有关"有望"的情态特征及表达共用详请参看张谊生、顿婷（2010：16—19）。

点状语及其他修饰限定成分；"和、跟、与、同"等引介 VP 语义指涉对象的介宾结构也可插入"有望 VP"。例如：

（67）气田至香港和海南的海底输气管线总长 869 公里，已铺设完成 798 公里，预计年底可全部建成，<u>有望</u>于 1996 年元旦起(a) <u>正式</u>(b)<u>向香港</u>(c)<u>供气</u>。（1994 年《报刊精选》）

（68）从欧盟委员会对我们的全面评价来看，拉脱维亚<u>有望</u>于今年 12 月(a)<u>在丹麦首都哥本哈根举行的峰会上</u>(b)<u>被邀请</u>(c)<u>成为</u>欧盟成员国。（新华社 2002 年 6 月新闻报道）

（69）因此，1995 年我国质量体系认证步履，<u>有望</u>在更大范围内和更深的层次上(a)，<u>与国际惯例</u>(b)<u>接轨</u>。（1994 年《市场报》）

（70）这一规定<u>有望</u>于今年 5 月(a)<u>以文件形式</u>(b)<u>正式</u>(c)<u>下发</u>，使内蒙古残疾人权益保护有详细的制度可循。（新华社 2004 年 4 月新闻报道）

（71）这些主流机构所倡导的价值投资理念，<u>也</u><u>有望继续</u>(a)<u>在 A 股市场上</u>(b)<u>不断</u>(c)<u>得到强化</u>。从而使得具备估值优势的蓝筹类个股<u>有望继续成为</u>下阶段市场的焦点。（网页/C000008）

一般情况下，时间状语倾向用"于"，地点状语倾向用"在"。时间状语的插入通常可不借助介词，但是地点状语的插入必须借助介词。例如：

（72）中国和泰国合作研制的一种抗艾滋病纯天然药物已通过三期临床试验，<u>有望</u>于年内<u>获得</u>泰国卫生部颁发的批准药号，并<u>在泰国上市</u>。（新华社 2003 年 11 月新闻报道）

（73）中泰合作研制的抗艾滋病中药制剂<u>有望年内上市</u>（新华社 2003 年 11 月新闻报道）

"有望 VP"内部线性组合关系可被多重限制性或修饰性成分打破，如例（67）—（71）所示。类似插入性成分可单独出现，也可以组合的形式出现。从上述五例可以看出，状语层级上，"有望"可以居于时间状语、地点状语、方式状语及其他修饰性或限制性状语前。

表 4-2　　　　　　　　"有望"与介词结构搭配情况统计①

	有望在	有望于	有望与	有望和	有望向	有望同	有望跟	有望
CCL	1051	170	31	10	5	2	1	7176
BCC	1886	271	74	15	227	18	0	17084
人民日报	1038	261	28	10	11	1	0	8430

"有望"句法位置逐渐左移，但是其语义指向上仍指向句子的核心谓词。只是在此过程中，"有望"的修饰限定功能在弱化，其主观情态功能得到加强。"有望"由黏谓性的描摹性副词逐渐演变为表情态为主的评注性副词。

（二）"有望"与处置结构

实际语料分析发现，"有望"可出现在经典的"把、将、让"等处置式句子中。例如：

（74）业内人士认为，此项协议的签订<u>有望将天津市同类药品价格拉低</u> 10%。（网页\C000008）

（75）生活在"自行车王国"中的13亿中国人，今后<u>有望把购到的新车从商店直接骑上马路</u>，而不用再把它送到公安局去登记后才能合法骑行。（新华社 2004 年 10 月新闻报道）

（76）专家说，这种针对青藏高原气候特点建设的特殊防风固沙措施，<u>有望让青藏铁路成为</u>一座"绿色长城"。（新华社 2004 年 7 月新闻报道）

例（74）、例（75）中"把""将"的宾语为"有望 VP"中 VP 的受事成分；例（76）"让"的宾语是与事成分。

"把"类处置句在现代汉语中有较强的主观能动性。"有望"与"把"类句连用从一个侧面证明"有望"的主观情态表达功能。"有望"也可以与"被"字句连用，同时可以做状语修饰"被 VP"结构。例如：

---

① 表中 CCL 数据为处理后语料统计；BCC、《人民日报》仅为数据检索；BCC 仅统计了报刊部分语料。《人民日报》的检索日期为 2016 年 4 月 17 日。下文表 4-3 数据同此。

(77) 据悉，这个以中国人名字命名的奖项，<u>有望</u>被联合国教科文组织<u>列</u>为最高级别的国际奖项。(新华社 2004 年 10 月新闻报道)

(78) 中东地区大规模的恐怖活动<u>有望</u>被<u>铲除</u>，但不排除还有少数恐怖分子仍在活动。(新华社 2004 年 12 月新闻报道)

"被"字句的宾语多为"有望 VP"中 VP 的施事成分。"有望被 VP"可以看作"被"字句宾语的隐省所造成的。CCL 现代汉语语料库中"有望被 VP"使用频率高于"有望"与"被"字句的连用，二者使用比为 6∶1。

表 4－3　　　　　　"有望"与主观表达结构连用统计

	有望把	有望将	有望让	有望被	有望为	有望
CCL	5	26	5	35	97	7176
BCC	10	26	14	88	125	17084
《人民日报》	11	33	20	36	103	8430

"有望"居主观表达结构之前，其副词辖域统括主观表达结构和句中核心谓词。在"有望"句法位置左移外围化过程中，"有望"的副词辖域在不断扩大。也即"有望"的评注性范围不断扩大，由半幅评注扩大到全幅评注。

作为表情态为主的评注性副词，高频的使用推动"有望"进一步演变。"有望"语义泛化必将会导致其语境适应范围扩大化，其与核心谓词的线性依附关系势必被打破。"有望"句法位置外围左移，其副词辖域随之扩大。语用合理化推理导致"有望"原有词汇意义退化，"有望"主观情态表达功能凸显，最终语法化为评注性副词。此即张谊生、顿婷(2010) 所总结的一个方向的三个方面：主观意愿的弱化、如意情态的淡化和未然时体的强化。

第四节 "有望"与"无望""在望"的不对称

"有望""无望""在望"同属"X望"族词,但是三者间在句法分布、情态功能及发展演变上均存在不对称。

一 句法分布不对称

"有望"作为评注性副词可以与动词性成分构成"有望VP"和"VP有望"状中结构;"无望"作为其否定对应词同样能构成"无望VP"和"VP无望"结构;但是"在望"仅可以构成"VP在望",语料检索中尚未发现"在望VP"结构。①

前文我们指出,"有望"作为不及物动词可以充当句子谓语。同样为不及物动词,"无望""在望"也能做句子谓语或句法谓语。不同的是,"无望""在望"可以充当定语成分。例如:

(79)一向自恃强身有术的霍英东先生,做梦也想不到自己会罹此几近<u>无望</u>的<u>绝症</u>。(1994年《报刊精选》)

(80)这篇序言写于《精神现象学》全稿完成后两三个月,总结了精神现象学的观点和方法并启示了当时业已<u>在望</u>的<u>逻辑学</u>的观点和方法。(黑格尔《精神现象学》)

"无望""有望"充当定语通常多后接定语标记"的",属有标记用法。与"有望""在望"都不同的是,"无望"可以做有标记状语。例如:

(81)插管增加了塔卡兰的痛苦,他喷吐过四次,<u>无望</u>地<u>喊过</u>。(新华社2003年12月新闻报道)

(82)它要求人作一种虽<u>无望</u>然而却英勇的<u>奋斗</u>,它认为人生的真谛即在于此。正像加缪翻改的西西弗的神话,人也在<u>无望</u>地<u>把大石头推上注定推不到的山顶</u>。然而人必须推。(《读书》vol-104)

---

① "有望""无望""在望"与双音节动词的搭配情况,详见附录。

从句法分布的不对称性可拟测:现代汉语中"有望"是不及物动词,完成了由动词向副词的转化,同时还处在进一步的演变中;"无望"正处在由动词向副词转化,转化过程尚在进行,"无望"是不及物动词,也是副词,同时还是形容词;而"在望"则仅是一个不及物动词。

二 情态表达不对称

"有望"的情态表达特征通常体现在四个方面——"意愿性、可能性、如意性、未然性"(张谊生、顿婷,2010:16)。"无望"作为反义词,不仅在句法分布上与"有望"存在不对称,在情态表达上也截然相反。"无望"在表达上多是对言者主观意愿、事件的可能性情态、如意愿望的企盼以及动作行为事件未然性等的否定。"有望"和"无望"在情态表达上具有肯定、否定的对称性。

"在望"与"有望"的情态表达功能上存有不对称性。"在望"的事件实现可能性程度等级较"有望"高。从词语的语义特征分析解读看,"在望"内含"在视力所能望见的范围内"之义,这样的事物或事件才属于"在望"的范畴;"有望"含有"有(存在)望见(希望)的可能",其语义关涉对象或事件是否实现待定,此类情形属"有望"范畴。

在情态表达功能上,"在望"的"意愿性、可能性、如意性"均高于"有望",因为"在望"关涉的对象或事件已属必然发生情形。例如:

(83)今年,宁夏灌区夏粮总产量<u>首次突破60万吨</u>,山区夏粮<u>丰收在望</u>。(1996年《人民日报》)

(84)甲级队第一阶段赛程尚未过半,但从各队前3场的表现看,哪几支队<u>有望出线</u>已初露端倪。<u>中国女队</u>……虽然连下3盘,但中间也丢掉两局……比分咬得很紧。<u>男子A组中国队、日本队均三战三捷,出线在望</u>,韩国队出线问题也不大。(1993年《人民日报》)

(85)到目前,<u>江淮一带</u>的安徽、江苏、湖北、四川等地麦区收割已<u>基本告捷</u>,<u>黄淮一带</u>的河南的小麦收割也<u>基本结束</u>,山东、河北等地已<u>进入尾声</u>。北京、天津等地小麦开机收割,但这两个地区的小麦量不大。因此可以说全国的夏粮收割<u>已进入尾声</u>,<u>成功在望</u>,而且完成时间比去年可以略有提前。(1998年《人民日报》)

上述三例中"在望"可以替换为"有望",但是替换后影响句义的准确表达。"VP 在望"在此强调事件实现的必然性,而非可能性。从例句中的相关前景介绍,如例(83)中"夏粮总产量首次突破 60 万吨"、例(84)"男子组中国队、日本队三战三捷"、例(85)"基本告捷、基本结束、进入尾声",可以看出"夏粮丰收""比赛出线""夏粮收割"等是必然事件,是"实现在望"而非"实现有望"。另从例(84)"有望出线"和"出线在望"的对比使用也可看出"VP 在望"的事件实现的必然性。"有望出线"的陈述对象是所有"甲级队",中国女队胜负堪忧,"出线有望";中国男队"三战三捷"一定出线,是"出线在望"。

时体特征上,随着"有望"评注性的加强,其"未然性"特征在不断强化,"有望"原有词义泛化、虚化,表时体义逐渐被强化、凸显。"在望"虽然强调事件实现的必然性,但在一定情况下也可以表示未然性时体义。例如:

(86)战守安悄悄回专案组基地报告潜伏工作的进展,他们现在已经找到机要室了,几乎<u>胜利在望</u>。可是当战守安得知专案组曾经带攻击小队接近过那里时,战守安不禁恼火,万一被敌人发现的话,他们所做的一切都将前功尽弃。(薛海翔《潜伏在黎明之前》)

(87)滇龙生态科技有限公司万亩板栗种植基地让山区贫困群众<u>脱贫在望</u>(人民网·云南频道·云南新闻)

(88)王国新表示,高兴的同时也要保持清醒的头脑,毕竟还要经历奥运会的时差、气候、氛围等诸多因素,"<u>胜利在望,不一定胜利在握</u>"。(中国新闻网)

分析例(86)"胜利在望"的修饰语"几乎"及后续转折句可知,这里"胜利"只是一种可能,是未然事件,例(87)科技公司种植基地只是建立,群众脱贫只是一种主观意向。例(88)更直接指出"胜利"实现的未然性。

在未然性情态表达中,"VP 在望"和"VP 有望"用法相似,"有望""在望"均不可用"将、将要"等进行近义替换;但在"有望 VP"中,"有望"能够被"将""将要"替换。

三 发展演变不对称

"有望""无望"的词汇化起源均可追溯至先秦时期。与"有望"相同,"无望"起源于 VO 式述宾结构,义为"没有希望"。"无望""有望"的词汇化过程都是一个顿变演变。"无望"在先秦时期即可借助"于"带宾语。例如:

(89)子之汤兮,宛丘之上兮。洵有情兮,而<u>无望</u>兮。(《毛诗·国风》)

(90)不亦难乎。犹有鬼神。此必败也。呜呼。为<u>无望</u>也夫。其死于此乎。(《春秋左氏传·昭公二十七年》)

(91)故曰。大君任法而弗躬,则事断于法矣。法之所加,各以其分,蒙其赏罚而<u>无望于君</u>也。是以怨不生而上下和矣。(《慎子·君人》)

"在望"的出现时间较"有望""无望"晚,在魏晋时期始见"在""望"在相邻句法环境中共现。"在望"是从跨层结构经重新分析,完成分解转移,在韵律机制的作用下,而发生词汇化。"在望"词汇化过程肇始于魏晋,成形于隋唐五代。例如:

(92)雅曰:"前活<u>本在望外</u>,今死宁不甘心。明公将以大义平天下,岂可使秦无守信之臣乎!"(《晋书·卷一一九·载记第一九》)

(93)迷墟<u>在望</u>烟,木落知冰坚。(南北朝·荀昶《拟青青河边草》)

(94)千年何旦暮,一室动人神。乔木如<u>在望</u>,通衢良易遵。(唐·朱均《贻常夷诗》)

例(92)为魏晋时期用例,"在望"为介宾结构;例(93)是南北朝时期语料,"在望烟"为述宾结构"在 + [望烟]";例(94)出自隋唐五代时期史料,"在望"为不及物动词。

表4-4　　"有望（于）""无望（于）""在望"历时分布

时代	先秦	秦汉	魏晋	南北朝	隋唐五代	宋辽金	元	明	清	民国
文献数	68	61	36	44	146	282	82	397	942	70
有望	7	12	5	18	38	177	21	58	554	27
有望于	0	2	2	3	12	55	5	28	68	3
无望	9	14	5	3	18	93	24	137	458	42
无望于	1	1	2	6	1	28	5	14	43	0
在望	0	0	1	1	5	55	20	41	446	37
在望于	0	0	0	0	0	0	0	0	0	0

从表4-4的历时分布统计可知，"在望"作为不及物动词，始终不能带宾语，更没有借助"于"而后接宾语。这也从一个角度解释了现代汉语中为何没有"在望VP"，却存在"有望VP"和"无望VP"。

语言演变的趋势不可预测，即使"有望""无望"肇始于同一时期，二者起源结构也相同，但是二者却拥有不同的演变过程和结果。前文在"有望""无望"的句法分布不对称部分已指出：现代汉语有两个"有望"，一个是不及物动词，一个是副词；有三个"无望"，一个是不及物动词，一个是副词，还有一个是形容词。而发展相对滞后的"在望"仅是一个不及物动词。所以，在汉语历时发展中，三者的演变过程可构拟如下：无望：述宾结构→不及物动词→形容词→（准）副词

　　　　有望：述宾结构→不及物动词→副词
　　　　在望：跨层结构→不及物动词

第五节　小结

"有望"词汇化肇始于先秦时期，完成在秦汉之际，是一个突变过程。"有望"作为不及物动词需借助介词"于"后接宾语，构成"有望于NP"结构。在类推机制的作用下，动词性事件结构也能进入"有望于X"结构，构成"有望于VP"结构。三音节超音步单位"有望于"不符合汉语传统韵律规则。在韵律机制和语言经济原则的作用下，"于"必然走上零形化脱落。"于"的零形化催生"有望NP"和"有望VP"结构的

产生。"有望VP"是"有望"副词化的语法环境。同时,"S有望"句式中句法主语可以是人称代词、指人名词等有生名词及其他无生名词,至动词性事件结构的进入,原"S有望""NP有望"类推出"VP有望"。

"有望"无论在谓词前,还是在谓词后,其都是对述谓核心的修饰、描摹与限定。前置、后置均不能改变"有望"与VP之间的句法关系。"有望VP"是状中式偏正结构,"有望"做状语是副词。同样"VP有望"也是状中式偏正结构,"有望"做后置状语,不改变其副词属性。"有望VP"和"VP有望"在信息编码传递上存有差异,"有望VP"的核心焦点是VP,句子的信息焦点是有望实现的事件;"VP有望"的陈述焦点在事件实现的可能性,是有望。

"有望"的语法化是其副词化程度不断深化的过程。句法位置上,"有望"由黏谓分布逐渐左移外围化。"有望"句法位置外围化扩大了其评注辖域,由半幅评注向全幅评注过渡。"有望"的副词化程度深化也是其主观情态强化的过程,其间"有望"表未然时体性特征不断被凸显,其原词汇意义则逐渐退化。现代汉语中,"有望"正向以表示情态意义为主的评注性副词发展。

"有望"与"无望""在望"在句法分布、情态表达及发展演变上存有不对称性。"有望"强调动作事件实现的未然性、可能性,"在望"则侧重对动作、事件实现的已然性判断,"无望"仅是对事件实现的否定。"有望""无望""在望"同为不及物动词,但演变轨迹与结果迥异。"有望"已成为副词并向评注性副词发展;"无望"正在副词化,共时层面以动词、形容词和副词形式共存;"在望"尚停留在动词阶段。现代汉语中同时存在"有望VP""VP有望"和"无望VP""VP无望",但只有"VP在望"而不存在"在望VP"。

附录　有望/无望/在望与 VP 组配统计

一　有望 + VP

成为 4003	改变 168	下调 72	参加 49
继续 1523	引进 166	引入 71	建立 49
得到 1501	产生 165	加入 70	开通 49
达到 1362	打破 160	夺冠 69	下降 48
实现 871	挑战 157	上行 67	达成 48
突破 819	增长 155	减少 66	跻身 47
出现 733	增加 149	扭转 66	借助 47
获得 630	取代 139	扭亏 62	替代 47
走出 547	提升 123	推动 61	创新 47
形成 519	加盟 120	脱离 61	受益 46
进入 515	完成 111	构成 60	享受 44
超过 462	维持 109	采用 60	重现 43
展开 450	用于 104	扩大 59	引领 43
延续 351	降低 99	创出 58	应用 42
保持 341	改善 98	持续 57	复苏 41
搭载 304	得以 95	好转 57	超越 40
向上 278	回升 93	发展 57	开发 40
取得 277	带动 90	夺取 56	通过 40
迎来 231	缓解 89	带来 56	登陆 40
出台 229	摆脱 85	建成 56	入围 39
解决 226	步入 83	纳入 55	入选 39
提高 209	出演 83	加快 55	治愈 39
加速 206	震荡 82	登上 55	问鼎 38
结束 205	启动 80	夺得 52	上升 38
反弹 197	提前 77	接近 51	接替 38
恢复 187	冲击 75	重返 50	配备 38
推出 184	看到 72	创造 50	构筑 37

受到 37	诞生 25	增强 19	走向 16
依托 37	回归 25	投入 19	成立 16
创下 37	列入 25	成行 19	刷新 16
帮助 37	解开 25	作为 19	弥补 16
吸引 36	刺激 25	上扬 19	担任 16
赢得 35	能够 25	占据 19	连任 16
增至 35	中标 25	打入 19	放宽 16
告别 35	接任 25	晋升 19	复活 15
赶超 33	催生 24	低于 19	受惠 15
落户 33	利用 24	匹配 19	转入 15
命名 32	参与 24	回暖 18	促使 15
进行 32	执导 24	消除 18	入主 15
掀起 32	克服 23	减轻 18	激活 15
拿到 31	争夺 23	变成 18	培育 15
呈现 31	代替 23	酝酿 18	继承 15
爆发 30	拥有 23	制造 18	收到 15
上涨 30	下探 23	拓宽 18	挽救 15
促进 30	定名 22	填补 18	变得 15
控制 29	可以 22	签约 18	化解 15
提供 29	出线 22	带领 17	主演 15
发生 29	出席 22	晋级 17	加长 14
引发 28	缩短 21	加大 17	赶上 14
根治 28	开始 21	发挥 17	痊愈 14
再现 27	取消 21	开启 17	使得 14
推广 27	破解 21	攻克 17	获取 14
高于 27	延长 20	回落 17	上演 14
收回 27	终结 20	回到 17	升格 14
揭开 26	亮相 20	覆盖 17	领先 14
盈利 26	获准 20	充当 17	打造 14
翻番 26	表现 20	打开 16	遏制 14
同步 25	发动 19	首发 16	降价 14

逼近 14	普及 12	开业 10	跟随 8
交付 13	避免 11	写入 10	研制 8
染指 13	治疗 11	重振 10	使用 8
开工 13	汲取 11	提请 9	有所 8
冲破 13	推行 11	欣赏 9	趋于 8
争取 13	不到 11	抑制 9	颁布 8
通车 13	观察 11	共享 9	制成 8
围绕 13	收复 11	看好 9	来临 8
取胜 13	升温 11	入市 9	战胜 8
升级 13	保住 11	注入 9	承接 8
夺标 13	重组 10	新增 9	揭示 8
公布 13	当选 10	投产 9	折桂 8
发现 13	实施 10	乘坐 9	支撑 8
登场 13	蝉联 10	测试 9	高达 8
代表 13	调整 10	实行 9	复制 8
开放 13	生产 10	攀升 9	加强 8
比肩 13	摘掉 10	攻击 9	扔掉 8
开辟 12	探明 10	销售 9	扩展 8
担当 12	消失 10	降下 9	延伸 8
杜绝 12	崛起 10	观测 9	跟进 8
演绎 12	满足 10	执教 9	治本 8
确立 12	面世 10	落实 9	重塑 8
拓展 12	对接 10	重生 9	扮演 7
进军 12	翻身 10	夺魁 9	推进 7
角逐 12	包揽 10	保证 9	振荡 7
分享 12	动工 10	前往 9	跌入 7
发力 12	超出 10	节省 9	签署 7
上市 12	接过 10	执掌 8	促成 7
介入 12	缩小 10	批准 8	转为 7
解除 12	夺回 10	登顶 8	显现 7
竣工 12	售出 10	开拍 8	跳出 7

转化 7	跨入 6	放松 5	演化 5
上调 7	运行 6	发布 5	越过 5
顶替 7	增多 6	选育 5	跃居 5
演变 7	站稳 6	问世 5	解禁 5
过来 7	接入 6	出院 5	给予 5
合并 7	开创 6	先行 5	伴随 5
步出 7	处于 6	购买 5	转向 5
出炉 7	闯入 6	享有 5	获益 5
挂牌 7	退出 6	改造 5	阻断 5
得出 7	支持 6	消灭 5	胜过 4
减缓 7	塑造 6	摘取 5	巧遇 4
改写 7	松动 6	依靠 5	一统 4
丰收 7	激发 6	成长 5	安装 4
培养 7	趋向 6	引爆 5	修炼 4
发行 7	签订 6	持平 5	再见 4
简化 7	率领 6	携手 5	上映 4
抵达 7	试行 6	建设 5	交出 4
遇到 7	改观 6	保留 5	兼容 4
降到 7	拉开 6	打针 5	拍摄 4
抓住 7	逃脱 6	试点 5	冲刺 4
上班 6	搞活 6	释放 5	上场 4
延缓 6	救活 6	重演 5	加深 4
修成 6	触及 6	起到 5	登台 4
撼动 6	冲出 6	反转 5	寻找 4
变为 6	引起 6	迈进 5	宣布 4
研究 6	走进 6	腾飞 5	展现 4
收获 6	对应 5	改进 5	减低 4
进驻 6	飞升 5	提交 5	收购 4
确保 6	面市 5	位居 5	明了 4
荣膺 6	突围 5	露脸 5	放假 4
采取 6	时隔 5	紧随 5	饰演 4

重温 4	指点 3	爆出 3	闯进 3
生还 4	营造 3	设计 3	卫冕 3
申请 4	归队 3	涉足 3	稳住 3
免于 4	冲向 3	跨上 3	圆梦 3
确认 4	结合 3	回国 3	吸收 3
放开 4	邀请 3	筛选 3	下行 3
免费 4	改编 3	封闭 3	构建 3
遏止 4	独立 3	确定 3	现身 3
免除 4	排除 3	排名 3	聚首 3
定位 4	放大 3	评为 3	出彩 3
跨越 4	征服 3	放行 3	担纲 3
到达 4	平息 3	捧杯 3	承办 3
看见 4	找出 3	配合 3	贯穿 3
无望 4	开展 3	分得 3	沿用 3
下发 4	医治 3	发出 3	引导 3
出版 4	增大 3	拿出 3	引来 3
用来 4	参演 3	灭绝 3	成才 3
规范 4	赢利 3	稳定 3	结成 3
接受 4	成型 3	升学 3	接手 3
尝试 4	了结 3	升值 3	举办 3
打通 4	掌舵 3	迈出 3	运用 3
孕育 4	光临 3	兑现 3	载入 3
揭晓 4	选择 3	度过 3	造就 3
不尽 4	冲顶 3	堵住 3	增产 3
建起 4	冲入 3	探测 3	不会 3
焕发 4	居于 3	奠定 3	占领 3
缓和 4	举行 3	集中 3	整合 3
振兴 4	脱贫 3	感受 3	拯救 3
回家 4	产出 3	扩散 3	呼吸 3
采纳 3	改制 3	投资 3	减弱 3
出口 3	抬高 3	修改 3	止住 3

制定 3	跳跃 2	出去 2	归还 2
暴涨 3	替换 2	下雪 2	设立 2
脱身 3	轮换 2	编入 2	听到 2
复原 3	擒获 2	开赛 2	翻开 2
转会 3	轻取 2	扳回 2	认识 2
击败 3	带队 2	存在 2	入党 2
追回 3	学习 2	得奖 2	入手 2
着手 3	搭乘 2	剔除 2	囊括 2
转正 3	转产 2	减刑 2	面向 2
获救 3	纠正 2	随同 2	浮现 2
阻止 3	抛开 2	调头 2	升调 2
募集 2	递补 2	得手 2	升高 2
谋取 2	调任 2	收官 2	升空 2
提拔 2	攀高 2	驶入 2	融资 2
离开 2	结识 2	制作 2	认为 2
光复 2	深化 2	还有 2	复关 2
对垒 2	发起 2	发表 2	落地 2
推迟 2	出庭 2	丰产 2	成交 2
立法 2	参照 2	选出 2	付诸 2
途经 2	压倒 2	报仇 2	领导 2
平定 2	开拓 2	脱险 2	减免 2
对付 2	兴起 2	胜诉 2	破除 2
用完 2	预告 2	施行 2	弄清 2
加薪 2	承担 2	获释 2	减亏 2
向前 2	遭遇 2	组建 2	可逆 2
承继 2	增添 2	安享 2	联网 2
立项 2	延期 2	转型 2	来到 2
中止 2	合乎 2	可见 2	防止 2
领取 2	冲上 2	复工 2	抬头 2
减速 2	再生 2	启用 2	称霸 2
致富 2	出差 2	迁出 2	逃生 2

登临 2	稳产 2	贯通 2	知道 2
测量 2	预期 2	演唱 2	直奔 2
经历 2	渡过 2	成材 2	减小 2
更新 2	开设 2	称雄 2	执行 2
挑起 2	触碰 2	节约 2	指导 2
到位 2	下跌 2	诱发 2	联手 2
大于 2	列为 2	玉成 2	回复 2
打响 2	跟上 2	允许 2	集成 2
达标 2	出战 2	在家 2	搬迁 2
根除 2	显示 2	在世 2	追赶 2
推翻 2	瓜分 2	接待 2	壮大 2
从事 2	绝迹 2	重建 2	获利 2
康复 2	削弱 2	展示 2	奏效 2
考上 2	预约 2	控股 2	回收 2
锤炼 2	关机 2	变现 2	组成 2
更换 2	进场 2	昭雪 2	安家 2
传输 2	修复 2	抛弃 2	

二 VP + 有望

扭亏 291	调整 41	突破 24	出线 14
反弹 141	发现 41	复苏 21	谈判 14
升学 104	认为 41	会谈 21	可以 14
增长 92	发展 35	可能 20	估计 14
才能 72	逃生 35	恢复 20	复原 14
丰收 66	改革 31	脱身 20	推出 14
出口 65	研究 29	治疗 19	活命 14
振兴 56	重组 29	减肥 18	发布 14
投资 54	销售 27	上市 18	拍卖 13
复兴 47	应该 25	夺冠 17	回升 13
报仇 47	复仇 25	上涨 17	脱险 12
是否 44	预计 24	应用 16	服务 12
曝光 44	康复 24	看来 15	硬化 12

解决 11	登顶 8	成才 6	审核 4
发行 11	实现 8	手术 6	索赔 4
收费 11	加速 8	取胜 6	畅游 4
实施 11	光复 8	传承 6	变成 4
生还 11	发财 8	搭载 6	大兴 4
申请 11	制作 7	开始 6	猜测 4
致富 10	参赛 7	加薪 6	升级 4
检测 10	感染 7	配售 6	团聚 4
出现 10	表示 7	出台 6	交易 4
旅游 10	回生 7	生产 6	组织 4
预告 10	回家 7	升官 6	落实 4
求生 10	成仙 7	敲定 6	崛起 4
显示 10	重生 7	炒作 6	规范 4
投产 10	输出 7	复活 6	出差 4
表现 10	腾飞 7	选择 6	重振 4
预期 10	逃走 7	增收 6	预示 4
整理 9	和谈 7	脱贫 5	比赛 4
投注 9	开发 7	卫冕 5	丰产 4
盈利 9	晋升 7	越狱 5	夺标 4
介入 9	创新 7	损伤 5	拓展 4
治愈 9	能够 7	预测 5	改良 4
组合 9	配置 7	排名 5	提高 4
加快 9	提名 7	改善 5	升迁 4
不合 9	开通 6	上升 5	互通 4
规定 8	痊愈 6	获救 5	貌似 4
看好 8	突围 6	救治 5	联网 4
减亏 8	亩产 6	后续 5	据说 4
改造 8	移植 6	成交 5	救活 4
以为 8	经营 6	下去 5	结合 4
飞升 8	供应 6	增产 5	交会 4
中兴 8	提升 6	知道 5	觉得 4

创汇 4	复职 3	令人 3	招标 3
合作 4	停摆 3	旅行 3	包括 3
启动 4	脱光 3	落地 3	置换 3
确定 4	雪耻 3	麦收 3	制造 3
设计 4	首发 3	互补 3	繁荣 3
出国 4	翻身 3	培育 3	安装 3
复明 4	支撑 3	回落 3	理财 3
成为 4	整合 3	算是 3	激励 2
成立 4	修改 3	秋收 3	土改 2
通车 4	下跌 3	融资 3	控股 2
完成 4	下调 3	入市 3	只能 2
相信 4	改变 3	上网 3	致使 2
下降 4	投票 3	出家 3	处理 2
夺魁 4	视为 3	实行 3	出征 2
行动 4	抬头 3	苏醒 3	调养 2
病愈 4	关注 3	搞活 3	协助 2
招生 4	上扬 3	透露 3	互动 2
制药 4	出头 3	脱逃 3	战斗 2
转产 4	入主 3	运行 3	出气 2
组建 4	期盼 3	污染 3	解毒 2
不会 3	好转 3	招安 3	中考 2
主演 3	扩张 3	限制 3	依赖 2
解释 3	缓解 3	问鼎 3	公映 2
做官 3	开盘 3	修复 3	辞职 2
看病 3	逃命 3	制胜 3	自信 2
传出 3	走红 3	议和 3	学好 2
归来 3	竞争 3	研制 3	配备 2
感觉 3	回国 3	设想 3	回乡 2
生存 3	回归 3	分红 3	破解 2
感到 3	调运 3	再生 3	长生 2
不能 3	联通 3	预言 3	拯救 2

复位2	论证2	连通2	思考2
立法2	诞生2	成事2	偏安2
收复2	回复2	录取2	亦可2
试验2	就业2	创利2	去留2
公布2	进口2	达标2	签约2
繁殖2	不足2	协作2	改进2
装机2	降温2	排序2	提示2
邀请2	降价2	盘整2	投宿2
亮相2	登陆2	培训2	兑现2
修筑2	注入2	配合2	打压2
翻案2	及格2	寻找2	飞驰2
反腐2	计算2	签名2	放假2
搬迁2	继续2	签订2	打击2
变革2	结束2	评价2	复合2
移动2	检查2	破案2	形成2
短缺2	建立2	发掘2	不可2
提出2	会晤2	确立2	宣布2
听说2	借款2	入队2	学习2
复婚2	进步2	散热2	演出2
挽救2	救助2	骚扰2	一统2
对话2	聚义2	上映2	求援2
投胎2	就是2	外销2	引进2
据称2	决赛2	喂养2	影响2
成形2	竣工2	骨折2	毕业2
识别2	下来2	开工2	有喜2
平反2	开挖2	定价2	北伐2
沟通2	开放2	定位2	分析2
补充2	考察2	供给2	增强2
出嫁2	存在2	根治2	降雨2
合影2	化解2	革新2	升温2
卖出2	列为2	售票2	测试2

反攻 2	拜师 2	转让 2	走向 2
重现 2	及第 2	转为 2	安排 2
重修 2	注册 2	追求 2	

三　无望+VP

得到 400	晋级 4	继承 3	直到 2
进入 38	产生 4	苦笑 3	只能 2
收回 37	走向 4	修复 3	加盟 2
无助 29	封闭 4	追赶 3	分享 2
恢复 29	救活 4	举行 2	放弃 2
出线 26	当选 4	悲号 2	缓解 2
实现 21	通过 4	解开 2	提高 2
获得 19	争夺 3	得胜 2	停产 2
成为 17	治愈 3	坚守 2	付梓 2
取胜 15	继续 3	领首 2	改善 2
冷笑 13	痊愈 3	结成 2	固守 2
夺冠 12	防范 3	结合 2	通天 2
解决 12	相处 3	进军 2	离开 2
不忍 12	突破 3	归咎 2	不等 2
生还 11	扭转 3	连任 2	统一 2
看到 10	再见 3	企及 2	徒劳 2
挣扎 10	回复 3	发表 2	亦可 2
取得 10	夺得 3	夺回 2	回收 2
等待 9	夺取 3	复苏 2	回归 2
达成 8	拿到 3	停火 2	回升 2
决定 7	修成 3	打入 2	发生 2
参加 6	飞升 3	脱贫 2	解除 2
扭亏 5	逃脱 3	出席 2	救助 2
改变 5	收到 3	启动 2	就是 2
达到 5	摇头 3	下调 2	大笑 2
相见 4	完成 3	救治 2	登上 2
结束 4	超越 3	重现 2	得救 2

第四章 "有望"的副词化及其性质与功能

动容 2	导致 2	问鼎 2	自杀 2
逃生 2	实施 2	出版 2	回生 2
打开 2	答谢 2	赢得 2	沉吟 2
答话 2	推动 2	偿还 2	皱眉 2
能够 2	推荐 2	增加 2	报仇 2
仰首 2	出现 2	无用 2	进攻 2
入选 2	失色 2	崩溃 2	走出 2
拼搏 2			

四 VP + 无望

扭亏 1564	治疗 39	重组 19	只能 13
升学 165	觉得 33	复明 19	补救 13
报仇 151	发展 33	停课 18	求助 13
出线 130	挽救 33	复苏 18	复原 13
治理 106	逃脱 32	晋级 18	修复 13
突围 106	收回 30	眼见 18	改造 12
逃生 97	复仇 30	翻身 16	提升 12
明知 79	生活 29	可能 16	形成 12
取胜 78	治愈 27	回家 16	归来 12
生还 72	达标 25	康复 16	飞升 12
并非 70	升官 25	求援 16	脱贫 11
恢复 69	救助 25	索赔 16	结婚 11
感到 68	上市 23	仕进 15	搞活 11
逃走 62	就业 23	反攻 15	挽留 11
减肥 59	高考 23	升级 15	卫冕 11
升迁 54	回生 23	救治 15	无名 11
脱身 54	活命 22	求学 14	注定 11
夺冠 51	以为 21	拯救 14	叫做 10
求生 49	看来 20	无助 14	救援 10
逃跑 45	回收 20	提拔 14	反弹 10
生存 44	解决 20	晋升 14	增援 10
知道 42	医治 20	突破 14	回升 10

秋收 10	追求 7	修炼 6	修道 5
复兴 10	停滞 7	出头 6	催讨 5
复合 10	过关 7	复婚 6	和谈 5
融资 10	实现 7	反抗 6	降级 5
挣扎 10	归还 7	发财 6	刺激 4
振兴 10	合作 7	毕业 6	投资 4
成才 9	生育 7	崛起 6	好转 4
讨债 9	肯定 7	交涉 5	复生 4
成仙 9	近乎 7	便是 5	回城 4
胜诉 9	救活 7	抵抗 5	相思 4
和好 9	抢救 7	增长 5	沟通 4
夺魁 9	和解 7	处于 5	相见 4
经营 9	放弃 7	表示 5	当官 4
所谓 9	脱光 6	算是 5	发出 4
何谓 9	估计 6	等于 5	继续 4
变得 9	陷入 6	结合 5	盈利 4
丰收 9	做官 6	生出 5	不能 4
改革 9	清理 6	无力 5	绝非 4
脱逃 9	应该 6	整改 5	开发 4
追赶 9	整治 6	加薪 5	亏损 4
偿还 8	回国 6	立功 5	联姻 4
转正 8	产生 6	复职 5	解释 4
陷于 8	读书 6	逃命 5	期待 4
进攻 8	不会 6	放假 5	申诉 4
已知 8	致富 6	签约 5	入学 4
求职 8	改善 6	面对 5	升天 4
收获 8	复辟 6	扭转 5	升值 4
等待 8	录取 6	中举 5	收款 4
求救 8	进行 6	强攻 5	复工 4
认为 8	修行 6	翻本 5	返乡 4
增收 8	脱险 6	调解 5	徒劳 4

宣告 4	中奖 3	偷袭 3	推销 2
寻找 4	重建 3	发表 3	清偿 2
转型 4	敲诈 3	追回 3	启动 2
有望 4	令人 3	到位 3	救国 2
出去 4	创收 3	再生 3	变成 2
出身 4	连任 3	带来 3	改变 2
执行 4	停火 3	表现 3	营救 2
摆脱 3	就是 3	存活 3	出局 2
雪耻 3	看到 3	催收 3	失意 2
停工 3	开门 3	看出 3	遭受 2
上行 3	开业 3	出国 3	当真 2
劝说 3	离婚 3	出兵 3	趋于 2
收复 3	哀求 3	充满 3	速成 2
显得 3	解围 3	复位 3	发动 2
战斗 3	履约 3	执政 3	从戎 2
提干 3	追击 3	赚钱 3	坚守 2
调停 3	追逐 3	保留 3	安慰 2
拜师 3	得胜 3	自救 3	学习 2
入选 3	痊愈 3	求见 2	面试 2
还债 3	入党 3	求和 2	旅游 2
眼看 3	赏月 3	辅佐 2	合格 2
北上 3	还本 3	反击 2	成材 2
争霸 3	光复 3	解毒 2	补考 2
说服 3	根治 3	攻击 2	回暖 2
成事 3	感觉 3	攻坚 2	配股 2
怀孕 3	首发 3	解救 2	赢利 2
挽回 3	复活 3	发射 2	更新 2
越狱 3	分红 3	升发 2	恋爱 2
上升 3	放松 3	极目 2	前进 2
等候 3	提名 3	生擒 2	进城 2
嫁人 3	挣脱 3	实行 2	留学 2

招工 2　　　兼并 2　　　苏醒 2　　　足够 2
返家 2　　　上天 2　　　复校 2　　　逃避 2
贷款 2　　　发现 2　　　回归 2　　　停止 2
竞争 2　　　获救 2　　　谈判 2　　　出院 2
聚首 2　　　会师 2　　　相聚 2　　　出现 2
抗战 2　　　上班 2　　　突入 2　　　遭到 2
进展 2　　　会谈 2　　　堵漏 2　　　战胜 2
出版 2　　　悔改 2　　　调离 2　　　报复 2
开车 2　　　上涨 2　　　进口 2　　　探查 2
登机 2　　　深感 2　　　调动 2　　　补种 2
看看 2　　　衡量 2　　　夺权 2　　　引进 2
繁荣 2　　　合资 2　　　消解 2　　　播出 2
考上 2　　　剩下 2　　　得手 2　　　制裁 2
考试 2　　　胜利 2　　　下跌 2　　　濒于 2
进步 2　　　规范 2　　　获奖 2　　　报国 2
克服 2　　　施救 2　　　当选 2　　　转让 2
参加 2　　　北伐 2　　　征收 2　　　保守 2
练功 2　　　购买 2　　　归国 2　　　追索 2
论证 2　　　自杀 2　　　想想 2　　　走出 2
灭火 2　　　追踪 2　　　向前 2　　　懊恼 2
留下 2　　　目测 2　　　消散 2　　　彷徨 2
破门 2　　　抒发 2　　　协商 2　　　改进 2
普及 2　　　举目 2　　　修好 2　　　入门 2
抢夺 2　　　松绑 2

五　VP + 在望

丰收 1064　　好像 21　　复兴 10　　出口 9
胜利 207　　只能 20　　取胜 10　　实现 8
出现 53　　互通 16　　丰产 10　　卫冕 8
出线 51　　成名 15　　晋级 9　　消失 8
夺冠 34　　可以 11　　俨然 9　　秋收 8

发生 7	逃生 4	垂直 2	还有 2
是否 7	记得 4	飞升 2	恢复 2
了然 7	堆放 4	逃脱 2	回归 2
知道 6	生活 4	站立 2	弥补 2
正是 6	升级 4	直航 2	好似 2
不知 6	抬头 3	采收 2	倾覆 2
通车 6	穿越 3	批准 2	痊愈 2
竣工 6	居住 3	停战 2	全胜 2
振兴 6	拘禁 3	夺魁 2	生产 2
贯通 5	摇摇 3	固定 2	生长 2
驻扎 5	翘首 3	增收 2	复原 2
就是 5	挂靠 3	当选 2	胜诉 2
扭亏 5	减肥 3	安置 2	实行 2
伫立 5	团圆 3	集中 2	盈利 2
回家 5	得手 3	准备 2	守候 2
盘踞 5	脱身 3	解决 2	发财 2
软禁 5	腾飞 3	结束 2	损伤 2
收获 5	成型 3	回身 2	停放 2
坐落 5	光复 3	复辟 2	希望 2
收官 4	复苏 3	会合 2	模糊 2
康复 4	相约 3	听见 2	诞生 2
突围 4	隐身 3	围困 2	打算 2
升值 4	应用 3	凝固 2	倒映 2
聚集 4	能够 3	相信 2	一统 2
举目 4	大兴 3	继续 2	呈现 2
揭开 4	留驻 3	入市 2	保存 2
解放 4	增产 3	开发 2	中兴 2
回升 4	不会 3	入选 2	迷失 2

第 五 章

"有幸"的性质、功能及其副词化

"有幸"作为新兴副词,其词性和用法尚未得到足够重视与关注。通行语文辞书多未明确其副词属性。《现代汉语词典(第7版)》《现代汉语规范词典(第4版)》均将"有幸"标注为形容词,《汉语大词典》释义提及了"有幸"的副词性用法。[①] "有幸"究竟是述宾结构,是形容词,还是副词?其副词属性又是怎样?作为新兴副词,其在使用中又具有哪些特殊的功能?等等,这些问题将是本章所要关注的重点。

有关"有幸"的演变及其功能性质的研究,学界也鲜有关注。我们拟借助现有关于词汇化、副词化等研究理论与方法对"有幸"的句法分布予以描摹,对其副词属性进行探索,以期对"有幸"的演变句法语境进行勾勒。"有幸"可充任基本谓语,能位居多重谓语前项(高层谓语),是形容词性状语与副词性状语纠葛的体现。历时演变的滞后性与并存性,使得在共时层面,"有幸"的句法语义属性存有多种解读可能。

基于实际语料的调查与分析翔实描写"有幸"的句法分布,并将其进行码化,在此基础上,对"有幸"的性质与功能进行描摹。处在演变进程中的"有幸"在现代汉语层面呈现出不同的句法分布状态。根据其

---

① 《现代汉语词典(第7版)》,第1591页:"【有幸】yǒuxìng 形 很幸运;有运气:我~见到了海市蜃楼的奇妙景象。"《现代汉语规范词典(第4版)》,第1675页:"【有幸】yǒuxìng 形 很幸运▷~聆听教诲。"《汉语大词典》:❶受宠幸。《北齐书·后主穆后传》:"钦道伏诛,黄花因此入官,有幸于后主。"❷幸运;幸运地。明·胡应麟《诗薮外编·唐下》:"严氏谓唐诗八百家,宋人有得五百家者。今传不过三百余家,而甚多猥杂,则所不传者,未足深惜,然亦有幸不幸也。"秦牧《长河浪花集·献上一个花环》:"在一个特殊的接待外宾的场合,有幸和朱德委员长同坐在一张餐桌旁。"

谓语性强弱及其唯状性分布，我们将"有幸"分为"有幸$_1$"和"有幸$_2$"，即形容词性的"有幸"和副词性"有幸"。

第一节 "有幸"的句法分布及其性质

一 "有幸$_1$"的句法分布

形容词性"有幸"在句中可充当独立谓语（一维谓语），也可充当多重谓语的前谓语（一定程度上也可称为修饰性谓语），下文分别将其码化为"S+有幸"和"S+有幸+VP（V+O）"。

A. S +（adv.）有幸

根据其源语境实际分布，形容词性"有幸"可充当谓语，构成主谓句或主谓结构；"有幸"可以被程度副词标记修饰。例如：

（1）二千多年平静地过去了，中国诗人们都在"死"的面前保持了"沉默"，中国诗坛有幸了，后世的中国人有福了，数不清的"风花雪月"的吟咏支撑着中华民族的"精神文明"。（《读书》vol-178）

（2）希特勒实在有幸。由于本尼托·墨索里尼的蠢举，世界的注意力一下子便从希特勒新近对犹太人的攻击及其非法扩军上移了开去。（约翰·托兰《从乞丐到元首》）

能够进入 A 式的程度副词主要有"实在、十分、非常、很、真是、多么"等。"有幸"还可以被时间、范围等副词性成分修饰限定。例如：

（3）刘黑七大笑："好哇。乔东家愿意和刘黑七交朋友，刘黑七可三生有幸，老祖坟里要冒烟了！"（朱秀海《乔家大院》）

但是，"三生有幸"已整体固化为成语并被词典收录。类似时间限定成分还可以是"三世、一生、此生、平生"等，高频使用促使这些短语结构固化，走上习语化、成语化道路。谓语位置"三生有幸"可以被强调标记成分修饰，如"真、真是、实是、实在是、好比是、可谓、更是、就是、算是、也是、乃、真乃、实乃"等。例如：

（4）陈布雷很倾慕地说："沫若先生，今日一睹风姿，真是<u>三生有幸</u>。"面对一袭长衫、文士气派的陈布雷，郭沫若也很尊敬地说："先生的时评，真是力透纸背，横扫千军。"（张宗高《郭沫若与陈布雷的文士情》）

"S+有幸+VP"中"有幸"充当多重谓语前项，"有幸VP"内部结构为连谓关系，"有幸"与后续谓语中心之间关系松散，可插入其他成分，有时插入的甚至是介宾结构等。此时介词所引介对象多为核心谓语动词的配价载体，其可以是目标格、受事格、施事格、与事格等，构成"S+有幸+PP（Prep.+O）+VP"。

B. S+有幸+向/为NP+VP

当核心谓语动词为多价动词或不及物动词时，借助"向、为、替"等介词，引介动词的配价载体。例如：

（5）在内蒙古自治区首府呼和浩特，齐・宝力高<u>有幸向马头琴大师桑都楞等学习马头琴</u>，他还抽空学习了小提琴的演奏技巧（新华社2004年4月新闻报道）

（6）我在想，自己真的是幸运儿！在中国，有多少人能<u>有幸为巴金、冰心、臧克家这些世纪老人、这些引导我们走上正确人生道路的一代代老作家们直接服务</u>？能<u>有幸为那些受到人民群众特别是青年一代爱戴的中青年作家直接服务</u>？（1996年《人民日报》）

（7）我问他是不是买的，他说是某位殷勤的贵妇送给他的礼物。<u>他曾有幸替这位贵妇略尽绵薄</u>。别的，他什么都没有说。（阿瑟・柯南道尔《福尔摩斯探案集》）

以上三例介词引介核心动词的目标成分。能出现在"S+有幸+向/为NP+VP"结构中的动词，不能是一价动词。作为多价动词VP中的V可以是及物动词，如"学习"；也可以是不及物动词，如"服务"。

通常我们也可以借助"把"字句和"被"字句分别引介受事成分和施事成分。"S有幸VP"与"把"字句、"被"字句融合分别构成"S+

有幸+把 NP+VP"和"S+有幸+被 NP+VP"结构。

C. S+有幸+把/被 NP+VP

有时"把"字句的引介成分不一定都是受事成分，有时还可能是当事成分。例如：

（8）巴加内尔运气真好，他居然<u>有幸</u>把两只"几维"鸟逮住，将来送到巴黎动物园，鸟笼子上挂着雅克·巴加内尔先生赠的牌子，好好满足一下他的好胜心。（凡尔纳《格兰特船长的女儿》）

（9）1987年5月10日，在人民大会堂召开的纪念毛主席《在延安文艺座谈会上的讲话》发表45周年的大会上，我<u>有幸</u>将<u>这幅珍贵手迹（复印件）</u>面呈王震同志。（1993年《人民日报》）

例（8）中"把"引介的是受事成分，例（9）中"把"引介当事成分。

引介 VP 的施事成分时，"S+有幸被 NPVP"中，施事成分 NP 可以隐现。通常情况，隐现的施事成分可以根据语境在上下文中找到。例如：

（10）十年动乱中，徐白伦的父亲——曾被姚文元点名批判的大"右派"，受到更大的冲击。而徐白伦<u>有幸</u>被"革命组织"列为"可教育好的子女"。他真是有些感激涕零了。（张双《他愿化为一片烈焰》）

（11）如果有朋友落水或者自己落水，你可以将现金举过头顶，这样才会有半官方捞尸队对你进行打捞，如果你<u>有幸</u>被救，对方又非常有道德，把你和尸体当成了一个收费标准，那么你还有八千元可以在医院或者救护车上对自己进行抢救。（韩寒《一条船上的人》）

例（11）中"救"的施事成分隐现，但根据语境完全可知"捞尸队"或"对方"是"救"的动作发出者。

D. S+有幸+和/跟/与/同 NP+VP

当核心谓语结构 VP 为交互性动作事件或核心动词为交互义动词或核心动词宾语 O 为关系类名词时，为引出与事成分，通常需借助伴随介词

"和、跟、与、同"等，构成"S + 有幸 + 和/跟/与/同 NP + VP"。例如：

（12）我曾作为有关原子能方面的工作者有幸和聂帅有过一些接触。(1994年《人民日报》)

（13）把未来的收入今天就资本化变现，其好处在哪里呢？不久前，笔者有幸跟年轻的创业家沈南鹏谈起这个问题，一说到这里他立即领悟到其中的意思。(陈志武《金融的逻辑》)

（14）"不久前，我刚刚访问了贵国，有幸同阁下结识，并就共同关心的问题交换了意见。今天又在北京见面感到格外高兴。"(1993年《人民日报》)

（15）他（李瑞环）说，"去年12月，我到巴基斯坦访问，受到了贵国政府和人民热情友好的接待，并有幸与阁下会晤。那次访问给我留下了深刻而美好的印象，时隔一年仍记忆犹新"。(1994年《人民日报》)

除"和、跟、与、同"外，伴随介词"跟着、跟随、随、随同"等也可进入"S + 有幸 + ( ) NP + VP"结构。

除了可以插入介宾结构，形容词性"有幸"同核心谓语之间可以有语音停延，即构成"S + 有幸，VP"结构。

E. S + 有幸，VP

通常情况下，语音停延多存在于"有幸"与 VP 之间。"S + 有幸，VP"结构中"有幸"同样可受程度副词及时间副词修饰。例如：

（16）周正心想，自己真有幸，进了监狱还能不断遇上好心人。(彭荆风《绿月亮》)

（17）艾青深情地对高瑛说："我三生有幸，找了你这么个好老婆，来世变牛变马报答你！"(1993年《人民日报》)

（18）我整理毕自己的床铺，坐定以后，向对面一望，呀！原来是麒麟童。真是三生有幸，这次与文艺界朋友，结成难友。(张承宗《无罪的囚徒》)

例（18）中事件主语提前隐现，一般可以补出。

出现语音延停时，"S+有幸，VP"可出现在事件前句充当前景信息，进而引出后续论述。后续论述一般可以新话题另起陈述。即"S1+有幸，S2+VP"。

F. S1+有幸，S2+VP

从信息传递角度看，F结构中"S1+有幸"多为前景信息句，后续"S2+VP"才是言者所要陈述之重点，为焦点信息。例如：

（19）他（皇太极）很<u>有幸</u>，他7岁的时候，努尔哈赤主持创制了满文，并且开始推行。所以皇太极是满洲少年当中第一批学习满文的。因为他刻苦学习，后来皇太极是精通满文。他还很<u>有幸</u>，在努尔哈赤的衙门里面，有一位浙江籍的汉人，叫龚正陆，负责汉文文件的起草和机要工作。他向龚正陆学习汉文，所以皇太极小时候，既通满文，又略通汉语。（阎崇年《清十二帝疑案》）

会话合作原则下，"S+有幸，VP"结构主语可以承前移位或隐现，构成"有幸，（S+）VP"结构。

G.（adv）有幸，（S+）VP

通过移位，"S+有幸，VP"结构可变换为"有幸，（S+）VP"。移位后事件主语S通常也可隐现，读者可通过文意进行解读。例如：

（20）爱写诗的人很多，能称得上诗人的寥寥。何其<u>有幸</u>，在2000年的元旦，新千年的第一天，<u>我拜访了</u>周克玉爷爷，一位集将军、诗人于一身的长者。（2000年《人民日报》）

（21）有一次去了平福桥沙河机械厂偷粪，实在<u>有幸</u>，上头派了一位学者，他是中国神话学的权威，来拉飞蛾。蒙他不弃，一路上和我讨论《天问》。（流沙河《文人拉车记》）

例（20）事件陈述者即为事件主语，即"我"。所不同的是，例（21）的后续陈述句引入新话题展开新的话语陈述。

事件主语隐现和话语延停造成"有幸"所处结构逐渐独立，随着使用频率的强化,"有幸"所处结构固化,逐渐习语化、构式化,最终标记化。"有幸的是""有幸的话"正是这样一类处在固化中的语言单位。例如:

(22) <u>有幸的是</u>,我在河上漂流了两个月,行程6100公里,终于安全地到达目的地。(植村直己《我的冒险生涯》)

(23) 如果<u>有幸的话</u>,程想,他会参加那家公司的下一次招聘。(网页/C000022)

主语隐现、话语延停使得"有幸"句法位置外围化,进一步独立。在高频使用的促发下,句首形容词性"有幸"被视为句首或句中状语,由句法成分向句子成分转化。"有幸"从多重谓语前项逐步向高层谓语演变,最终被分析为副词性成分。

二 "有幸$_2$"的句法分布

句法分布上,副词性"有幸"表现出定位唯状性。"有幸"与其后谓语核心结合紧密,二者间通常不能插入其他成分,只能黏附于谓语动词。即"S+有幸 VP"。"有幸 VP"内部结构是状中式偏正关系。例如:

(24) 在海口市海南宾馆一号楼,我们<u>有幸专访</u>中国"红色资本家"、全国人大常委会副委员长王光英。(1994年《报刊精选》)

根据"有幸"前后所能出现的辅助成分,"S+有幸 VP"可进一步细分:
A. S+aux. 有幸 VP
"有幸"前加助动词(auxiliary verb, aux.)构成"S+aux. 有幸 VP"。可以进入 A 结构的助动词主要是"能、能够、可、可以、会"。例如:

(25) "我终于见到了神秘的喀纳斯湖,要是能<u>有幸</u>一睹湖怪的模样,我就心满意足了。"(新华社 2004 年 8 月新闻报道)

(26) 香港市民可<u>有幸</u>饱览新中国成立以来世界各国送给中国三代领导人的珍贵礼品。(新华社 2002 年 3 月新闻报道)

（27）你能锲而不舍地在记忆的莽林和沼泽中跋涉，那么，终有一天，你会<u>有幸</u>获得一个感人至深的故事，你会<u>有幸</u>在一行诗里，在一瞬间，<u>与人共度</u>岁月千年。（电工《字字珠玑》）

类似例（25）的假设性条件句，"要是"可以替换为"如果、假如、假若"等。

B. S + 有幸 aux. VP

"有幸"后"VP"前加入"能、能够、可、可以、会"等助动词构成"S + 有幸 aux. VP"。例如：

（28）实现中华民族千年飞天梦想是一个神圣的使命，我们<u>有幸</u>能够担负这次任务，感到无上的光荣。（新华社 2003 年 10 月新闻报道）

（29）这个道理很简单，因为我长期占着一个研究工作的岗位，<u>有幸可以看</u>到许多印刷精良的外国美术复制品，包括那些形形色色的"西方现代流派"。（吴甲丰《看"星星美展"，漫谈艺术形式》）

（30）但在抵达希腊之前，爸爸在路上会停个三四十次，抽抽香烟，而我<u>有幸会</u>在这个时候聆听他的人生哲理，也未尝不是一件值得庆幸的事情。（乔斯坦《纸牌的秘密》）

表 5-1　　　　　　　"有幸"与助动词共现统计①

	人民网					BCC				
	能	能够	可	可以	会	能	能够	可	可以	会
+有幸	2387	813	64	159	300	1059	186	48	159	1670
有幸+	1656	1367	24	183	20	866	175	129	131	122

注："+有幸"表示助动词位于"有幸 VP"之前，"有幸+"表示助动词位于"有幸"和 VP 之间。

从表 5-1 的统计数据可以拟测，在"有幸"由动词向副词演变过程

---

① "人民网"为人民网主站检索系统，检索日期为 2016 年 5 月 17 日，表中仅为共现数据统计，未有分析。

中，助动词与"有幸 VP"的组配会出现变化，即助动词将逐渐从"有幸"前演变至"有幸"和 VP 之间。随着"有幸"副词化程度的加深，"有幸"的辐射辖域将高于助动词。

C. S + 有幸 V 着/了/过 + O

"S + 有幸 VP"结构中核心动词 V 可接时体标记"着、了、过"，构成"S + 有幸 V 着/过/了 + O"。例如：

（31）我有幸珍藏着钱老的几件墨宝和篆刻，有一方石章是钱老应我的请求刻了"不知老之将至"六个篆文。（《读书》vol – 167）

（32）我一边吃着烤红薯一边往天安门走，突然狂风大作，我有幸遭遇了北京数十年来最大的沙尘暴。（卞庆奎《中国北漂艺人生存实录》）

（33）托勒罗听了这话，又是喜欢又是羞愧；喜欢的是，居然有幸接待过这么一位上宾；羞愧的是，当初对待那三位贵宾实在太菲薄了。（薄伽丘《十日谈》）

"有幸"除了后接"着、了、过"等时体标记，还可以与"将来、曾经"等时间副词共现。时间副词既可以出现在"有幸"后 VP 前，也可以出现在 S 后"有幸"前，即"S + 有幸 + adv. VP"和"S + adv. 有幸 VP"。

D. S +（ ）有幸 +（ ）VP

能够进入"S +（ ）有幸 +（ ）VP"结构的时间副词主要有"将、将来、曾、曾经"。例如：

（34）读到一条新闻，说中国的小学生们有幸将穿上皮尔·卡丹的校服。（1995 年《人民日报》）

（35）他极少前来洛汗国，因为大部分时间他都在东方边境作战；但我有幸曾经亲睹他的容颜，在我看来，他比较像是伊欧那些热爱自由的子嗣，而不像米那斯提力斯那些肩负重责大任的人们。（托尔金《魔戒》）

"将、将来、曾、曾经"等时间副词还能修饰"有幸 VP"结构整体。例如：

（36）菲利普亲王说，比利时王室几代人都曾<u>有幸</u>访华，他本人也在十年前访问过中国，亲眼看到中国的巨大变化。（1996 年《人民日报》）

（37）展出期间，观众将<u>有幸</u>在中国美术馆欣赏到三百一十四件具有多方面代表性的艺术新作，同时还可一窥该馆首次展出的经典藏品。（1998 年《人民日报》）

时体分布上，"有幸"与时体标记，与时间副词等搭配存有差异。为此，我们对 BCC 语料库进行检索，结果见表 5-2。

表 5-2　　　　　　　"有幸"的时体分布①

I	II		III	
有幸 V 了	有幸将 VP	有幸将来 VP	将有幸 VP	将来有幸 VP
2481	3	0	189	4
有幸 V 过	3		193	
693	有幸曾 VP	有幸曾经 VP	曾有幸 VP	曾经有幸 VP
有幸 V 着	37	9	282	93
65	46		381	

从统计数据可知，"有幸"倾向出现在已然事件描述中，且倾向于过去时态。Ⅱ、Ⅲ两列数据反映了"S + 有幸 + adv. VP"和"S + adv. 有幸 VP"结构的使用数据差异。从"S + 有幸 + adv. VP"和"S + adv. 有幸 VP"结构使用频率差异可验证"有幸"与核心谓语的高黏附性。

E. S + 有幸地 VP

状语标记"地"的使用更加明确了"有幸"与 VP 间的状中关系。

---

① 数据检索日期为 2016 年 1 月 12 日，数据为精确用例统计。实际统计发现，时体标记与时间副词存在交融用例，本统计表未做区分。

例如：

（38）他蹬着自行车出去不到半英里，就<u>有幸</u>地<u>搭上了</u>一辆卡车。可是，当他从搭乘的车上下来，骑着自行车走过三条街区，往梅吉落脚的地方赶去的时候，他原来的某种指望都落空了，所有的药店都打烊了，而他身边没有避孕套。（考琳·麦卡洛《荆棘鸟》）

（39）少年时期的王老不但受到了我国古典诗词的熏陶，还十分<u>有幸</u>地<u>接受了</u>西欧及俄国文学的系统教育。（1994年《报刊精选》）

如例（39）所示，在状语位的"有幸"仍可以受"十分、多么、非常"等程度副词的修饰，这就说明"有幸"的词类属性仍存有争议。

当"S + 有幸 VP"结构中"VP"为非唯一谓语时，"有幸"仍不改其副词性属性，仍具有高后附性。

F. S + 有幸 V_1V_2（Vn + O）

"S + 有幸 V_1V_2（Vn + O）"结构中"有幸"后接连动结构可由多个动词或动词性短语构成。例如：

（40）多年以后，我<u>有幸去参加了</u>一次在布拉格举行的4年一度的舞美设计展，这是世界最高规格的舞美展。（卞庆奎《中国北漂艺人生存实录》）

（41）1992年冬我应该学院邀请到北欧瑞典、丹麦、挪威三国进行文学访问，时逢1992年诺贝尔文学奖得主德里克·沃尔科特于12月7日在瑞典文学院发表受奖演说，<u>有幸应邀到场聆听</u>，留下深刻印象。（刘心武《听沃尔科特受奖演说》）

（42）记者再次<u>有幸被选中提问</u>。这位女市长自信地表示，雅典已经完全做好准备。（新华社2004年8月新闻报道）

类似例（42）我们可以将其归结为"S + 有幸被 V_1VP"。

以上我们根据实际语料对"有幸"的句法分布做了细致描写。言语交际充满多变性与随机性，"有幸$_1$"与"有幸$_2$"的句法分布不是截然独立的，往往多存在"多项叠加"和"并列使用"。例如：

(43) 我有幸能在慕尼黑亲身感受了那如痴如狂的节日气氛,品尝了那醇厚爽冽的巴伐利亚啤酒,领略了那充满异国情调的啤酒文化。(1998年《人民日报》)

(44) 舒梅切尔表示,他对能代表丹麦国家队出征感到非常自豪,并一直有幸能与一些名留丹麦足球青史的伟大球员共同征战国际赛场,但现在该是为此画上句号的时候了。(新华社2001年2月新闻报道)

(45) 我曾有幸在多个场合聆听邓小平向我解释有关中国的改革问题。我也有幸能够将邓小平在1974年和1979年对我说的话同后来实际发生的情况做出对比。(新华社2004年8月新闻报道)

(46) 当我们有幸在这块土地上降生,有幸选择了一条道路,有幸在河上成为一名水手,有幸在海上执一片风帆,有幸被希望招引着抛洒一大把日子,我们回头过吗?我们回头过。(柳荫《向前走莫回头》)

例(43)—(46)代表了"有幸"的句法分布一般情形。综上,我们可以将"有幸"的句法分布码化为:

S + 有幸 VP

其间允许出现句法停顿,可以有句法成分的隐现,可以允许介宾结构的插入,同样允许各类限定性、修饰性成分的出现,包括否定副词。

句法属性上,"有幸"能够充当谓语、宾语、定语和状语;"有幸"可以做主语,但通常出现在对举语境中,或是与"的"构成"的"字短语。句法功能分布上,"有幸"主要充当谓语和状语,在我们统计的语料中占据90%左右。[①] 例如:

(47) 在家里听到广播,才知道自己身边的边防连队里有这样一个不幸又有幸的战士。不幸的是在他当兵前后六十八天里,父母双双离开人世;有幸的是家里有一个为国家为亲人勇挑重担的继丽姐

[①] 数据来源CCL语料分析。"有幸"的状语属性解读详见下文。

姐。(1998年《人民日报》)

（48）米卢蒂诺维奇也说："能跟巴西队交锋，这本身就让我们觉得非常有幸。"(1994年《人民日报》)

（49）我再听不到他的声音、看不到他的笑容。我只是有幸地收集了那些黑乎乎的本子——那上面记录了他一生不倦的吟哦。(张炜《柏慧》)

（50）谁接住，谁就是下一个要结婚的。我们会发现哪位有幸的小伙子。会接住护花带，来吧。(曹桂林《北京人在纽约》)

例（47）—（50）中，"有幸"分别充当主语、宾语、状语和定语成分，尽管例（47）是"的"字结构做主语。

表 5-3　　　　　　　"有幸₁""有幸₂"句法分布对比

	充当谓语	充当状语	充当宾语	充当定语	前加状语	前加定语	修饰介宾
有幸₁	+	+	+	+	+	+	+
有幸₂	(+)	+	-	(+)	-	-	-

注：加括号的为一定条件下的组配，通常较少。

第二节　"有幸"的副词表达功能及其解读

句法位置作为决定句法形式属性解读的重要句法手段，在汉语词汇属性的鉴定中具有重要的作用。前文我们对"有幸"的句法分布进行细致描摹，发现不论是形容词性还是副词性，"有幸"均处于基本谓语（高层谓语位置，双谓语中的谓语前项）和状语位：

A. S + 有幸 → B. S + 有幸 VP → C. S + 有幸, VP → E. ( ) 有幸, S + VP
　　　　　　　　　　↓　　　　　　　↑
　　　　　　　D. S + 有幸 V_1 VP (Vn + O)

"S + 有幸 VP"是"有幸"副词化分析的基本句法环境。"有幸"句法位置倾向定位，黏附于谓语核心，唯状化分布带来副词化解读。

"有幸"作为副词有其自身的特殊性,即以表词汇意义为主的副词。表示词汇意义为主的副词可称为描摹性副词(张谊生,2014:25)。但是,通过对实际语料分析发现,描摹性副词"有幸"的基本语用功能多是对相关命题或相关陈述的主观情状进行描摹,同时向外传递言者的主观情态。

一 "有幸"的述谓性与可移动性

"有幸"具有常规副词的分布属性,但是更常用的是充当双谓语或多谓语中的前谓语,也即高层谓语,此即其述谓性。例如:

(51)我曾有幸被邀请去参加了几次苏丹同事的婚礼,其中第一次印象最深。(林衫《苏丹人质朴简单》)

(52)2006年3月16号,詹姆斯·马奇应邀在加拿大舒立克商学院做了一个学术讲座……亨利·明茨伯格是加拿大麦吉尔大学的讲席教授,一位曾经对组织理论研究做出过重大贡献的学者。2006年4月初的时候他曾在浙江大学做过一次演讲,坚持管理学科应该更注重满足现实世界的需要。我有幸应邀参加了这两个讲座。(CWAC\CMJ0197)

例(51)、例(52)中"有幸"的述谓性表述结构可码化为"状语+谓语"结构。"有幸VP"结构中"有幸"也就看作或解读为谓语或谓语前项,即"谓语+谓宾",经重新分析为"状语+谓语"。状语位"有幸"可认为是充当高层谓语表达言者的主观情态。此二例首先传达的信息是"我被邀参加了某个活动",其次要传达的才是"我被邀参加了某个活动是有幸的"。

能与"是……的"一起组配充当合成谓语,可看作是鉴别"有幸"作为描摹性副词的辅助标准。例如:

(53)有幸获得奖学金 →获得奖学金是有幸的
有幸读到高中毕业 →读到高中毕业是有幸的
有幸成为新一代北大人 →成为新一代北大人是有幸的

<u>有幸</u>得到了专家、教授的指导　→得到了专家、教授的指导是<u>有幸</u>的

　　从例（53）可以看出，"有幸"的形容词用法与副词用法之间的内在联系，也即"有幸"是具有实际词汇意义的副词。

　　所谓可以移动性是指"有幸"充当高层谓语句法分布较为灵活，根据表达需要可以变换或移位，由句法成分向句子成分转化，从黏谓分布逐渐向句子插入语、句首修饰语（或句首状语）演变。"有幸"单独做句首修饰语的可接受度或使用频次较低，通常多与其他修饰限定成分组构使用。例如：

　　（54）何其<u>有幸</u>，我们都是人类，但我们真的可以永远这样为所欲为吗？（周愚《人类，可以为所欲为吗》）

　　（55）长基，你真难得！我刚才一直看你跳舞，心头却在想，顾兄何其<u>有幸</u>，有你这么一个明事理、识大体的女儿，难怪事事化险为夷！（梁凤仪《豪门惊梦》）

　　（56）我是个自费生，尽管<u>有幸</u>，一来就获得了学费减免，但要糊口、立足，生存空间还得靠自己去争，去"踹"（try）。（文霞《"试"在美国》）

　　当"有幸"位于句首时，其统摄辖域为其后的完整性话题陈述，如例（54）；当"有幸"位于句中时，其评述对象多为其后续陈述（不包括话题或主语），如例（55）、例（56）。例（56）中"有幸"的论述辖域仅至转折连词"但"之前。①

　　从信息论的角度看，"有幸"位于句首时，其后所出现的所有成分都是新信息；"有幸"位于句中时，其后成分为焦点信息，其前主语或话题

---

① 从此三例看可以得出，"有幸"的副词辖域既可以是涵括叙述话题的全域评注，也可以是仅针对陈述的半幅评注。张谊生（2014：52）指出："凡是既可以位于句中也可以位于句首的评注性副词，都是全幅评注，也就是对整个命题进行评注；凡是只能位于句中的评注性副词，都是半幅评注，也就是只对述题部分进行评注。"鉴于"有幸"尚处在演变之中，我们只能预测"有幸"已经具备了向评注性副词演变的基础，但其还不是评注性副词。

为已知信息。Li & Thompson（1981）将类似"有幸"的副词称为"可移动副词"，认为"在主语或主题词前的副词，主要是用来表示说话者的观点，而主语或主题之后的，则主要用来说明句中事物的情态"（转引自曹秀玲、王清华，2015：532）。

从语用凸显主观评判的角度看，语言表达往往把充当谓语的成分前移至句首，此时该成分就由基本谓语变成高层谓语，成了一个更具有主观评判功能的成分。所以，我们认为，居多重谓语前项的"有幸"是描摹性副词，且具有一定的评注功能。或者说，描摹性副词"有幸"已开始向评注性副词演变。

虽具有可移动性，但是"有幸"实际分布中却具有前置性定位倾向。也就是说，与其他基本谓语或谓词性成分共现时，"有幸"一般多处于句法最外层。"有幸"所处句法位置呈现外围化趋势：

S + 有幸→S + 有幸 + VP（→S + 有幸 + V_1 + V_2 + V_3）
　　→S + 有幸，VP　　　　→ S + 有幸 VP
　　→（S_i）有幸，S + VP　→（S），有幸 VP
　　→（ ）有幸，S + VP　　→有幸，S + VP

此过程中，"有幸"句法位置状语化、外围化（辖域扩大化），语义功能逐渐虚化、泛化（语义虚化），主观化情态表达更显著（功能泛化）。

二　焦点凸显与话题有定

"有幸"的主观评注性功能多体现在对信息焦点的凸显和对陈述命题或话题指称性的限定上。语篇中可以把副词"有幸"当作信息焦点的凸显标记。当一个交际语境高层谓语中出现"有幸"时，那么"有幸"无论居于句子的何种位置，其后的命题或述题都是言者所要传递的语义重心。该语义重心多为通常意义上的新信息成分，即信息焦点。例如：

(57) <u>有幸的是</u>，我曾亲耳听过邓小平强调稳定的重要性和坚持改革开放。（1998年《人民日报》）

(58) 我的一生分为两部分，一半在捷克，一半在法国，使我<u>有幸可以从两个瞭望塔里看世界</u>。（金龙格《昆德拉在法国出版随笔集〈帷幕〉》）

例（57）、例（58）中居高层谓语位"有幸"之后的命题与述题分别为言者所要传递的新信息，是语义交际的重心之所在。不同的是，例（57）中的新信息包括言者主语"我"，而例（58）不包括。

通过对实际语料处理发现，凡是含有"有幸"做高层谓语的句子，其名词性主语或陈述话题通常为有指（referential）成分且是定指（identifiable）成分。例如：

（59）<u>西湖</u>有幸，曾 4 次接待过这位艺术大师，留下他（梅兰芳）的音容笑貌和艺术形象。(1994 年《报刊精选》)

（60）<u>恩师</u>有幸，终于熬过了炼狱，迎来了他事业和生活的第二个春天，这十几年，他在艺术上达到辉煌的巅峰，海内外众望所归，他是中国京昆艺术的象征和丰碑。(岳美缇《岳美缇与她的恩师俞振飞》)

（61）文泽远和陈墨涵谈笑风生地刚踏进布庄门面，桂兰亭便满脸堆笑地迎了上来，作揖打躬："<u>敝号有幸</u>，文将军和陈团长大驾光临，令陋室蓬荜生辉啊。"(徐贵祥《历史的天空》)

例（59）—（61）中"有幸"的叙述主语所指明确，无须任何解释，读者或听话人一目了然。

第三节 "有幸"的演变与功能

一 "有幸"的历时演变

现代汉语层面形容词性"有幸"与副词性"有幸"共存；作为唯状分布黏谓副词，"有幸"具有实际词汇意义但又有主观评注性，是描摹性副词同时兼有评注功能。这些都是"有幸"历时演变所造成的。

"有""幸"在相邻语境共现最早出现在先秦时期。例如：

（62）彼可诈者，怠慢者也，路亶者也，君臣上下之间，涣然有离德者也。故以桀诈桀，犹<u>巧拙有幸</u>焉。(荀况《荀子·议兵篇》)

（63）婴闻之，<u>有幸</u>见爱，<u>无幸</u>见恶，诽谤为类，声响相应，见

行而从之者也。(晏婴《晏子春秋》外篇下四)

"幸"是多义词,例(62)中"幸"义为"侥幸","有幸"做谓语,"有"可被看作动词词头,也可认定为存在动词;例(63)中"幸"义为"幸运","有幸"为述宾结构做状语。例(63)是最早发现的"有幸"可以做状语的用例。

秦汉时期,"有幸"已初步固化为一个结构单位,主要充当谓语和状语。例如:

(64)国家<u>有幸</u>,当者受央。国家<u>无幸</u>,有延其命。(老聃《老子乙本卷前古轶书·十六经·立命》)

(65)大王<u>有幸</u>而临之,则天下可并,两主分割,不亦可乎?(司马迁《史记·吴王濞列传》)

例(65)中"幸"义为"皇帝亲临","有幸而临之"可分析为连谓结构也可分析为状中结构。

"有幸"充当谓语和状语自先秦萌芽,秦汉固化,至魏晋南北朝其已可以充当多重谓语前项,具有标记信息焦点的功能。例如:

(66)朝廷将加厚赏,烈告人云:"譬如斩手全躯,所存者大尔,岂<u>有幸</u><u>从兄之败以为己利乎</u>?"卒无所受。(李百药《北齐书·卷四三·列传第三五》)

(67)尔若<u>有幸</u>,<u>得为乱兵所杀</u>;尔若<u>不幸</u>,<u>则生相锁缚,载以一驴,负送都市</u>。(李延寿《南史·卷一八·列传第八》)

(68)私门<u>有幸</u>,<u>亡大姑元嘉中蒙入台六宫,薄命早亡,先朝赐美人,又听大姑二女出入问讯</u>。(《全宋文·卷五十四·上书诉父冤》)

从凸显焦点角度看,例(66)—(68)中,"有幸"的后续陈述皆为新信息,是言者所要向外传递的语义重心。从例(62)—(68)可看出,虽然"有幸"已具备充当高层谓语的趋势,但是其主要还是充任谓语,构成主谓结构"S有幸"。即使构成"S有幸VP",但"有幸"与其后谓语核心之间关系尚未固化，可存有语音延停。这一阶段，"有幸"应是形容词性状语，具有向副词性状语演变的趋势。

隋唐五代，"有幸VP"结构固化程度高，"有幸"对其后谓语中心黏附度高。"有幸"作为状语或高层谓语用法稳固。例如：

（69）盐商妇，<u>有幸</u>嫁盐商。终朝美饭食，终岁好衣裳。（白居易《盐商妇》）

（70）太尉云："非北禅，还有鉴者也无？"师云："臣僧<u>有幸</u>得遇明君。"（静筠禅僧《祖堂集》）

（71）我虽贞洁，质素无亏，今于水上泊纱，<u>有幸</u>得逢君子，虽即家中不被，何惜此之一餐。（《敦煌变文集·伍子胥变文》）

状语位（高层谓语）"有幸"作为新信息凸显标记，其述题是言者所要陈述的重点。例（69）—（71）中，"有幸"前名词性成分，或为话题成分或为主语成分，都是有指成分，且都是定指成分。

宋代以降，"有幸"的形容词用法与副词用法并存，但存有纠葛。"有幸"具备述谓性、黏谓性，是形容词，也可分析为副词。例如：

（72）老者道："恁般贤明官府，真个难遇！本县百姓<u>有幸了</u>。"（抱瓮老人《今古奇观》）

（73）伫看戈束帛，岂复叹乘桴。制作先东鲁，朝廷用大儒。愚生深<u>有幸</u>，归上孔林图。（周伯琦《八月六日丁亥释奠孔子庙三十韵》）

（74）娄公子打个恭道："老太师乃天衢贵客，台阁重臣，晚生一介寒儒，垂蒙青眼，实<u>三生有幸</u>。"（金木散人《鼓掌绝尘》）

（75）我受你的侮辱很久了！今天<u>有幸</u>能遇上你，我怎么折磨你才能让我快意呢？（瞿佑《剪灯新话》）

（76）我这眼里有块试金的石，一见你，就知你是个疼人的，初相交，你就与奴舍不的，人人说你，甚是出奇，也是我<u>三生有幸</u>将你遇，早成就，留下个相与心里记。（华广生《白雪遗音》）

语言演变在不断地深入，"有幸"由形容词演变为副词，同样符合语法化演变规律与共性。

二 "有幸"的语用功能

"有幸"在会话中有着特殊的表达功能,折射出汉语言交际者的社会文化心理。"有幸"既可以出现在书面语中,也可以被使用在日常口语中。不同的语言环境下,"有幸"所表达的语用效果不同。

A. 得体性。例如:

(77) 在朋友们的一片祝贺声中梁应辰动情地说:"是党培养了我,昨天我不是院士,大家叫我老梁,今天<u>有幸</u>成为院士,大家还要叫我老梁。我高兴的是这回我真的不用退休了。"(1994年《报刊精选》)

例(77)中"有幸"的使用表明"老梁"的言语选词恰当得体。

B. 称赞性。例如:

(78) 奥运圣火在中国北京的首次传递就选择了两所最著名的高等学府,清华、北大<u>有幸</u>成为此次传递活动中唯一穿过的两个单位。(新华社2004年新闻报道)

例(78)中"有幸"的使用体现言者对定指话题成分"清华、北大"的赞许。

C. 谦虚性。例如:

(79) 老朽<u>有幸</u>与你接手,感触不少,中华棋道,毕竟不颓,愿与你做个忘年之交。(阿城《棋王》)

例(79)出自棋艺精湛的"老朽"之后,言对少年棋王,"老朽"的谦虚之态充满字里行间。

会话中,"有幸"的表达功能除了得体性、称赞性和谦虚性之外,尚可表示言者的慷慨性、陈述事实的客观一致性及对陈述对象的同情。

例如：

（80）二十多年前，笔者在上海<u>有幸</u>与前年冬天谢世的唐诗专家马茂元教授，<u>成了牛棚同寅</u>，<u>一起劳改</u>，挖防空洞。（王春瑜《坑厕与文化杂谈》）

（81）1961年，担任汽车贷款业务员的老乔布斯，举家搬到位于硅谷的山景镇。从此，乔布斯就<u>有幸生活</u>在这个充斥着世界上最新科学技术与最先进管理知识的环境之中。（张剑《世界100位富豪发迹史》）

（82）且不说大量的下岗工人，即使<u>有幸在岗</u>的工人，中小城市的每人月收入也才五百元左右，除去各项生活开支，尤其是供养孩子上学的费用，哪里还有闲钱买书？（郑根岭《提高阅读率请先把书价降下来!》）

例（80）是言者对当年与"唐诗专家马茂元教授"共同劳作的回忆，言语间流露出对当年"特殊历史阶段"的感慨与无奈；例（81）是对"乔布斯"的生活环境的客观陈述，与读者的认知一致；例（82）作者避而不谈"下岗工人"的艰难，对"在岗工人"的艰辛生活充满了同情。

得体、称赞、谦虚、慷慨、一致和同情等交际准则之间并不存在明显的切分标准，但它们的运用是对会话"礼貌原则"的最好诠释。

第四节 小结

"S有幸VP"是孕育"有幸"副词化的句法语境，尽管其在现实交际中存在多种变式。"有幸"在该句法环境中既可以充当谓语，也可以做多重谓语的高层谓语。"有幸"可充当形容词性状语和副词性状语，受其影响，句法位置较为灵活。"有幸"是具有实际词汇意义兼具评注功能的描摹性副词，通常多表达言者对涉事命题或述题进行主观陈述，以此表明其主观态度。"有幸"作为焦点信息的凸显标记，标记其后接成分，无论是命题抑或是述题，都是语义表达的重心，多为新信息，是言语交际的中心。当"有幸"位于句首时，其辖域为整个论述，是全幅描摹；当位于句中或句尾时,其辖域为述谓后续,是半幅描摹。当对某一事物或事件进行主观表述时,"有幸"的涉事论元,可以是主语也可以是话题成分,通常是有指成分,并且是定指成分。"有幸"的评注性副词属性有其历时演变渊源,是对古代汉语用法的保留与继承。"有幸"在表达功能上符合会话交际的礼貌原则。

"有幸"作为一个尚处于发展演变中的描摹性副词,其副词属性尚未被完全肯定。受历时用法的影响,在共时层面,"有幸"既可以是述宾结构,也可以是形容词和副词。① 究竟是副词还是形容词存在一个界定的问题,也是演变的问题。副词词性地位的确定应该是结合词语自身的句法功能,以其语法意义为基础进行细致界定。② 唯状分布和黏谓分布之间存有差异,"述语+谓宾"与"状语+谓语"之间也同样存有纠葛。所以,鉴于汉语副词复杂多变的特征,现代汉语副词只能是一个"动态的、可变的范畴,只能有一个模糊的、大致的、带有一定主观性的范围"(张谊生,2014:14)。

"有幸"由基本谓语至高层谓语,从句法位置分布上看,存在一个句法位置外围化转变,同时,其核心谓语地位随着外围化的加深逐渐销蚀。"有幸"外围化过程中其语用辖域不断扩大,语义功能逐步弱化,语用功能逐步强化。句法位置外围化促使"有幸"成为高层谓语,具有主观情态表述功能,同时成为一个焦点凸显标记。随着句法成分间的相互演变造成在句法表达的线性序列上"靠后的成分为靠前的成分提供更多的新信息"(方梅,2005:166)。此论述也验证了 Bolinger(1952)所提出的"线性增量"原则。③ 也就是说,句法位置外围化、高层谓语、主观化、焦点信息等之间存在内在制约关系。

---

① 此所谓语法化理论的"歧变原则"(沈家煊,1994:19),即"一个实词朝一个方向变为一种语法成分后,仍然可以朝另一方向变为另一种语法成分,结果是不同的语法成分可以从同一个实词歧变而来"。

② 有关副词的界定与范围划定,详情参阅张谊生(2014:3—23)。

③ 即"在没有干扰因素的条件下,随着句子由左向右移动,句子成分负载的意义越来越重要。"(沈家煊,1999:226)

附录 "有幸"后接双音节 VP 统计

成为 890	观看 50	亲临 32	再见 17
参加 833	接触 50	合唱 31	保存 17
看到 472	领略 49	会见 31	得知 16
得到 422	应邀 48	相遇 30	列席 16
目睹 377	赶上 47	瞻仰 30	分享 16
遇到 291	加入 46	出席 29	考上 15
结识 246	碰到 45	拿到 29	倾听 15
认识 239	看见 45	担任 29	了解 14
参与 223	拜见 45	相见 26	陪伴 14
能够 179	受到 43	陪同 25	结交 14
获得 171	享受 42	搭乘 25	邂逅 13
进入 168	相识 42	乘坐 24	主持 13
聆听 134	观赏 41	前往 24	阅读 13
来到 128	看过 41	会面 23	出生 12
采访 113	知道 41	观摩 23	置身 12
听到 113	作为 39	拜会 23	获奖 12
遇见 100	体验 37	相会 22	停留 12
参观 95	碰上 37	感受 21	得了 11
欣赏 93	发现 35	旁听 21	中奖 11
拜读 84	领教 35	追随 21	亲历 11
拥有 76	相逢 35	接待 20	结缘 11
可以 74	接受 34	承担 19	迎来 11
得以 73	走进 34	偶遇 19	避免 11
品尝 67	收到 34	生长 18	当选 11
邀请 58	拜访 34	入围 18	试用 11
跟随 55	登上 33	游览 18	逃脱 11
入选 54	访问 32	见识 18	列入 11
生活 53	经历 32	师从 17	出现 11

面对 10	登临 7	在家 5	摆脱 4
在场 10	相聚 7	应有 5	问世 4
随同 10	观察 7	留下 5	进行 4
回到 10	浏览 7	听取 5	任职 4
躬逢 10	购得 7	接纳 5	光顾 4
前来 10	获准 7	收获 5	保住 4
使用 10	蒙受 7	试试 5	看看 4
言中 9	光临 7	举办 5	辗转 4
选中 9	巧遇 7	再会 5	招工 4
步入 9	造访 7	靠近 5	出访 4
服侍 9	目击 7	中标 5	重温 4
结婚 8	窥视 7	加盟 5	穿过 4
见面 8	从事 7	继续 5	率领 4
代表 8	进去 7	降临 5	见见 4
存活 8	投身 7	听说 5	从师 4
游历 8	辅佐 7	重逢 5	承蒙 4
亲聆 8	养育 6	发表 5	请教 4
免于 8	穿越 6	沐浴 5	上台 4
拜谒 8	伺候 6	跨入 4	实现 4
走访 8	才能 6	跨越 4	通过 4
走近 8	懂得 6	合影 4	翻阅 4
体会 8	遭遇 6	考察 4	继承 4
位列 8	回来 6	有缘 4	获悉 4
师承 8	生还 6	亲近 4	会晤 4
取得 8	碰见 6	围观 4	还有 4
充当 8	生存 6	戴上 4	抓住 4
分得 8	侍奉 6	瞧见 4	仰赖 4
涉足 7	收集 6	留存 4	保全 4
学习 7	接近 6	记录 4	度过 4
收藏 7	饱览 6	记载 4	指挥 4
保留 7	高攀 6	提前 4	重返 4

分配 4	处于 3	抬举 2	研究 2
知晓 3	生出 3	觐见 2	朝见 2
窥探 3	结成 3	流传 2	吃饭 2
沾光 3	受聘 3	寻觅 2	转入 2
漂流 3	降生 3	拍摄 2	培养 2
居于 3	探访 3	申请 2	扮演 2
跻身 3	听听 3	建立 2	忠于 2
负责 3	穿梭 3	免费 2	出去 2
考取 3	投入 3	拥抱 2	俘获 2
可能 3	突围 3	挣脱 2	领先 2
偷看 3	脱险 3	来访 2	仰望 2
漫步 3	位居 3	打开 2	留学 2
遭逢 3	相爱 3	在世 2	避开 2
撞见 3	担负 3	存在 2	出演 2
荣获 3	变成 3	捉住 2	领受 2
伴随 3	等到 3	休息 2	闯入 2
混入 3	协助 3	受惠 2	筹办 2
迈进 3	修炼 3	殉国 2	客居 2
鉴赏 3	破译 3	检阅 2	客串 2
捕捉 3	载入 3	搜集 2	演出 2
护送 3	告诉 3	打通 2	旁观 2
诞生 3	担当 3	借阅 2	具备 2
上天 3	掌握 3	授予 2	配合 2
选修 3	逃生 3	侍候 2	捧杯 2
成活 3	服务 3	猜中 2	开始 2
居住 3	中选 3	玩弄 2	停课 2
赢得 3	专访 3	观光 2	可否 2
能否 3	夺得 3	阅览 2	恭请 2
出版 3	同情 2	呈报 2	就是 2
膜拜 3	观战 2	乘船 2	救活 2
回家 3	借重 2	聚首 2	吸收 2

前去 2	见证 2	先行 2	查阅 2
入场 2	减少 2	希望 2	掌管 2
尝试 2	带领 2	享用 2	负笈 2
身处 2	跳出 2	相知 2	珍藏 2
深入 2	博得 2	到场 2	征战 2
介入 2	听见 2	到达 2	服用 2
实践 2	返回 2	演唱 2	主演 2
越过 2	挖掘 2	过关 2	抓获 2
参演 2	发展 2	北上 2	准备 2
打磨 2	完成 2	迎接 2	照顾 2
结伴 2	上山 2	迎娶 2	走出 2
参军 2	获救 2	读解 2	欣逢 2
吮吸 2	问鼎 2	帮助 2	把玩 2
感悟 2			

第 六 章

"有意"的副词化与主观化及其属性

"有意"作为多功能词,已被通行词典收录。《现代汉语词典(第7版)》(2016:1591—1592)将"有意"释义为:"❶动有做某事的愿望。❷动指男女间有爱慕之心。❸副故意。"《现代汉语规范词典(第4版)》解释为:"❶动有做成某事的心思❷动指男女之间有爱恋之意。❸副故意。"《现代汉语虚词词典》(朱景松,2007:515)将其解释为:"副词。故意地,有意识地(做某种事)。""有意"作为动词,其动词属性之间有何差异?作为副词,其表达功能又有何特殊之处?这些是词典所解决不了的,需结合汉语实际语料进行细致描摹。

"有意"的动词属性和副词属性已被确立,却为何不存在形容词用法?作为副词,其被修饰成分都是"双音节动词,或动词短语",被修饰的动词性词语是否"表示的是主体可以控制的动作、行为"(朱景松,2007:515)?"有意"作为副词,其副词属性及其表达功能是怎样的,诱发其副词化的动因又有哪些?这些问题都将是本章研究的焦点。

第一节 "有意"的性质与功能

一 "有意"的多功能性

现代汉语层面,"有意"作为多功能词,多种属性并存,且具有交叉性。例如:

第六章 "有意"的副词化与主观化及其属性

（1）奥斯陆大学很重视这一成果，给予了支持和嘉奖。挪威的出版社也<u>有意</u>于推出该书，但缺少汉语编辑，难以独立完成。（2000年《人民日报》）

（2）教育（指学校教育）是专门为人的身心发展而<u>有意</u>组织起来的特殊环境，它对人的身心发展起主导作用。（CWAC\AEB000）

例（1）、例（2）中"有意"的词类属性之间存在区分争议，（1）中"有意"是及物动词还是不及物动词？（2）中"有意"是动词还是副词？

即使是副词，"有意"的性质同样存有争议。例如：

（3）因为蒋介石有旨意，所以这些要员心中明白蒋介石是<u>有意</u>把戴笠的追悼活动办得隆重些。（陈廷一《蒋氏家族全传》）

（4）于是爱开着灯一个人听听音乐、看看书，抑或与朋友聊天，与其说这是<u>有意地</u>制造黄昏的意境，还不如说怕够了孤独。（潘虹《潘虹独语》）

例（3）、例（4）中，"有意"的副词词义理解为"故意"还是"有意识"？

"有意"既可以做状语，也可以充当定语成分，同时都可以与标记词共现。例如：

（5）从前一方面说，长期来形成的计划分配和行政调拨的工作，使某些机构不仅无意的，而且<u>有意的</u>阻碍生产要素流动和资源配置的市场化。（1994年《报刊精选》）

（6）英国《情报文摘》文中所谓的中印边境局势紧张之说，纯属无端的猜测和<u>有意的</u>渲染。（2000年《人民日报》）

（7）1995年秋，报上居然出现了这样的广告：转让大型"迪厅"，<u>有意</u>者请与杨先生联系。（1996年《人民日报》）

例（5）中"有意"做状语，而在例（6）、例（7）中充当定语成分，且都是有标记的使用。

二 "有意"的句法分布与功能

现代汉语层面，"有意"的句法功能主要是充当状语、谓语、宾语和定语。例如：

（8）转而一想自己过去对皇太子百般疼护，若如今<u>有意</u>疏离，外人必起疑心。便决定于藤壶皇后出宫那回，前去探望。（紫式部《源氏物语》）

（9）双料春爷听此言晓得<u>她已有意</u>，一振，道："算数，我已发过誓了。"（尤凤伟《石门绝唱》）

（10）是天真于无意中设下的陷阱，勾摄了别人的心，既非<u>出于有意</u>，自己也并不知道。那是一个以妇人的神情望人的处子。（维克多·雨果《悲惨世界》）

（11）然而，命运仿佛作了<u>有意</u>的安排，使邓拓再一次和报纸结下不解之缘。（顾行、成美《千古伤心文字狱——邓拓之死》）

作为二价不及物动词，"有意"充当谓语核心，句法上不可带宾语，此时，需借助前置介词"对"或后附介词"于"对其语义指涉论元（配价载体）进行引介。例如：

（12）一天晚上他到剧院去，发现座位旁坐着楚楚动人的盖尔达夫人，她不时用小动作向他调情，他以为盖尔达<u>真有意于他</u>。（舒昌善《略论托马斯·曼的现实主义》）

（13）《烹调原理》的作者虽然意在烹调，给更多的<u>有意于烹调</u>实践和理论研究的人以条分缕析的认识，但还是大量地对文化产生了反映，这不是作者<u>有意</u>所为，而是烹调本身的内涵。（《读书》vol-096）

（14）吴先生<u>对毛早有意</u>，吴与陈心一女士之结合，毛女士又为中间人，与闻其事。（1994年《报刊精选》）

（15）噢，可能纯粹是我胡思乱想；可是有时我似乎觉得我的雇主卡拉瑟斯先生对我十分有意。我们经常相遇，晚上我给他伴奏，他从来没说过什么。（阿瑟·柯南道尔《福尔摩斯探案集》）

通常情况下，前置介词"对"的介词宾语相对简短，而后附介词"于"的宾语则不受形式限制。前置、后附严格上不受使用约束。从例（12）、例（14）、例（15）可知，动词"有意"能被确认副词、时间副词及程度副词修饰。

"有意"的语义指涉论元有时也可以不是简单的名词或名词短语，而是一个陈述性事件结构。陈述事件通过介词的引介成为"有意"的配价负载成分。例如：

（16）奥斯陆大学很重视这一成果，给予了支持和嘉奖。挪威的出版社也有意于推出该书，但缺少汉语编辑，难以独立完成。（2000年《人民日报》）

（17）词典问世两年来不仅为挪威王国汉学界所肯定，还扩展到有意于了解中国的各种行业，扩展到整个斯堪的纳维亚各国，受到了真诚且广泛的欢迎。（2000年《人民日报》）

例（16）、例（17）中"有意"是二价不及物动词，事件结构整体充当介词"于"的宾语。"有意于VP"结构内部可切分为述宾结构，"有意于VP"结构整体在上述二例中分别做谓语和宾语。"于"的存在使得"有意"的动词性得以凸显。如若对"于"做删除处理，即"有意于VP"变换为"有意VP"，那么，"有意"的属性则存在动副之争。

"有意"一般还可以进入假设复句，充任假设复句的条件分句做谓语。例如：

（18）罗严塔尔如果真有意的话，绝不可能让皇帝一行人脱逃的。（田中芳树《银河英雄传说》）

（19）德军司令部只是勉强地同意补充隆美尔部队的不足。设若敌人有意的话，他们是能够在付出可以接受的代价的条件下把足以

使我们的地位不能维持的必要数量的军队拨出和运来的。(温斯顿·丘吉尔《第二次世界大战回忆录》)

类似例(18)、例(19)的假设连词有"如果、假如、若、设若、倘若、若是"等。

受不及物性影响,"有意"在句中做谓语多不自由,一般常出现在对举句式中。例如:

(20) "等你排好这出戏上台演出时,我一定送一把好扇子给你!"他说的<u>有意</u>,我却听的<u>无心</u>。(岳美缇《名家题赠的三把宝扇》)

(21) 不过每次外出的时候,田汉总要喊易漱瑜在一起,藉以避嫌,因为那时田汉非常醉心于易女士,对白薇就不免有些落花<u>有意</u>,流水<u>无情</u>。(邹平《田汉的初恋》)

"有意"的对举或说搭配共现更为常见的是"无意"。"有意无意"叠合在句中主要做状语和定语。例如:

(22) 当我们指责西方的傲慢时,是否也<u>有意无意</u>流露了东方的偏见?(刘长乐《包容的智慧》)

(23) 她创造了一些舞台形象,他给他分析角色心理,分析剧本精髓……<u>有意无意</u>间,她认他作了老师,作了艺道人文的向导。(孙见喜《贾平凹 de 情感历程》)

"有意""无意"叠合使用做状语、定语通常多与"地、的"等语法标记共现。例如:

(24) 华裔被<u>有意无意的</u>当作"有色人种"。(《读书》vol-057)

(25) 凭他的经验,他知道女儿可能已坠入情网。而从孙中山<u>有意无意地躲避</u>中他知道这还仅仅是她自己的单相思。(陈廷一《宋氏家族全传》)

(26) 扫罗成了是非的中心,受到各种有意无意的中伤,他内心极其苦闷,整天郁郁寡欢,日不思食,夜不成眠,脸无血色,就连心腹臣仆也以为他真魂出窍,恶魔附体。(《撒母耳记》)

"有意无意"在例(24)、例(25)中做状语,在例(26)中做定语。例(24)、例(26)从侧面反映了现代汉语中状语标记、定语标记"地""的"的混用性、模糊性。

尽管存有多种句法分布和功能属性,但"有意"在句法上主要突出其附谓性唯状分布特点。例如:

(27) 至此,克莱德简直还闹不明白,杰夫森是不是真的有意让他领会到上述这个点子很有价值。(西奥多·德莱塞《美国悲剧》)

(28) 虽然几次约会赵丽小姐都在场,但我感觉她是在有意地撮合我和敦子。(叶永烈《庄则栋与佐佐木敦子》)

(29) 但是不知你注意了没,哈利,如果他有意的把日记传给,或者放置在,一些将来的霍格沃茨学生的话,他就显著的厌烦周围的娱乐宝贵的灵魂碎片隐藏在它里面。(J. K. 罗琳《哈利·波特》)

(30) 姑且不论吾辈中能否有人一天到晚不吃不睡 24 小时泡在网里,问题是此君有意无意忽略了上网电话费。(樊哲高《网包月费馅饼和陷阱》)

(31) 人们只是从上帝和统治者那里意识到自己存在的价值,它使人即使在作品中也总是有意或无意地回避自己。(《读书》vol - 054)

例(27)、例(30)中"有意"做无标记状语,例(30)、例(31)为"有意""无意"叠合做状语。

表 6-1　　　　　"有意"句法分布趋势统计①

状语		定语		谓语		宾语
有意	有意无意	有意	有意无意	有意	有意无意	
2781	235	112	53	125	32	5
3016		165		157		
90.21%		4.93%		4.69%		0.17%

第二节　"有意"的副词化解读

虽然"有意"在现代汉语中具有多功能句法属性，但是唯状分布的倾向性优势将其功能、属性与副词紧密联系。"有意"如何从动词（或说谓词性成分）演变为副词，其副词属性又是如何？这将是本节所要探求的问题。

一　"于"的零形化与"有意"的附谓分布

作为二价不及物动词，"有意"充当述谓结构的前项谓语，旨在陈述句子主语意欲从事某事。此时，受其自身不及物约束，"有意"需借助介词"于"引介后接事件，构成"S+有意于+VP"句式。例如：

（32）我不想让女儿的童年也像我那样苦涩，于是就<u>有意</u>于抽空多陪她。（BCC 科技文献）

（33）当然不是说，以罗伯斯比尔为首的雅各宾派会<u>有意</u>于否定1789 年革命赋予资产阶级的优越地位。（BCC 科技文献）

例（32）、例（33）中"有意"意味"有意识地做某事"，即"有意识抽空陪她""有意识否定资产阶级地位"。例（33）中"有意"也可理解为"故意"，即"故意否定资产阶级地位"。

"有意于"可被程度副词修饰间接证明"有意"的述语性。例如：

---

①　数据源于 CCL 现代汉语语料库，为处理后熟语料统计。

(34) 连史纸订，磁青纸封面，版式很阔大，每页衬乌丝栏格子工写。大概当时很<u>有意于</u>传世的。第七本日记很奇怪，竟一变而为中华书局的袖珍日记簿了。(施蛰存《我的日记》)

(35) 麦迪逊认为党争的原因深植于人性之中："<u>热心于</u>有关宗教和政体的不同意见，以及其他许多理论和实践上的见解，<u>依附于</u>各种野心勃勃、争权夺利的领袖或依附于其财产使人感兴趣的人，相继把人们分为各种党派，煽动他们彼此仇恨，使他们更<u>有意于</u>触怒和压迫对方，而无意为公益合作。"(岳西宽《麦迪逊多元民主理论浅析》)

"S+有意于+VP"句式内部层次关系可码化为"S+述语+谓宾"。汉语中三音节的超音步结构内部极不稳定，在双音化的韵律机制作用下，应语言表达严整、简洁的需求，三音节"有意于"不可能进入汉语的词库范畴。不管"于"的性质如何，"绝大多数由形容词、不及物动词构成的'V/A+于'中的'于'，在一定的语境中都是可以省略的"(张谊生，2010：138)。① "有意于+VP"结构内部，"于"同样具备零形化的基础与环境。例如：

(36) 我们在对其可能性做出肯定回答的同时，也<u>有意于</u>提醒立法者在法的价值取向和可操作性问题上予以足够的重视。(宋旭明《论家长式法律强制的人性基础与合理界限》)

(37) 他婉转地向贝特讲述了孩子们的要求，并<u>有意提醒</u>贝特她原来是愿意把房子给阿兰，自己换一套小些的住宅的。(娜塔丽·萨罗特《行星仪》)

(38) 在上海国际会议中心的场馆里，上海银行、浦发银行、中信实业银行和交通银行纷纷摆出了咨询台，向前来参加展会的<u>有意于加入</u>连锁经营行列的个人提供现场创业贷款咨询和业务洽谈。(钮怿《3万元加盟品牌连锁店》)

---

① 有关"V/A+于"结构中"于"的属性界定，详情参阅张谊生（2010）。

(39) 因此，反美武装袭击警察和国民卫队不仅可以打击他们的士气，还可以恐吓<u>有意</u>加入安全部队的伊拉克人。（新华社 2004 年 6 月新闻报道）

从例（36）—（39）两组例子看出，"有意提醒""有意加入"比"有意于提醒""有意于加入"在表达上更简洁；同时，"有意 VP"比"有意于 VP"内部结构关系更严整。

现代汉语中，"有意 VP"结构使用已经常态化、高频化。"有意 VP"与"有意于 VP"使用频次比为 105∶1。① "于"的零形化实现了"S＋有意于 VP"向"S＋有意 VP"的转化。"有意"原本不带宾语（体词性宾语、谓词性宾语或事件宾语），"于"的引介使得其能够携带宾语，特别是谓词性事件宾语；"于"的零形化使得"有意"获得了句法上黏谓唯状的优势分布，"有意"的副词属性被普遍接受与认可，"有意"由二价不及物动词被重新分析为副词。"S＋有意 VP"内部结构可码化为"S＋状语＋谓语"。

二　唯状分布与类推

"于"的零形化使得"S＋有意于 VP"中"有意"与 VP 在线性序列上紧邻，"有意于 VP"具备由"述语＋谓宾"重新分析为"状语＋谓语"的基础。在"S 有意 V＋O（VP）"中，"有意"所处句法位置为典型状语位。"有意"的黏谓唯状优势分布，在副词性状语的强势类推下，由动词重新分析为副词。

"有意"做状语修饰句子核心谓词，可以是无标记的，也可以是有标记的。例如：

(40) 这篇评论忽略了一个事实：那就是尤里安是<u>有意</u>做杨威利思想的忠实执行者的。对他的这种生存方式，有人批评为荒谬，但

---

① 数据统计来源于北京语言大学 BCC 语料库，检索日期为 2016 年 3 月 12 日。其中"综合、文学、报刊、微博、科技"五部分数据对比分别为 14029∶141、22579∶195、6374∶41、4869∶13、8620∶144。

是，若尤里安有意超越杨而失败的话，后人将会如何评断他呢？（田中芳树《银河英雄传说》）

（41）在这部长篇中，我们也感受到作家的爱，但是这种爱似乎藏得更深，我们似乎感到作家有意地克制着内心炽烈的爱，有意地避免自己的价值判断，这种明明有着大爱的搏动而偏偏造成一种冷峻的外观，使我们感到作家内心正在经历着一种不寻常的拼搏与煎熬，好像冰封下的火山里的岩浆在沸腾。（《读书》vol-078）

"有意"在上述二例中做状语，例（41）"有意"后接状语标记"地"。

副词"有意"既可以修饰行为动词，也可以修饰心理意愿动词，表示"有意识地要做某事"或"故意地做某事"。例如：

（42）近来，有几次他们晚上握手告别时，他似乎感到她有意捏了捏他的手，而这回再没什么好怀疑的了。（毛姆《人性的枷锁》）

（43）可朱雀院劝阻道："此刻随我出家，似有意效仿，有失郑重，尘缘难免未绝。"（紫式部《源氏物语》）

"捏""效仿"是行为动词，被"有意"修饰；例（42）中"有意"义为"有意识地（捏了捏）"，例（43）中"有意"有"故意"之意。

当然，"有意识地做某事"和"故意做某事"在一定程度上是不能做出精确切分的，在词义界定上可以存在双重解读。例如：

（44）此后，她向德·维尔巴里西斯夫人告别，并向我们伸过手来，有意对我们和她的女友一视同仁，当密友对待，而且有意降低自己的身份使我们能够接近她。（马塞尔·普鲁斯特《追忆似水年华》）

例中"有意"做状语，分别表示"有意识地对……一视同仁""故意降低自己身份"，其中第二个"有意"也可以理解为"有意识地降低自己的身份"。

"有意"做状语还可以修饰心理动词,例如:

(45) 莱因哈特虽然有意要裁掉胥夫特,但一时之间还找不到适当的理由。(田中芳树《银河英雄传说》)
(46) 他们有意想忘记一些事情,认为维埃拉是无辜的,但他却用脚踢了范尼。(新华社 2004 年 10 月新闻报道)

例(45)、例(46)中"有意要/想 VP"的内部结构切分应为"[有意+要/想]+VP",而不是"[有意]+要/想 VP"。

此外,"有意"还可以修饰"把字句""被字句",可以居介宾结构前做状语。"有意+把/将/被/叫/让……+VP"的内部结构关系为:"有意+[把/将/被/叫/让……+VP]"。例如:

(47) 如果不是他有意把自己随他经商的信息告诉母亲,就是母亲无意中从巷子里其他人口中得到了风声。(窦应泰《李嘉诚家族传》)
(48) 恰托巴底亚耶反其道而行之,有意将唯心主义派别放在前面论述,而将唯物主义派别放在最后论述,作为本书的压卷之作。(《读书》vol-028)
(49) 虽然小说中历史的影像还是清晰可辨的,可为了突出话语的位置,历史有意被处理得颠来倒去,真真假假,零零落落。(1994 年《报刊精选》)
(50) 我说:"既然有意叫我们搬进北海后门那栋,就决定了吧!"(朱仲丽《王稼祥搬出中南海》)
(51) 这样,就在夏洛蒂去世的同时,特务间谍们设计"哄骗某些无辜的、轻信的乡巴佬犯罪",有意让这些人说些不满当局的话,而其刑罚则是可怕的死。(《读书》vol-029)

例(47)—(51)中"有意"做状语,分别修饰"告诉""放在前面""处理""搬进""说些"。

"有意"做状语修饰由"和、跟、与、同、向"等引介的谓语核心。

例如：

（52）据说路易十四自比太阳，这个东西朝向和卧室中心的安排就<u>有意</u>和日出于东没于西的运行配合。（《读书》vol-083）

（53）他希望谁也别来打扰他，让他安静一下，可是大家似乎都<u>有意</u>跟他<u>作对</u>，偏偏缠住他不放。（列夫·托尔斯泰《复活》）

（54）他说，享誉世界的蓬皮杜国家文化艺术中心<u>有意</u>与香港有关方面<u>合作</u>，参与香港现代艺术博物馆的建设。（新华社2004年10月新闻报道）

（55）刚到农村的时候，我<u>有意</u>同张艺谋<u>拉开</u>了点<u>距离</u>，为的是不在农村这个新环境里造成什么影响，也不使刘全、李广平他们不自在。（肖华《我和张艺谋的友谊与爱情》）

（56）这不仅是出于谦虚，他不愿意在这种时刻被人误解为中国党<u>有意</u>向"老大哥"的共产主义运动领导地位<u>挑战</u>。（王光美《从香山到中南海——记少奇同志建国前夕的重要活动》）

"有意+和/跟/与/同/向 NP+VP"内部层次关系为"有意+［和/跟/与/同/向 NP+VP］"，其中 VP 为不及物动词或动词性成分，NP 为 VP 的语义指涉成分。例（52）—（56）中"有意"做状语分别修饰"配合、作对、合作、拉开距离、挑战"。

表6-2   "有意+［PP+VP］"出现频次统计①

	和……VP	跟……VP	与……VP	同……VP	向……VP
CCL	17	12	30	9	35
BCC	807	380	1129	176	4239

基于实际语料分析及数据统计可以发现，"有意"在句法上呈黏谓分

---

① CCL 数据为处理后语料统计，BCC 数据仅为语料的数据检索，未做处理，检索日期为2016年3月17日；二语料数据差异在一定程度上由语料库规模造成，CCL 语料规模7.8亿字，BCC 语料规模150亿字。表6-3数据差异同此。

布态势，其所处句法位置为典型副词位。在类推作用下，"有意"被重新分析为副词，是具有实际词汇意义的描摹性副词。

第三节　"有意"的描摹性副词功能

"有意"作为副词，黏谓性较强，充当状语的同时表示"有意地（要做某事）""故意地"等意义。张谊生（2014）将这种"表示词汇意义为主的副词"称为描摹性副词。"有意"作为描摹性副词，主要表示"与相关行为有关的人体五官和思维活动的方式"（张谊生，2014：25），是表方式的描摹性副词。句法功能上，"有意"的描摹性主要体现在三个方面。

一　修饰名化动词

"有意"能够修饰宾语位由动词充当的"名化动词"，或者是修饰充当形式动词宾语的"名化动词"。例如：

（57）卢刚认为，由于葛尔滋教授在毕业答辩、论文发表和写推荐信等等问题上的<u>有意刁难</u>，致使他后来在毕业论文口试答辩中失败。（钱宁《留学美国》）

（58）但是，正像扩展秩序绝不是出于人们<u>有意的策划</u>，同样没有理由认为，来自宗教的支持是<u>有意培养</u>出来的，或认为在所有这些事情中往往存在着什么"阴谋"。（哈耶克《致命的自负》）

（59）这是指利用电子或者其他监测设备，给一个人提供有关他或者她自己的生物功能的信息，其目的是要培训这个人对一般是不自觉的过程进行<u>有意的控制</u>。（彭聃龄《普通心理学》）

"刁难""策划""控制"是动词，但是在例（57）—（59）中分别做介词"由于"的宾语、形式动词"出于""进行"的宾语；"刁难""策划""控制"已不具有陈述性，而具有指称性，是"名化动词"。"有意"在例（57）中做状语，在例（58）、例（59）中做定语。

二 进入框式介词结构

现代汉语中"有意VP"能够进入"在……下""在……中"等框式介词结构。但是，充当介词宾语的语言成分需是指称成分，所以，当"有意VP"进入介词框架后，VP的陈述性被抑制，指称性得到凸显，"有意"做定语。例如：

（60）未见其人，王季青便有敬慕之情。今日一见，在贺龙、关向应等首长有意的介绍下，怦然心动自是自然而然的。（马泰泉《戎马情侣——王震与王季青》）

（61）此人号称所有大臣的敌人，在先帝的有意栽培下，他被培养成为一把君王手中的"刀"，人称之为"丘疯子"，树敌很多。（天堂发言人《宦海风流》）

（62）有一次，一位来自香港的"旅客"到天仙旅社投宿，由于他很多的可疑的行为，就引起服务员的注意，在有意扯谈中，还发现了很多可疑之点，服务员就向公安部门报告，公安部门经过认真的侦查，就抓住了这个从香港派来的特务。（《"旅客之家"——天仙旅社》《厦门日报》1959-2-22）

从上述三例可以看出，框式介词"在……下""在……中"内部"有意介绍""有意栽培""有意扯谈"等中VP都可看作"名化动词"，此处"有意VP"应分析为定中结构。

三 充当合成谓语

"有意"能够与"是……的"一起构成"是有意的"在句子层面充当合成谓语。例如：

（63）很显然，杜勒斯说这番话是有意的，这与美国邀蒋访问有直接关系。（李松林《晚年蒋经国》）

（64）中国秦以后不再是封建国家，但此点似乎官方话语系统至今未承认。分清封建和专制的区别是有意的。马克思历史唯物论印

象中应该是不分的。（百度搜索）

（65）这番话中有一种幽默的、甚至天真的辩解的意思。但<u>这</u>是<u>有意</u>的。老大姐摩莉笑着说："好了，好了。"她继续认真地观察安娜；安娜则<u>有意</u>装作什么也不知道。（莱辛《金色笔记》）

以上三例代表"有意"与"是……的"构成合成谓语的三种类别，即"凡是由描摹性副词充当合成谓语的句子，其主语必然是主谓短语、动宾短语或相应的复指代词等"（张谊生，2014：34）。例（63）"杜勒斯说这番话"是主谓短语，例（64）"分清封建和专制的区别"为动宾短语，例（65）中"这"为复指代词，它们都做"是有意的"的主语。

第四节 "有意"的主观性与主观化

受描摹性副词"有意"的原有词汇义"干扰"，"S 有意 VP"句式在传递客观信息的同时，意内言外间传递出言者的主观情态。"有意"在对谓宾动词进行描摹的同时具有主观性色彩。即"有意"在言者对某一事物、事实或动作事件行为发表陈述时，同时凸显言者的态度、立场与情感，进而"在话语中留下自我的印记"（Lyons，1977：739；沈家煊，2001：268），此即语言的主观性（subjectivity）。与此相对，主观化（subjectivisation）作为一种机制"指语言为表现这种主观性而采用相应的结构形式或经历相应的演变过程"（沈家煊，2001：268）。

一 "有意"的主体表现意识

交际中言者借助语言工具向外传递信息，流露情感，通常需借助一定的语言技巧。"S 有意 VP"中 S 多为句子（sentence）主语，是所要陈述的对象或话题；同时，句子中除了句子主语外，通常存有一个高位"言者（speaker）主语"，以此说明句子所表述的内容是说话人的主观意识判断。

"S 有意 VP"中句子主语可以是单动作主体，可以是说话人，还可以是事件陈述者。例如：

第六章 "有意"的副词化与主观化及其属性 / 173

（66）当然，何况国王陛下像往常一样，有意让他喜出望外。再说，从外交部长开始，人人都大吃一惊，无一例外。（马塞尔·普鲁斯特《追忆似水年华》）

（67）不，不是这样的。如果他一开始就有意欺骗我的话，就不会说出家人遗留在帝国的事，大可以找来一些假的人员扮演家人，同时负责监视他。（田中芳树《银河英雄传说》）

（68）原先缪拉在不知情的情况下视科库兰的行为是利己的卖国行径而厌恶他，但之后，缪拉从部下口中了解到科库兰的心情，大为感动，遂有意招科库兰为自己的部下，他想让科库兰担任统辖物资及金钱的管理要职。（田中芳树《银河英雄传说》）

例（66）—（68）中"S有意VP"句子主语分别是"国王陛下""他"和"缪拉"，都是VP动作行为的发出者，即施事成分。例（66）、例（68）中句子主语与事件陈述者不重合，例（67）中二者重合。

我们随机抽取500条有效语料，经分析统计发现，"S有意VP"的句子主语倾向于第三人称，约占90%；第一、第二人称相对较少。采用第三人称等作为句子主语，便于言者从一个高度对VP事件进行主观描摹，即在陈述事实的同时，留下言者的主观评价。例如：

（69）肖峰的画风融会中西，博采众长。他还有意把油画的西方技法与中国传统水墨画相结合，在油画的民族化方面做出了有益的探索。（新华社2004年6月新闻报道）

（70）下午，批判会议召开。排长厉声地叫闻捷起来交代：为什么拒绝值班？闻捷毫无准备，说了心里话。他说：我认为这是组织上有意要拆散我和小戴。我的家庭已经受到过一次破坏，我受不了第二次打击了。（戴厚英《闻捷之死》）

（71）毛远新向他反映该事件的情况时，有意歪曲事实真相，促使毛泽东下决心批准对天安门事件的处理意见，并提议任命华国锋为中央第一副主席，国务院总理，撤销邓小平一切职务。（李湘文《毛远新的过去与现在》）

例(69)—(71)中VP的动作行为都是受主体意识控制的,在对事件进行论述的同时,传递言者的主观意识性。"把油画的西方技法与中国传统水墨画相结合是有意的""组织上故意要拆散我和小戴""故意歪曲事实真相"这些都是主体有意识的可控行为。

"有意"可以看作主体意识表现范畴的表达标记,即言者借助词汇手段表达其对所述命题的主观态度。"S有意VP"既陈述客观事件,又传达言者主观意识情态。虽处状语位,但是"有意"基于言者对情景的认定,通过焦点化手段传递言者的主观态度,是一种主观化词汇标记。

二 "有意VP"动作行为的自主性

"有意"多黏附于可控动作动词,也即自主动词(volitional verb),指"有意VP"中VP"从语义上说是能表示有意识的或有心的动作行为的",而"有意识的动作行为指的是能由动作发出者做主、主观决定、自由支配的动作行为"(马庆株,2002:169)。例如:

(72) 当时四十三岁的李少春身体欠佳,院领导也<u>有意</u>安排他带带钱浩梁,既培养新生力量,在必要时也能替替他。(戴嘉枋《钱浩梁的人生浮沉》)

(73) 当然,我们不能完全责怪她,她并不是<u>有意</u>去出卖老支书的,而只是在崔海赢的欺骗下才迷失了方向。(《读书》vol-01)

(74) 然而,在一九八二年夏天,针对(日本)<u>有意</u>美化日本侵略亚洲战争的所谓"教科书窜改事件",各方却对日本展开猛烈的批判,形势显得紧张。(文洁若《一位新加坡记者笔下的日本》)

"安排""出卖""美化"等都是动作主体有意识发出的动作行为,具有主观可控制性。

"有意"后附谓宾动词具有较强的自主性和主观支配性。[①] 有时,为突出动作行为的可控性与自主性,"有意VP"动作动词前可插入形式动词"加以、进行"等。例如:

---

① "有意"后附黏谓成分详见附录。

(75) 另外，对货币数量可能不是实行自动控制，而是<u>有意</u>加以<u>控制</u>；这就是说，政府有权根据自己的判断发行或收回货币，而不管是否有黄金或证券作为后盾。（龚六堂《经济增长理论》）

(76) 在这本由企鹅出版社出版的书中，她指称欧文"是所有自称为修正史学家中最危险的一个"，他"熟知历史事实，却<u>有意</u>进行<u>歪曲</u>以适合自己的思想意识与政治议程"。（2000 年《人民日报》）

"加以、进行"等形式动词的加入使得 VP 的动作可控性与自主性更加凸显。

此外，"有意"可以修饰"把"类字句，能够进入"被"字句。与"把""被"等句子的共现更能凸显主体的动作意识性，使得"主观处置"义和"主观遭受"义更突出，不容否认的是，能进入此类句式的动词仍是自主动词。例如：

(77) 弗兰克一边拾掇自己的鞋子，一边说："要是迈克西姆<u>有意处理</u>那屋子，我想他会对我说的。"（杜穆里埃《蝴蝶梦》）

(78) 影片在处理这个颇具特色的全心全意为人民服务的公仆形象时，从人物造型到精神状态，都给人以平易质朴而可亲近的外在印象。同时<u>有意把他处理</u>成一个带有喜剧色彩的人物，敢于表现他的劳而无功、窘迫、无奈。（1996 年《人民日报》）

(79) 虽然小说中历史的影像还是清晰可辨的，可为了突出话语的位置，历史<u>有意被处理</u>得颠来倒去，真真假假，零零落落。（1994 年《报刊精选》）

"有意 VP"一般可进入"被"字句，但很少或几乎不修饰"被"字句；同样，"有意"难以进入"把"类字句，但可以自由修饰"把"类字句。

表 6-3　　　　　"有意"与"把、被"类字句搭配统计

	被有意VP	有意被……VP	有意把……VP	有意将……VP	有意让……VP	有意叫……VP
CCL	15	1	69	77	78	8
BCC	670	35	1652	2342	2457	164

三　"有意"的主观外围化

伴随"有意"主观表达程度的加深，其主观情态表达更凸显，主观化进程更深化。"有意"主观化程度深化伴随特征为，"有意"由黏谓修饰句子核心谓语扩展到修饰整个谓词性短语、小句或整个句子。此过程中，"有意"存在由句内副词向句子副词演变趋势。

虽然说"和、跟、与、同"类等介词结构能够引介"有意 VP"中谓词的语义指涉成分，"把、被"类字句可以凸显句子主语的处置对象，但是，从另一个角度看，这些成分的加入，在一定程度上离散了"有意VP"的黏附度。结构松散，导致"有意"由修饰谓词扩展到修饰整个句子。"有意"既是句内副词，也是句子副词。我们把这一过程称为"有意"的主观外围化。

"有意"的主观外围化的另一表现即为"有意 VP"中间可插入介宾结构、时间状语等成分。例如：

（80）棋王卡斯帕罗夫有意明年访华（1998年《人民日报》）

（81）他年轻，属于战后的新一代；他精明，有意在竞选期间模糊其政策主张。（1998年《人民日报》）

（82）阿尔巴尼亚政府对此予以反驳，指责南斯拉夫有意在边界挑起事端，恶化两国关系。（1998年《人民日报》）

从例（80）—（82）三例能够看出，时间状语、介词短语的插入可以证明"有意 VP"内部结构关系出现松动，"有意"的黏谓性降低。

"有意"黏谓性降低的另一表现是，"有意 VP"中间可以插入介宾结构并可以允许语音延停。例如：

（83）从政策角度看，法国政府有意在法国乃至欧洲范围内，推动以国防电子和航空航天为中心形成两大联合。（1998年《人民日报》）

状中结构"有意推动"被介词结构"在……内"拆散，同时中间加入了语音延停，即形式上标点的插入。

"有意"的主观外围化过程也可从"有意无意"的组配使用上得以显现。例如：

（84）但是，她的错误不过是千千万万有意无意犯下的微不足道、大同小异的错误中的一个标本似的极端例子罢了。（普鲁斯特《追忆似水年华》）

（85）有关莎士比亚的这两部罕见的西书，我就是这样有意无意之间购得的。（《读书》vol-07）

（86）纪念币纳叱咤风云的英雄、雄伟壮丽的建筑、祖国秀丽山水等大千世界中震撼人心的东西于方寸之间，能够在有意无意之间陶冶人们道德与情操。（1994年《报刊精选》）

（87）范仲淹有意无意，以史家的大手笔，迫使我们记住滕子京。（施康强《名文效应》）

（88）他不同她谈卿卿我我的缠绵事，他讲给她史地人文，讲给她文学艺术；她创造了一些舞台形象，他给他分析角色心理，分析剧本精髓……有意无意间，她认他作了老师，作了艺道人文的向导。（孙见喜《贾平凹de情感历程》）

"有意无意"在上述五例中句法位置逐渐外围化，由黏谓唯状分布扩展至充当整个句子的状语，"有意无意"由句内状语逐渐向句子状语演变。

"有意"的主观化情态深化过程同时也是其句法位置逐渐"左移"的过程。Adamson（2000）指出"一个词项在语法化的过程中如果发生主观化，其句法位置会发生'左移'"（Denison，2005；Breban，2010：42；Ghesquière，2010；李国宏，2014：165）。"有意"主观化左移过程符合SVO语语言成分主观化趋势，此即"主观性成分在VO语言中倾向于向句法左端移动，而在 OV 语言中倾向于向右端移动"（Traugott，2010；李国宏，2014：165）。

"有意"从句内副词向句子副词的演变趋势同样证明了"如果一种语言使用副词，且副词具有多义性，那么，这种副词语义演变的总趋势是：其功能从句中谓语扩展至整句，然后扩展到语篇，即从谓语副词经句子副词发展为语篇标记"（Traugott &Dasher，2002：153；武果，2009：331）。现代汉语中"有意"尚未发展为语篇标记，但是其从句内副词发展为句子副词，其演变趋势是不容置疑的。

"有意"的主观化是一个"语义—语用"互动的演变过程。"有意"主观化过程中，其词汇义逐渐虚化，其表达将更加倾向于言者对陈述命题的主观情态。也就是说，"有意"主观化伴随其词义的虚化、泛化，其句法位置左移外围化，逐渐从谓语副词向句子副词转化。经重新分析，"有意"从具备实际词汇意义的描摹性副词逐渐向评注性副词演变。

第五节 小结

"有意"作为多功能词，在现代汉语中呈现黏谓唯状优势分布。作为二价不及物动词，"有意"需借助前置介词"对"、后附介词"于"引介其语义指涉对象。介词引介对象可以是语义关涉论元，也可以指涉事件论元。受汉语双音化韵律机制和语言交际严整性约束，三音节"有意于"不能进入汉语词汇。在双重约束的作用下，"于"的零形化使得"有意 VP"句法位置紧邻。在类推机制的强势作用下，"有意"的句法属性被重新分析为副词。黏谓优势分布的句法位置凸显和类推确认了副词"有意"的形成。

"有意"是具有实际词汇意义的描摹性副词。"有意"可以修饰名化动词，可以进入介词结构，能够与"是……的"构成合成谓语。"有意"进入介词结构与其修饰名化动词其背后动因相同，与"是……的"组构合成谓语，其句法主语受限。

"S 有意 VP"句式在传递客观信息的同时传达言者的主观情态。"有意"在对谓宾动词进行描摹的同时具有主观性色彩。"S 有意 VP"句式在使用中倾向采用第三人称成分作为句子主语，能进入"有意 VP"的动词都是自主动词。这样便于言者从一个高度对 VP 事件进行主观描摹与评价。"S 有意 VP"既陈述客观事件,又传达言者主观意识情态。"有意"基于言者对情景的认定,通过焦点化手段传递言者的主观态度,是一种主观化词汇标记。

"有意"主观情态表达过程也是其主观化程度加深的过程。"有意"主观化与其句法位置外围左移化同步展开。"有意"由句内谓语副词逐渐向句子"高层谓语"演变,向修饰整个句子演变,逐渐强化由描摹性副词向评注性副词演变趋势。"有意"评注功能获得过程必然是主观意志性增强,动作伴随性减弱的表情强化过程。

附录 "有意"后附 VP 情形统计

一 有意 + 单音节 V

让 2267	带 94	激 56	改 36
为 1273	立 93	整 56	签 36
请 1270	装 92	打 55	逃 36
要 848	买 90	走 55	调 36
去 429	躲 90	绕 55	折 36
来 408	拿 89	拉 55	救 34
使 343	无 86	考 53	显 34
放 315	害 81	娶 51	支 33
到 277	瞒 80	跟 50	选 32
做 268	试 80	招 50	纵 32
说 232	赴 72	开 49	接 31
可 224	回 72	入 49	结 31
找 218	看 69	学 48	推 30
引 196	传 67	邀 48	刺 30
留 170	帮 66	受 47	吊 28
作 160	派 65	压 47	识 28
借 157	骗 65	教 46	藏 28
叫 152	杀 64	逼 45	点 28
加 151	令 63	是 45	隐 28
栽 150	寻 63	写 44	站 27
用 136	动 63	弄 43	摆 27
若 127	避 62	送 43	持 27
收 124	伤 61	停 42	坐 26
逗 109	助 60	拖 41	误 26
问 99	搞 58	取 41	吓 26
出 97	设 58	转 41	劝 26
思 96	卖 57	求 38	封 26

第六章 "有意"的副词化与主观化及其属性

纳 25	施 19	踢 14	认 12
换 25	谋 18	合 14	丢 12
交 25	讲 18	探 14	盯 12
有 25	听 18	赐 14	代 12
抱 24	提 18	抹 14	寄 12
挑 24	漏 18	归 14	查 12
投 24	顿 18	拦 13	抛 11
套 24	道 17	闯 13	碰 11
报 24	揭 17	捧 13	称 11
落 24	露 17	致 13	降 11
争 24	乘 17	存 13	垂 11
分 24	废 17	托 13	拍 11
追 22	勾 17	拆 13	犯 11
当 22	耍 17	架 13	护 11
辞 22	没 17	玩 13	迎 10
置 22	毁 17	踏 13	变 10
笑 22	染 16	惹 13	赶 10
饶 22	在 16	得 13	瞟 10
续 22	赖 16	等 13	运 10
夺 21	上 16	破 13	掺 10
坑 21	造 16	扣 13	贬 10
进 20	过 16	抗 13	安 10
偷 20	给 16	陷 13	错 10
反 20	骂 15	待 12	靠 10
冲 20	挂 15	干 12	讨 10
嫁 19	抢 15	拨 12	劫 10
聘 19	仿 15	建 12	插 10
输 19	挡 15	踩 12	哄 9
离 19	穿 14	想 12	赏 9
发 19	昧 14	编 12	花 9
甩 19	撞 14	吃 12	捉 9

成 9	攻 8	跨 6	撕 5
添 9	许 7	顶 6	算 5
占 9	扶 7	圈 6	树 5
钻 9	种 7	删 6	记 5
领 9	空 7	守 6	擦 5
抬 9	扯 7	售 6	征 5
迁 9	挖 7	尽 6	办 5
行 9	断 7	退 6	关 5
抓 9	望 7	返 6	奉 4
蓄 9	刷 7	修 6	见 4
灭 8	凑 7	掩 6	透 4
滴 8	融 7	活 6	斗 4
挫 8	牵 7	混 6	羞 4
谈 8	吹 7	赠 6	诓 4
诈 8	死 7	制 6	撩 4
增 8	败 7	附 5	偏 4
射 8	撒 7	堵 5	跳 4
陪 8	脱 7	擒 5	爱 4
冒 8	削 7	晾 5	能 4
排 8	奔 7	撒 5	屈 4
掉 8	挤 6	启 5	磨 4
跑 8	移 6	挺 5	皱 4
解 8	生 6	吞 5	洗 4
瞧 8	搅 6	理 5	择 4
戳 8	闪 6	倒 5	串 4
访 8	摸 6	埋 5	捏 4
画 8	扫 6	起 5	喊 4
照 8	像 6	定 5	震 4
任 8	唱 6	亲 5	治 4
扮 8	砸 6	睡 5	冠 4
拜 8	抽 6	摔 5	怄 4

注 4	逛 3	叹 3	夸 3
绊 4	呆 3	吸 3	聊 2
揽 4	翻 3	操 3	炸 2
议 4	贴 3	捡 3	限 2
闹 4	塌 3	平 3	哑 2
描 4	保 3	献 3	少 2
减 4	恋 3	谢 3	酿 2
挪 4	读 3	盘 3	坏 2
抵 4	散 3	猜 3	卡 2
撇 4	趋 3	演 3	略 2
划 4	消 3	仰 3	搜 2
忍 4	攀 3	度 3	患 2
扔 4	敲 3	咬 3	戒 2
答 4	的 3	唬 3	控 2
咳 4	游 3	拥 3	挽 2
截 4	配 3	止 3	夹 2
抄 4	练 3	眨 3	印 2
叉 4	铺 3	斩 3	遇 2
泼 4	拢 3	滑 3	伸 2
炒 4	欠 3	遮 3	躺 2
养 4	跌 3	挣 3	卷 2
赢 4	刻 3	喝 3	觉 2
惊 4	举 3	耗 3	登 2
伴 4	背 3	咒 3	管 2
岔 4	亮 3	拽 3	住 2
负 4	栋 3	赚 3	荡 2
飞 4	系 3	扳 3	迷 2
租 4	升 3	搬 3	扭 2
订 3	超 3	率 3	触 2
长 3	忘 3	醉 3	披 2
吼 3	捱 3	挨 3	瞥 2

拾 2　创 2　携 2　对 2
容 2　数 2　缠 2　呼 2
扑 2　撮 2　休 2　毙 2
捣 2　咯 2　驾 2　睁 2
敬 2　趟 2　焙 2　怔 2
雕 2　捐 2　步 2　拂 2
翘 2　挟 2　研 2　掷 2
淘 2　揪 2　驳 2　傍 2
贷 2　铸 2　赌 2　袭 2
侧 2　同 2　急 2　拌 2
筑 2　捅 2　擎 2　壮 2
搭 2　吵 2　及 2　供 2
搓 2　祭 2　并 2　勒 2
瞪 2　挥 2　依 2　告 2
催 2　兜 2　倚 2　随 2
清 2　兼 2　应 2　担 2

二　有意 + 双音节 VP

安排 740　成全 217　控制 143　帮助 116
回避 727　收购 214　躲避 138　戏弄 116
注意 711　卖弄 205　引导 138　放弃 106
参加 639　造成 204　夸大 136　设置 104
避开 505　为难 204　邀请 135　合作 104
隐瞒 473　破坏 193　偏袒 132　岔开 102
联系 460　加入 193　捉弄 131　改变 101
购买 380　逃避 191　冒犯 131　出售 101
拖延 362　利用 177　欺骗 130　淡化 99
制造 326　试探 165　留下 124　避免 99
参与 320　选择 153　放慢 122　隐藏 99
刁难 277　相让 152　培养 121　降低 98
投资 246　伤害 150　前来 120　引进 97
加盟 221　疏远 145　进行 118　进入 95

陷害 95	打破 70	申办 57	寻衅 45
纵容 93	离开 70	曲解 57	评论 45
撮合 92	冷落 69	加以 57	接近 44
忽略 92	考验 69	加害 57	压制 44
压低 91	包庇 69	可以 57	打压 44
设计 90	成为 69	强调 56	示威 44
扩大 90	贬低 69	作弄 56	表现 44
提拔 90	使用 69	学习 56	咨询 44
拉拢 90	规避 68	退出 54	躲开 43
转让 89	促成 68	抬高 52	出手 43
挑衅 89	从事 68	保持 52	显露 43
炫耀 89	拖欠 67	放过 52	阻止 43
掩饰 88	继续 67	采取 51	了解 43
前往 88	想象 67	保留 51	建立 42
结交 85	歪曲 66	接受 51	违背 42
进军 83	放水 66	侮辱 51	取笑 42
掩盖 82	采用 65	忽视 50	回忆 42
追求 81	减少 64	挑逗 50	散布 41
赐教 81	转移 64	记忆 50	介入 41
模仿 81	增加 63	所为 49	拔高 41
讨好 80	加大 62	申请 49	聘请 41
激怒 80	挑拨 62	羞辱 49	留言 41
试试 80	遗忘 62	问鼎 49	放走 41
栽培 80	欺瞒 61	竞选 48	渲染 40
误导 77	角逐 60	讽刺 48	放出 40
提高 77	强化 60	停顿 47	生事 40
违反 73	挑起 60	透露 47	刺激 39
怠慢 72	袒护 60	染指 47	招揽 39
放纵 71	加强 59	吸引 46	联合 39
相助 71	混淆 58	提供 46	调侃 39
提醒 70	寻找 58	争取 46	阻挠 39

锻炼 39	保全 33	入主 28	杀死 25
亲近 39	投降 33	排斥 28	造假 24
推出 38	看看 33	开发 28	说谎 24
偷听 38	放松 32	组织 28	欺诈 24
显示 38	借助 32	中伤 28	提起 24
抹杀 38	杀人 32	推动 28	出让 24
取消 37	营造 32	捣乱 28	出国 24
编造 36	恢复 32	进驻 28	加重 24
引起 36	报复 32	对付 27	突出 24
勾引 36	奚落 32	远离 27	作伪 24
诬陷 36	维护 32	训练 27	承租 24
跟踪 36	低估 31	缓和 27	释放 24
保存 35	作对 31	挑战 27	传授 24
拒绝 35	挖苦 31	加快 27	压抑 24
泄露 35	撇开 31	和解 27	承办 23
观察 35	露出 31	拉开 27	实施 23
阻拦 35	笼络 31	嫁祸 27	落户 23
应聘 35	炒作 30	攻击 27	煽动 23
创设 35	省略 30	轻视 27	配合 23
争夺 35	限制 30	抑制 26	说出 23
折磨 34	报名 29	摆脱 26	离间 23
发展 34	迎合 29	难为 26	投奔 23
告诉 34	接手 29	帮忙 26	推诿 23
保护 34	照顾 29	调整 26	敷衍 23
涉足 34	报考 29	鼓励 25	装作 22
捏造 34	打击 29	打扰 25	尝试 22
夸张 34	引诱 29	提出 25	举办 22
投靠 34	引入 29	成立 25	经营 22
扶持 34	支持 29	结束 25	逞能 22
创造 34	暴露 29	运用 25	挑选 22
干扰 33	扶植 29	指点 25	挽留 22

抬举 22	阻挡 20	北上 18	撒谎 16
丑化 22	暗示 20	示弱 18	生产 16
参展 22	收留 20	形成 18	出山 16
开拓 22	拉长 20	诽谤 18	奉承 16
夺取 22	开脱 20	栽赃 18	探索 16
领养 21	发出 20	抗拒 18	归附 16
留给 21	作为 20	领教 18	诋毁 16
放大 21	推迟 19	节食 17	参股 16
寻求 21	创业 19	留学 17	违抗 16
表示 21	提前 19	造就 17	捐赠 16
借用 21	排除 19	效仿 17	嘲弄 16
诱导 21	封锁 19	选用 17	接触 16
损害 21	略去 19	弱化 17	逐鹿 16
修改 21	打造 19	打断 17	创办 16
得罪 21	遮掩 19	提倡 17	等候 16
组建 21	延长 19	高攀 17	篡改 16
考考 21	避讳 19	张扬 17	隐匿 16
缩小 21	装傻 19	操纵 17	吓唬 16
巴结 21	削弱 19	出卖 17	现身 16
结识 20	窥探 19	背叛 17	放任 16
伪造 20	扰乱 19	入手 17	欢迎 16
排挤 20	申报 18	前去 17	躲闪 16
推托 20	维持 18	调戏 17	推荐 16
脱离 20	虚报 18	偏离 17	放开 16
忘记 20	突破 18	培植 17	作难 16
插手 20	冲撞 18	效法 17	惩罚 15
拓展 20	迁都 18	展示 17	瞒报 15
庇护 20	玩弄 18	招安 17	收藏 15
侵犯 20	传播 18	记过 16	订购 15
促使 20	靠近 18	坚持 16	克扣 15
塑造 20	收集 18	推脱 16	删去 15

蔑视 15	作弊 14	迟到 13	承担 12
交好 15	歧视 14	疏忽 13	承接 12
克制 15	上前 14	更换 13	唐突 12
策划 15	对抗 14	接纳 13	阻碍 12
要求 15	遮挡 14	减轻 13	戏耍 12
嘲笑 15	招募 14	参赛 13	暗算 12
借鉴 15	投入 14	放宽 13	撩拨 12
通过 15	修好 14	伪装 13	联手 12
冒充 15	采购 14	损坏 13	删除 12
开展 15	吸收 14	开始 13	设立 12
冲淡 15	增添 14	施展 13	来电 12
解决 15	躲藏 14	重复 13	出资 12
掩藏 15	说道 14	淡出 13	招聘 12
不理 15	收敛 14	颠倒 13	同行 12
藏匿 15	重用 14	杀害 13	谋杀 12
讥讽 15	转变 14	施恩 13	移民 12
偷窥 15	藐视 14	送给 13	宣传 12
退让 15	欺负 14	提携 13	予以 12
归顺 15	答应 14	结盟 13	嘲讽 12
重组 15	出兵 14	反对 13	抛开 12
打趣 15	致电 14	压缩 13	图谋 12
除去 15	指教 14	追踪 13	推辞 12
较量 15	跟进 14	输球 12	实践 12
布置 15	改善 13	选取 12	关注 12
详谈 14	推行 13	犯规 12	离去 12
辩论 14	还是 13	捣蛋 12	让出 12
诱使 14	收回 13	出版 12	聘用 12
欣赏 14	辞职 13	掩护 12	瞄准 12
入股 14	触犯 13	显得 12	改造 12
取代 14	违规 13	警告 12	南下 12
添加 14	整人 13	启用 12	提到 12

发起 12	开办 11	关闭 10	先行 10
兼并 12	开放 11	出演 10	藏私 10
协助 12	创作 11	竞争 10	联络 10
回头 12	打探 11	承包 10	影射 10
得到 11	打听 11	委托 10	玉成 10
议和 11	侵吞 11	消灭 10	背离 10
分散 11	作恶 11	仿效 10	自立 10
回归 11	磨炼 11	阅读 10	访问 9
造反 11	调节 11	偷税 10	获得 9
安慰 11	顶撞 11	出租 10	解除 9
扩展 11	拦阻 11	扣留 10	抛售 9
超越 11	渗透 11	打岔 10	愚弄 9
留情 11	说笑 11	侵占 10	偷袭 9
抛弃 11	发动 11	跟随 10	攻打 9
中断 11	挑动 11	高估 10	扭曲 9
注视 11	违犯 11	遵从 10	美化 9
资助 11	建造 11	模糊 10	组成 9
上门 11	消耗 11	谋求 10	欺侮 9
说明 11	泄漏 11	窃听 10	追随 9
购进 11	造谣 11	遮蔽 10	怂恿 9
转向 11	考察 11	任命 10	出来 9
上市 11	披露 10	考虑 10	发掘 9
舍弃 11	自杀 10	闯入 10	放行 9
指引 11	逃税 10	搪塞 10	变换 9
无心 11	无视 10	北伐 10	接收 9
延揽 11	撕毁 10	介绍 10	退隐 9
袭击 11	让步 10	借重 10	投标 9
网罗 11	出具 10	推举 10	增大 9
反叛 11	给予 10	积压 10	化解 9
联姻 11	取巧 10	违法 10	提升 9
投向 11	动手 10	诬蔑 10	开辟 9

合并 9	搜集 8	合资 8	再生 8
除掉 9	购置 8	要挟 8	占用 8
整顿 9	更改 8	摧毁 8	整合 8
摒弃 9	影响 8	保密 8	追问 8
计算 9	避嫌 8	夸耀 8	恭维 8
漏掉 9	仿照 8	搭讪 8	作梗 8
干预 9	闹事 8	骚扰 8	拥抱 7
作假 9	做成 8	入市 8	投诚 7
出错 9	回想 8	冷淡 8	徇私 7
求和 9	改革 8	谦让 8	隔离 7
绕道 9	滋事 8	虐待 8	扮演 7
出言 9	提示 8	亵渎 8	小看 7
捐助 9	夸奖 8	偏向 8	来到 7
牺牲 9	施加 8	重建 8	捐献 7
宣扬 9	算计 8	耽搁 8	描绘 7
感受 9	扭转 8	蒙混 8	撤换 7
捐款 9	展现 8	逃走 8	打开 7
加工 9	发行 8	透过 8	雇用 7
延宕 9	外出 8	结合 8	处理 7
引逗 9	用来 8	称霸 8	赠送 7
用兵 9	掀起 8	拆散 8	改动 7
否定 9	加上 8	揭秘 8	侵害 7
重返 9	压价 8	问津 8	转换 7
关照 9	询问 8	下手 8	设定 7
租用 9	不问 8	见识 8	促进 7
做作 9	延缓 8	销售 8	谋害 7
提取 8	竞标 8	放生 8	开枪 7
灭口 8	激起 8	加速 8	背弃 7
轻慢 8	偷懒 8	选出 8	出家 7
进攻 8	揭发 8	不肯 8	承受 7
走出 8	招惹 8	表达 8	游览 7

虚构 7	让贤 7	作践 7	赦免 6
效忠 7	打算 7	追赶 6	唾弃 6
并吞 7	浪费 7	请教 6	延迟 6
散发 7	伸出 7	投保 6	消解 6
隐蔽 7	咳嗽 7	租赁 6	招引 6
违约 7	收买 7	推翻 6	妥协 6
教唆 7	吹捧 7	执导 6	散播 6
返回 7	传递 7	研究 6	解开 6
脱逃 7	出游 7	听听 6	错位 6
赞助 7	混入 7	规划 6	推广 6
逗留 7	发挥 7	结婚 6	诈骗 6
恶化 7	惩戒 7	租借 6	讨伐 6
哄抬 7	妨碍 7	弥补 6	护短 6
开设 7	产生 7	模拟 6	遮住 6
赖账 7	舞弊 7	牵制 6	对准 6
窥视 7	减小 7	提及 6	收复 6
容留 7	简化 7	助长 6	看到 6
办理 7	定都 7	磨炼 6	树立 6
区别 7	举荐 7	等到 6	使坏 6
派遣 7	惊动 7	培育 6	实现 6
侵权 7	引发 7	走近 6	制定 6
等待 7	贬抑 7	切断 6	失约 6
蒙骗 7	回去 7	侵入 6	失礼 6
漠视 7	避让 7	取得 6	离婚 6
点破 7	针对 7	购并 6	讥笑 6
拍卖 7	指导 7	扩充 6	潜入 6
抵触 7	中止 7	制作 6	隔开 6
骗取 7	剥夺 7	揭露 6	败坏 6
启动 7	转入 7	试验 6	阻断 6
担任 7	纵火 7	出现 6	骗人 6
切磋 7	改换 7	放手 6	调和 6

干涉 6	威胁 6	互换 5	奖励 5
迷惑 6	违章 6	推卸 5	回来 5
抬价 6	委身 6	自尽 5	允许 5
退兵 6	诬告 6	伸手 5	撤出 5
抹黑 6	测验 6	蒙蔽 5	停止 5
谋取 6	吸纳 6	决定 5	推销 5
拿出 6	显出 6	跳槽 5	体验 5
没有 6	洽谈 6	放下 5	体现 5
攀附 6	消除 6	收养 5	救助 5
派出 6	监视 6	吞并 5	出去 5
调解 6	集中 6	告知 5	逃跑 5
迫使 6	引得 6	收编 5	出战 5
起用 6	从军 6	突围 5	开溜 5
潜逃 6	激化 6	主持 5	甩掉 5
错开 6	迎娶 6	拍摄 5	指示 5
挫折 6	毕业 6	挡住 5	催促 5
坑害 6	逢迎 6	重修 5	承认 5
实行 6	开通 6	出行 5	注重 5
探查 6	否认 6	启发 5	劝阻 5
考究 6	和谈 6	举行 5	登门 5
刺杀 6	搁置 6	进口 5	讨教 5
开开 6	放权 6	回国 5	逼迫 5
探问 6	签约 5	接盘 5	勒索 5
找事 6	投放 5	忘掉 5	认识 5
进取 6	置换 5	传出 5	取出 5
发难 6	示警 5	加深 5	轻蔑 5
进犯 6	抵制 5	飞行 5	弹劾 5
偷漏 6	屈就 5	记下 5	引来 5
检验 6	消遣 5	标榜 5	走向 5
脱身 6	拦住 5	操作 5	认购 5
削减 6	筹备 5	隐讳 5	作乱 5

删改 5	引路 5	找寻 5	执教 4
颠覆 5	解释 5	召回 5	贬斥 4
假借 5	推进 5	争霸 5	盗取 4
攀谈 5	反抗 5	过来 5	突显 4
批评 5	接管 5	报仇 5	转嫁 4
击中 5	教导 5	灌醉 5	凌辱 4
屏蔽 5	缠住 5	滞留 5	印证 4
耽误 5	掺杂 5	观看 5	还要 4
抢夺 5	编码 5	下山 5	隐身 4
敲诈 5	测试 5	重振 5	下嫁 4
练习 5	建成 5	苛求 5	逗逗 4
驱赶 5	制止 5	复仇 5	招收 4
带动 5	写给 5	组团 5	拼凑 4
去掉 5	假冒 5	雕琢 5	欺压 4
追逐 5	泄密 5	遵守 5	起兵 4
光临 5	在外 5	暗害 5	起哄 4
独占 5	言和 5	撤销 5	交往 4
拉近 5	遗弃 5	代办 4	假装 4
扩张 5	废黜 5	辩驳 4	贴近 4
杜撰 5	说服 5	表露 4	入侵 4
囤积 5	积累 5	亲临 4	邀功 4
刺探 5	变动 5	抨击 4	扬名 4
收录 5	应用 5	不到 4	凑合 4
串通 5	应征 5	迂回 4	出席 4
饲养 5	援助 5	活捉 4	售出 4
唆使 5	分享 5	结成 4	收紧 4
缩短 5	造作 5	归于 4	独吞 4
倾听 5	缓解 5	退避 4	构陷 4
讨论 5	展露 5	见见 4	归国 4
谎报 5	唬人 5	提防 4	录用 4
筹组 5	照应 5	在学 4	走进 4

洽购 4	征服 4	倒贴 4	打发 4
错过 4	拯救 4	倡导 4	定位 4
代替 4	过滤 4	削平 4	打扮 4
冻结 4	见外 4	搞鬼 4	上网 4
发奋 4	收揽 4	陪伴 4	宽恕 4
惊吓 4	从速 4	令人 4	宽容 4
发生 4	从政 4	纳妾 4	恐吓 4
锤炼 4	光顾 4	磨蹭 4	考核 4
迫害 4	打通 4	点明 4	收拢 4
见好 4	刻画 4	缔结 4	授予 4
委屈 4	控股 4	抵赖 4	收拾 4
演出 4	深交 4	登上 4	创新 4
选中 4	假手 4	登陆 4	送礼 4
生擒 4	重提 4	调笑 4	送到 4
做人 4	姑息 4	导演 4	移居 4
挤兑 4	炫示 4	失信 4	凑趣 4
坚守 4	摄取 4	捣鬼 4	缩减 4
放火 4	撞倒 4	调换 4	谈起 4
加剧 4	带回 4	破例 4	出面 4
建设 4	追寻 4	留校 4	竞逐 4
与会 4	准备 4	抢劫 4	提名 4
挖掘 4	求新 4	减慢 4	靠拢 4
截断 4	护卫 4	订立 4	发泄 4
乘坐 4	领略 4	请客 4	解围 4
糟蹋 4	抢滩 4	驱使 4	投身 4
进场 4	抛掷 4	代销 4	呈现 4
充当 4	欠缺 4	带走 4	屠杀 4
筹建 4	换上 4	恫吓 4	烦扰 4
逼近 4	让开 4	拦路 4	退居 4
抬杠 4	让位 4	打搅 4	接替 4
报效 4	割裂 4	打乱 4	完成 4

耍弄 4	引出 4	告退 4	下去 3
忘却 4	变更 4	拓宽 4	霸占 3
搅乱 4	毁坏 4	作怪 4	教训 3
通知 4	再婚 4	安置 4	强迫 3
违纪 4	挥别 4	安抚 4	践踏 3
侮慢 4	责备 4	带领 3	添置 3
误解 4	择取 4	达到 3	扔下 3
下令 4	埋伏 4	开拍 3	开罪 3
侵略 4	变法 4	点头 3	深藏 3
显现 4	找出 4	让路 3	安插 3
参政 4	召开 4	安装 3	送死 3
相约 4	震慑 4	传达 3	撤退 3
兼职 4	分化 4	神化 3	归还 3
向前 4	整治 4	退党 3	轰炸 3
修正 4	指派 4	掣肘 3	思亲 3
放置 4	过去 4	谈谈 3	气死 3
才能 4	终止 4	丢下 3	后退 3
选定 4	制订 4	提亲 3	招呼 3
选购 4	转会 4	腾出 3	增兵 3
隐退 4	主办 4	听取 3	告别 3
毒杀 4	一统 4	犯罪 3	成家 3
不见 4	入盟 4	延伸 3	调查 3
废除 4	赴会 4	吃掉 3	不服 3
补充 4	抓住 4	惩治 3	污辱 3
捕捉 4	鼓动 4	突袭 3	问问 3
废止 4	鼓吹 4	判断 3	参观 3
佯装 4	割让 4	上来 3	携手 3
暂停 4	沟通 4	让利 3	收罗 3
表演 4	遏制 4	退位 3	见面 3
遗漏 4	割断 4	吞没 3	查询 3
道歉 4	割爱 4	矫饰 3	拆台 3

外加 3	追忆 3	攻破 3	融资 3
反问 3	诱惑 3	欺蒙 3	滥用 3
诅咒 3	随同 3	漏税 3	打磨 3
预订 3	探讨 3	静观 3	扩散 3
接待 3	留存 3	迁入 3	窥测 3
退休 3	服用 3	贷款 3	搭乘 3
推倒 3	盯住 3	责难 3	坑人 3
结亲 3	观望 3	敲打 3	夸赞 3
在于 3	卖乖 3	抢先 3	失去 3
填报 3	组合 3	留任 3	使出 3
提问 3	摆谱 3	侵蚀 3	摆摆 3
赠予 3	调控 3	发表 3	苛责 3
尾随 3	引用 3	领导 3	收入 3
逃离 3	裁撤 3	清理 3	收起 3
出示 3	觊觎 3	补偿 3	收下 3
流传 3	抒发 3	点拨 3	创建 3
发送 3	灭迹 3	闯进 3	闯荡 3
套取 3	面谈 3	轻敌 3	称王 3
证明 3	点燃 3	怠工 3	穿过 3
置业 3	延期 3	奉迎 3	触发 3
食言 3	延误 3	求婚 3	开战 3
构建 3	瞒骗 3	代理 3	开动 3
保住 3	叛变 3	代表 3	开店 3
深造 3	和好 3	上山 3	抬头 3
纠偏 3	捧场 3	劝说 3	探测 3
种植 3	平定 3	打住 3	逃脱 3
结伴 3	导致 3	动摇 3	出击 3
转行 3	品尝 3	理解 3	出价 3
逗笑 3	屏气 3	忍心 3	发力 3
复婚 3	哄骗 3	冷却 3	冲击 3
让给 3	纠缠 3	逗乐 3	进来 3

跳出 3	想来 3	贬损 3	铸成 3
逞凶 3	相随 3	混进 3	住院 3
停用 3	参演 3	有所 3	辜负 3
发现 3	抢占 3	悔改 3	复制 3
亮相 3	想开 3	用于 3	追加 3
推崇 3	响应 3	预留 3	接见 3
劫持 3	充实 3	编排 3	附会 3
赶来 3	架空 3	约束 3	露面 3
撤回 3	行贿 3	越境 3	夺回 3
接应 3	行凶 3	责怪 3	摆阔 3
揭榜 3	领受 3	增强 3	侧重 3
相识 3	拿走 3	还俗 3	罢手 3
叫醒 3	放逐 3	损伤 3	复合 3
教育 3	宣泄 3	奉送 3	赶走 3
超速 3	悬空 3	落下 3	遵循 3
私藏 3	选派 3	奉献 3	做官 3
矫正 3	不如 3	召唤 3	改进 3
狡辩 3	落败 3	衡量 3	暗杀 3
偷窃 3	继承 3	折腾 3	改装 3
停战 3	记载 3	丢弃 3	扩编 3
铲除 3	压住 3	振作 3	宽慰 3
降价 3	阉割 3	讹诈 3	坐视 3
讲述 3	严惩 3	整饬 3	改制 3
稳住 3	杀掉 3	开恩 3	改正 3
沉吟 3	邀约 3	指向 3	泯灭 3
探听 3	入伙 3	贯彻 3	设法 3
物色 3	惹事 3	归隐 3	聆听 3
误判 3	说话 3	拉大 3	回复 2
毁约 3	分开 3	关心 3	摆放 2
毁灭 3	变化 3	重现 3	自嘲 2
相交 3	隐居 3	褒贬 3	捉拿 2

包车 2	不妨 2	记住 2	唤起 2
征婚 2	投递 2	潜藏 2	偷看 2
学学 2	攻占 2	玩玩 2	代购 2
联想 2	探访 2	玩命 2	强加 2
曝光 2	下调 2	告发 2	增资 2
破裂 2	摆动 2	牵连 2	瞻仰 2
引种 2	博取 2	呈献 2	摘下 2
写入 2	废掉 2	定下 2	责成 2
交友 2	打的 2	犯下 2	留用 2
就读 2	烘托 2	焚烧 2	折旧 2
求购 2	编织 2	无间 2	学好 2
调教 2	厚待 2	委任 2	学会 2
激战 2	彰显 2	修补 2	征询 2
细说 2	污蔑 2	延续 2	应和 2
提价 2	送来 2	携带 2	劝慰 2
押解 2	关上 2	采纳 2	报答 2
悔过 2	入会 2	表明 2	任用 2
压迫 2	主张 2	增设 2	表述 2
插花 2	著书 2	回绝 2	勾结 2
研习 2	派驻 2	放飞 2	种花 2
排放 2	走开 2	绝食 2	堆放 2
需要 2	摸清 2	掺假 2	删节 2
划破 2	窃密 2	畅游 2	转发 2
毁掉 2	购物 2	危害 2	撂荒 2
盗窃 2	代劳 2	预约 2	离队 2
饶恕 2	待客 2	搏击 2	确立 2
干掉 2	客套 2	扯皮 2	追究 2
再造 2	周旋 2	反映 2	连任 2
化装 2	包括 2	称赞 2	练功 2
诱骗 2	擢升 2	成婚 2	着重 2
怀疑 2	排出 2	挽回 2	交还 2

求教 2	进身 2	旅游 2	取回 2
随行 2	进去 2	自愿 2	取舍 2
征战 2	除害 2	戏谑 2	带路 2
搬家 2	挪用 2	洗刷 2	取悦 2
请示 2	驱动 2	起身 2	力图 2
抛却 2	排尿 2	垄断 2	缺席 2
组队 2	掉队 2	枉法 2	回师 2
摆弄 2	陪同 2	迁就 2	回转 2
抹掉 2	配股 2	当兵 2	失手 2
感染 2	调度 2	遣返 2	滞后 2
满足 2	买入 2	遣散 2	容忍 2
作古 2	批判 2	出台 2	入党 2
雇请 2	到来 2	留意 2	设卡 2
雇佣 2	揭破 2	落伍 2	打入 2
暗合 2	试看 2	供货 2	软禁 2
夜袭 2	附和 2	停车 2	插入 2
换人 2	撤下 2	停留 2	来信 2
开路 2	破除 2	乔装 2	上去 2
拿来 2	就是 2	休息 2	撒野 2
唤醒 2	调停 2	行动 2	毒死 2
逗趣 2	履行 2	传讯 2	绕行 2
运动 2	敞开 2	亲率 2	打架 2
请问 2	认输 2	亲征 2	扫除 2
谋划 2	趋于 2	亲政 2	伏击 2
掂量 2	认领 2	擒拿 2	商谈 2
掂掂 2	激励 2	轻生 2	赏月 2
谋私 2	显灵 2	清除 2	上台 2
听候 2	撤除 2	清洗 2	旷工 2
弄假 2	期望 2	求职 2	搭配 2
出阵 2	闲置 2	区分 2	堆砌 2
见长 2	纠正 2	驱散 2	改过 2

控诉 2	开口 2	包揽 2	拆开 2
措辞 2	册封 2	包容 2	武装 2
控告 2	挪开 2	株连 2	插足 2
剩下 2	延请 2	减缓 2	吸取 2
失踪 2	出头 2	偷盗 2	建功 2
施放 2	出外 2	偷情 2	希望 2
施行 2	坦白 2	澄清 2	见习 2
敦请 2	眷顾 2	解散 2	下达 2
实验 2	捐资 2	投机 2	见报 2
使劲 2	吹嘘 2	发扬 2	引爆 2
忍让 2	探求 2	投票 2	移开 2
使得 2	出生 2	成交 2	依附 2
适用 2	挟持 2	凸现 2	相见 2
抗辩 2	活跃 2	歌颂 2	凭吊 2
收归 2	效劳 2	撤离 2	相间 2
看轻 2	偿还 2	撤军 2	相会 2
赎回 2	剔除 2	退票 2	调任 2
摔打 2	支援 2	带兵 2	检测 2
捕杀 2	发话 2	危及 2	参照 2
串供 2	只能 2	脱出 2	想到 2
传染 2	禁止 2	反诘 2	相投 2
挑剔 2	发射 2	抄袭 2	拼命 2
处于 2	斥资 2	攻读 2	想见 2
触碰 2	传承 2	外传 2	抢购 2
听到 2	替换 2	威逼 2	敬请 2
窃取 2	践约 2	搅扰 2	享受 2
触及 2	点化 2	搅和 2	强攻 2
思谋 2	听任 2	围堵 2	推让 2
化成 2	逞强 2	交出 2	坚定 2
搜罗 2	承揽 2	仿造 2	想起 2
回到 2	助阵 2	未遂 2	消磨 2

立案2	挤出2	封杀2	发还2
消费2	看见2	挥霍2	指责2
驾车2	远游2	增减2	归降2
写作2	开解2	增进2	制售2
返乡2	养成2	分封2	灌输2
定居2	赞成2	断送2	质问2
谢绝2	暂缓2	麻痹2	剥离2
兴建2	冒险2	占据2	重叠2
犯法2	在心2	看重2	搬出2
惊扰2	集资2	胡说2	关机2
放血2	造福2	划分2	主导2
修路2	辩护2	招徕2	规定2
证实2	引退2	比赛2	助兴2
争先2	粉饰2	召见2	注册2
争论2	毒害2	横扫2	注明2
奔赴2	获救2	背着2	包办2
放风2	应付2	折断2	绑架2
许配2	捕捞2	赋予2	专攻2
虚拟2	炸毁2	不孕2	转手2
查看2	糊弄2	留守2	构筑2
盘查2	变得2	挣脱2	转型2
不予2	涨价2	征求2	冷笑2
不胜2	查访2	呵护2	装备2
非议2	攀比2	争购2	转折2
磨砺2	诱捕2	列举2	装点2
学步2	编入2	直奔2	指使2
加长2	回乡2	甩卖2	公开2
开采2	揩油2	植入2	工作2
排列2	越过2	执掌2	更新2
记录2	编辑2	指出2	改编2
挤压2	编发2	指摘2	败退2

拜访 2	把门 2	求证 2	弹压 2
追回 2	拔除 2	抵押 2	节省 2
反击 2	尊重 2	改写 2	节约 2
隔绝 2	平息 2	防范 2	遴选 2
旁观 2	搜索 2	按摩 2	阿谀 2
拆掉 2	创立 2	挨打 2	跻身 2
修整 2	算了 2	劫夺 2	

三　有意 + 三音节 VP

装糊涂 26	打电话 2	碰了碰 1	发脾气 1
开玩笑 23	抽象化 2	泼冷水 1	下毒手 1
找麻烦 18	找上门 2	滤不滤 1	出风头 1
留下来 16	钻空子 2	挡了挡 1	不在乎 1
露一手 9	做手脚 2	瞧了瞧 1	不利于 1
过不去 8	借助于 1	动手术 1	扬了扬 1
占便宜 4	走江湖 1	理想化 1	对不起 1
摆架子 3	拉关系 1	凑热闹 1	寻短见 1
得罪人 2	点点头 1	试一试 1	逼一逼 1
看热闹 2	硬碰硬 1	看了看 1	照了照 1
致力于 2	磨洋工 1	看不起 1	中国化 1
瞧不起 2	捏了捏 1	开快车 1	打基础 1
复杂化 2	拍马屁 1	发牢骚 1	

第七章

"有失 X"的表达功能及其构式成因

在日常交际中,我们经常碰到如下表达:

(1) 如果硬说,当初是以"有奖募捐"之名行"彩票"之实,未免<u>有失公允</u>。(1994年《报刊精选》)
(2) 如果以为黑白摄影仅是年轻貌美的女性光顾,那就难免<u>有失偏颇</u>。(1994年《报刊精选》)

这些现象早已引起了语言学人的关注。张九阳(1985)、李栋臣(1995)、周建成(1995)、谢逢江(1999)、谢质彬(2001)、张谊生(2002)、宋玉柱(2002)、倪林生(2007)等对"有失 X"的结构性质、"有"的属性、"失"的意义等做了分析。以上诸家多认为"有失偏颇"之类属于不当用法,而"有失公允"之类才属合格用例。对此,我们提出异议。

"有失偏颇""有失公允"都属于正确的语言使用,只是其各自的结构性质不同,结构内"构件"性质各异。"有""失"的性质归属、"有失"的不同划分造成"有失 X"用法迥异。"X"代表"有失"后接成分,可以是名词性、动词性及形容词性等成分,必要时分别码化为 X_N、X_V 和 X_A。

"有失"否定义的生成与其词汇化过程紧密联系,是"有"与"失"在演变过程中词义竞争与整合的结果。"有失"的否定表达功能与其自身的语法化程度具有一定的相关性,即"有失"的适量否定与全量否定处在"有失"语法化链的不同阶段。"有失""失之"和"失于"三者的来源、语用功能及其演变程度间存有差异。

第一节 "有失（X）"的性质与功能

张谊生（2002）从结构关系和句法功能、表义方式和搭配对象、语义组配和格式制约、音节构成和变化形式四个角度八个方面分析了"有失"及"有失X"的结构性质。在此基础上，我们拟对"有失"及"有失X"做出重新解读，对"有失"的否定功能及其量化表达功能进行分析。

一 "有失"的性质与类别

受后接成分（X）的性质差异影响，"有失"的性质及其内部结构关系不同。"有"在"有失"及"有失X"结构中均保有其原始词汇意义，即"有"是动词，表"存在、出现与领有"。"失"作为基本语义负载单位（PIBUs），含有"失去、失误"义。伴随结构演变及其各自的语法化，"有""有失"及"有失X"结构内部均存在不同程度的语法化。"有""有失"及"有失X"三者的性质不可做统一切分。现代汉语"有失X"主要以下列存在形态出现：

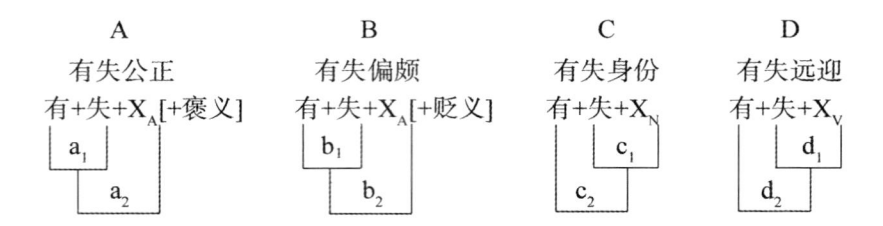

A	B	C	D
有失公正	有失偏颇	有失身份	有失远迎
有+失+X_A[+褒义]	有+失+X_A[+贬义]	有+失+X_N	有+失+X_V
a_1	b_1	c_1	d_1
a_2	b_2	c_2	d_2

注：a_1 词间关系，a_2 述宾关系；b_1 述宾关系，b_2 同位叠加关系；c_1 述宾关系，c_2 述宾关系；d_1 述宾关系，d_2 状中关系。

A、B、C、D 代表现代汉语"有失 X"的四类分布。四类分布下，"有失 X"的结构性质不同。鉴于"有""有失"尚处在演变过程中，"有失 X"的内部结构关系存在多重解读。以上四种结构关系划分存在一定的言者主观性。"有"与 VO 式述宾结构（可码化为 VP）组合，形成

"有+VP"结构。"有+VP"结构内部"有"的性质一直存在争议，对此我们将放在本书第十章、第十一章进行讨论。

A、B两类短语的内部结构也可作C、D类划分，即将"有"仍视为动词，构成"有+VP"类强调结构，"有"表确认与强调功能。C、D类结构可参照A、B类似分析，将"有失"作为已经发生词汇化的动词，"有失X"为述宾结构。即使是C、D结构内部，因"有"的演变程度解读不同，"有+失X"（"有+VP"）内部结构关系存在双重解读："有"为动词，表存在，"有+失X"为述宾结构；"有"为副词，表确认与肯定，"有+失X"为状中式偏正结构。① 所以，"有失""有失X"性质与功能的解读与"有"的属性解读存在动态互动性。

"有失"可后接名词性、形容词性成分，少数情况下可后接动词性成分。② 通常情况下，X多为双音节成分，而"有失X"倾向组构为四字结构短语，部分"有失X"已习语化、成语化。例如：

（3）另外，泽农生活上的<u>有失检点</u>是他失去民心的主要原因。（《当代世界文学名著鉴赏词典》）

（4）在反对利己主义的同时也反对个人的发展和完善，这就<u>有失偏颇</u>了。（AEM0016）

（5）我打算对我们一些伟大的科学家和哲学家的思想加以评论，但我不想对他们<u>有失公允</u>。虽然就他们自己的观点而言，他们反映出了问题的严重性，即我们的哲学和自然科学还远远没有理解我们的主要传统所发挥的作用，但是通常他们对这些思想的普及并不承担直接责任。（哈耶克《致命的自负》）

（6）因此你们的谈话稍许出格一些，只要不去仿效那些<u>有失体统</u>的行为，那就丝毫也无损于你们的贞洁。（薄伽丘《十日谈》）

（7）高城：我靠！（如此<u>有失身份</u>地大喊一句后，他的恼怒也超过了临界点）我已经让步了！（兰晓龙《士兵突击》）

（8）中国人在小群体中保持温文尔雅，在人多的公共场合却常

---

① 有关"有+VP"结构性质与"有"的属性解读详见本书第十章、第十一章的分析。
② 目前仅发现"有失远迎"一个"有失+动词"性结构。

常表现得<u>有失风范</u>。(新华社 2003 年新闻报道)

如例 (3)—(8) 所示,四字格"有失 X"可以充当主语、谓语、宾语、定语、状语、补语等句法成分,可以是有标记用法,但更多的是无标记使用。在充当句法成分方面,"有失 X"的主要功能是充当谓语成分。

表 7-1   "有失 X"充当句法成分情况分布①

谓语	定语	宾语	状语	补语	主语
613	86	73	6	7	1
78.00%	10.94%	9.29%		1.77%	

"有失远迎",在现代汉语中,尤其是口语中,多为常用,也已经习语化。"有失远迎"在使用中通常多出现在复句环境下,充当谓语性分句。例如:

(9)"啊呀,孙夫人,他们只说外面来人,并未言明是夫人亲自驾到,<u>有失远迎</u>,得罪得罪呀!"(陈廷一《宋氏家族全传》)

(10)"吴大姐,大驾光临,<u>有失远迎</u>呀!"军长进门便嚷道,"不过,我知道你吴大姐是有意躲开我!"(李存葆《高山下的花环》)

实际使用中,"有失"后接成分可"并列、叠加"出现,如例 (11)、例 (12) 和例 (13);当"X"为名词性成分时,"X_N"可受定语修饰,如例 (14)、例 (15)。例如:

(11) 然而在写下"绝情书"之后,米林戈又觉得这样做 [似乎] <u>有失公允和公道</u>,更有点过于绝情。毕竟她曾是自己的至爱。

---

① 数据来源 CCL 语料库现代汉语部分,共抽取 1000 条,去除重复、无效用例,剩 786 条合格语料。

（新华社2001年新闻报道）

（12）巴西舆论认为，三派所搞的宣传［都］<u>有失肤浅与片面</u>。(1993年《人民日报》)

（13）幸而田平他爸终有一日明白了骂田平［实在］<u>有失厚道、公允</u>。(方方《白雾》)

（14）用手指着主裁，不知道说些什么，这是绝对不应该的，<u>有失一个超强俱乐部总经理的风度</u>。(网页/C000014)

（15）诱使、欺骗、敲诈、巧夺的行为，不仅有悖于商家的职业道德，［更］<u>有失作为一个大写的"人"字的尊严</u>。(1994年《市场报》)

二 "有失"的否定义生成

"有失"的否定功能在一定程度上已引起学界的注意。张谊生（2002）指出，当后接"X_A"时，"有失"的作用就在于对其宾语进行有限度的否定。比如"有失慎重""有失缜密"就是"不够慎重""不够缜密"。王冬梅（2014）同样分析到，现代汉语中存在较多带"有"字的成语、熟语，这些固定用语如果用一般的、普通的话来说，也就是"V了"格式。如："有失公平＝失了公平"。例如：

（16）现今中国一些媒体对于艾滋病进行的相关报道<u>有失准确和全面</u>（不准确和全面），缺乏人情味……（新华社2004年新闻报道）

（17）建委招投标处不参与评标，但对整个招、投标过程进行监控，对<u>有失公平</u>（不公平）的评标有一票否决权。（新华社2001年新闻报道）

（18）他感到昨夜言语态度，对待一位党的负责同志，实在<u>有失检点</u>（不检点）。（李英儒《野火春风斗古城》）

虽然将上述三例中"有失"完全替换为"不"有些牵强，但是，这不能掩盖"有失"的否定表达功能。那么，"有失"的否定义的生成机制是什么呢？

我们认为,"有失"的否定义生成是词义演变的结果。"有失"的否定义来源只能是表"失掉、违背"义的"失"。在"有失"演变的过程中,"有""失"二者语义相互角力,在词义虚化的过程中,最终"失"显示语义强势的一面,其语义贡献度大于"有",即"[失] > [有]"。在隐喻认知域中,"失掉"即不存在,即否定,"违背"直接寓意否定,所以,"失 = 否定"。词汇化过程中,"失"语义强度更高,对"有"的语义进行必要压制,最终"有失"整体表否定。这个过程,我们称为"词汇化压制"。

所谓词汇化压制（lexicalization coercion）,指的是词汇化演变过程中词内成分在形式、意义、功能方面角力的一种规则化操作,是一个隐性操作过程。在词项进入词汇化流程之后,词汇化约束力通过调整词项所能凸显的语义侧面（semantic profile）使得新词词义与词内成分的源义相关,以此为新词词义的生成寻找理据。其要求具备词化资质的语言单位其内部结构成分须具有邻近性。相邻语言单位由词向词内成分（语素或义素）演变过程中,对新词词义贡献度不等,言语受众（听者或言者）根据新词所处句法环境,对词义做出重新解读（re-interpretation）。新词词义倾向语义贡献度（语义强度）更大的一方,而偏离另一方。"有""失"所处句法位置相邻,词汇化过程中,"失"的词义贡献高于"有","有失"词义整体具有否定义,偏离"有"的词源义。"有失"的词汇义获得过程即为词汇化压制。①

此外,Croft（2001/2009）在论证"语法化与 PIBUs 侧重等值物"时所提的基本信息负载单位和语义侧面等价物二概念同样可被用来解读"有失"的否定义生成。

所谓基本信息负载单位（PIBUs, Primary Information-bearing Units）与语义侧面等价物（Semantic Profile equivalent）是一对相辅概念。"A

---

① 沈家煊（2006）将此类现象称为"糅合"。有关压制、构式压制、词汇压制等相关研究,请参看 Goldberg（1995：159）、Croft（1991：108、265）、De Swart（1998：360）、Michaelis（2004：2-25）、王寅（2009：7、2011：341-374、2013：657-668）、施春宏（2012：1-17）。我们倾向使用"压制"和"词汇化压制"两个概念。当然,如若将语素层级以上单位的组构看作构式化操作过程,将大于语素的语言单位统称为"构式","词汇化"的过程也可视为"构式化"操作,"词汇化压制"也就是"构式压制"。

(semantic) head is the profile equivalent that is the primary information-bearing unit, that is, the most contentful item that most closely profiles the same kind of thing that the whole constituent profiles."(Croft, 2001/2009: 259)①也就是说,"失"作为"有失"的语义侧面等价物,是基本信息负载单位,是整个词语的语义核心。在一定的条件下,"有失 = 失"。② 例如:

(19) 在第二轮中亮相的另一名中国选手李婷因状态欠佳,发挥<u>有失水准</u>(失水准),被麦弗恩以6∶1、6∶0轻松淘汰。(1998年《人民日报》)

(20) 顾客不愿随便接受售货员小姐伸手递来的食品,吃吧,大庭广众下"<u>有失风度</u>(失风度)";若尝而不买,更觉"<u>有失体面</u>(失体面)",于是干脆逃而避之。(1993年《人民日报》)

对比"有失"的词汇化过程,我们可以发现,PIBUs和语义侧面等价物其实是与语义贡献度紧密相关的一组概念。即语义贡献度大的语义单位("失>有")是其所处结构("有失")的侧面等价物("有失=失"),同时也是其所处结构的信息基本负载单位("缺失、违背"蕴含否定,"有失"整体表否定)。

PIBUs和语义侧面等价物概念的提出也为"有失"内部差异化演变提供解释理据。因为"当有两个核心备选项时,不是PIBUs的那个最容易发生语法化"(Croft, 2001/2009: 259),③ 所以,"有失"内部"有"的语法化程度要高于"失","有"已逐渐向附缀、词缀演变,而"失"尚保留其核心语素(宿主,host)地位;"有"由存在动词逐渐向词内成分、附缀、词缀虚化最终黏附于"失"。此趋势已成为语法化过程中的一

---

① "一个(语义)核心是作为基本信息负载单位[PIBUs]的侧面等价物,是最有内容的项目,最接近地勾画了与整个成分轮廓相同类型的内容。"

② 所谓侧面等价物,即"In a combination X + Y, X is the PROFILE EQUIVALENT if X profile/describes a kind of the thing profiled/described by X + Y."("在一个X + Y组合中,如果X概要地表示X + Y所描述的内容中的一类,则X就是X + Y的侧面等价物")(Croft, 2001/2009: 257)

③ If there are two candidates for headhood... the one that is not the PIBU will undergo grammaticalization.

条演变共性：

> If there is more than one profile equivalent for a phrase/clause, the profile equivalent that is not the PIBU will eventually undergo reduction （降级、降格）and attachment（黏附）to the PIBU profile equivalent (head).

三 "有失"的量化否定功能

就表达效应而言，无论后接名词性、动词性还是形容词性成分，"有失"在实际使用中传递更多的是否定功能。但是，"有失"否定功能表达存在一个否定强度等级。整体而论，"有失"表达的是一种适量否定功能。例如：

（21）a. 让人冷静下来想一想，总觉得它们有些走极端，或者言词过激，<u>有失平和</u>；或者偏执一理，<u>有失公允</u>。由此也可以说，我们有批评，却没有批评"家"。（1998年《人民日报》）

b. 让人冷静下来想一想，总觉得它们有些走极端，或者言词过激，<u>不够平和</u>；或者偏执一理，<u>不够公允</u>。由此也可以说，我们有批评，却没有批评"家"。

（22）a. 中方认为，这一决议的内容<u>有失平衡</u>，其中有些内容值得进一步商榷。（新华社2003年新闻报道）

b. 中方认为，这一决议的内容这一决议的内容<u>不够平衡</u>，其中有些内容值得进一步商榷。

可以看出，例（21）、例（22）中，"有失X"在表达上相当于"不够X"。鉴于"有"的词源义影响，"有失"的使用前提是肯定一种情况或事件或状态的存在或出现，"失"的融入带来否定。在词化过程中，表否定义的"失"语义贡献度大于"有"，"有失"整体表否定，且是一种适量否定表达形式。

与"失"相比，作为非基本信息负载单位，"有"的语法化程度更高，词义更虚化。这就造成"有失"整体语义与"失"相近。词汇化程度越高，情况越是如此。一定阶段，"有失"可以表全量否定（完全否定），相当于"不"或"没有"。例如：

（23）这对以求生存、求发展为主的广大发展中国家来说<u>有失公平</u>。（新华社 2003 年新闻报道）

→这对以求生存、求发展为主的广大发展中国家来说<u>不公平</u>。

（24）作为国家高层领导人，这样出言不逊是<u>有失风度的</u>。而这样公开道歉自责，会反败为胜，重新赢得民众的拥护和爱戴。（读者）

→作为国家高层领导人，这样出言不逊是<u>没有风度的</u>。而这样公开道歉自责，会反败为胜，重新赢得民众的拥护和爱戴。

例（23）、例（24）中，"有失 X"分别表示"不 X"和"没有 X"。"有失"作为动词对其后接宾语直接否定，在否定量级上为全量的完全否定。

虽然"有失"的否定表达在否定量级上可以做出"适量否定"与"全量否定"的二级切分，但是，实际语言运用过程中，适量否定与全量否定的切分并非截然对立。"有失"的适量否定与全量否定在否定量级层面构成一个两端分明、中间模糊的连续统，"有失 X"的量级否定解读存在程度差异，不可硬性切分。

"有失"的量化否定功能其实是"有""失"在词汇化过程中相互作用的结果。"有"的概念义解读中本身即含有量级义：存在的事物在数值（量）上即可视为大于"0"的表达；"有"后接不同性质的宾语时，"有"的量级判定标准不统一。当后接抽象化宾语成分时，"有"的量级判断值以"社会平均值"为参考。① 在"有失"词汇化过程中，受"失"的否定义的不断压制，"有"的量级义不断被否定，语义压制的外在体现即为"有失"的否定义表达功能。当"有失"高度词汇化后，"有失"

---

① "有"后接抽象宾语的情形及"有"的量级判定标准的设定问题，详见本书第八章、第九章的论述。

表完全否定（全量否定），最终"有失"整体表量功能弱化、消失，整体否定功能强化、凸显。

第二节 "有失"的演变

语言演变过程，"有"与"失"长期处于相邻句法位置，二者相互作用，彼此词义和词性多有调整。历时来看，"有失"由述宾结构历经韵律单位至语法词到词汇词，最终走向附缀化。

一 "有失"的词汇化

"有""失"共现使用最早见于先秦，二者本义均为动词。《说文解字》分释为：有，"不宜有也。《春秋传》曰：'日月有食之。'从月又声。凡有之属皆从有。云九切"；失，"纵也。从手乙声。式质切"。自先秦，述宾结构内部，"有"表存在、出现，"失"表失误、过失。例如：

（25）或曰：昭王之问也<u>有失</u>，左右中期之对也<u>有过</u>。（《韩非子·难三》）

（26）观人主也，其朝臣多贤，左右多忠，主<u>有失</u>，皆交争证谏，如此者，国日安，主日尊，天下日服，此所谓吉主也。（《吕氏春秋·贵当》）

有些研究认为古代汉语中动词前"有"是动词词头，不表实在意义，仅起凑足音节之用。对此，我们存有异议。"有失"内部关系仍是述宾结构，"有"仍属动词，表示存在或出现。例如：

（27）人之<u>有失</u>，虽己受害于<u>已失</u>之后，久之，窃议于<u>未失</u>之前。惟其不恃己聪明而兼人之聪明，惟其无我而兼天下之我，终身行之，可以<u>不失</u>。（《关尹子·九药》）

（28）寿备机密近臣，以匡辅为职，若朝廷<u>有失</u>，默而不言，悖义背恩，其罪当诛。（《后汉纪·孝章皇帝纪》下卷第十二）

例（27）、例（28）"有失"皆可理解为"存在失误"。

"有""失"自共现之初即出现在双音节语境下，而双音节即为一个标准韵律音步。① 秦汉以来，"有失"总出现在偶合结构或短语中。例如：

（29）惟上古之人，皆有知虑，不敢犯禁，自修自正，<u>恐见有失</u>，动辄为不承命，失其年。（《太平经·庚部之八》卷一百十）

（30）若然，自仲尼以上，至于庖牺，<u>莫不有失</u>，则皆不堪，何独责于中人者哉！（《晋书·卷四五·列传第一五》）

（31）自旋之初，伏念五六日，至于旬时，精散思越，<u>惘若有失</u>。（《全三国文·卷三十·魏三十》）

例（29）—（31）为状中结构，"有失"被"恐见""莫不""惘若"等副词修饰，形成偶合结构短语。

自秦汉时期开始，"有失"在使用中逐渐可以充当谓语。例如：

（32）公谢曰："山有朽壤而崩，古人不以为患；唯<u>政教有失</u>，乃以为灾。"（《魏郑公谏录》卷四）

（33）兼使人徐筠等进贡之时，<u>礼仪有失</u>，尚蒙赦宥，未置典刑，敢不投杖责躬，负荆请罪。（《旧五代史·周书·钱镠》）

（34）帝性颇严，尚书郎中<u>剖断有失</u>，辄加捶楚，令史奸匿，便即考竟。（《北齐书·卷六·帝纪第六》）

（35）朕年十八，犹在人间，情伪无不尝；及即位，<u>处置有失</u>，必待谏，乃释然悟，况太子生深宫不及知邪？（《新唐书·卷一〇六·列传第三一》）

例（32）、例（33）中主谓结构"X有失"的主语为名词性成分，例（34）、例（35）中"X有失"的主语X为动词性结构短语，表事件。

魏晋南北朝时期，"有失"的用法与发展相对平稳，基本上延续秦汉时期的原有情形。隋唐五代开始，汉语中陆续出现了"有失"带宾语的

---

① "一个标准音步就是一个标准韵律词。"（冯胜利，2000：178）

现象，且多为双音节宾语。例如：

(36) 躬亲点检无令怠堕，<u>有失典常</u>，又诏以所率官僚俸钱修文宣王庙分一半修武明王庙。(《册府元龟·卷一百九十三·闰位部·崇祀·弭灾》)

(37) 催子玉奏曰："臣缘卑，不合对陛下读，<u>有失朝仪</u>。"帝曰："赐卿无畏，与朕读之。"(《敦煌变文集·唐太宗入冥记》)

"有失"带宾语所形成的结构可以抽象码化为"有失 + X_0"（X_0为宾语成分）。例(36)、例(37)是"有失"带双音节名词性宾语（应该码化为"有失 X_N"）。此两例是"有失"带宾语的较为早期的用例。[①]

鉴于"有失"的出现时间与"有失"带宾语现象的出现年代，我们认为，"有失 X_0"内部结构关系可以或应该切分为"有失 + X_0"。第一，"有失"连用在先秦时期既已出现，作为双音节韵律结构存在一定的稳定性。若将"有失 X_0"的内部结构切分为"有 + 失 X_0"则打破了"有失"内部所形成的原有韵律结构关系。第二，将"有失 X_0"的内部结构切分为"有 + 失 X_0"虽然有其存在的合理性，即将"失 X_0"当作动词带宾语的述宾结构，"有 + 失 X_0"整体看作"有 + VP"结构。"有 + 失 X_0"结构中"有"表确认与肯定，"有"可判定为评注性副词。虽然存有合理性，但是，这样的处理与"有 + VP"结构的整体演变过程不符。因为，隋唐五代至宋代期间，"有 + VP"结构的使用或者说"有"表确认与肯定的副词性用法已经较少出现。[②] 所以，在韵律机制的制约下，"有失 + X_0"结构陆续出现并逐渐被推广使用。

"有失"在隋唐五代时期带宾语尚处于萌芽阶段，实际语言用例较少。隋唐五代时期，"有失"较普遍的用法还是出现在主谓结构中做谓语。发展至宋辽时期，"有失"带宾语现象开始出现较多的、较成熟的语言用例。例如：

[①] 鉴于语料统计的局限性，我们不敢判断此二例为"有失"带宾语的最早用例。
[②] 关于"有 + VP"的发展及其演变详见第十一章第一节的分析。

（38）辅弼非人，<u>有失大信</u>，致获罪于大金皇帝也。(《大金吊伐录》卷三)

（39）夏国款塞，前此惟在延州顺宁寨，若诸处各与通语言、互市易，恐彼此参差，<u>有失事机</u>。(《西夏书事》卷二十三)

（40）惜其杂记中喜谈仙鬼报应之事，<u>有失儒家轨范</u>耳。(《春渚纪闻》卷第十)

（41）假官势力，因缘为弊，如夺民农具，伐民桑柘，占据蓄水之利，强耕百姓之田，民若争理，则群起攻之，以为盗斯民无诉<u>有失朝廷本意</u>也。(《建炎以来系年要录》卷一百三)

（42）曩者权臣当轴专狥私恩，超迁躐进<u>有失祖宗立法之意</u>。(《建炎以来系年要录》卷一百七十九)

如例（38）—（42）所示，"有失"后接名词性宾语，同时宾语成分可以同时被其他语言成分修饰与限定。现代汉语范围内的"有失 + X_N"结构已与此五例极为相似。

宋辽金时期，在"有失 + X_N"结构类推的影响下，"有失"的宾语已不限于名词性成分，"有失"已能够后接动词性宾语（事件）。例如：

（43）公再拜谢曰："昨日得诗，未暇再阅，<u>有失奏陈</u>，不胜惶惧。"（宋·王素《王文正公遗事》）

（44）尚食局直长言："臣闻老母病剧，私心愤乱，如丧魂魄，以此<u>有失尝视</u>，臣罪万死。"（《金史·卷八·本纪第八》）

（45）八月，以河决阳武故堤，灌封丘而东，尚书省奏，都水监、行部官<u>有失固护</u>。（《金史·卷二七·志第八》）

"有失"后接动词性宾语用例的出现从侧面证明"有失"已完成词汇化，并且"有失"在古代汉语中具有较强的动词性。"有失"在宋辽金时期已经完成了由韵律词向词汇词的转化，当然其间所存在的词或短语的双重解读可视作"有失"由韵律词向词汇词演变的过渡阶段，可称为

"有失"演变的语法词阶段。① 理论上,语法词与韵律词并无本质不同,二者仅有差别只是词汇化程度高低的不同而已。

所以,可以认为,在宋元时期,"有失"已经完成了词汇化,实现了由韵律结构向词的转化。实现词汇化的"有失"内部结构稳定,整体词义凝聚,功能动词化。"有失"可后接名词、动词、形容词等成分,表达预设否定功能。例如:

(46)盖文武班官僚不该戒励,似王者命令<u>有失均平</u>(不够均平),更须颁行诏书,遍下分明条贯。(南宋·李焘《续资治通鉴长编》)

(47)且如富豪之家子弟诈入儒籍,或所作月课令人代笔者,自是各处正官<u>有失检举</u>(没有检举),学官不能训导,致令有此欺弊。(《庙学典礼》卷六)

(48)每当宴会之时,大汗还另外派些专职官员在殿中巡视,用来防止宴会时刚来的外客不懂朝仪而<u>有失检点</u>(不检点),同时他们还必须引导这些人入席。(马可·波罗《马可波罗游记》)

与现代汉语相同,例(46)—(48)中"有失"在表达否定功能的同时,可对其否定量级进行主观切分与解读。

前文我们在论述"有失"的否定义生成时指出,"失"作为基本信息负载单位(PIBUs),是"有失"的语义侧面等价物;而"有"作为非基本信息负载单位必将经历进一步的语法化,最终将失去独立地位,由词逐渐降格为词内成分,形式上黏附于其宿主(host)"失"。历时的语法化斜坡(grammaticalization clines)呈现为共时的语法化连续统(grammaticalization continuum)。作为非基本信息负载单位,"有"经历"词→词头(附缀)→词缀"的语法化斜坡,此也即"有"的共时呈现连续统。"有"的不同演变阶段在一定程度上与"有失"的词汇化过程相互验证。当然,鉴于"有"语法化演变的滞后性与并存性,现代汉语"有失X"

---

① 所谓语法词,就是指"具体使用时句法上已具备了单词的功能与作用,只是在深层结构与词义融合方面还未完全成词"(张谊生,2014:43)的语言单位。

结构存在多重解读是完全合理的。

二 "有失"的附缀化趋势

"有失"作为动词，表达上预设否定义的存在。长期的使用过程中，"有失"在功能上逐渐定位进而黏附于其后附成分"X"。"有失 X"作为四音节交际单位，使用频率较高，已出现习语化倾向，部分"有失 X"已走上成语化道路，如"有失远迎、有失公正、有失身份、有失偏颇"等。① 伴随语言的发展与演变，"有失"用法越来越多，词汇语义逐渐虚化，其内部结构更加固化，整体表现出黏着化趋势，逐步失去独立词地位，走上附缀化道路。

以下，我们借助对"有失偏颇"类用例的合法化解读对"有失"的附缀化趋势进行分析。

"有失偏颇"等"有失"与贬义成分搭配在传统看来是不合汉语语感的用例。但是，"有失"与贬义成分搭配构成的"有失 X"在实际的语言运用中却是完全被言语受众所接受的。例如：

（49）张公也是一心为皇上办事，想的想必简单了些，<u>打着反正全给皇上换来银子和物件，许是就有失莽撞了</u>。（滚木擂石《明歌》）

（50）<u>把斯特劳斯作品中所反映出的思想史观与存在史观相提并论</u>，这样做虽<u>有失过分</u>，但两者之间所隐含的相似性还是比较明显的。（BCC·科技文献）

（51）对于现实主义未来命运的探讨，我们认为应在考察其历史流变的基础上认真审视其创作和理论的现状，充分挖掘其发展潜力，<u>轻率地预言它的过时似乎有失武断</u>。（BCC·科技文献）

（52）楚云飞本想问问，要是自己真的被"活擒"，梁绛打算如何整治自己，但话到嘴边，总觉得<u>这么说出来的话，未免有失轻薄</u>，别说对不起索菲娅和湘董，甚至对金瑶来说也颇为不公。（随缘·珍重《都市逍遥客》）

---

① "有失 X"具体范例详见附录。

类似例（49）—（52）的"有失+X［+贬义］"结构在语料库中尚属小众用例。"有失+X［+贬义］"结构使用频次最高的用例只有"有失偏颇"和"有失片面"两个。就现有语料统计而言，"有失+X［+贬义］"结构主要出现在"S+有失X［+贬义］"句法环境中，其中S多为事件性主语成分。

当X为贬义成分时，"有失"的内部结构为述宾关系，"有"为动词，表存在、出现，"失"是名词，表失误、错误；"有失+X［+贬义］"内部结构为同义并列叠加关系。例如：

(53) a. 忽略了前者与后者的继承关系，将两者割裂开来，因而<u>有失片面</u>。（LCJ0266）

b. 忽略了前者与后者的继承关系，将两者割裂开来，因而<u>有失</u>。

c. 忽略了前者与后者的继承关系，将两者割裂开来，因而<u>片面</u>。

(54) a. "家长制"，确有其弊端，但把腐败的根源主要归于"家长制"，<u>是有失偏颇的</u>。（1995年《人民日报》）

b. "家长制"，确有其弊端，但把腐败的根源主要归于"家长制"，<u>是有失的</u>。

c. "家长制"，确有其弊端，但把腐败的根源主要归于"家长制"，<u>是偏颇的</u>。

通过以上两组例子的简单对比，可发现当X为贬义成分时，"有失X"内部的语义叠加关系。这种语义叠加现象在汉语中已成为一种倾向，"表达上的叠床架屋是语言的一个正常现象"（刘丹青，2001：78）。

形式叠加必然会引发语义强化解读。[①] 类似"有失偏颇"等"有失+X［+贬义］"结构是并存叠加关系，具有强化语义表达之作用。[②] 仅从例（54）来看，"有失、偏颇"出现在肯定性强调型判断句中，"有

[①] 有关叠加、强化等概念及其二者间的关系，详情参阅刘丹青（2001）、江蓝生（2008）、张谊生（2011、2012）等研究成果。

[②] 张谊生（2012：129）指出，并存叠加就是"两个或多个同义或近义的句法成分，一起并存出现而形成的复置（overlaying）形式"。对此，刘丹青（2001：73）则认为是具体强化，即用更加具体的词项来强化比较抽象的语法化程度更高的单位。

失偏颇"叠加使用起到了一个强化肯定（assertion）的作用，或者说是起到强化一个判断之作用。

"强化一个肯定"就是增强了对事物/事件/事态所持判断的主观情感。叠加形式的使用一般都具有强调的功能，蕴含"主观化的新的情态语义"（江蓝生，2008：493），而"语言表达的主观性强化无疑是各种叠加现象产生的最为基本的动因"（张谊生，2011：509）。某种意义上讲，"有失偏颇"类"有失＋X［＋贬义］"结构的出现是一种正常的语义演变现象，是语言表达的一种自我调节手段，也是一种语用需求和必然结果。为了强化，可以突破常态句法规则的限制（张谊生，2011：504），所以，"有失偏颇"等"有失＋X［＋贬义］"结构完全符合汉语语法规则。

"叠加现象可以用作判断语法化程度的一杆标尺：叠加结构的出现意味着双方的语法化等级已显著不同。"（刘丹青，2001：79）起初"有失X"结构中"有失"与X同为言语交际的基本信息负载单位（PIBUs），随着演变程度的异化，"有失"的虚化程度更深，逐渐失去PIBUs地位，"X"则承载基本语义，仍为PIBU。"当有两个核心备选项时，不是PIBUs的那个最容易发生语法化"（Croft，2001/2009：23），所以，"有失X"中"有失"会失去句法自主地位，走上附缀化道路，逐渐向"X"黏附。"有失"的附缀化也验证了本章第一节所总结的语法化演变趋势。

虽为动词，但是"有失"表达上暗含否定，可以纳入"预设否定"或"特殊否定"表达范畴。"有失偏颇"与"有失公正"都是正常语言使用用例，只是二者处于"有失"的不同演变阶段而已。

"有失＋X［＋贬义］"中"有失"比"有失＋X［＋褒义］"中"有失"的语法化等级更高。也就是说，在"有失＋X［＋贬义］"中"有失"已向附缀演变，而"有失＋X［＋褒义］"中"有失"仍是动词。"有失"的词汇化程度越高，其否定义表达就越淡化，越有可能被叠加使用。附缀化是"有失"语法化链（grammaticalization chains）上的潜在语法化阶段。

三 "有失＋X_v"的退化及归因

通过古代汉语语料与现代汉语语料的对比与分析，可以发现，宋辽金及元明清时期，古代汉语中存在一定量的"有失"后接动词性宾语成分的现象。例如：

（55）小生数年光景，<u>有失拜谒</u>。（范康《陈季卿误上竹叶舟》）
（56）哥哥，数载不见，<u>有失问候</u>。（关汉卿《杜蕊娘智赏金线池》）
（57）皇城司岁用冰数，近年<u>有失收采</u>，遂至阙用。（《续资治通鉴长编》卷四百九十二）
（58）坊里正、主首、巷长、局院军人头目<u>有失觉察</u>，决五十七下。（《元代法律资料辑存·大元通制》）
（59）请自今缘边诸寨<u>有失巡防</u>致北界侵耕者，准透漏贼盗条论罪。（《续资治通鉴长编》卷一百三十二）

类似例（55）—（59）的"有失"后接动词性宾语成分的现象，可抽象码化为"有失 + X_v"结构。

发展至现代汉语，"有失 + X_v"结构较之古代汉语有较大的退化。现代汉语尚存的"有失 + X_v"结构是"有失远迎"。与"有失远迎"类似的固定表达，在元明时期较多。例如：

（60）不知主上幸临，<u>有失远接</u>。（罗贯中《宋太祖龙虎风云会》）
（61）呀、呀，天朝使命大人到此，小生<u>有失迎接</u>也。（刘唐卿《降桑椹蔡顺奉母》）
（62）多承元帅屈尊降临，<u>有失迎迓</u>，愿乞恕罪。（乔吉《玉箫女两世姻缘》）

类似这些例子可抽象为以下句式结构：

<u>不知X 幸临/降临/光临/驾到</u>$_{(A)}$，<u>Y 有失远迎</u>$_{(B)}$，<u>请恕罪</u>$_{(C)}$。

"有失远迎"类结构所出现的句式多为复句，其中A、B分句多为必

有成分，C 分句通常为可选成分。

为什么那么多的"有失+X_v"结构从古代汉语至现代汉语会经历一个退化的过程？而为什么会只剩下"有失远迎"没有消逝？我们认为，"有失远迎"的使用是现代汉语对古代汉语的承继。虽然"有失远迎"多出现在口语中，但是其所处句式通常是复古句式。

除了古代汉语承继这一原因之外，我们认为，"有失远迎"类结构尚有可能是结构省略造成的。例如：

（63）岂不闻渭水同车，茅庐三顾之事，奈何山川悬阔，<u>有失躬迎之礼</u>。（元·陶宗仪《南村辍耕录》）

（64）老兄染病，小弟连日穷忙，<u>有失探望</u>，勿罪勿罪。（元·秦简夫《东堂老劝破家子弟》）

我们可以对例（63）、例（64）分别做删除、添加成分测试，如下：

（63'）岂不闻渭水同车，茅庐三顾之事，奈何山川悬阔，<u>有失躬迎</u>。

（64'）老兄染病，小弟连日穷忙，<u>有失探望之礼</u>，勿罪勿罪。

变换前后，原有句式仍然成立，原有句法、语义及语用表达上均没有差异。所以，可以预测，汉语中"有失远迎"类"有失+X_v"结构是省略了原有偏正结构的中心语，只保留原有修饰语而形成的省略结构式：

有失+X_N →有失+X_v 的/之 X_N → 有失+X_v

结构省略说的分析，可以从语言的结构来源上对"有失+X_v"结构的出现寻求解释。"有失+X_v"结构与"有失+X_N"结构具有同源性。

第三节 "有失 X"与"失之 X""失于 X"

现代汉语中"有失"与"失之""失于"作为"类族词"在交际中

具有极其相似的句法表现。例如：

（65）这两种看法都忽略了历史学独特的气质，不免<u>失于偏颇</u>。历史学"既要研究已死的知识，又要研究活的现实"，是一门相当特殊的学科。（《读书》vol-173）

（66）在宫观方面，除明万历年间重建圆明宫、上元宫外，MH过去已建之宫观，在明代大都<u>失于维修</u>，明焦维章《游青城山记》曰："午后憩长生观，观久废，颓垣败础，与灌莽为伍。……建福亦荒墟不治。"（卿希泰《中国道教》）

（67）用功痛切时，必有一度不通世故人情时，故曰如丧考妣。盖痛切之至，必<u>失于礼节威仪</u>也。人每不谅，谓之骄慢自大，或疑为狂。此人人必经之过程，难为辩也。（元音老人《佛法修证心要》）

（68）你说清华人"行胜于言"，这本来就是工科大学的特点。但如果说北大人都好逞"口舌之辩"，那未免<u>失之偏颇</u>。（任羽中、张锐《完美大学必修课》）

（69）令人不解的是，身为记者的屈颖妍并未认真查找捐款记录，便下了"资料不见了"的判断，进而得到出"希望工程善款失踪"的结论，实在<u>失之妄断</u>。（2000年3月《生活时报》）

由上述五例可以看出，"失于X""失之X"所能出现的句法语境与"有失X"相似。"失于X"中的X既可以是形容词性成分，也可以是动词性成分与名词性成分，但是"失于"后接名词性成分的用例较少。"失之X"在现代汉语中多与形容词性成分搭配，较少与动词性成分组配，与名词性成分的组合更为罕见。

张谊生（2002）对"有失""失之"和"失于"之间的用法差异及其结构来源进行了一定的讨论，结论较为可信。接下来，我们拟在张谊生（2002）的基础上，对于"有失""失于""失之"及"有失X""失于X""失之X"之间的区别与联系进行进一步的讨论。

一　词源问题

从语源上看，"失之X"和"失于X"都是从"失之于X"发展而来的。"前者省略了引导补语的介词，后者省略了连接介词的助词。"（张谊生，2002：122）究其论证过程，其直接论据为"凡使用'失于'（按，原文为'失于₁'）的句子，都可以在'失'和'于'之间插入一个'之'字，转化为'失之于X'，或者将'于'换成'之'，转化为'失之X'，意思基本不变。"（张谊生，2002：123）

为此，我们借助汉籍全文检索（第四版）对"有失""失之""失于""有失于""失之于""有失之"等进行词源考证。统计结果见表7-2。

表7-2　　　　　　"有失""失之""失于"等词源考①

	文献数	有失	有失于	有失之	失之	失于	失之于
		篇/次					
先秦	68	36/43	0/0	0/0	262/608	59/84	10/16
秦汉	61	87/118	0/0	0/0	361/715	71/80	17/20
魏晋	36	40/41	0/0	0/0	151/203	26/33	17/18
南北朝	44	61/68	0/0	0/0	249/498	99/130	21/22
隋唐五代	146	87/99	0/0	0/0	219/304	111/140	15/26
宋辽金	282	472/538	16/18	3/3	1093/1493	647/797	53/73
元	82	183/292	0/0	1/1	276/444	145/201	8/12
明	397	927/1121	8/8	1/1	773/1139	743/921	40/47
清	942	2327/2846	21/22	10/11	2011/3122	1357/1937	96/120
民国	70	132/140	1/1	0/0	93/120	34/35	1/2

注："失之"的数据中包含"有失之""失之于"的存在篇数、出现次数；"有失"的数据中也涵盖了"有失于""有失之"的存在数据；"失于"的数据中含有"有失于"的数据。但是即使从"失之""有失""失于"中去除其他相关条目的重复数据，也不会给现有数据带来较大的影响，因为"有失""失之""失于"在语料库中的数量要远大于其他交叉条目。

从表7-2的数据统计我们可以看出，与"失之于"相比，"失之""失于"都是"高频词汇"。这就意味着从起始阶段"失之""失于"的使用频度就高于"失之于"。所以，我们认为"'失之X'和'失于X'都是从'失之于X'发展而来"的观点有失偏颇。因为，在语法化演变

---

① 语料检索范围从先秦至民国，民国语料整体数量较少缺乏可信性。表中数据，"文献总数"指检索系统中相关时期文献收录总数，"篇/次"指检索对象出现的具体篇数及篇数中出现的总次数。表中统计数据未排除重复用例，实际数据应较之更少。

过程中，语言单位使用频率越高越容易发生演变，即高频率向低频率的演变，而不会相反。同理可证，"有失"的词汇来源不可能是"有失于"和"有失之"。

为了更好验证上述结论，我们对BCC语料库现代汉语部分语料进行数据检索，以检验"有失""失之""失于"在现代汉语中的使用与分布情况。详见表7－3。

表7－3　　　　　　　"有失"及其"类族词"共时分布①

	综合	文学	报刊	微博	科技
有失	7921	19161	2006	4858	5917
有失之	29	34	6	4	43
有失于	32	38	7	1	63
失之	3136	4333	1039	2272	4407
失于	989	689	75	101	1256
失之于	669	290	214	54	9

从表7－2、表7－3的数据显示可以预测，汉语"有失"的词汇化来源不可能是"有失于"在使用中介词"于"的脱落造成的，也不可能是"有失之"脱落助词"之"所形成的。相反，汉语中"有失于X""有失之X"的形成有可能是"有失"与X之间出于一定语用目的而加入介词"于"和助词"之"。因为宋代之前，汉语中并没有合法的"有失于X""有失之X"结构出现；宋代之后，汉语中陆续出现"有失于X""有失之X"的结构使用。"有失于X""有失之X"结构在汉语中的使用频次一直都较低。

二　结构差异

同处否定范畴，"失之""失于"与"有失"一样，可与形容词、动

---

① 表7－3中各条目数据已做了重复删除处理，各条目数据间不存在交叉。"有失"的数据未做精确处理，实际使用中的"有失X"条目应较表7－3数据少。

词或名词等词性成分构成"失于X"和"失之X"结构。① 例如：

（70）脆弱动荡的魏晋王朝不能保障安定的学术研究，却要一群哲学家负起安邦定国之责，也未免<u>失之不公</u>吧。（《读书》vol-086）

（71）把人间一切罪恶归咎于从来不存在的上帝，未免<u>失之公正</u>，但是，否认上帝和一切其他超人世界的存在，恰是把目光转向人间的开始。（《读书》vol-086）

（72）戴不凡同志的《小说见闻录》为作者生前的最后一部论著，其中《疑施耐庵即郭勋》一文，赞者颇多，但许多考证<u>失于粗疏</u>，兹抉出数端，书之于后。（《读书》vol-020）

（73）结构主义超越新批评也正在这些方面，新批评似乎见木不见林，<u>失于琐细</u>，结构主义则把每部作品看成文学总体的一个局部，透过各作品之间的关系去探索文学的结构。（《读书》vol-049）

经过对实际语料的统计与分析，可以发现："失于"通常多与形容词性成分（尤其是表贬义用法的形容词性成分）、动词性成分组构，较少与名词性成分组合；"失之"也倾向与表贬义用法的形容词、动词性成分搭配，同时尚可与少量的名词性成分（含数量成分）构成"失之X"结构。②构件不同势必造成构式整体的解读不同。上文根据"有失"后接成分的不同，将"有失X"分为四类具有不同性质的结构。同样，"失之""失于"与不同性质的词类成分搭配，其结构性质也存在不同解读。"失于"在与形容词、动词性成分组构的过程中形成两种结构性质不同的"失于X"：与形容词性成分组构的"失于X_A"，视为句法组合关系，结构关系尚未固化，"失于"中间可以插入其他成分，通常多插入"之"，构成"失之于X_A"结构；"失于X_A"中，"于"为介词，"于X_A"为介宾结构，"失"意为"过失、失误"，"失于X_A"整体意为"过失/失误

---

① "有失""失之""失于"后接成分情况详见附录。
② 汉语中"失之"与名词性成分、数量成分的使用仅限于几个固定结构，如"失之东隅""失之千里"等多被作为成语收录。以下我们不对此类结构做详细分析。

在于 X_A"。例如：

（74）作为一种追求人生力度的美学理想，作者对西北地区民族民间文化的肯定原无可厚非。但是他对知识分子所接受的西方文化的否定则未免<u>失于简单</u>。（《读书》vol-075）

例（74）"失于简单"能够被"失之于简单"替换，说明"失于 X"结构松散，"失于"的结构凝固化程度不高。同时，可以将"失于简单"替换为"失之简单"，替换后不影响句义表达。

当"失于"与动词性成分组构时，"失于"应视为动词，"于"为构词后缀，"失于"是词法组合关系。此时，"失于 X_v"整体表否定，意为"没有 X"。例如：

（75）从接受的一面看，换一种改法西方人也许读来兴致更高。何乐而不为呢？是难度太大，还是对西方人的趣味<u>失于判断</u>？（《读书》vol-127）

"失之 X_A"结构中，"之"是结构助词，在于双音节形容词性成分组构时，"之"在韵律表达上具有衬音的作用，使得结构整体呈现为四字格；当"失之"与单音节形容词组构时，单音节形容词通常需借助其他成分的修饰，此类修饰成分通常有"过、太"等。例如：

（76）和旅游、购物等市场一样，目前已有的"玩"的思路和供给不免<u>失之粗糙和肤浅</u>，须下功夫研究、细化。（2000年《人民日报》）

（77）他呼吁永远不要让道德的通货贬值，历史的审判宁可<u>失之过严</u>，也不可<u>失之过宽</u>。（《读书》vol-144）

（78）相识之后，交往渐多，感到过去的印象虽然不能说错，也<u>失之太浅</u>；至少是没有触及最重要的方面，品德。（《读书》vol-130）

"失之 X_A"与"失于 X_A"具有句法同构性,在表达上同时具有可替换性。"失之 X_A"中可以插入"于"构成"失之于 X_A"。例如:

(79)导演想必抱定决心:宁<u>失之于平淡</u>也不<u>失之于虚假</u>。(1995年《人民日报》)

(80)个人舞蹈专场一向被舞蹈员视为畏途,曾经举办的舞蹈专场,又往往<u>失之于舞蹈语言</u>的<u>单调和贫乏</u>。(1994年《报刊精选》)

(81)一些基层党组织在民主评议党员工作中存在<u>失之于宽</u>、<u>失之于软</u>的现象,党员队伍"出口"不畅。(2000年《人民日报》)

例(81)"失之于宽、失之于软"可以替换为"失之过宽、失之过软"。

综上,"失于X""失之X"的内部结构关系可构拟如下:

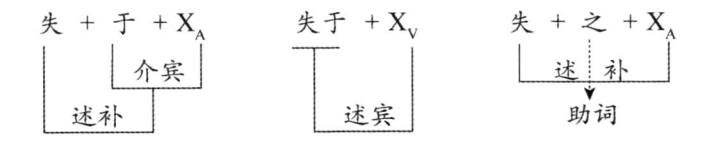

三 否定置换

在否定义表达上,"有失""失之""失于"可以对同一述谓成分进行否定。例如:

(82)实际上,现在国人基本上都是这样来比较的,虽然我自己认为这种比较<u>有失片面</u>,而且也<u>不够科学</u>,但是,我强烈认为当局是自作自受,因为你整天用那些假大空的宣传把国人弄得以为真富有了,真牛比了,弄得火箭上天,红旗满世界飞了,结果呢?(杨恒均《她们的列车没有终点》)

(83)如果说仅以政治人物纷遭暴力侵袭为治安恶化标杆<u>失之片面</u>,那么市井街头频频发生的抢劫、杀人、勒索、偷盗案件,的确可以证明"治安差"早已不是社会大众的"无病呻吟"。(新华社

2002 年新闻报道）

（84）国门洞开之后，人们虽然不再相信市场经济的每个毛孔都滴着血和肮脏，但对市场经济的认识或止于皮毛，或<u>失于片面</u>，继而造成了行为的种种误区。（1994 年《报刊精选》）

上述三例中，"有失""失之"和"失于"可以相互替换，替换后不影响原有句意传递。

当然，"有失""失之""失于"在进行否定置换时，从否定量级角度来看，置换前后，原有否定值不会降低。例如：

（85）a. 根据有关法律，被告方可以以庭审<u>失之公正</u>发现新的证据为由提起上诉。（新华社 2001 年新闻报道）

b. 根据有关法律，被告方可以以庭审<u>有失公正</u>或者发现新的证据为由提起上诉。

c. 根据有关法律，被告方可以以庭审<u>失于公正</u>或者发现新的证据为由提起上诉。

（86）a. 我自己有时候是<u>失于检点</u>的；表现在碰到落后状况不免的嘲笑尤其明显。（《读书》vol–049）

b. 我自己有时候是<u>有失检点</u>的；表现在碰到落后状况不免的嘲笑尤其明显。

c. 我自己有时候是<u>失之检点</u>的；表现在碰到落后状况不免的嘲笑尤其明显。

（87）a. 在程序不合法的情况下，所谓的检验结果必然<u>有失客观和真实</u>。（1996 年《人民日报》）

b. 在程序不合法的情况下，所谓的检验结果必然<u>失之客观和真实</u>。

c. 在程序不合法的情况下，所谓的检验结果必然<u>失于客观和真实</u>。

例（85）中"有失公正""失之公正""失于公正"意味"不公正"；例（86）"有失检点""失之检点""失于检点"能够表达"不够检点"

的意思；例（87）中"有失""失之""失于"可以被"不"或"不够"进行置换，且不影响原有表达。所以，"失之"和"失于"与"有失"相同，具有否定表达功能，可以被纳入汉语否定表达范畴。"失之"和"失于"与"有失"相同，同样具有适量否定与全量否定双重否定功能。

综上所述，我们认为，"有失""失之""失于"三者均为稳定的否定词库候选，其后接否定对象既可以是体词性成分，也可以是谓词性成分。就否定成分的语义属性看，"有失""失之""失于"既可以对褒义成分进行否定，也可以对贬义成分进行否定；"失之""失于"在使用中更倾向与贬义成分组构。与不同成分进行句法组构，"有失 X""失之 X""失于 X"的内部结构关系不同，构式的内部构件性质与功能也存在差异。这些差异是由历时发展所造成的，可归结为语法化演变的不同阶段的变异（variability）与并存（layering）。

"有失""失之""失于"的否定义生成均与"失"有关。"有失""失之""失于"内部，"失"是其单位整体的语义负载单位（PIBUs），"失"的语义贡献度强于"有、之、于"，三者在使用中均趋向否定表达。鉴于其处于非基本信息负载单位情况，"有、之、于"的语法化程度要明显高于"失"，这也在一定程度上解释了"之"为助词、"于"为介词、"有"为词头的说法。整体演变程度上，"有失"的语法化程度要高于"失之"和"失于"，"有失"已经走上了附缀化的演变道路。

第四节 小结

"有失"的否定义生成是词义演变的结果。"有失"词汇化过程中，"失"的语义贡献度强于"有"，通过词汇化压制，最终"有失"整体表否定。"失"是"有失"的语义侧面等价物（Semantic Profile Equivalent），同时也是其所处结构的基本信息负载单位（PIBUs）。

就表达效应而言，"有失 X"主要表达适量否定功能，相当于"不够 X"。随着虚化程度的加深，"有失"词义更虚化，一定阶段，"有失"可以表完全否定，相当于"不"或"没有"。"有失 X"的适量否定与完全否定表达只是程度划分问题。

"当有两个核心备选项时，不是 PIBU 的那个最容易发生语法化"

（Croft，2001/2009：259），所以，"有失"内部"有"的语法化程度要高于"失"，"有"逐渐向附缀、词缀演变，而"失"尚保留其核心语素（宿主，host）地位；"有"由存在动词逐渐向词内成分、附缀、词缀虚化最终黏附于"失"。此即 If two elemenrs in a phrase or clause differ significantly in information-bearing status, the non-PIBU elelment may be reduced and attracted to the PIBU element（Croft，2001/2009：268）。

从历时演变过程来看，"有失"由述宾结构历经韵律词、语法词、词汇词最终走上附缀化。作为述宾结构，"有失"整体动作性语义凸显，从诞生之初即可以做谓语。从隋唐五代开始陆续出现"有失"带宾语的现象。及至宋辽时期，"有失"带宾语现象开始大面积出现。最迟至金元时期，"有失"完成了向词汇词的转变——内部结构稳定，整体词义凝聚，功能动词化。

在长期的使用中，"有失"在功能上逐渐定位进而黏附于其后附成分"X"。"有失 X"作为四音节交际单位，使用频率较高，已出现习语化倾向，部分"有失 X"已走上成语化道路。"有失"用法越来越多，词汇语义逐渐虚化，其内部结构更加固化，整体表现出黏着化趋势，逐步失去独立词地位，走上附缀化。

通过对"有失偏颇"类"有失 + X［+贬义］"结构的合法化解读旁证了"有失"的附缀化倾向。"有失 + X［+贬义］"是完全符合言语交际要求的。当"X"为贬义成分时，"有失 X"为同义并列叠加关系。形式叠加必然会引发语义强化解读。"有失 + X［+贬义］"具有强化语义表达之作用，或者说是起到强化一个判断之作用。"有失 + X［+贬义］"结构的出现是一种正常的语义演变现象，是语言表达的一种自我调节手段，也是一种语用需求和必然结果。

"叠加现象可以用作判断语法化程度的一杆标尺。"（刘丹青，2001：79）起初"有失 X"结构中"有失"与 X 同为言语交际的基本信息负载单位（PIBUs），随着演变程度的异化，"有失"的虚化程度更深，逐渐失去 PIBUs 地位，"X"则承载基本语义，仍为 PIBUs。"有失 X"中"有失"会失去句法自主地位，在语法化机制作用下走上附缀化道路，逐渐向"X"黏附。

"有失偏颇"与"有失公正"都是正常语言使用用例，只是二者分处于"有失"的不同演变阶段而已。"有失+X［+贬义］"结构中"有失"比"有失+X［+褒义］"结构中"有失"的语法化等级更高。也就是说，在"有失+X［+贬义］"中"有失"已向附缀演变，而"有失+X［+褒义］"中"有失"仍是一个动词性成分。

"有失""失之""失于"作为"高频词汇"其词汇来源不可能是"有失于""有失之"和"失之于"。同处否定范畴，"有失""失之""失于"可以对同一述谓成分进行否定，在一定程度上，三者间可以进行否定置换，替换且不影响言者语义的传达。受历时语言演变发展的不平衡性影响，"有失""失之"和"失于"与不同性质属性构件进行组构时，"有失X""失之X"和"失于X"的内部结构关系不同。

"有失""失之""失于"的否定义生成均与演变有关。"失"是三者整体的语义负载单位（PIBUs），"失"的语义贡献度强于"有、之、于"，三者在使用中均趋向否定表达。整体演变程度上，"有失"的语法化程度要高于"失之"和"失于"。

附录 "有失"类后接双音节成分统计

一 有失 + X_A

公允 993	谨慎 13	草率 6	和气 3
公平 659	雅观 13	诚实 5	仓促 3
公正 381	规范 12	明智 5	匆忙 2
体面 259	简单 12	恰当 5	沉稳 2
厚道 100	真实 12	完整 5	中肯 2
妥当 82	文雅 11	优雅 5	粗疏 2
公道 71	周全 11	果断 4	鲁莽 2
全面 54	磊落 11	精确 4	伶俐 2
片面 48	允当 10	武断 4	宽松 2
斯文 46	偏激 10	偏狭 4	宽大 2
客观 44	严肃 10	平常 4	含混 2
平衡 39	冷静 10	科学 4	翔实 2
忠厚 38	严密 10	稳健 4	大度 2
恭敬 38	合理 9	莽撞 4	霸道 2
准确 35	笼统 9	正统 4	柔和 2
严谨 28	大方 9	精当 3	光彩 2
庄重 26	从容 8	刚强 3	仁义 2
侠义 23	幼稚 8	尊严 3	清雅 2
文明 20	得体 7	过分 3	恭顺 2
风雅 18	牵强 7	默契 3	轻率 2
完美 17	稳重 7	美观 3	生硬 2
光明 16	灵活 7	轻薄 3	审慎 2
礼貌 15	仁厚 7	确切 3	传统 2
均衡 14	高雅 7	含蓄 3	诚恳 2
威严 13	宽厚 6	高贵 3	和谐 2
稳妥 13	端庄 6	正常 3	过火 2

灵验 2　　典雅 2　　周到 2　　正确 2
狭隘 2　　慎重 2　　和睦 2　　宽泛 2
虚假 2

二　有失 + X_N

身份 887　　脸面 22　　威信 11　　民心 7
体统 322　　众望 22　　自然 11　　大侠 7
水准 209　　气度 22　　民族 11　　原文 7
风度 200　　神经 21　　前辈 11　　丈夫 7
面子 136　　国格 20　　道义 11　　标准 6
尊严 111　　皇家 20　　天子 10　　新闻 6
礼仪 91　　敬意 19　　人君 10　　地委 6
礼数 91　　武士 19　　宰相 10　　规矩 6
大雅 63　　人道 18　　形象 10　　男儿 6
分寸 54　　过望 17　　男子 10　　公德 6
涵养 51　　社会 17　　人臣 10　　理智 6
礼节 48　　科学 17　　长者 10　　本意 6
国体 47　　大国 17　　教养 9　　信义 6
朝廷 43　　天朝 17　　妇道 9　　名门 6
君子 43　　道德 16　　大体 9　　皇上 6
法律 41　　淑女 16　　名家 9　　军人 6
武林 39　　去了 16　　仁义 8　　仁德 5
仪态 38　　妇德 16　　掌门 8　　高人 5
职守 36　　正道 16　　天道 8　　信誉 5
常态 29　　人格 15　　历史 8　　领导 5
光明 29　　国家 15　　威仪 7　　司法 5
英雄 29　　教师 14　　贵族 7　　史实 5
风范 28　　男人 13　　君王 7　　男性 5
江湖 28　　误时 13　　品德 7　　刑法 5
气质 26　　专业 12　　学者 7　　艺术 5
职责 24　　原意 12　　德行 7　　光彩 5
大臣 23　　常理 12　　立场 7　　大义 5

公理 5	美感 4	天下 3	夫妇 2
朋友 5	丞相 4	天性 3	师傅 2
情理 5	整体 3	威名 3	对方 2
皇帝 5	天庭 3	文学 3	无补 2
帝国 5	兄弟 3	元首 3	武当 2
人民 5	大人 3	操守 3	军心 2
身价 5	皇室 3	刑罚 3	君主 2
王者 5	远近 3	师兄 3	地主 2
法庭 4	臣子 3	学术 3	族长 2
天理 4	格调 3	血性 3	民众 2
过风 4	师德 3	责任 3	轻重 2
职业 4	骑士 3	真空 3	摘要 2
孩儿 4	皇族 3	作者 3	因子 2
人心 4	佛门 3	面皮 3	税收 2
诚意 4	少爷 3	空门 2	镖局 2
女人 4	佛家 3	先夫 2	列位 2
礼教 4	方寸 3	孝道 2	常情 2
圣人 4	帝王 3	国人 2	使者 2
公主 4	理性 3	法人 2	银行 2
官府 4	宫廷 3	素质 2	交通 2
礼法 4	公证 3	信心 2	教材 2
高手 4	同门 3	政治 2	国君 2
慈悲 4	仪表 3	心病 2	科研 2
证人 4	名士 3	法规 2	客观 2
国威 4	女性 3	规定 2	股票 2
道理 4	权威 3	年代 2	国际 2
将军 4	人类 3	恕道 2	姑娘 2
人性 4	皇朝 3	体态 2	观众 2
外交 4	好汉 3	绿林 2	官家 2
行业 4	声誉 3	步兵 2	体制 2
部门 4	事实 3	落叶 2	良心 2

良机2	诗人2	公正性9	营业员1
佛法2	世界2	读书人8	青铜器1
格格2	时效2	公平性7	皇太子1
风格2	大端2	客观性7	国家队1
法制2	措施2	老前辈5	解放军1
主人2	天良2	大将军3	美国人1
陛下2	天命2	合理性3	严谨性1
准头2	天时2	全面性3	歌舞团1
母亲2	功德2	成年人2	皇太后1
法院2	条理2	老头子2	说服力1
读者2	人伦2	自尊心2	私有制1
巡抚2	风仪2	女孩子2	女主人1
大门2	王爷2	主持人2	欧洲人1
仪容2	为人2	士大夫2	批评家1
礼义2	文件2	严肃性2	对不对1
臣下2	车位2	领导者2	东道主1
长辈2	战机2	掌门人2	去你的1
连家2	电网2	一般性2	第三次1
偏差2	原貌2	统计法2	创新性1
品格2	政府2	一把手2	人情味1
前瞻2	中庸2	准确性2	人世间1
章法2	重量2	真实性2	出版社1
荣誉2	主权2	针对性2	误动作1
儒者2	主任2	简单性1	文学史1
党性2	著述2	大学生1	独立性1
厚望2	资料2	教育者1	英国人1
后果2	宗师2	主单位1	运动员1
圣上2	科学性13	哲学家1	宗主国1
师父2	男子汉12	正确性1	总司令1
师门2	出家人11	政治家1	拔萝卜1
绅士2	大丈夫11	普遍性1	主动性1

三　失于 + X_V

滋养 19	调理 4	约束 3	冒充 2
调养 13	滋润 4	分清 2	考证 2
不顾 9	破碎 4	舒展 2	疏解 2
调和 5	调治 3	固守 2	乌有 2
检点 5	觉察 3	轻敌 2	

四　失于 + X_A

晴朗 36	虚空 5	模糊 2	刻薄 2
黑暗 21	柔和 4	偏狭 2	精详 2
轻率 10	笼统 4	纯真 2	聪明 2
平衡 9	片面 3	阴暗 2	疯狂 2
空泛 8	浮浅 3	轻浮 2	浮躁 2
简单 6	宽泛 3	天真 2	遥远 2
流畅 5	通畅 3		

五　失于 + X_N

温煦 31	度外 6	沙漠 3	网络 2
人海 24	人群 5	风雪 3	文字 2
天际 19	天地 5	记忆 3	里屋 2
夜色 18	人生 5	脑海 3	武林 2
气血 14	民间 4	家人 3	一群 2
世界 11	地面 4	大气 2	激情 2
岁月 11	人间 4	大意 2	火灾 2
江湖 10	时光 4	社会 2	战乱 2
仙境 10	视野 4	大地 2	山坡 2
夜幕 9	时间 4	世间 2	走廊 2
视线 8	树林 3	视界 2	规矩 2
宇宙 7	回廊 3	朝霞 2	流年 2
空气 7	物质 3	树影 2	太阳 2
历史 7	黑夜 3	表象 2	巴士 2

六　失之 + X_N

桑榆 55	尺寸 3	义务 3	青松 2
大意 35	迂缓 3	远谋 3	轻举 2
目的 12	缘起 3	大谬 3	谬误 2
过急 11	造次 3	世界 2	情况 2
分毫 11	大气 3	火气 2	情形 2
穿凿 10	原则 3	势力 2	倡优 2
人心 10	过少 3	过当 2	差错 2
机会 9	大过 3	结果 2	数额 2
太过 7	机械 3	一端 2	俗子 2
过高 6	无补 3	梦幻 2	天涯 2
责任 6	偏差 3	方寸 2	现状 2
国权 6	领土 3	范围 2	定义 2
枢机 6	良机 3	乖张 2	大局 2
孟浪 5	顾虑 3	矫情 2	嫌疑 2
土地 5	功能 3	精气 2	性情 2
所在 5	配偶 3	存款 2	本末 2
必然 5	皮相 3	狎昵 2	样子 2
可能 4	民心 3	阵地 2	一隅 2
方向 4	途径 3	智慧 2	主观 2
原因 4	偏好 3	封疆 2	重点 2
高低 4	轻重 3	规律 2	自然 2
眉睫 4	风险 3	过长 2	作用 2
基底 4	分秒 3	成因 2	俚俗 2
程度 4	时间 3	农人 2	倩影 2
疏漏 4	皮毛 3	行为 2	妙策 2
大难 3	下品 3	概念 2	心态 2

七 失之 + X_A

片面 115	公允 55	肤浅 50	轻率 31
坦然 86	惨重 54	武断 42	空泛 26
笼统 57	简单 52	偏激 38	草率 26

巨大 25	简约 6	苛刻 3	沉稳 2
牵强 20	鲁莽 6	粗鲁 3	薄弱 2
宽泛 20	浮泛 6	枯燥 3	纤细 2
严重 17	琐碎 6	含蓄 3	僵硬 2
可惜 16	狭隘 6	过多 3	简朴 2
公正 16	根本 5	零散 3	刻板 2
公平 15	轻薄 5	盲目 3	剧烈 2
粗糙 14	谨慎 5	勉强 3	精当 2
粗疏 14	合理 5	正常 3	矫捷 2
浅薄 13	重大 5	浮躁 3	娇媚 2
准确 13	荒谬 5	浮浅 3	紧凑 2
偏狭 10	厚道 5	轻浮 3	急切 2
简略 10	不足 5	稳重 3	局促 2
急躁 9	呆滞 5	暴躁 3	冒昧 2
不公 9	大意 5	灵便 3	晦涩 2
单调 9	浅显 4	残暴 3	年轻 2
烦琐 9	严肃 4	单一 3	空虚 2
过细 8	精确 4	慎重 3	露骨 2
抽象 8	过分 4	琐细 3	繁杂 2
消极 8	零碎 4	狭窄 3	广泛 2
柔弱 8	平衡 4	灵活 3	古板 2
宽厚 8	严酷 4	粗暴 3	支离 2
天真 7	妥当 4	严谨 3	高雅 2
油滑 7	主观 4	幼稚 3	随意 2
呆板 7	忠厚 3	具体 2	贫瘠 2
单薄 7	严苛 3	雄伟 2	低俗 2
严密 7	要命 3	客观 2	浅近 2
冷僻 6	粗陋 3	奢华 2	亲近 2
全面 6	科学 3	丧气 2	短视 2
空洞 6	冗长 3	豪华 2	轻佻 2
含糊 6	粗略 3	亲和 2	仁厚 2

得当2	完整2	严厉2	空旷2
手软2	粗心2	陈腐2	野蛮2
散漫2	毛躁2	软弱2	愚蠢2
轻柔2	莽撞2	柔和2	造作2
轻巧2	匆忙2	不行2	褊狭2
随便2	冒失2	有效2	庄重2
琐屑2	迟缓2	直露2	

第 八 章

"有 + NP$_{双}$"的构式化与语法化

现代汉语"有 + NP$_{双}$"是一组非常能产的多功能语法组合结构,引起了学界的广泛关注与研究,取得了丰硕的研究成果。[①] 第八章、九章两章在前人研究的基础之上,对现代汉语中"有 + NP$_{双}$"结构继续深化研究。基于对语料库的实际数据统计,对所有"有 + NP$_{双}$"结构进行定量统计与定性分析。[②]

我们根据 BCC 语料库对检索项的词性设置情况分四次检索,得出四组结果:以"有 n"为检索项得出"有机会、有条件、有意义"类;以"有 v"为检索项得出"有影响、有发现、有希望"类;以"有 an"为检索项得出"有困难、有热情、有冲动"类;以"有 vn"为检索项得出"有发展、有竞争、有保障"类。[③]"机会、影响、困难、发展"分别具有不同的词性归属,本章基于沈家煊(2007)所提出的"名动包含"

---

① 相关研究成果可参看:朱德熙(1982、1985),于根元(1991),贺阳(1994a),李宇明(1995),沈家煊(1996),施其生(1996),郑懿德(1997),谭景春(1998),游汝杰(1999),张豫峰(1999),唐善生(2000),施春宏(2001),郭锐(2002),姚占龙(2004),闫新艳(2006),王志恺(2007),刘春卉(2007),赵涛涛(2007),周国正(2008),孟艳丽(2009),袁金平(2010),赵春利、石定栩(2011),张新华(2011),祁从舵(2011b),章丽燕(2011),李先银(2012),薛宏武(2012),吴为善(2013),温锁林、刘元虹(2014),王明月(2014),徐阳春(2015),庞加光(2015),刘志富(2016)等。

② 为行文方便,全文用"有 + NP""有 NP"分别代表"有 + NP$_{双}$""有 NP$_{双}$",仅在标题、摘要、结语中使用"有 + NP$_{双}$""有 NP$_{双}$"。

③ 在 BCC 语料库中"n、v、an、vn"分别代表"名词、动词、名形词、名动词"。BCC 语料库所收"有 + NP"详见附录。

说，① 不严格区分"有 n""有 v""有 an""有 vn"，将其进行统称归并，为"有+NP"结构。所以，第八、九章两章的研究对象是"有+NP"结构（或"有 NP"）及其相关系联结构。②

"有+NP"结构在使用中具有一定的特殊性，部分结构可受程度副词修饰，结构整体表现出一定的特殊含义。"有+NP"结构所体现的特定意义不能从其构成成分"有"或"NP"推导而出，整体意义具有"1+1>2"的功能。如，"张三有个性"可传递出"张三个性很强"的意义。鉴于此，我们将"有+NP"看作现代汉语中的一个能产构式，具有特定语义、语用表达功能。③

第一节 "有+NP$_{双}$"的构件属性

"有"和 NP 作为构式"有+NP"的必有构件，二者的属性与功能的区别和差异直接决定"有+NP"的构式化程度。"有"作为常用动词在现代汉语中具有多重属性，在一定程度上并非所有的 NP 都能够进入"有+NP"构式，"有"、NP 与构式"有+NP"的构建具有内在与外在的互动关系。

能够进入"有+NP"的构件 NP 主要有：单音节词或单音节语素，双音节词或短语，三音节或多音节语言单位。针对"有+NP"构式构件的属性与功能的分析，我们主要关注 NP 为双音节时的情形，同时兼具讨论 NP 为单音节和三音节成分的情况。通过对 BCC 语料库实际语料数据处理，我们提取了四类检索项的前 20 个高频组合结构，详见表 8-1。

---

① 对"名动包含"理论的阐释与概括，我们主要参阅沈家煊（2016），即《名词和动词》，商务印书馆 2016 年版。
② 行文中不拟细分"有+NP"与"有 NP"之间的差别。
③ 我们对构式概念的判断与理解基于 Goldberg（1995），即"C 是一个构式当且仅当 C 是一个形式-意义的配对 <Fi, Si>，且 C 的形式 <Fi> 或意义 <Si> 的某些方面不能从 C 的构成成分或其他先前已有的构式中得到完全预测"（Goldberg 著，吴海波译，2007：4）。

表 8-1　　BCC 语料库构式"有+NP"高频统计数据

	有 n		有 an		有 vn		有 v	
1	有机会	143305	有困难	19087	有影响	17554	有想到	84014
2	有办法	85881	有必要	11157	有发展	15518	有得到	41133
3	有时间	75901	有危险	9397	有工作	14635	有发现	40933
4	有企业	75078	有矛盾	7779	有创新	11183	有看到	34690
5	有意义	70213	有烦恼	4929	有变化	10970	有发生	33803
6	有问题	67575	有安全	4196	有控股	9455	有希望	32205
7	有条件	54922	有卫生	3126	有进步	8602	有出现	29872
8	有兴趣	42409	有麻烦	2773	有研究	8028	有需要	25399
9	有理由	42362	有痛苦	2505	有生产	7750	有影响	24610
10	有能力	34882	有礼貌	2403	有教育	7568	有选择	23454
11	有关系	34144	有温暖	2322	有活动	7251	有准备	20136
12	有好处	32780	有不满	1908	有保障	7092	有改变	19579
13	有道理	30915	有冲动	1706	有保护	6765	有组织	19316
14	有本事	30502	有努力	1664	有投资	6689	有报道	19123
15	有特色	29600	有热情	1536	有管理	6482	有回答	18674
16	有资产	28269	有民主	1362	有竞争	6277	有注意	18599
17	有责任	26141	有腐败	1206	有生活	6008	有帮助	17867
18	有文化	25995	有幸福	1198	有相关	5702	有达到	16847
19	有勇气	24679	有健康	1198	有反应	5357	有看见	15362
20	有针对性	36595	有恐惧	950	有革命	4490	有形成	15095

从表 8-1 所反映的四类检索结果可以看出,"有+NP"构式应视为一个能产、可变的句法槽。按词性分布,"有+NP"被分为四类,即"有+名词""有+名形词""有+名动词"和"有+动词"。汉语词类研究中,名形词、名动词(朱德熙,1982、1985a、1985b)等术语本身就存有较大争议;动词与名词之间也多存在纠葛。以"困难、必要、危险、矛盾、烦恼"等为代表的 an,是形容词还是名词,抑或是名词、形容词的兼类词;以"影响、发展、工作、创新、变化"为代表的 vn,属动词还是名词,还是名词和动词的兼类词;"发现、需要、选择、改变、报道"等所谓的动词为何能够进入"有+X"结构做宾语?an、vn、v 等是

否走上了"名词化",汉语中究竟是否存在"名词化"的说法?这些都尚存争议,有待解决。

一 "名词化"概念下的 NP

朱德熙(1982)提到两类不同的"有+X"结构:①

A. 有影响　有剥削　有研究　有分析　有保证
　　有准备　有计划　有演出　有工作　有调查
B. 有危险　有困难　有矛盾

朱德熙(1982)明确"有"为准谓宾动词,A 组"影响"一类动词具有名词的功能,是名动词;"有危险"中的"危险"与"很危险"中"危险"可视作一类,即为形容词里的一个小类,为名形词。"名形词和名动词都是兼有名词性质的谓词。"(朱德熙,1982:76)换言之,朱德熙(1982)认为,A、B 两组"有+X"结构中 X 分别具有动词、形容词的原型功能。与原型动词、形容词概念所不同的是:名动词可以充任准谓宾动词的宾语,可以直接受名词的修饰;名形词既可以受程度副词"很"的修饰,也能够充任"有"的宾语,且该情形下,词语的词汇意义不具备较大差异。

沿着该思路,我们将"有+X"结构(或我们的研究对象"有+NP"结构)抽象为"V+O"式述宾结构,其中动词 V 为已知的固定动词"有",X 为待定参数。述宾结构"有+X"是开放的句法槽,不是所有的 X 都可自由进入。但是,一旦 X 进入"有+X"的句法结构中,X 的原有句法(或词法)功能发生改变。比如,"影响"一类的动词、"危险"一类的形容词在进入"有+X"结构后,原有动词、形容词功能被"压制",被重新分析为名动词和名形词,具有名词性属性,原有"有+X"结构可被重新分析为"有+NP"结构。②

---

① 原例详见朱德熙《语法讲义》,商务印书馆 1982/2010 年版,第 60、76 页。
② 动词、形容词被分析为名动词、名形词的过程,可以看作"构式压制"的隐性操作过程。从这一过程的分析,也能从一个侧面证明"有+NP"的构式化进程,即构式与构件的互动。

名词、动词、形容词都能够有条件地进入"有+NP"结构。名词进入"有+NP"结构具有原型性，而动词、形容词则为"次生结构"，不具有原型特征。动词、形容词进入"有+NP"结构后，原有动词、形容词属性特征被"压制"，表现出与名词相同或相似的用法功能。这样的过程，可简称为动词、形容词的"名词化"。

　　名动词、名形词概念的提出与使用对分析"有+NP"结构宾语具有一定的指导意义。但是，不容忽视的一个问题是，名动词、名形词概念的提出使得汉语词类划分更加难以操作。孤立地看名动词、名形词，二者可视作普通的动词和形容词，只是这两类词在原有功能下尚存在原型范畴成员所不具备的特殊功能。将名动词、名形词归入名词范畴，却不能回避二者在使用中受名词修饰和被程度副词"很"修饰的情形。另外，名动词、名形词概念的提出只是"临时的语境分析概念"，是使用中的概念，将其作为汉语固有词类不具有可行性和理论上的可推敲性。

　　传统的汉语词类分析中，尚有另一种处理办法，即"兼类词"。也即是把朱德熙（1982）划入名动词部分的词语看作名词与动词的兼类词，把名形词视作名词与形容词的兼类词。将 an、vn 等归入兼类词，避免了对汉语词类范畴的重新划分。an 是形容词与名词的兼类，其自身既能够被程度副词修饰，也同时能够充任动词尤其是准谓宾动词"有"的宾语，并且在两种情况下，词语的词汇意义保持不变，不同的仅是句法功能上存在差异。vn 为动词与名词的兼类，在充当准谓宾动词"有"的宾语的同时，还能够被其他限定成分（如名词性成分、形容词性成分）修饰。与 an 相似，vn 在兼类条件下，原有词汇意义不发生变化，前后不同的是句法功能差异。

　　虽然，兼类词较名动词、名形词具有词类划分上的优越性，但是如果仅针对构式"有+X"的构件属性分析而言则存在一定的复杂性。"有+X"是 VO 式述宾结构，"有"的宾语倾向于名词或名词性成分，可抽象码化为 NP。也就是说，我们在对构式"有+X"进行研究时，只需将其抽象为"有+NP"或"有 NP"结构即能满足语言研究的自洽性。所以，我们可以忽略"有"后接成分的词类原型属性，将其统称为 NP，即名词性成分。

二 "名动包含"下的 NP

"词类,特别是名词和动词的区分(按:应包括形容词),是否具有普遍性"(沈家煊,2016:3),这是一直存有争议的问题。针对名、动、形三者词类属性之间的纠葛、区别与联系,沈家煊(2007)针对汉语词类界定与划分结合汉语自身的特点,通过汉语与印欧语等的对比,结合汉语的句法特点,在其多年语法研究的基础之上,提出反思,对汉语的词类进行重新划分。沈家煊打破了原有的"名动分立"说,建立了忠于汉语事实的"名动包含"说,以此解决汉语词类划分与界定及由此引发的一系列难题。①

汉语名词和动词,在性质、关系上,不同于印欧语:"汉语的'名词'和'动词'是语法范畴也是语用范畴,名词就是'指称语',动词就是'述谓语'。汉语的语用范畴(指称语、述谓语)包含语法范畴(名词、动词)。"(沈家煊,2016:1)

语用范畴、语法范畴,名词、动词之间的关系,汉语与印欧语不同,可图示如下:

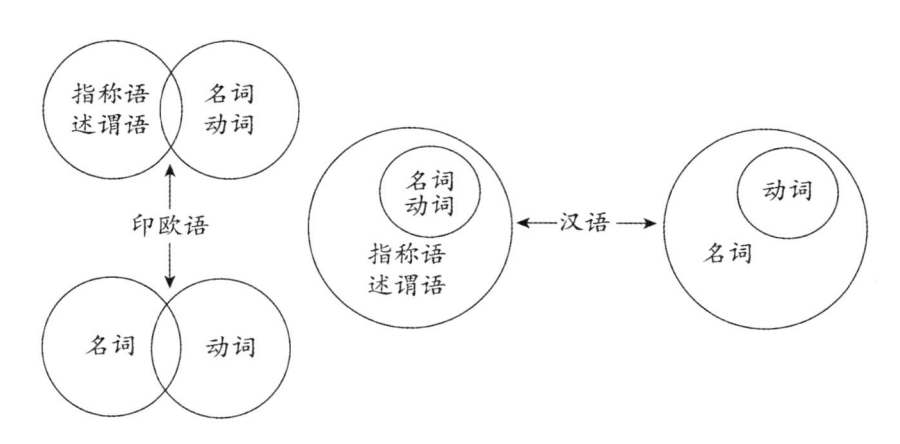

如上图所示,名词、动词在印欧语中是"分立关系",动词是动词,名词是名词,仅存在小部分交叉;而汉语中名词和动词则是"包含关

---

① 虽然"大名词"观尚未被学界整体所接受,尽管其所提"名动包含"理论尚存争议,但是,本部分仅引述其观点,作为辅助性论证,行文不对其理论的可证伪性进行评注。

系","名词包含动词,动词属于名词,也是一种名词(动态名词),但是名词不都是动词"(沈家煊,2016:2)。通常而论,名词具有指称性,动词具有述谓性。在"名动包含"的理论框架下,名词包含动词则意味着指称性成分(指称语)包含述谓性成分(述谓语),换句话说,述谓语也是指称语,指称语不都是述谓语。所以,"名动包含"的实质是"指述包含"(沈家煊,2016:4)。

借助"名动包含"理论,我们将"有 n""有 an""有 vn""有 v"等四类结构统称为"有+NP"构式。动词、形容词等本身具备的述谓性及潜在指称性,所以,动词、形容词可以与名词一样,可以有选择地进入"有+NP"构式。我们意在强调,并不是所有的动词、形容词都可以自由进入"有+NP"构式。动词、形容词进入"有+NP"构式,其自身原有述谓性被压制,其潜在指称性被凸显,所以,动词、形容词可以进入"有+NP"结构做宾语。在"名动包含"理论框架下,取消动词、名动词、名形词与名词的分立,取消名词与动词、形容词等的兼类,使得本有的研究分析过程更加简洁。这样的归结符合科学研究的简洁性原则。

三 "有"的属性

"有+NP"构件"有"的属性解读多与其所处句法环境有着一定的关联,但是对"有"的属性理解最为关键的仍是 NP 的性质与功能。"有"与 NP 的双重概念语义整合才能够让"有+NP"存有多重构式解读的可能。"有"作为汉语常用动词,通行的语法著述中将其概括为"存在动词""存现动词""领有动词""领属动词"等。[①] 通过对已有文献的梳理,我们发现"有+NP"结构中"有"的属性仍是一个难以明确切分的动词。

---

① 通行现代汉语教材的观点:A. 存现动词:张斌(2008),齐沪扬(2007/2015),邵敬敏(2007/2015),张谊生(2013),崔应贤、刘钦荣(2014),杨文全(2010/2015),王世凯(2016);B. 存在动词:黄伯荣、廖序东(2011/2014),黄伯荣、李炜(2016),陆俭明(2012/2014);C. 有无动词:邢福义、汪国胜(2011);D. 联系动词:周一民(2010/2015)。另外,赵元任(1979/2005,《汉语口语语法》):"有"的主要用途有二:(1)表领有(广义),(2)表存在;吕叔湘(1999/2009,《现代汉语八百词》):"有",表示领有、具有;表示存在;表示性质、数量达到某种程度;刘月华等(2001/2014,《实用现代汉语语法》):"有",非动作动词,基本意思是"领有""存在"。

于根元（1991）指出，"有个性、有情绪"类"有+名"结构在汉语中有时并不只表具有关系，还能够表示程度，"有"是揭示性质的一种形式。施春宏（2001）认为，"有个性、有情绪"类"有+名"结构中"有"揭示的是描述性语义特征，而不是揭示表示存在、领有之类的关涉性语义特征。"有"具有使某些中性名词发生语义性质的偏转。① 这里的语义偏转，温锁林、刘元虹（2014）则称为"语义偏移"。温锁林、刘元虹（2014）认为语义偏移存在正向偏移和负向偏移。"有+NP"发生正向偏移时，"有"是表示"领有、具有"义的动词；"有+NP"发生负向偏移，"有"是表示"出现、存在"的动词。② 徐阳春（2015）指出，从句法上看，"有+NP+VP"可看作一种"有"字前面隐含了时、地主语的广义存在句。"有+NP+VP"中NP是"有"的宾语，NP在结构中可别度低，"有"表示"存在"之意，先说"有这样一个NP"，再说"NP+VP"的动作，符合认知规律。

张豫峰（1999）从语义分析入手，对"程度副词+有+名词"和"程度副词+有+动词"进行分析："程度副词+有+名词"结构常常表示对"有"后名词所表现的名物的某种评价。结构中的"有"表领有关系，"有"后名词就往往带有评价色彩；"程度副词+有+动词"常常表示对动词所牵涉对象的发展程度的评价，"有"是表示产生或发展意义的动词。姚占龙（2004）认为，"有"在"有+名"结构中是存在动词。认知释解的过程中，"有"首先表示对事物存在的确认，然后才可以对表示事物具体的"量"的确认。李先银（2012）立足于"容器隐喻"概念，认为"有+名"结构中，"有"既可以表达存在关系，也可以表达容纳关系，存在和容纳是两端分明、中间模糊的两种状态，典型的存在是二维的，存在地存在某物；而典型的容纳是三维的，封闭空间容纳某物。当"有"后接离散名词时，"有"的存在义被凸显；当"有"后接连续

---

① 施春宏（2001）认为，"有个性、有情绪"类"有+名"结构中的名词多为抽象名词，如：本事、才华、道德、福气、感情、规律、规则、基础……这些抽象名词中相当一部分很容易与形容词形成兼类。此即我们统计的"有 an（名形词）"。

② 姚占龙（2004：32）认为，"有+名"结构的语义能够向积极（正）或消极（负）两个方向偏移，这（按：语义偏移）与抽象名词的内部小类有关。不管朝哪个方向偏移，"有+名"结构都有相同的语义表达功能——"增量"，只是维度不同而已。

名词时,"有"的容纳义被凸显。

吴为善(2013)从认知机制分析入手,认为,"有+$N_{双}$"结构中,"有"表"拥有"还是"存在",取决于宾语名词的语义倾向,名词的积极义激活"拥有",名词的消极义激活"存在"。在熟语化与词汇化的进程中,在语义整合的作用下,"'有+$N_{双}$'整体功能的转化导致了'有'字意义变得淡化、空灵了,有可能成为名词转化为形容词的形式标记"(吴为善,2013:366)。刘志富(2016)借助语义特征分析法对"有+N"中"有"的语义特征进行描述,即"｛有｝=【领有、某物或属性、达到的量】+【增模糊量】"。当 N 为抽象名词时,"有+N"可以直接表示领有的"N"量大。由此可见,刘志富(2016)仍坚持"有"在底层是领有动词。但是,在使用中,伴随句子或言语交际主观性表达的需要,"有"可能演变成一个表示主观增量的量标记。温锁林(2010)指出,名词的性状义必须出现在"有/没(有)"之后才能显现,否则,只表示抽象的概念;"有/没(有)"是名词性状义的语义算子(semantic operator)。

词汇层面,王志恺(2007)通过对"有 X"结构词汇化的考察指出,理论上,"有"与 X 的搭配潜能和构词潜能是无限的。"有 X"字组一般都具有[领有]、[具有]、[存在]、[发生]或[出现]的语义特征。薛宏武(2012)在对汉语中"N+有 M"结构进行分析时认为,"N+有 M"结构中"有"在历时演变中已经由动词被重新理解与重新分析为词缀。"表性状义的'有'字短语在表意和句法上都与形容词类似,'有'与其后的抽象名词逐渐地完成了词化的过程,最终演变为形容词,'有'也成了形容词的前缀。"(温锁林,2010:49)

此外,袁金平(2010)认为,古代汉语中名词性短语"有 X"中动词"有"具有代词性或指示性的形容词用法。

四 "有"与 NP 的互动关系

构式"有+NP"的形成并不是"有"与名词性成分 NP 的简单叠加。"有"、NP 各自的性质与功能在句法、语义层面形成互动联系,在二者的相互作用下,"有+NP"才会具有独特的构式意义。

"有+NP"结构是"有"与具体物质名词、事件动词搭配的开放性组合。"名词本身表积极义还是表消极义，会对句法构式（按：有+NP构式）产生影响。"（吴为善，2013：376）姚占龙（2004）认为，在"有+名"结构中，"NP"的空间性越强，与"有"字的结合越松散，空间性越弱与"有"字的结合越紧密。张新华（2011）从一个抽象性的层面认为，进入"有"字句的名词要具有离散性。李先银（2012）从"容器隐喻"的角度对"有"与NP的互动做了分析，认为"有"后名词可以是离散名词，也可以是连续名词，两种情况下，"有"的语义凸显不同。温锁林、刘元虹（2014）在论述"有+NP"构式语义偏移的过程中指出，能够进入"有+NP"句法槽的中性名词基本上都是抽象名词，意思大多表示人或事物的特点或属性。王灿龙（2016）认为能够发生语义偏移的"有N"中的N，都是表示非实体概念的（双音节）名词。

贺阳（1994）指出，能进入"程度副词+有+名"结构的名词都是抽象名词。李宇明（1995）强调，"很+有+W"结构中的W，绝大多数都是抽象性的名词性词语；少数较为具体的词语，也一般都是引申用法。张豫峰（1999）的分析指出，现代汉语中具体名词只有在抽象化的条件下，或该词本身也有抽象义项的条件下，具有了评价色彩，才可进入"程度副词+有+名词"结构。唐善生（2000）强调，进入"程度副词+有+名词"结构的名词大都是具有心理感受义的抽象名词。温锁林（2010）持有类似观点，认为能构成表性状义的"有"字短语中的名词都是抽象名词。温锁林（2010）根据"有+NP"能否受程度副词修饰进一步将"有"后抽象名词分为强性状义名词和弱性状义名词。"强性状义名词使用认知标记时带有更强的主观性，而弱性状义名词所持的标准则带有更多的客观性，强性状义名词抽象程度较（弱性状义名词）高。"（温锁林，2010：47）荣晶、丁崇明（2014）指出，能构成"程度副词+有+N"结构的名词是"程度义属性名词"（按：抽象名词），不能被程度副词修饰的"有+N"中的名词都是可计数的名词（按：非抽象名词）。

"有+NP"及"程度副词+有NP"的构件成分NP的性质归属主要聚焦在：NP抽象性与实体性，NP的空间连续性与离散性，NP的语义语用色彩等。不同属性的NP与"有"可以组构不同属性的"有+NP"结构。在连续统的概念视域下，NP的概念空间属性不是截然分立的，NP

的有界性、指称性、述谓性等应呈现为一个连续统。虽然,"大名词"观认定汉语"名动包含",但是,不可忽视的是,名词、动词、形容词三者之间存在内在演变性。

范畴的切分与界定原本就存在模糊性,只有典型成员方具有范畴的原型属性。但是,在一定条件下,即使是传统所认为的经典动词、形容词等也可进入"有 + NP"结构。我们认为,在"名动包含"的"大名词"观下,名词、动词、形容词三者之间存有指称性由高到低、述谓性从弱到强的连续统。同时,在名词、动词内部也同样存有指称性、述谓性或名词性、动词性强弱的差异(可参看后文"有 + NP"构式化连续统图示)。

"有 + NP"结构中的"有"具有其特殊性:"一方面,它是表示'拥有'和'存在'的动词,另一方面,它还是一个肯定标记。当我们说某人拥有某物,或某地存在某物的时候,我们不仅仅是做出一个判断,同时我们也是进行一种肯定(判断)。"(王灿龙,2016:56)"有"表领属,还是存在,都以"有"是动词为讨论基础。

领属与存在的划分,既涉及"有"字句所在的句法主语的属性界定,又关涉"有"的后接宾语成分。"一个句子可以同时激活存在图式和拥有图式。一个参与角色可以身兼二职,既是拥有图式中的属者,又是存在图式中的存在物。当领者退隐时,存在义得到凸显;当存在处所退隐时,拥有义得到凸显。"[①] 通过以上各家的讨论可以看出,"NP"的性质、"有 + NP"的整体功能与"有"的属性切分之间存在互动关联。张新华(2011)认为,表领属是"有"的基本功能,"有"的存在功能是由主语所表事物范畴演变为处所范畴而形成。其间存在的一个问题是,"有"的原型功能为何?即使是表存在,存在的样态同样存在下位范畴,如"空间、时间"的存在,"领有、具有"的存在。如果,在存在范畴内部,能够切分出领有或具有的话,那么,我们可以选择"存在"作为原型讨论范畴。但是,如果把"领有"作为原型上位范畴,同样可以进行"空间领有"与"时间领有"的下位分类。所以,我们认为,存在和领有之间

[①] 张秀松:《从世界语言拥有结构的语法化看汉语相关现象》,《中国语文》2011年第1期,第27页。

存在相互包含关系，二者间存在梯次过渡。也就是说，在存在与领属（领有）之间可以构建连续统，进而将"存在的有"与"领属的有"进行归并。

NP 的指称性与陈述性（述谓性）呈现为渐变的连续统，名词、动词、形容词根据其自身的抽象化程度分布在不同的阶段（位置）；"有"表存在与领有（领属）之间也构成一个渐变的连续统，不同阶段的"有"对其宾语 NP 有着不同的特殊要求。换言之，"有"的连续统与 NP 的连续统之间存在互动关联，而这种互动关系即为"有 + NP"构式化实现的关键。

第二节 "有 + NP$_{双}$"的演变及存在形态

"有 + NP"结构是否已经发生了构式化，其构式义的生成与"有"、NP 之间的互动关系又是怎样的，构式"有 NP"的整体句法、语义、语用功能又有怎样的表现？哪些"有 + NP"结构能够被副词或程度副词修饰构成"副词 + 有 NP"结构？这些将是本节所要关注的重点。

一 "有 + NP"构式化连续统

"有 + 名词"的基本意义是确认事物的存在，同时，"有 + 名"结构都有相同的语义表达功能——"增量"（姚占龙，2004：30—32）。闫新艳（2006）将"有 + N"视作一种表评价义的特殊结构，既是短语，同时又具备性质形容词的特性。刘春卉（2007）针对"有"与属性名词的组合进行分析，认为"有 + N$_{属性}$"不是表示一般的领有关系，而是表示"N$_{属性}$ + A"，即表示具有该属性的某种特征，这类结构是形容词性的，它们可以受程度副词"很""最"等修饰（刘春卉，2007：59）。李宇明（1995）从结构组合的固化程度对"很 + 有 + W"及其相关结构进行对比分析，指出"很 + 有 + W"结构中"有 + W"的整体功能相当于一个形容词（李宇明，1995：80）。

从李宇明（1995）、姚占龙（2004）、闫新艳（2006）三文的研究结论来看，"有 + NP"结构表现出的评价性语义特征，符合汉语形容词的特点，"有 + NP"具备形容词化的基础，所以"有 + NP"结构能够受副词尤其是程度副词的修饰，形成"F + 有 NP"结构。① 这也验证了贺阳（1994a）的论证。

"'程度副词 + 有 + 名'结构表示的是对该结构中名词所指对象（S）的一种评价。"（贺阳，1994a：23）李先银（2012）通过对名词的抽象性再分类（即，主生抽象名词和寄生抽象名词）对"有 + NP"的功能进行了重新解读。寄生抽象名词与其寄生的主体形成隐喻容器关系，容器隐喻关系的形成是"有 + 抽象名词"获得"大量义"的主要认知动因。隐性的"大量义"使"有 + 抽象名词"具有区别性，很容易属性化并且形容词化，从而再受程度副词的修饰（李先银，2012：78）。

"有 + NP"结构评介义的获得与解读是一个主观化的过程。温锁林、刘元虹（2014）借助言语交际的"含蓄性原则"对"有 + NP"结构进行解读，认为说话者选择"有 + NP"来表达其褒贬态度，"有 + NP"是一种弱主观性表达格式（温锁林、刘元虹，2014：10）。刘志富（2016）所持观点与温、刘一文相似。刘文认为，当"N"为抽象名词时"有 + N"可以直接表示领有的"N"量大（刘志富，2016：91）。"有 + N"结构中，"有"在表述功能上具有主观增量的作用，"有"的主观增量的作用是"有 + N"是表现出褒贬评价意义的主要原因（刘志富，2016：93）。

以上论述认为，NP 的抽象性程度，"有"的性质与主观性表达强弱，以及"有 + N"的整体固化程度等都决定了"有 + NP"能否受副词的修饰，进而构成"F + 有 NP"结构。即使是形成了"F + 有 NP"结构，其内部仍是存在性质差异的。张豫峰（1999）将"F + 有 + NP"结构分为"程度副词 + 有 + 名词"和"程度副词 + 有 + 动词"，且二者的性质、功能不同："程度副词 + 有 + 名词"结构中，"有"表领有关系（按：领有动词），结构整体表示对"有"后名词所表现的名物的某种评价；"程度副词 + 有 + 动词"中，"有"是表示产生或发展意义的动词（按：存现动词），而"程度副词 + 有 + 动词"结构整体表示对动词所牵涉对象的发展程度的评价。无论是"有 + 名词"，还是"有 + 动词"，在"F + 有 NP"的大结构下，"有 + NP"结构都具有评价性语义特征，都能够受副词，特别是程度副词修饰。

---

① 我们用"F"代表副词或程度副词。

"有 + NP"可以与不同的结构成分进行组配，构成更大的句法语义组合。在不同的句法语义组合中，"有 + NP"的功能、性质不同。当"有 + NP"与动词性成分组配构成"有 NP + VP"结构时，"有 + NP"的功能、性质较之"F + 有 NP"中的"有 + NP"不同。正如吴为善（2013）所指出的那样，构式"有 + N$_双$ + VP"表示具有某种能力处理某事，（"有 + N$_双$"）整体功能类似于助动词（吴为善，2013：364）。

所以，对"有 + NP"构式化、构式义的解读应充分结合"有"的性质与功能、NP 的属性与构成情形及其分类等复杂情形的考察，而不是像有的研究所认为的"决定'有'字短语具有性状义的关键因素是其中的抽象名词，而不是'有/没（有）'，'有/没（有）'只起了激活性状义的作用"（温锁林，2010：46）。

此外，"有 + NP"结构的再生成结构（即"有 + NP"结构参与构成更大句法语义结构）的句法语义属性等也同样会对"有 + NP"的构式解读产生影响。"有"、NP、"有 + NP"及其他相关结构形成一个互动的语法交际场，对"有 + NP"的解读应持有动态发展的观点。

"有 + NP"结构已不再单纯地表示事物的存在抑或对事物的领有，"有 + NP"已从一般的 VO 式述宾结构逐渐固化或抽象化为一个具有特殊语义语用功能的能产构式。在构件"有"、NP 存在形态影响下，"有 + NP"在汉语中也以连续统的形式呈现。

"有 + NP"结构作为构式整体正逐渐被言语受众所接受。根据构件性质的不同，构式"有 + NP"内部演变等级不同。典型的"有 + NP"结构已经发生词汇化、熟语化。比如，大部分的"有 + N$_单$"的词汇化、部分"有 + N$_双$"的熟语化。我们所关注的"有 + NP"中的多数尚未固化或正在固化，但"有 + NP"作为能产构式已开始被普遍使用。

从"有"与动词、名动词、名形词的组配到"有"与名词的组配可视为一个连续统；在名词、名形词、名动词和动词内部，"有 + NP"的组配也呈现为一个连续统。"有 + NP"与程度副词的组配与"有 + NP"结构的语义整合程度相关，"有 + NP"结构的语义整合度与其构式化程度的高低相关，而"有 + NP"构式程度的高低与 NP 的语义抽象程度相关。名词、动词、形容词三者根据语义抽象性构成一个连续统。据此，我们构拟了"有 + NP"构式化连续统：

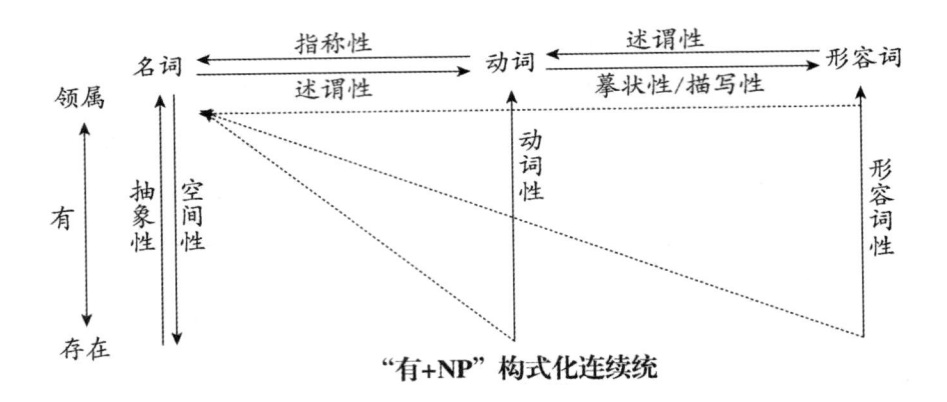

```
领属 ←——— 指称性 ———→        ←——— 述谓性 ———→
         名词 ←——— 述谓性 ———→ 动词 ←—— 摹状性/描写性 ——→ 形容词
  ↑       ↑           ↑              ↑
  │    抽 空           动              形
  有   象 间           词              容
  │    性 性           性              词
  ↓       ↓                           性
 存在
              "有+NP" 构式化连续统
```

NP 的语义越抽象，"有 + NP"的构式化程度越高，"有 + NP"的构式化程度越高其受程度副词修饰的可能性就越大。① 伴随 NP 的语义抽象化与泛化，"有"的性质也伴随互动，"有 + NP"内部语义整合度同步递增。比如，"有房子""有财产""有才华"中，"有房子""有才华"分属于"有 + NP"构式连续统的两端："房子"的空间立体性较强，是普通的物性名词，"有房子"是典型的述宾结构；"才华"是抽象名词，抽象化程度较高，"有才华"已不仅仅表示"才华"的存在与领有，同时具有"才华横溢""才华出众"之义，已是"有 + NP"构式的典型代表。"有财产"则处在"有房子"与"有才华"所形成的构式化连续统中间。

王灿龙（2016）根据"有 + NP"结构（按：原文为"有 + N"结构）整体在使用中是否发生语义整合（按：原文为"语义偏移"，"有才华"传递出的"才华横溢""才华出众"之义即能理解为"语义偏移"，"有才华"构式整体语义整合），将"有 + NP"分为两类：固化结构和动宾结构，即"发生（语义）偏移的是固化结构，未发生（语义）偏移的是一般的动宾结构"（王灿龙，2016：54）。借助王灿龙（2016）的论证，我们认为，王文的动宾结构、固化结构都处在"有 + NP"构式化连续统的序列之上。发生语义整合的固化结构（如"有才华"）的构式化程度高于一般的动宾结构（如"有房子"）。

但是，现实条件下，不是所有的抽象性 NP 都能够与"有"自由组合

---

① 此论述与温锁林（2010）的观点不谋而合。温锁林（2010）根据"有 + NP"能否被程度副词修饰将 NP 分为强性状义名词和弱性状义名词，且前者的抽象化程度要高于后者。

构成"有+NP"构式的。不能与"有"自由组合的 NP 可以借助添加词缀、语缀、附缀的方法，最终实现与"有"的组配。

二 NP 的抽象化与"有+NP"的构式化

能够后附于 NP 的附加成分使得 NP 获得抽象性与指称性，进而与"有"组配形成"有+NP"构式的成分主要有"力、化、性、权、感、心、味"等抽象名词性成分。我们不拟区分词缀、类词缀、语缀及词内成分等概念，统称为附缀（clitic），码化为 C；对应的形成结构可码化为"有+X–C"。① 例如：

A. 有+X–力

有能力　　有实力　　有活力　　有压力　　有魅力　　有潜力
有动力　　有精力　　有势力　　有魔力　　有吸引力　有说服力
有生命力　有影响力　有战斗力　有竞争力　有约束力　有感染力

B. 有+X–性

有个性　　有弹性　　有人性　　有理性　　有灵性　　有共性
有耐性　　有磁性　　有毒性　　有血性　　有针对性　有代表性
有创造性　有可比性　有普遍性　有决定性　有实质性　有挑战性

C. 有+X–感

有质感　　有美感　　有灵感　　有动感　　有快感　　有预感
有痛感　　有伤感　　有反感　　有敏感　　有安全感　有成就感
有责任感　有正义感　有紧迫感　有立体感　有幽默感　有危机感

D. 有+X–心

有爱心　　有良心　　有野心　　有决心　　有私心　　有恒心
有异心　　有闲心　　有二心　　有动心　　有责任心　有同情心
有上进心　有事业心　有自信心　有好奇心　有进取心　有公德心

E. 有+X–权

有产权　　有股权　　有特权　　有实权　　有主权　　有债权

---

① 在"有+X–C"结构中，X 有单双音节之分，当 X 为单音节成分时，C 既可以是词根语素，也可以是词缀；当 X 为双音节成分时，C 倾向为附着成分。"有+X–C"结构中 X 可视为"大名词"视域下的指称性成分。

有人权　　有版权　　有兵权　　有政权　　有主动权　有发言权
有所有权　有选举权　有自主权　有立法权　有使用权　有表决权

F. 有 + X – 化

有钙化　　有氧化　　有分化　　有量化　　有教化　　有异化
有转化　　有物化　　有极化　　有优化　　有个性化　有规范化
有人性化　有理想化　有人格化　有系统化　有形式化　有扩大化

A – F 代表 "有 + X – C" 的六种类型。当 X 为单音节成分时，X – C 已经词汇化，进入汉语词汇库藏；但是当 X 为双音节成分时，X – C 为尚处在演变中的语言单位。对比发现，不是所有的 NP 都能够后附 C，也不是所有的 "有 + X – C" 在删除 C 后仍能形成 "有 + NP" 结构。① 为此，我们对表 8 – 1 所列四种 "有 + NP" 结构与 C 的组合进行"代入验证"。结果见表 8 – 2。

表 8 – 2　　　　　　　"有 + NP" 与 C 的组配情况考察

		+力	+性	+感	+心	+权	+化
有 n	有机会	-	-	-	-	-	-
	有办法	-	-	-	-	-	-
	有意义	-	+	+	-	-	-
有 an	有困难	-	+	—	-	-	+
	有必要	-	+	-	-	-	-
	有危险	-	+	+	-	-	-
有 vn	有影响	+	+	-	-	-	-
	有发展	-	-	-	-	+	-
	有创新	+	-	-	-	+	+
有 v	有发现	+	-	-	-	+	-
	有研究	-	-	-	+	+	-
	有区别	+	-	-	-	-	+

---

① 此处 A – F 所代表的六类 "有 + X – C" 仅做例示，具体收录情况详参附录。

如表 8-2 所示,"有 + NP"结构范畴内,并不是所有的 NP 都可以后接 C 构成"有 + X - C"结构。

同时,我们对 A - F 代表的六类"有 + X - C"结构进行删除测试,即删除 A - F 组中的 C,以验证删除后的"有 + NP"是否成立。例如:

A. + -力	B. + -性	C. + -感	D. + -心	E. + -权	F. + -化
有吸引	有针对	有安全	有责任	?有主动	有个性
?有说服	?有代表	有成就	有同情	有发言	有规范
有生命	有创造	有责任	有上进	?有所有	有人性
有影响	?有可比	有正义	有事业	有选举	有理想
有战斗	?有普遍	?有紧迫	有自信	?有自主	有人格
有竞争	有决定	?有立体	有好奇	有立法	有系统
有约束	?有实质	?有幽默	?有进取	?有使用	有形式
有感染	有挑战	有危机	有公德	有表决	有扩大

由此可见,当 X 为双音节成分时,并非所有的"有 + X - C"都能接受删除 C 处理。部分"有 + X - C"虽然能够接受 C 删除,但是,删除 C 后所形成的"有 + NP"与原有"有 + X - C"结构在语义功能上存有差异。例如:

(1) a. 盐商在扬州资助开办的学校不少,且有不同类型,惟以安定、梅花、乐仪三书院<u>最有成就</u>[* 最有成就感]。(冯尔康《生活在清朝的人们》)

b. 向小强<u>很有成就感</u>[很有成就]地讲完了他是如何利用机智,将计就计,临时做出决定,利用"女皇座机被击落"这件事大放烟幕,把粘杆处的注意力都吸引过去的。(我是猫《大明1937》)

(2) a. 可是到了此时,哪里还有回旋的余地?是她将三人带到厚土界,自然<u>有责任</u>[* 有责任心]、<u>有义务</u>保住他们三人的性命,可是该如何做呢?(千朝一醉《九界》)

b. 对各厅厅长,他要求的条件是:干自己主管之事有专门研究和实际经验;<u>有责任心</u>、<u>有创造力</u>[* 有责任、有创造];对于省主

席有相当信仰，能够接受他的指挥。（范小方《国民党兄弟教父：陈果夫与陈立》）

（3）a. 你个人死球了事小，但是对凹凸山地区的抗日局势有影响［*有影响力］。（徐贵祥《历史的天空》）

b. 贡献（Contribution）：通过一些行动，感觉自己有影响力［*有影响］并且促成了一些事情的改变。（孙实明《成功之路——克服羞怯》）

上述三组例句中，"有责任/有责任心""有影响/有影响力""有成就/有成就感"在语义表达上存在差异不能无条件做删除或添加测试。根据言语交际的信息焦点传递原则，NP 为"有 + NP"构式所传递的焦点信息。NP 后接 C 构成偏正结构，变换前后，C 成为焦点信息的核心。所以，b 例与 a 例在上述三组例句中的焦点信息传递存在差异。即使像例（2）b 那样可以删除，但是会改变原有句子所要传递的信息。

后接 C 已成为汉语中部分 NP 进入"有 + NP"结构的重要手段。添加后，X、C 二者在概念上发生语义整合，或者说在 C 的原有词义感染下，X – C 整体获得抽象性属性意义。X – C 抽象属性意义的获得为"有 + X – C"构式抽象化的解读提供进一步的认知依据。"有 + X – C"与"有 + NP"相似一样可以被程度副词修饰。

NP 后附"力、性、感、心、权、化"等附缀是 NP – C 语义抽象化的重要手段，是"有 + NP – C"构式整合的重要操作与解读手段。

三 "有 + NP"的形容词化

"有 NP"作为构式整体一般情况下多能够被程度副词或副词修饰，构成"程度副词 + 有 NP"结构，即"F + 有 NP"。

为验证究竟哪些 NP 能够进入"F + 有 NP"结构，我们对表 8 – 1 中的高频词进行"代入验证"。验证过程中，我们将 F 设置为程度副词，并具体为"很"和"非常"，即"很 + 有 NP"和"非常 + 有 NP"。经"代入验证"发现，并非所有的 NP 都能够进入"F + 有 NP"结构，即使"有 + NP"为高频组合短语。当然，也并不是所有的组合都能够被程度副词所修饰，一般能受程度副词修饰的可同时被"很"和"非常"修饰，有些组合只能被"很"或单独被"非常"修饰。详见表8-3。

表8-3　　　　"很/非常"与"有+NP"组配统计①

	有 n	有 an	有 vn	有 v
1	++有机会	++有困难	++有影响	++有希望
2	++有办法	++有必要	++有发展	++有需要
	有 n	有 an	有 vn	有 v
3	++有意义	++有危险	++有创新	++有影响
4	++有问题	++有矛盾	++有研究	++有准备
5	++有条件	++有烦恼	++有保障	++有帮助
6	++有兴趣	++有麻烦	+-有变化	+-有发现
7	++有理由	++有礼貌	+-有进步	+-有改变
8	++有能力	++有冲动	-+有竞争	—想到
9	++有关系	++有热情	—有工作	—有得到
10	++有好处	+-有温暖	—有控股	—有看到
11	++有道理	+-有不满	—有生产	—有出现
12	++有本事	+-有民主	—有教育	—有发生
13	++有特色	—有卫生	—有活动	—有选择
14	++有责任	—有痛苦	—有保护	—有组织
15	++有文化	—有努力	—有投资	—有报道
16	++有勇气	—有腐败	—有管理	—有回答
17	++有针对性	—有幸福	—有生活	—有注意
18	+-有时间	—有健康	—有相关	—有达到
19	—有企业	—有恐惧	—有反应	—有看见
20	—有资产	—有安全	—有革命	—有形成

从"很""非常"与"有+NP"的组配情况来看,"有+NP"内部的动态分布以连续统的形式呈现。此外,能够进入"F+有NP"结构的NP抽象化程度较高。以往研究中认为只有抽象名词能够进入"程度副词+有+名"结构(贺阳,1994a;李宇明,1995;姚占龙,2004;刘春

---

① "+"表示可以组配,"—"表示不能组配或组配的可能性低。

卉，2007等）；观察较为细致，但是总结不够严谨。我们认为，在一定的条件下，所有名词都能够进入"F+有NP"结构；所不同的是，不同的NP所组构的"有+NP"构式化程度不同，其与程度副词的组配化程度存在频率差。

"有NP"可以被程度副词修饰是否就能够说明"有NP"就具有了形容词性功能或者进一步地发生了形容词化？"有NP"能够被程度副词修饰的内在机制又是什么？"F+有NP"的内部结构层次又是如何划分的？这些问题在"有+NP"构式化进程中是不容忽视的。

对形容词的界定，我们选取朱德熙（1982）的经典定义：

凡受"很"修饰而不能带宾语的谓词是形容词。

也就是说，确定形容词必须兼备两项标准：受"很"修饰和不能带宾语。"有NP"结构能够受以"很"为代表的程度副词修饰，同时不能带宾语，据朱德熙（1982）的观点，我们将"有NP"界定为具有形容词属性的句法结构。伴随使用频次的提升，"有NP"在使用中结构凝固化、语义整合化，最终部分"有NP"陆续熟语化，最终词汇化。① 部分"有+$N_{单}$""有+$N_{双}$"甚至"有+$N_{三}$"已经被《现代汉语词典》等现代语文辞书收录。② 此处对"有+NP"形容词属性的判断不能严格依照朱德熙（1982）的定义，因为，原定义对形容词的限定仅局限于谓词，但是"有+NP"是谓词性结构。故此，我们将"有NP"界定为正走向形容词化的形容词性谓词结构。

根据"家族相似性"理论，"有+$N_{多}$"的形容词性判断可以从同类"有$N_{单}$"的形容词化进行类推。现代汉语中"有劲、有礼、有力、有利、有名、有谱儿、有趣、有幸、有序、有益"等"有+单音节NP"已经形容词化，并被《现代汉语词典》作为形容词所收录。从"有+单音节NP"的形容词化类推"有+双音节NP""有+多音节NP"等具备形容词功能具有合理性与可操作性。另外，修饰"有劲、有礼、有力、有利、

---

① 吴为善（2013：367）指出，熟语化的极端形式就是"词汇化"。
② 具体辞书收录情况详见附录。

有名、有谱ᵢ、有趣、有幸、有序、有益"等形容词的"很"与修饰"有+双音节 NP""有+多音节 NP"等的"很"具有同一性，即程度副词"很"。

"程度副词+有 NP"的内部结构层次为"程度副词+［有+NP］"，而不是"［程度副词+有］+NP"，也就是说，程度副词是修饰整个"有+NP"结构，而不是修饰"有"的。例如：

有影响	有希望	有意义
很有影响	非常有希望	十分有意义
很+［有影响］	非常+［有希望］	十分+［有意义］
*［很+有］+影响	*［非常+有］+希望	*［十分+有］+意义

"有+NP"构式整体呈现为形容词性结构，具备形容词性属性与功能，使用中能够被程度副词修饰与限定。作为形容词性结构，"有+NP"尚具有形容词及其他相关的句法功能与句法变换。

第三节　"有 NP_双"构式义认知解读

"有 NP"能够受程度副词修饰自有其内在机制，此即"有 NP"结构的构式义。受东方"有之于无"（按：也为"存在于无"，"存在"相对于其对立"无"而论述，"存在"即为"有"）传统哲学观影响，"有"与"无（没［有］）"辩证对立。也就是说，"有+NP"与"无（没［有］）+NP"辩证对立。将事物（事件）的存在或发生抽象为数值对立，那么，从逻辑上讲，任何大于 0 的量都可以看成"有"（石毓智，2000：177）。也可认为，存在的或已发生的在数值上即为大于 0 的；不存在或未发生的在数值上则是为 0：

A	B
有+NP	无/没（有）+NP
有 >0	无/没（有）=0
NP 所指存在 >0	NP 所指不存在 =0

汉语交际中，类似"有钱、有能力、有才华"的 NP 的数值量显然是以"零"基数开始判断的。但是，不容忽视的是"有 + NP"同时又可以被程度副词修饰，也即 NP 具有程度量级义。如"有意义、有影响、有情绪、有思想"等的程度量级在汉语语感判定上均具有高程度、高量级义。可以认为，由抽象名词参与组构的"有 + NP"的高程度、高量级的判断则是以"社会平均值作为一个基数对有关的量进行评估"（石毓智，2000：173）。"从认知的角度来看，凡是高于社会平均值的量认知凸显性就高。"（石毓智，2000：173）其相应的语言使用形式就具有较高的使用频次。此即句法的临摹性（iconicity）。① "有 + NP"程度量级意义的判定以社会的普遍认知平均值为参照，符合人们的认知机制，具有较高的认知凸显性。这也是语言句法与认知象似性的体现。

当 NP 为一般名词时，其有界性、空间性较强，可别度属性较高，"有 + NP"受程度副词修饰的概率小。比如"有房子、有车"等即为难以受程度副词修饰的"有 + NP"结构。当 NP 的空间性弱化、可别度较低，抽象化程度较高时，"有 + NP"结构则能够被程度副词修饰，并且伴随 NP 不同程度的抽象化，"有 + NP"结构与程度副词的组配呈现级差分布，如"有能力、有才华"等。当然，当可别度较高的 NP 语义抽象化或语义引申后，"有 + NP"的构式化程度也随之深化，如"有钱"可以被程度副词修饰构成"很有钱、非常有钱"。

谭景春（1998）借助"像 + 名 + 那样 + 形"格式，对名词的性质义（或属性义）强弱进行测试，所得序列如下：

抽象名词 > 指人名词 > 指物名词 > 专有名词

越靠近序列左侧的 NP 其性质属性义就越强，反之则越弱。我们对名词的性质属性义进行抽象化处理，即此序列左右两端分别做数值化抽象：越靠左，数值越抽象；越靠右，数值越具体。也就是说，序列右端的 NP 更容易数值化（量化）；序列左端的 NP 更抽象，更容易程度化：

---

① 所谓的句法临摹性就是"语法结构通过一定方式反映'经验结构'（the structure of experience），包括客观世界的结构和人的认知特点。也就是说，语言的结构不是随意的，是有理据可言的"（石毓智，2000：162）。

抽象名词 > 指人名词 > 指物名词 > 专有名词

度量 ←——————————————————→ 数量
　　　　　　　数值化（量化）

　　NP量化等级序列上，越向左，"有+NP"的构式化程度越高，构式整体越可以被程度副词修饰。NP发生度量化，其量化体现无法用确切的数值进行衡量，只能以程度的高低、强弱、深浅等进行划分。程度量的外在标志即为其所在结构可以被程度副词修饰。

　　温锁林（2010）认为，能以社会平均值为计量起点的名词都能够进入"有+NP"结构，都是性状义名词；而不以社会平均值为计量起点，以"零"为计量起点的名词都不能进入"有+NP"结构，都是非性状义名词。即"凡是以社会平均值为计量起点的，有关的短语则具有性状义；凡是以零为计量起点的，有关短语则没有性状义"（温锁林，2010：46）。我们认为，温锁林（2010）的论述有失全面。"有+NP"结构内NP的属性解读构成一个连续统，"有+NP"的构式化也以连续统的形式呈现。名词能否进入"有+NP"结构，不能做截然切分。

　　所以，我们认为，"有"的非零属性、NP的度量化和"有+NP"结构的社会平均值计量判定性三者之间的互动促动"有+NP"的构式语义整合及构式化程度深化。"有+NP"构式深化或语义整合各阶段，NP的抽象化（性状化）程度不同。

　　"有NP"构式义的获得过程也是其构件语义整合的过程。施春宏（2001）、姚占龙（2004）、温锁林等（2014）、王灿龙（2016）将此过程称为"语义偏移"或"语义偏转"，温锁林等（2014）甚至分出"正向偏移"和"负向偏移"。对此，我们提出怀疑。我们倾向于支持姚占龙（2004）的观点。即"有+NP"结构语义不管是正向偏移还是负向偏移，都不改变其共同的语义表达功能——"增量"（姚占龙，2004：32）。

　　"有+NP"构式具有增量（高程度量）语义表达功能。"有+NP"的构式义不能通过对原来的述宾结构进行简单加合而得，"必须对其组成成分的语义进行整合"（王灿龙，2016：54）。例如：

A. 有意思　有见解　有信心
B. 有意见　有情绪　有心机

A、B两组为"有+NP"构式的典型代表，结构形式固化，语义高度整合。同时，A、B两组也被赋予不同的"语义偏移"解读：A组语义正向偏移，B组语义负向偏移。各家之所以持"语义偏移"的观点，其理据或判断依据只是NP与"有"发生构式整合后，"有+NP"的语义整体感情色彩有别于原NP的语义色彩。"有NP"语义色彩为褒义时，则为语义正向偏移；"有NP"语义色彩为贬义时，则为语义负向偏移。

语义正、负向偏移概念的提出与解读仍是建立在"有NP"构式语义的基础之上的，即使建立正、负向偏移概念仍需要对"有NP"的构式义进行解读，所以，我们认为，应持"归一观"，即无论正向偏移，还是负向偏移，都是"有NP"构式义整合的结果。

伴随NP的逐步抽象化，"有+NP"从普通的述宾结构逐渐固化，语义逐步整合化，最终演变为语义高度融合的"有NP"构式。换言之，"有+NP"的构式化连续统与NP的抽象化连续统并行发生。"有NP"的结构语义不再是"有"和NP组成成分的简单语义加合，"有NP"整体构式化，语义整合，构式具有表达程度高的语义功能。

第四节　小结

基于前人的研究成果，本章对汉语尤其是现代汉语中"有+NP"结构的构式化进行一定维度的研究。"有+NP"是现代汉语中使用较为频繁的具有特殊语义功能的能产构式之一。"有+NP"构式由固有构件存现动词"有"及变项NP加合构成。尽管各家对固定项"有"做出各种性质不同的解读，但是，我们认为，"有"始终为存现动词，具备原始词汇意义与功能。"有+NP"构式域下，"有"表存在与领属（领有）以连续统的形式呈现，"有"表存在，还是表领有对构式整体的解读具有一定的影响。变项NP也以连续统的形式呈现，NP由一般的三维具体空间性名词逐渐向可别度低抽象性高的抽象名词、属性名词演变。NP的抽象化程度越高，"有+NP"形式越固化，语义整合度越高，构式整体越能够被程度副词修饰。在"有"、NP双重连续统的影响，"有+NP"在现代汉语中也以连续统的形式呈现。

　　逻辑意义上讲，凡存在的事物在数值量或空间量上都是大于"零"的。"有"的度量或衡量标准以"零"为计量起点，所以，一切名词或名词短语都能够进入"有+NP"结构，形成一般的述宾结构。NP的空间性、有界性及可计量性伴随其抽象演变，NP的量级由可清晰计量向模糊计量过渡。对抽象名词"量"的判定多采用"社会平均值"作为计量起点。在句法象似性或句法临摹性的作用下，构式"有NP"被赋予特殊语用功能，即"大量"义。

　　"有+NP"能够被程度副词修饰，构式整体可被视作形容词性谓词结构。"有NP"在高频次的使用条件下逐步固化、语法化。"有NP"高层谓语用法的出现即是其语法化程度深化的体现（详见第九章）。"有+NP"的构式化进程与NP的演变、"有"的属性解读均存在一定的良性互动关系。

　　"有+NP"结构使用中具有类推性，更多的NP可以相继与"有"组配形成新的"有+NP"结构。原有"有+NP"结构伴随NP的抽象化程度的加深正逐渐向更深层次的"有NP"演变，即发生构式化、熟语化，甚至词汇化。受"有+NP"结构类推性的影响，部分英语名词也进入了"有+NP"结构，如"有feel""有wifi""有money""有power""有style"等。

　　新结构、新现象的出现，原有结构的变化与演变，有待我们进一步去探索。

附录 通行语文辞书收词情况

《现代汉语词典（第7版）》《现代汉语词典（第6版）》：

有：❶动表示领有（跟"无、没"相对，下❷❸同）：我~《鲁迅全集》｜~热情，~朝气。❷动表示存在：屋里~十来个人。❸动表示达到一定的数量或某种程度：水~三米多深｜他~他哥哥那么高了。❹动表示发生或出现：他~病了｜形势~了新发展｜他在大家的帮助下~了很大的进步。❺动表示所领有的某种事物（常为抽象的）多或大：~学问｜~经验｜~了年纪。❻动泛指，跟"某"的作用相近：~一天他来了｜~人这么说，我可没看见。❼动用在"人、时候、地方"前面，表示一部分：~人性子急，~人性子慢｜这里~时候也能热到三十八九度｜这场雨~地方下到了，~地方没下到。❽用在某些动词的前面组成套语，表示客气：~劳｜~情。❾<书>前缀，用在某些朝代名称的前面：~夏｜~周｜有宋一代。❿名姓。

动词：有碍、有差<书>、有成、有待、有得、有底、有方、有感、有关、有恒、有劲、有旧<书>、有救、有赖、有劳、有零、有门儿<口>、有年<书>、有盼儿<口>、有谱儿<口>、有请、有染<书>、有如、有数、有损、有望、有为、有喜、有戏<方>、有效、有心、有意、有余、有缘、有着、有致、有种

形容词：有偿、有机、有劲、有礼、有理、有力、有利、有名、有谱儿<口>、有趣、有数、有限、有线、有心、有形、有幸、有序、有益

名词：有倾<书>、有司<书>、有心人

代词：有的、有些

副词：有点儿、有时、有些、有心、有意、有意识

介词：有关

成语、习语：有板有眼、有备无患、有鼻子有眼儿、有的是、有的放矢、有过之无不及、有会子、有机可乘、有价无市、有教无类、有口皆碑、有口难辩、有口难分、有口无心、有两下子、有名无实、有模有样、有目共睹、有目共赏、有奶便是娘、有气无力、有求必应、有日子、有身子、有生力量、有生以来、有生之年、有声有色、有识之士、有始无终、有始有终、有恃无恐、有条不紊、有头无尾、有头有脸、有头有尾、有隙可乘、有血有肉、有言在先、有眼不识泰山、有眼无珠、有一搭没一搭、有一搭无一搭、有意思、有朝一日、有枝添叶、有志者事竟成

《现代汉语规范词典（第4版）》《现代汉语规范词典（第3版）》：

有¹：❶ 动 表示存在（跟"没""无"相对，❷❸❹❺❼）▷天上~云彩｜马路上~许多人。❷ 动 表示领有或具有▷我家~汽车了｜人贵~自知之明｜~本领｜~罪。❸ 动 表示达到某种程度或达到一定的数量▷空地~两个篮球场那么大｜这棵树~五层楼高。❹ 动 表示领有某种东西多或历时长▷数他家~钱｜可~年头儿了。❺ 动 表示发生或出现▷情况~了变化｜孩子最近~进步。❻ 动 应对语。表示在这里▷"赵明！""~！"❼ 动 表示不定指，跟"某"义近似▷~一天你会明白的｜你不喜欢，有人喜欢。❽ 动 用在"人""时候""地方"前面，表示部分存在▷~人爱吃甜的，~人爱吃辣的｜~时候他挺凶｜~地方热闹，~地方冷清。❾ 助 用在某些动词或动词性语素前，加强语气或表示客气▷~待｜~如｜~请｜~劳。❿ 名 姓。

有²：<文>词的前缀。用在某些朝代名或民族名前面：有殷｜有苗。

动词：有碍、有悖于、有变、有别、有病、有成、有待、有得、有底、有点儿、有份、有感、有功、有关、有鬼、有恒、有奖、有旧<文>、有救、有据、有空、有愧、有赖、有劳、有礼、有

理、有门儿<口>、有盼、有谱儿、有期、有气、有情、有请、有染、有如、有若、有生、有失、有识、有事、有数、有损、有所、有望、有为、有味儿、有喜、有戏、有闲、有效、有些、有心、有意、有用、有余、有缘、有辙、有致、有种、有助于

形容词：有偿、有方、有价、有劲、有礼、有力、有利、有脸、有名、有趣、有神、有数、有素、有味儿、有戏、有限、有幸、有序、有益、有意识

区别词：有机、有色、有限、有线、有形、有性

名词：有光纸、有机物、有机质、有理数、有年<名>、有情人、有顷、有神论、有效期、有心人、有用功

代词：有的、有些

副词：有点儿、有时、有些、有心、有意

成语、习语：有案可稽、有板有眼、有备无患、有鼻子有眼儿、有胆有识、有的是、有的放矢、有过之而无不及、有机可乘、有鉴于此、有教无类、有口皆碑、有口难辩、有口难言、有口无心、有苦难言、有棱有角、有利可图、有两下子、有令不行、有禁不止、有名无实、有目共睹、有目共赏、有奶便是娘、有气无力、有求必应、有人家儿、有日子、有色眼镜、有伤风化、有身子、有生力量、有生以来、有生之年、有声读物、有声有色、有识之士、有史以来、有始无终、有始有终、有恃无恐、有说有笑、有条不紊、有头脑、有头有脸、有头有尾、有闻必录、有问题、有隙可乘、有血有肉、有言在先、有眼不识泰山、有眼无珠、有一搭没一搭、有一得一、有一手、有意思、有意无意、有增无减、有章可循、有朝一日、有志者事竟成、有嘴无心

第九章

"有 + NP$_{双}$"构式功能及其构式化扩展

"有 + NP"构式是现代汉语中一组较为能产的句法组合结构。"有 + NP"构式在使用中具有一定的特殊性,部分结构可受程度副词修饰,整体表现为 VO 式形容词性谓词结构,具有特定语义、语用表达功能。第八章已经指出,并非所有 NP 都能够自由与"有"组配构成"有 + NP"结构。"有 + NP"在现代汉语中以连续统的形式呈现,伴随其结构整体的构式化程度提升,"有 + NP"从普通的述宾结构逐渐向语义整合化为类固化结构、固化结构、习语、熟语、词等演变。当然,其间伴随 NP 的抽象化连续统与"有"存在形态之间的互动。

"有 NP"能够被程度副词修饰,具备形容词性属性,符合社会的普遍认知规则。"有 + NP"的构式化连续统两端处在人类社会的不同认知阶段:"有房子"类普通述宾结构以数值的有无,即以"0"为计量起点;"有才华"类构式化程度较高结构则以人类认知域中的"社会平均值"作为计量起点。这也是为什么"有 NP"能够获得"高量级"性状、程度义的认知基础。所以,"有 + NP"结构都具备被程度副词修饰的潜在可能。"有 + NP"构式具备形容词的相关功能属性。

根据"有 NP"所处句法环境,我们将其抽象码化为"S + 有 + NP""S + 有 NP(地) + VP""有 NP(的) + S"三种大句法语境下。不同的句法环境下,"有 NP"充当不同句法成分,具备不同的句法、语用功能。不同的句法地位与"有 + NP"的构式化程度存在相关性。"有 NP + VP"句法格局下,"有 NP"负载句子基本信息程度直接决定其语法化程度。"有 NP"语法化程度的高低决定其与 VP 的句法关系分配。

"S + 有 NP + VP"句法语境下,"有 + NP"在高频化的促发下逐步固化、语法化。"有 NP"高层谓语用法的出现即是其语法化程度深化的体现。高层谓语位的"有 NP"已经走向主观化，在传递客观信息的同时更传递出言者的主观态度与情感，具备向副词进一步演变（语法化）的外在与内在条件。

这些即为本章所要关注的重点。

第一节　"有 + NP$_{双}$"的句法功能

VO 式述宾结构"有 NP"能够被程度副词修饰，具备与形容词相似的功能与属性，但同时也具备述宾结构的动词性功能与用法。换言之，"有 NP"具备常规谓词的句法属性与功能。

一　"有 NP"与形容词

第八章论证了能受程度副词修饰的"有 NP"结构具备形容词性属性，但没有给出实例。通过对实际语料考察发现，"有 NP"的形容词性功能在与形容词的对举、合用中更加明显。例如：

(1) 我哪一点比不上他？我既不比他丑也不比他穷，相反我比他<u>更有实力</u>、<u>更强大</u>，你为什么就那么看不上？你告诉我，这是为什么？（琳心《不敢说爱你》）

(2) 兰斯基（Lansky·Meyer, 1902—）：原名梅尔·舒乔尔·杨斯基美国<u>最有实力</u>、<u>最富有</u>的犯罪辛迪加首脑和银行家之一，1973 年，他以藐视大陪审团罪和偷漏所得税罪被判罪。（约·D. 皮斯托尼、理查德·伍德雷《我在黑手党的秘密生涯》）

(3)"珊妮的确<u>很出色</u>，<u>很有魅力</u>，心怡好像已逐渐把珊妮忘记了，毕竟没开过花，又怎会结果。只是不知道朗尼有了梦芸之后，是否仍然忘不了珊妮。"（岑凯伦《双面夏娃》）

(4) 辛良知道他这个女学生的脾气，她做出的决定，是不会轻易改变的。他说："小林，你<u>非常有才华</u>，也<u>非常地漂亮</u>，属于你的应该更加美好啊。"（山顶的草《美男无敌》）

(5) 我和人力资源管理专家成君忆先生交流的时候，他也深有同感，他在给企业做咨询的时候，发现有很多公司的老板，心目中的优秀员工不是说<u>多么有天赋</u>、<u>多么优秀</u>、<u>多么突出</u>，而是那种对工作充满热情、充满干劲的人，并且他们也一直在费尽心机地寻找这种人。(刘兴旺《可以平凡不能平庸》)

（6）"天，我的心怎么跳得那么快"，她捂着自己的胸膛，低低呢喃，"难道……不，不会，我怎么可能会喜欢上他虽然他是<u>那么出色</u>、<u>那么有担当</u>、又<u>那么温柔</u>的一个男人……拜托，我在乱想什么呀。"她不能忘记男人都是善变的动物，他们惯于掩饰、伪装并且撒谎。(蔡小雀《情挑姻缘》)

例（1）—（6）中，"有 NP" 分别被程度副词"更、最、很、非常、多么、那么"修饰，构成"F + 有 NP"结构。"F + 有 NP"结构与例中"F + A."处于相同句法位置。

表 9–1　　　　"F + 有 NP" 与 "F + A." 对比

	更 +	最 +	很 +	非常 +	多么 +	那么 +
F + A.	强大	富有	出色	漂亮	优秀、突出	出色、温柔
F + 有 NP	有实力	有实力	有魅力	有才华	有天赋	有担当

"F + A."一行为程度副词与典型的形容词组配，"F + 有 NP"一行为"有 NP"受程度副词修饰的具体体现。从表 9–1 的对比可以发现，"有 NP"所处句法环境与典型形容词相似。在"F + A."格式的强势类推作用下，"F + 有 NP"被重新分析为"程度副词 + 形容词"句法格式，"有 NP"具备形容词性的功能与属性。

"有 NP"在实际语言运用中可以与形容词进行搭配，被用来修饰、描摹限定对象。例如：

（7）在《角斗士》中，他扮演了一个<u>阴暗</u>、<u>有野心</u>、<u>懦弱</u>、<u>残暴</u>、<u>独裁</u>的大反派，在《爱国者》中他扮演了一个天不怕地不怕、疾恶如仇同时又柔情蜜意的年轻战士，这一次，他干脆剃了光头演

起了一个有些神经质、执着、单纯的马克。（张云《导演万岁》）

（8）"听话的不能干，能干的不听话"，正所谓话糙理不糙，恰恰是<u>有野心</u>、<u>能力出众</u>的人才最让老板头疼。（李海刚《夫差三十六计：告诉老板你真棒》）

（9）不过崔子可不是莫名其妙、平白无故对人家产生好感的，只因为他身上有我十分欣赏的特质，像是<u>有责任感</u>、<u>有担当</u>、<u>有义气</u>、<u>公正</u>、<u>温柔</u>、<u>有智慧</u>、身手矫健，还有执着不移的痴心……最重要的一点，他是单眼皮，有着东方男子的深沉之美。（蔡小雀《情挑姻缘》）

例（7）（8）（9）中，"有 NP"与形容词搭配自由，未被作特殊区分。由此可以看出，同一位置的"有 NP"构式已经可被当作形容词使用，且能够自由地与汉语中经典形容词组合、搭配、共现。

由此可见，句法或语法的类推作用在"有 NP"的形容词化分析过程中具有十分重要的地位。"有 NP"获得形容词性功能解读的同时，在其句法表征上更是有迹可循。

二　"有 NP"的句法表征

尽管"有+NP"已经走向构式化，甚至部分发生形容词化，但"有 NP"结构仍然保留 VO 式述宾结构的谓词原型属性与功能。现代汉语"有 NP"结构在句子、句法层面主要充当状语、定语、谓语和补语成分。

Ⅰ. S+有 NP（+地）+VP

"有 NP"充当状语成分时，其所处句法结构可以抽象编码为：S+有 NP（+地）+VP。例如：

（10）Piaget 等人<u>有发展</u>地继承了 Luquet 关于儿童绘画的阶段性理论，认为儿童绘画的发展过程中存在一个从"理智现实主义阶段"到"视觉现实主义阶段"的过渡。（徐珊璐《皮亚杰理论与儿童绘画》）

（11）"群众性"如何体现？就是要看你的那些活动是不是为广大群众所喜闻乐见、热情参与、易于普及并能够长期坚持下去，使广大群众<u>有机会</u>、<u>有条件</u>自觉自愿地在这些丰富多彩的活动中锻炼和提高自己。(《反面的教材》《厦门商报》1999-8-23)

(12)"我当然是做给迁本看的,我们<u>有实力</u>打败光荣,就<u>有实力</u>收拾他,希望他能明白。"(格式小德《格式人生》)

(13)柏节先生又曰:"我们反对我国的文学大系由外国人编选……多不过再一次地让一批不了解我们的人,去胡闹一番,强奸一番而已。充其量,让他们<u>有计划</u>、<u>有目的</u>为我们制造出几个倾向台湾,为台湾人的利益努力的作家。"(柏杨《红尘静思》)

例(10)—(13)中,"有 NP"做状语。例(10)、例(11)为有标记状语用法,例(12)、例(13)为无标记状语使用。

Ⅱ. 有 NP + 的 + NP①

"有 NP"做定语修饰名词或名词性成分,构成定中式偏正结构。定中式偏正结构可码化为:有 NP + 的 + NP。例如:

(14)用杨致前世的话来说。杨致在常三眼里绝对是<u>有理想</u>、<u>有抱负</u>、<u>有实力</u>、<u>有手段</u>的"四有"老板。(泰戈《一世吉祥》)

(15)"但是有个难题一直在困扰着我。那就是我的工厂和连锁餐厅缺乏一个<u>有能力</u>、<u>有激情</u>、<u>有担当</u>的人来掌舵,而我认为你就是最合适地人选!"(犀利《瞬间百年》)

(16)张立军很高兴,李茂是自己手下<u>最有天赋</u>一个人,什么事只要一点就透,进步很大;他笑着对李茂说道:"没错,不过你可千万不能疏忽大意,要是一不小心阴沟里翻船那就不好了。记住千万别把法军给惊醒了。"(清史民国《崛起在清末之中法战争》)

"有 NP"充当定语成分时倾向于后接定语标记"的",构成有标记结构,如例(14)、例(15);无标记用法在实际语料统计中仅占很少一部分。"有 NP"参与构成的定中式偏正结构可以在句子中不同的句法位置出现。

---

① 此处用 NP 代表偏正结构的核心,也即"有 NP"的修饰成分。

III. S + 有 NP

"有 NP"作为谓词性结构在使用中能够做句子谓语,不管该句子是单句,抑或是复句的分句。"有 NP"做谓语的句子可以抽象化为:S + 有 NP。例如:

(17) 萧衍做事<u>有计划</u>、<u>有谋略</u>,文武全才。王俭对他深感奇异,十分器重,说:"萧小弟年过三十,会尊贵到无法形容的地步。"(柏杨《柏杨白话版资治通鉴》)

(18) 要大力培养人才的创新能力,对于那些开拓进取、奋发有为、实绩突出、群众公认的干部,要大胆提拔任用,确实让敢创新、能创新、会创新的干部<u>有机会</u>、<u>有舞台</u>、<u>有地位</u>。(《让敢创新的干部<u>有舞台</u>》《厦门日报》2004-3-20)

(19) "怎么,看不惯?"蒋介石微笑着问:"立夫,<u>有才华</u>的人都是<u>有性格</u>的,特别是你们这些从美国回来的,你看你,还没开始工作就提醒我,一不对劲,你就会走的,我可舍不得,所以我答应了你。庄继华也一样,他也会走;你要记住得人才者得天下,况且刚才我们看似在闲聊,可实际上并非闲聊,庄文革聪明过人。这些你慢慢就知道了,你记住一条,多跟他学学,不懂就问。"(有时糊涂《民国投机者》)

(20) 要遵循不忘老朋友,结交新朋友,扩大联谊面,着眼二三代的工作方针,做好较高层次,较<u>有代表性</u>的海外人士和社团组织的团结争取工作,特别是做好政治上<u>有地位</u>、经济上<u>有实力</u>、社会上<u>有影响</u>、学术上<u>有造诣</u>的新一代人士的工作。(《中共厦门市委关于当前加强统战工作的若干意见》《厦门日报》1994-5-12)

"有 NP"做谓语时,其相关的直接主语 S 既可以是人或事物,也可以是谓词性的事件或事件结构。上述例(17)"有计划、有谋略"可视作分句谓语,例(18) "有机会、有舞台、有地位"是单句谓语。例(19)、例(20)为混合式:例(19)"有才华"为定语成分,"有性格"做谓语;例(20)"有代表性"做定语,"有地位""有实力""有影响""有造诣"充当谓语。

Ⅳ. S + VP + 得 + 有 NP

"有 NP"充当补语成分时，其所处句法语境可以码化为：S + VP + 得 + 有 NP。例如：

(21)"你的发型太不配你的脸型。"理发师细声细气地说道，"我会把你变得<u>很有魅力</u>。"（檀郎《保卫乳房》）

(22)他们在活着时，有朋友，死，也是为朋友而死的！他们活得<u>很美满</u>，<u>很快乐</u>，也死得<u>很有价值</u>。这就已足够！（古龙《流星蝴蝶剑》）

(23)蒙虫不蠢，知道大人物身边的癞皮狗再扶不起来也是很多人眼中的藏獒，所以他牢记这个主子的好，这些年一直兢兢业业做事，小心翼翼做人，勤勤恳恳做狗，而且做得<u>很有个性</u>。（烽火戏诸侯《陈二狗的妖孽人生》）

(24)刚刚放下咖啡杯的辰天显然属于前者，刚过而立之年的他操劳于战事，身材略显消瘦；而年逾六旬的提尔皮兹"富态"已经非常明显，摘下帽子之后他那光头和标志性的两撇大胡子看起来<u>非常有个性</u>。（天空之承《请叫我威廉三世》）

(25)"吃喝嫖赌是人的本能，文明就是往本能外面拽人，而不是往里推人。"这位学者的话，听上去<u>有片面性</u>。（唐韧《文明也须"往里推人"》）

"有 NP"充当补语成分时，多倾向与补语标记"得""起来""上去"有标记配合共现。"有 NP"的补语用法中，无标记的使用较少。

作为形容词性的谓词结构，"有 NP"充当句法成分时可同时被程度副词修饰。即"有 NP"有时以"F + 有 NP"的形式充当句子/句法成分。例如：

(26)18—25 岁的人，意外伤害的可能性和影响的后果都比较大，加上收入有限，尚未建立家庭，因而应先买一份人身意外伤害保险，如仍有余力，可以再买一份健康医疗保险；26—35 岁的人，意外伤害保险仍不失为一种<u>最有必要</u>的保障。（《根据年龄选险种》

《厦门晚报》2002-5-18）

（27）以他过去的地位、关系网和他多年对计划经济模式的了解做无形资产，与他最看不起的胡秉安的后人的财力结合，经营起房地产，再次展现了他多方面的才能，成为胡家最<u>有发展</u>、最<u>有眼光</u>、最<u>有成就</u>的红色资本家。（张洁《无字》）

（28）实际上，戴的确改善了邮政服务，削减了开支，减少了华而不实的玩意儿，并且虽然不受欢迎却很<u>有必要</u>地提高了邮资。不幸的是，戴更擅长于发表一些含混不清、毫无<u>必要</u>的公开声明，而不是通过他的副手威廉·布劳利去处理一些实际的政治问题。（西奥多·索伦森《肯尼迪》）

（29）中央办公厅、中央宣传部、共青团中央、国家计划生育委员会联合召开宣传贯彻《公开信》先进代表座谈会，交流经验，鼓励先进，很<u>有必要</u>、很<u>有意义</u>。（《要再接再厉把计划生育工作做得更好》《厦门日报》1990-7-5）

从例（26）—（29）中可以看出，程度副词的加入并不改变"有NP"的句法表征。程度副词的加入只能从一个层面证明"有NP"的形容词属性。

从例（1）至例（29），以及下文的例句呈现来看，"有NP"在实际运用中既可以是单项独用，也可以是多项连用、并用，当然也包括同项的连用、并用。此外，我们在实际语料分析中还发现"有NP"的多项合用。例如：

（30）和加百列这样地大天使不同，路西法<u>有野心</u>、<u>能力</u>。更<u>有权力</u>。路西法并没有完全按照耶和华的指示行动，而是阳奉阴违。尽量维持着人类和变种人双方之间地平衡局势，以方便自己的黑暗工会左右逢源，逐渐壮大。（趴趴狐狸《超武》）

（31）艾登是很<u>有魅力</u>和<u>风度</u>的男人，也还记得那位没有改姓地武金斯卡娅的样子，只要是看到过她的男人就不会忘却她的容颜，英王加冕仪式上的翩翩舞姿还历历在目。（血蝠《苏联英雄》）

例（30）、例（31）中，多项"有 NP"合并同类项"有"，多项合用后，结构显得更简约与凝练。"有 NP"的多项合用只是一种使用趋势，尚待发展。

综上所述，VO 式述宾结构"有 NP"具有形容词属性，同时具有动词的原型功能。构式"有 + NP"的句法表征抽象语境可归结为：

Ⅰ. S + 有 NP
Ⅱ. 有 NP + 的 + NP
Ⅲ. S + VP + 得 + 有 NP
Ⅳ. S + 有 NP（+ 地）+ VP

第二节 "有 NP$_{双}$"的语用功能

"有 + NP"构式在使用中具有特殊的语义、语用功能。前文我们已经指出，"有 NP"为形容词性述宾结构，据此，可以将其与形容词进行等同处理。那么，"S + 有 NP"句式则可看作形容词性谓语句。形容词的常规功能多是做定语，对宿主（host）进行修饰或限定。"有 NP（的）+ NP"句法环境下，不管 NP 是指称性成分，抑或是述谓性成分，"有 NP"都在一定维度上对 NP 进行修饰或限定。根据信息结构分析，"形容词谓语通常是谓语焦点句"（朴正九，2016：387），"S + 有 NP"即为"话题—陈述句"。"S + 有 NP"句法语境下，将 S 视作言谈的话题性主语，"有 NP"则是对 S 进行陈述。

"有 + NP"的语用功能与其所具有的高性质程度义是密不可分的。通常情况下，"有 + NP"在交际中主要有以下各种表达功能。

一 NP 性质程度（义）高

所谓 NP 的性质程度（义）高，就是指"有 + NP"在使用中可以表达 NP 的性质、程度或属性达到并超过社会平均值。此时"有 + NP" = "NP 高"。例如：

（32）17年"的哥生涯"，臧勤还发展了一批"回头客"，长期客户中不乏外籍人士，他们常常包租，给臧勤带来了不菲的收入。臧勤说，自己想做一名<u>有素质</u>、<u>有头脑</u>、<u>有文化</u>、很快乐的"车夫"。(刘兴旺《可以平凡不能平庸》)

（33）说话其实和写文章是同一个道理，只有自己看的东西多了，才能够妙语连珠，说出<u>有水平</u>、<u>有见解</u>、<u>有说服力</u>的话。(张笑恒《会说话的女人最出色》)

（34）因为这一则流言，那些在犀天圣集中刚刚取得一些成就，迫切的想要成为"<u>有身份</u>、<u>有地位</u>"的人，必然要来光顾异端家具店。(石三《仙界走私大鳄》)

"有素质""有水平""有地位"在上述三例中能够表达"素质高""水平高""地位高"的语用义。

二 NP 性质程度（义）强

NP 所表性质、程度强，意味在一定条件下"有 NP"具有与"NP 强"相同的性质、程度义表达功能。例如：

（35）接下来的任务是，你选择的词汇要<u>有说服力</u>、生动、<u>有活力</u>。(科尔《怎样说话才打动人》)

（36）虽然这支禁卫军并不是大明帝国<u>最有战斗力</u><u>最有韧性</u>的部队，但是这支部队的装备水平和待遇是南明国内的所有部队中最好的。(千秋家国梦《铁血抗战》)

（37）当她爱你时，你虽然穷得前无古人、后无来者，却硬是不要来路不明的钱，他准许说你<u>有个性</u>、<u>有操守</u>、<u>有气节</u>、<u>有骨头</u>，是一个"贫贱不能移"、"威武不能屈"的大丈夫。(柏杨《暗夜慧灯》)

例（35）—（37）中"有说服力""有活力""有战斗力""有个性"在使用中能够传递出"说服力强""活力强""战斗力强""个性强"等意义。

三 NP 性质程度（义）大

"有 NP"在表达 NP 性质程度（义）大的语用功能时，"有 NP"相当于"NP 大"。例如：

（38）萧睿想来想去，能够<u>有胆量</u>、<u>有能量</u>、<u>有动机</u>搞出这种事情来的，怕是只有一个人——他的干娘玉真殿下。（格鱼《大唐酒徒》）

（39）我们<u>有决心</u>、<u>有信心</u>、<u>有潜力</u>、<u>有干劲</u>！事情是人干出来的，只要我们下定决心，没有条件创造条件，事情一定能够办好！（纪华文《角力》）

（40）他走走停停，转完一圈回到写字台旁，要坐未坐地站着，在桌上敲着烟，这样转着头说话很得劲。没有比这要坐未坐、要点烟还未点烟时的谈话<u>更有张力</u>、<u>更有节奏</u>、更从容潇洒的了。（柯云路《衰与荣》）

"有胆量""有能量""有决心""有潜力""有干劲""有张力"在上述例（38）—（40）中分别表达"胆量大""能量大""决心大""潜力大""干劲大""张力大"等意义。

四 NP 性质程度（义）多

当"有 NP"能够传递出"NP 多"的意义时，可以认为"有 NP"能够表达 NP 性质程度（义）多的功能。例如：

（41）德国和日本的新领导人决意修改第一次世界大战的领土和约，并<u>有办法</u>、<u>有决心</u>这样做。（斯塔夫里阿诺斯《全球通史》）

（42）但问题是，晁错这个人虽然<u>有学问</u>、<u>有才华</u>、<u>有思想</u>、<u>有能力</u>，但是他只适合做一个政论家，不适合做一个政治家。（易中天《品读汉代风云人物》）

（43）我倒不是说他的武功比你们高多少，而是说他对付从天而降的袭击非常<u>有经验</u>、<u>有办法</u>，他的采取的是利用外界力量的方法，也就是说，他可以将大自然的力量移为他用，这是一种特殊的功法，同你们修炼的完全不同，当时如果这下你明白了？（西北苍狼《异域人生》）

例（41）—（43）中"有办法""有学问""有才华""有经验"在使用中可以表达"办法多""学问多""才华多""经验多"等意义。

五 N 性质程度（义）好

NP 性质程度（义）好，即"有 NP"等价于"NP 好"。例如：

（44）不管如何，你得把我女儿变得漂亮，<u>有气质</u>、<u>有风度</u>、<u>有机智</u>，有一切美女的条件。（李凉《天下第一当》）

（45）事实上，我们的头脑放松时，要比在紧张的时候<u>更有创意</u>、<u>更有点子</u>、更聪明，也更容易接纳新观念。（理查德·卡尔森《别为小事抓狂》）

（46）老马家一家就住在后院当年麦子住过的东屋。三口都是很热情开朗的人，尤其是老马家的孩子别佳，在九号院里竟然混得<u>很有人缘</u>，<u>很有群众基础</u>。（叶广芩《全家福》）

从例（44）—（46）可以看出，"气质好""创意好""人缘好""基础好"等意义的表达可以借用"有 NP"形式的使用。

六 NP 性质程度（义）深

当"有 NP"与"NP 深"具有相似的语用功能表达时，可以认为，"有 NP"具备传递 NP 的性子程度（义）深的语用功能。例如：

（47）当年他们不怨卓，是因为董卓虽然擅权却没有自立的野心。可高勇不同，他<u>有根基</u>、<u>有实力</u>也<u>有</u>叫人捉摸不透<u>野心</u>……（碧海情深《天烽》）

（48）然而，当他们去翻阅或书写历史的时候，他们在"人民"这个概念里，看见了几个<u>有生命</u>、<u>有感情</u>、<u>有个性</u>的实体呢？我纪

念我的父亲,追悼我的父亲。(戴厚英《人啊人》)

(49) 不久,斯坦顿在沉默中退休,总经理由泰勒继任。泰勒<u>有头脑</u>、<u>有思想</u>、<u>有个性</u>、<u>有经验</u>,很快就赢得下属们的尊敬,并在三年内的时间就使 CBS 赢利 4 亿美元,这样的成绩是无与伦比的。(佚名《犹太人超凡智慧揭秘》)

"有根基""有感情""有思想"分别表达"根基深""感情深""思想深"等功能。

七 NP 性质程度(义)突出

NP 的性质程度(义)的高、强、大、多、好、深,也即意味 NP 的性质程度(义)突出。当然,当表达 NP 的性质程度突出时,"有 NP"也与"NP 突出"等值。例如:

(50) 孙露甚至觉得让帝国的青少年养成想象的习惯,原比填鸭式地将公式塞给他们<u>更有效果</u>。(黑色柳丁《命运的抉择》)

(51) 我们的阿拉是<u>有魄力</u>、<u>有魅力</u>、<u>有精力</u>、<u>有毅力</u>的,偌大的企业在他十七八岁的尚是稚嫩的手掌上运转,创造出令人瞩目的奇迹。(慕容《狂澜》)

(52) 蹲牛棚第一等于<u>有学问</u>、<u>有文化</u>、<u>有功劳</u>、<u>有贡献</u>,是那时的"四有新人",第二等于<u>有道德</u>、<u>有勇气</u>、<u>有人品</u>,不然为什么受到如此残酷的迫害呢?逻辑是很清楚的,坏人说我是坏人嘛,那么我就一定是大好人。(孔庆东《口号万岁》)

此三例中,"有效果""有魅力""有贡献"等在使用中可以传递出"效果突出""魅力突出""贡献突出"的意义。

以上我们从七个方面对"有 NP"的语用功能进行简单的归纳。通过归纳可以发现,"有 NP"的七种语用功能并不是截然分立的,在使用中"有 NP"的语用功能可以进行多重解读。如"有个性"既可以表示"个性强",也可以表示"个性突出"。

所以,"有 NP"的语用功能的解读应结合实际语境进行"依句辩品"。当然，"有 NP"的语用上位功能并不是"离句无品"的，而是"离句有品"，即"有 NP"的构式义。"有 NP"的语用上位义等值于"NPA"，其中 A 为性质形容词，且为彰显 NP 性质属性义的形容词，"NPA"中 A 具备"大量义"。

第三节　"有 NP$_{双}$"功能延伸及其再虚化

形容词性谓词结构"有 NP"主要句法功能是充当定语、状语、谓语和补语，对此我们不再展开叙述。我们所要关注的是，"有 NP"充当句子核心谓语前项时的特殊性。"有 NP"充当句子核心谓语前项可以码化为"有 NP + VP"。"有 NP + VP"在结构层次上存在切分差异，其结构性质的界定存有一定的争议。例如：

（53）为了进一步规范市场秩序，<u>有必要出台</u>地方性的格式合同监督管理条例。(《霸王合同"吃"定消费者》《厦门日报》2003 - 7 - 28)

（54）在 1983 年，他们参加了另一个马拉松赛，他们的成绩太好了，这令他们<u>有资格参加</u> 1984 年的波士顿马拉松赛。（周海亮《哲理励志》）

（55）格鲁吉亚国家元首谢瓦尔德纳泽主席说，我作为格鲁吉亚国家元首能<u>有机会访问</u>中国感到十分高兴，此次访华标志着格中关系进入了一个新的纪元。（1993 年《人民日报》）

上述例子中，"有 + NP"所处句法环境均可以码化为"有 NP + VP"。"有 NP"作为述宾结构具有形容词性，其与 VP 紧邻共现；"有 NP"也可以抽象码化为"VP"。那么，"有 NP + VP"则可以进一步抽象为"VP$_1$ + VP$_2$"。"VP$_1$ + VP$_2$"在现代汉语中可以是连谓结构，也可以是状中结构。由此类推，"有 NP + VP"内部结构关系也同样存在多重解读。也就是说，不同语义类型的"有"字短语在句法分布上有一定的选择性（赵春利、石定栩，2011：106）。

一 连谓式"有 NP + VP"

根据"有 + NP"所处句法环境,我们将其码化为"S + 有 NP + VP",其中 S 为句子主语成分。"有 NP"作为述宾结构具有与 VP 相同的句法语义功能权重。在"S + 有 NP + VP"中,设"有 NP" = VP_1,VP = VP_2,在原始句法语义功能权重上,$VP_1 = VP_2$。也就是说,"有 NP"与 VP 都是言语交际中的基本信息负载单位(PIBUs,Primary Information-bearing Units)。此时,"S + 有 NP + VP"中,"有 NP"与 VP 构成连谓结构。例如:

(56)在这个过程中,每个遵循自身比较优势的国家都<u>有机会</u>在每一个发展水平<u>调整</u>和<u>改进</u>该水平的最优经济结构,而这一点正是新结构经济学所强调的。(CWAC \ CEJ0143)

(57)目前中国有许多所谓的学者被尊为"管理大师"或"管理学大师",但是詹姆斯·马奇(James March)比任何人都更<u>有资格</u><u>获得</u>管理学大师的称号。(CWAC \ CMJ0197)

(58)安抚那些因物质条件缺乏而受伤害的心灵,平缓那些由各种刺激而产生的敏感而激烈的情绪,人们才会<u>有空间</u>、<u>有信心</u>重新<u>审视</u>自己的价值和自己未来的发展道路。(刘长乐、星云《包容的智慧》)

(59)广告主企业本身必须财力雄厚,经营状况良好,<u>有实力</u><u>承担</u>风险,也<u>有实力</u>同可能的竞争者<u>对抗</u>。(《哈佛管理培训系列全集·哈佛经理公关艺术》)

(60)中国人民解放军坚定不移地以国家意志为最高意志,以民族利益为最高利益,完全<u>有决心</u>、<u>有信心</u>、<u>有能力</u>、<u>有办法</u><u>捍卫</u>国家主权和领土完整,决不容忍、决不姑息、决不坐视任何分裂祖国的图谋得逞。(《中国政府白皮书·2000年中国的国防》)

上述五例分别代表"有 NP + VP"构成连谓结构的五种类型。赵春利、石定栩(2011)根据 NP 的语义类型将其分别总结为:时空类(机会)、权责类（资格）、心理类（信心）、能力类（实力）和方法类（办法)。① 当然，这五种类型在实际语言运用中可以叠加使用，如例（59）、例（60）。将例（56）—（60）简化如下：

  A. 有机会调整和改进结构 有资格获得称号
    有信心审视价值和道路 有实力承担风险
    有办法捍卫国家主权和领土完整

将 A 组进行语序变换可得：

  B. 有调整和改进结构的机会 有获得称号的资格
    有审视价值和道路的信心 有承担风险的实力
    有捍卫国家主权和领土完整的办法

  对 B 组抽象码化可得：有 + VP + 的 + NP。也就是说，连谓结构"有 NP + VP"可以被置换为"有 + VP + 的 + NP"。英语对译，A 组结构可翻译为：

  C. Have the opportunity to adjust and improve...
    Have the qualifications to acquire...
    Havethe confidence to review...
    Have the strength to bear...
    Have the measures to defend...

  将 C 组结构短语进行抽象码化可得：Have the NP to do... 也即连谓结构"有 NP + VP"对译式是"Have the NP to do..."故此可以认为，连谓结构"有 NP + VP"中"有"对应于英语的动词 Have。
  连谓式内部，"有 NP"、VP 在言语交际中都是信息传递的基本负载单位（PIBUs）。但是随着语言单位的演变不平衡性及语言传递焦点信息最优化配置的原则支配下，"有 NP"与 VP 所处句法位置不同，具有不同

---

① 鉴于研究的侧重，本节不对"有 + NP"做下位语义类型分类。

的演变结果。码化语境"S + 有 NP + VP"下,根据语言交际核心焦点信息置后原则的作用下,VP 处于核心焦点信息位置,是句式信息传递的基本负载;而"有 NP"则逐渐降格,由句式基本信息负载单位逐渐降格为非基本信息负载单位。在从 the PIBUs 向 the non-PIBUs 降格过程中,"有 + NP"较之 VP 走向更深层次的语法化。

"有 + NP"走向语法化的过程验证了 Croft(2009)所提出的语法化与语义演变之间的关系论断:

If there are two candidates for headhood...the one that is not the PIBU will undergogrammaticalization.(Croft,2009:259)

"当有两个核心备选项时,不是 PIBU 的那个最容易发生语法化。"①

"S + 有 NP + VP"句法环境中,"有 NP"语法化后与 VP 之间主要形成两种结构关系:状中结构"有 NP 地 VP"和高层谓语式"有 NP + VP"。

二 状中式"有 NP 地 VP"

上文我们已经提到形容词性述宾结构"有 NP"在使用中可以充当状语成分,且大多是有标记的使用(即带状语标记"地")。当"有 NP"充当有标记状语时,"有 NP"与句子谓语核心 VP 构成"有 NP 地 VP"句法结构。例如:

(61)我认为我们还有很多机会去表现自己,或者闪躲掉,<u>有原则地闪躲掉</u>一些可以闪躲掉的伤害。(李敖《李敖有话说》)

(62)海军在整顿装备的同时,<u>有计划</u>地利用国内较先进的科技成果和<u>有选择</u>地引进国外新技术,对现役舰艇和部分武器装备加以改进和提高。(军事科学院军事历史研究所《中华人民共和国军事史要》)

(63)二是要有一批本地的企业经营人才,他们能根据本地自然

---

① 译文详见 William Croft《激进构式语法——类型学视角的句法理记》,张伯江导读,北京:世界图书出版公司 2009 年版,第 23 页。

和人力资源的实际情况<u>有远见地</u>选择产品,<u>有效地</u>组织生产,精明地推销产品。(1995年《人民日报》)

(64) 萨巴托在姑娘们热情的注视中,极<u>有风度地</u>谈起了他的作品和往事,并且告诉我们他最喜欢的中国作家是林语堂。(1995年《作家文摘》)

(65) 著名的报告文学《包身工》,作者夏衍以包身工一天的活动为线索,记叙了她们在旧社会悲惨的日常生活和恶劣的劳动条件,中间又很<u>有条理地</u>穿插了对包身工制度形成原因的分析和对这种罪恶制度的抨击。(《中国儿童百科全书》)

同样,赵春利、石定栩(2011)将上述状语位"有NP"的NP进行语义类型归纳,即根据类(原则、计划)、选控类(选择)、意念类(远见)、情貌类(风度)和事态类(条理)。通过对例(61)—(65)做删除状语标记"地"测试,我们发现,状中式"有NP地VP"在一定条件下难以置换为连谓式"有NP+VP"。上述五例可以抽象为:

A. 有原则地闪躲掉　　有计划地利用　　有选择地引进
　 有远见地选择　　　有风度地谈起　　有条理地穿插

连谓式可以转换为"有+VP+的+NP"结构,而状中式"有NP地VP"却不可以:

B. ?有闪躲掉的原则　　有利用的计划　　有引进的选择
　 ?有选择的远见　　 ?有谈起的风度 　?有穿插的条理

连谓式可以转换为"有+VP+的+NP"结构后,不改变原有语义的传递;但是,状中式转换后改变了原有语义的表达,要么就是难以被接受的语言形式。

同样,我们对A组状中式"有NP地VP"进行英文对译:

C. to avoid something with the principle
　 to utilize something with the plan

to introduce something with the choice
to select something with the vision
to discuss something with the demeanor
to insert something with the orderliness

同样，我们将 C 组对译句式进行抽象码化，可得：To do something with the NP。即状中式"有 NP 地 VP"对译格式为 To do something with the NP。此时，汉语"有"对译英语的介词 with。从与英语的对译中，我们也能看出，连谓式与状中式之间的区别。

三 高层谓语式"有 NP + VP"

能与"有"组配形成"有 NP"进而构成高层谓语式"有 NP + VP"的 NP 数量较少，常用的只有"有必要、有可能"等。例如：

（66）根据这个情况，由赤水方向前进，在宜宾、泸州之间渡江似有不宜。<u>有必要打乱</u>敌人的尾追计划，变被动为主动。（伍近先《山水狂飙》）

（67）不久美国的大选就要揭晓，我想，罗斯福<u>有可能连任获胜</u>，根据既往的情况推断，他对中国问题是不会置之不管的。（柳溪《战争启示录》）

（68）随着商品的逐年丰足，<u>有可能有必要</u>逐步减少统购派购产品的品种和数量，以搞活流通，促进商品生产更快地发展。（《〈政府工作报告〉名词解释》《福建日报》1984 - 6 - 14）

（69）现代科学技术革命充分地表明了知识对人类社会、经济、文化的发展起着极大的推动作用，脑力劳动在物质生产过程中的作用大大超过了体力劳动，在这种新的形势下，完全<u>有必要有可能</u>建立以重点阐释与智力劳动相适应的知识价值论。（BCC·科技文献）

（70）这是联合国历史上最<u>有必要</u>、也是最<u>有可能</u>做出大胆决定的时刻。（《联合国改革需大胆决定》《厦门日报》2005 - 6 - 27）

"有必要""有可能"充任高层谓语时，可以单独使用，如例（66）、例（67）；也可以二者共现联合使用，如例（68）—（70）。

高层谓语式"有 NP + VP"与连谓式在语言编码形式上并无差异，同样也存在向"有 + VP + 的 + NP"变换的可能。例（66）—（70）可进行如下抽象变换：

A. 有必要打乱计划　　　　　　　有打乱计划的必要
　　有可能连任获胜　　　　　　　有连任获胜的可能
　　有可能有必要减少品种和数量　有减少品种和数量的可能与必要
　　有必要有可能建立知识价值论　有建立知识价值论的必要与可能
　　最有必要、最有可能做出决定　最有做出决定的必要与可能

高层谓语式"有 NP + VP"与连谓式"有 NP + VP"都存有向"有 + VP + 的 + NP"变换的可能。此外，高层谓语式"有 NP + VP"还可进行如下变换：

B. 有必要打乱计划　　　　　　　打乱计划是必要的
　　有可能连任获胜　　　　　　　连任获胜是可能的
　　有可能有必要减少品种和数量　减少品种和数量是可能与必要的
　　有必要有可能建立知识价值论　建立知识价值论是必要与可能的
　　最有必要、最有可能做出决定　做出决定是必要与可能的

B 组变换后的短语类型可以抽象码化为：VP 是 NP 的。但是，同形的连谓式"有 NP + VP"却不能向"VP 是 NP 的"变换。例如：

C. 有机会调整和改进结构　　　　＊调整和改进结构是机会的
　　有资格获得称号　　　　　　　＊获得称号是资格的
　　有信心审视价值和道路　　　　＊审视价值和道路是信心的
　　有实力承担风险　　　　　　　＊承担风险是实力的
　　有办法捍卫国家主权和领土完整　＊捍卫国家主权和领土完整是
　　　　　　　　　　　　　　　　　办法的

C组结构的变换原式为例（56）—（60）的简化，C式变换后均为不符合汉语语感的语例。

所以，高层谓语式"有NP+VP"存在向"有+VP+的+NP"和"VP是NP的"转换的可能，而连谓式"有NP+VP"只存在向"有+VP+的+NP"的变换。

同样，我们对高层谓语式A组抽象短语做英语对译，结果如下：

  D. It is necessary to disrupt the plan
    It is possible to continue in office
    It is necessary to reduce the variety and quantity
    It is possible to establish the theory of knowledge value

据此可以认为，高层谓语式"有NP+VP"的英语对译式为：It is NP to do something。高层谓语式"有"对应于英语的强调结构It is。

高层谓语"有NP"的使用具有一定的灵活性，使用中根据表达的需要，可以出现在句中或句尾。高层谓语"有NP"既可以是对句子核心谓语成分的评注，也可以是对除主语之外的全部谓语成分（命题成分）进行评注，张谊生（2014）将此二种情形归纳为高层谓语的"半幅评注"功能和"全幅评注"功能。高层谓语"有NP"无论是"半幅评注"，还是"全幅评注"，都是对命题或事件发生或存在的可能性、必要性进行主观评定。

相对于处在其他句法位置的"有NP"而言，居高层谓语位的"有NP"语法化程度相对较高。"有NP"语法化程度较高的外在形式表现为：高层谓语"有NP"与其他副词性成分共现时一般总倾向于前置，尽管其自身仍可以被其他程度副词修饰。为此，我们以"有必要""有可能"为例对高层谓语"有NP"与副词的共现情况进行统计。现将高频共现情况列表如下：

表 9-2   "有必要""有可能"与副词高频共现情况统计

	再	也	先	将	非	重新	尽快	一定	再次	好好
有必要+	3237	723	656	447	171	732	268	145	134	121
+有必要	3	1423	6	28	14	0	0	8	0	0
	很	就	也	更	确	非常	还是	为此	绝对	首先
+有必要	12097	1830	1423	998	912	1404	731	157	143	140
有必要+	14	143	723	56	0	1	0	115	7	6
	就	不	再	将	也	已经	再次	重新	真正	就是
有可能+	1013	999	707	658	560	526	510	359	353	237
+有可能	19984	2	48	3636	14011	128	6	0	70	84
	很	才	就	都	极	甚至	随时	还是	非常	反而
+有可能	25119	20285	19984	15136	14851	2718	1280	934	659	468
有可能+	73	16	1013	150	10	13	138	60	38	31

处在不同句法位置的"有 NP"语表形式相同,但是其各自的句法地位、语用功能及其演变程度间却存有较大差异。语法化程度不等的"有 NP"各形式间却具有内在源同一性,即都源于 VO 式述宾结构"有+NP"。

"有 NP"在与同层级谓词性成分"VP"的句法竞争中逐渐失去焦点信息负载功能,由句子的基本信息负载单位(PIBUs)向非基本信息负载单位(non-PIBUs)演变。非基本信息负载单位(non-PIBUs)"有 NP"相对于同层级谓词性成分"VP"更易于语法化。① 走向语法化后,"有 NP"的结构属性需要做出重新分析与解读。

高层谓语位"有 NP"的语法化程度最高,鉴于其所处句法位置(居核心谓语前)为汉语典型状语位:

---

① A shift in semantic profile leads to another element with higher information content becoming a profile equivalent and the non-PIBU element grammaticalizes(William Croft 著,张伯江导读,2009:267)。

有 NP + VP　↔　adv. + VP
　　有 NP　↔　adv.
　　　VP　↔　VP

"有 NP + VP"对应于经典的状中式"adv. + VP"结构，"有 NP"严格意义上居副词位，即 adv. + VP 中的 adv. 位置。所以，高层谓语位"有 NP"向副词演变已经很明显。高层谓语位"有 NP"是"有 + NP"构式连续统中语法化程度较高阶段。高层谓语位"有 NP"已经走向副词化（深度语法化），当然这也只能是其发展的总趋势。

"S + 有 NP + VP"句式范畴内：当"有 NP + VP"为连谓结构时，"S + 有 NP + VP"的句式属性与"S + 有 NP"相同，都为"话题—陈述句"；当"有 NP + VP"为状中结构时，"有 NP"对 VP 的陈述具有摹状功能；当"有 NP"做高层谓语时，"有 NP"则是对后续 VP 事件（或事件小句）的整体评注，在对事件、动作发生做出评注的同时，体现一定的主观表达功能。此即前文"有 NP"句法、语义、语用功能解读的来源与依据。

第四节　小结

VO 式述宾结构"有 + NP"是现代汉语中使用较为频繁的具有特殊句法、语义、语用功能的能产构式。连续统概念下，"有 + NP"的构式化与语法化程度不断提升。NP 的抽象化程度越高，"有 + NP"形式越固化，语义整合度越高，构式整体越能够被程度副词修饰。在"F + A."的句法格式强势类推下，"F + 有 NP"中"有 NP"获得重新分析与解读，"有 NP"具备形容词的属性与功能。但是，作为 VO 式述宾结构，"有 NP"尚保留动词结构的动词性属性。所以，"有 NP"整体具备谓词性句法功能。

"有 NP"在现代汉语中主要出现在"Ⅰ. S + 有 NP""Ⅱ. 有 NP + 的 + NP""Ⅲ. S + VP + 得 + 有 NP""Ⅳ. S + 有 NP（+ 地）+ VP"四类句法环境中。"有 NP"可以充当基础谓语、定语、状语、补语及高层谓语成分。"有 NP"充当不同句法成分与其构式整体演变（语法化）之间存在相关性。"有 NP"能否充当句子基本信息负载单位（PIBUs）直接决定其是否发生语法化，决定其与句中其他谓语成分 VP 的句法关系分配。因语义转化而发生语法化的现象在"有 NP"与同位 VP 共现中表现更为突出。

"有 NP"与 VP 具有同等的句法地位时，"有 NP + VP"构成连谓结构，此时"有 NP + VP"可以转换为"有 + VP + 的 + NP"，其英语对译格式为"have the NP to do something"，"有"对译英语动词"have"。但"有 NP"由句子基本信息负载单位（PIBUs）向非基本信息负载单位演变过程中，"有 NP"与 VP 间可以形成状中式偏正结构"有 NP 地 VP"和高层谓语结构"有 NP + VP"。状中式偏正结构"有 NP 地 VP"对译于英语中"to do something with the NP"，此时"有"对译英语介词"with"。高层谓语结构"有 NP + VP"是"有 NP"构式化和语法化的高级阶段，能够进入其间的"NP"已发生高度抽象化。高层谓语结构"有 NP + VP"存在向"有 + VP + 的 + NP"和"VP 是 NP 的"格式转换的双重可能。高层谓语结构"有 NP + VP"对译于英语中的"It is the NP to do something"句式，"有"对译英语的强调结构"It is"。

高层谓语结构"有 NP + VP"在汉语典型的"adv. + VP"（副词 + 动词性结构）的强势类推下，"有 NP"具备被重新分析为副词的极大可能。也就是说，现代汉语"有 + NP"结构的构式化程度最高端是高度语法化，语义固化，走向副词化。

在人类普遍认知机制的作用下，人们选择"社会平均值"作为对抽象名词"量级"判断，而不是以"0"作为计量起点。"高于社会平均值的量认知凸显性就高。"（石毓智，2000：173）在此句法象似性或句法临摹性的作用下，"有 NP"被赋予特殊语义功能解读，即"主观大量"义。

"有 NP"通常是对 S 或 VP 的修饰与限定，"有 NP"在传递客观信息的同时更传递出言者的主观态度与情感。也就是说，"有 NP"已经发生了主观化。"有 NP"所体现的"大量义"即"主观大量义"。但是，鉴于"主观大量义"的难以辨别性，我们姑且不称"有 NP"为"主观大量义表达构式"。这也是"有 NP"语用功能存在多重解读的原因之一。高层谓语位"有 NP"在使用中具有主观评注功能，具备向副词进一步演变（语法化）的外在与内在条件。"有 NP"副词用法的出现表明"有 + NP"

结构的构式化程度在使用中一直在持续深化,不可否认的是,这一过程的发生伴随着 NP 的不断抽象化。"有 + NP"的构式化进程与 NP 的演变、"有"的属性解读均存在一定的良性互动关系。

附录　"有+X$_{双}$"频次统计[①]

一　有+n

有机会 143305	有价值 24164	有差异 16199	有工业 12102
有办法 85881	有实力 23396	有技术 16027	有原因 11962
有很大 77942	有消息 21772	有步骤 15703	有压力 11930
有时间 75901	有资格 21072	有优势 15638	有效果 11658
有企业 75308	有法律 20768	有历史 14866	有证据 11465
有意义 70213	有信心 20545	有权利 14804	有学生 11391
有问题 67575	有感觉 20158	有目的 14698	有专业 11081
有几个 58504	有朋友 20137	有经验 14539	有一群 10947
有条件 54922	有较好 19963	有世界 14429	有梦想 10942
有兴趣 42409	有经济 19206	有规律 14394	有力气 10917
有理由 42362	有生命 18648	有弹性 14144	有孩子 10862
有个人 35363	有国家 18627	有社会 14055	有目标 10823
有能力 34882	有创意 18460	有成效 14047	有专家 10769
有关系 34144	有学者 18088	有同感 14038	有心情 10748
有好处 32780	有结果 17787	有地方 13998	有病例 10535
有较高 31934	有很好 17711	有女人 13861	有好感 10522
有道理 30915	有力量 17443	有东西 13796	有理想 10317
有本事 30502	有意见 17369	有银行 13735	有意识 10305
有特色 29600	有资本 17285	有前途 13362	有气质 10256
有较强 29350	有个性 17212	有味道 13285	有较多 10009
有更多 28536	有国际 17134	有知识 12578	有资料 9979
有资产 28529	有资金 16903	有活力 12534	有基础 9953
有责任 26141	有事情 16824	有重点 12287	有魅力 9918
有文化 25995	有高度 16480	有道德 12267	有男人 9795
有勇气 24679	有感情 16441	有组织 12199	有潜力 9586
有市场 24381	有一份 16370	有思想 12194	有差别 9560

[①]　鉴于实际数据的不均值分布，本附录采取分别取值："有+n""有+v"取数值在1000以上的用例；"有+vn""有+a"取数值在500以上用例；"有+an"取数值以50为界。

有爱情 9547	有民族 7383	有艺术 6454	有品牌 5430
有这等 9516	有财产 7345	有质量 6390	有原则 5419
有精神 9332	有纪律 7306	有才华 6369	有答案 5382
有公司 9226	有一身 7302	有人员 6335	有身份 5317
有风险 9172	有学问 7278	有秩序 6334	有同学 5290
有政治 9169	有特点 7153	有地位 6301	有阵雨 5262
有心理 9124	有缺陷 7141	有远见 6264	有成绩 5225
有心思 9117	有资源 7120	有专人 6229	有文献 5224
有真相 8890	有法子 7036	有义务 6218	有限度 5216
有甚么 8721	有作用 7007	有土地 6140	有电脑 5186
有领导 8644	有宝贝 7001	有行政 6107	有层次 5157
有动静 8625	有想法 6982	有商业 6081	有难度 5154
有要事 8598	有收获 6978	有信息 6063	有太阳 5132
有成就 8543	有区别 6967	有效益 6033	有本质 5080
有患者 8344	有深度 6967	有光泽 6012	有一堆 5042
有政府 8283	有住房 6862	有单位 5994	有语言 5030
有异议 8259	有频率 6822	有战略 5946	有着落 5026
有权力 8238	有产权 6800	有网络 5946	有标准 5021
有内涵 8197	有大小 6777	有政策 5923	有意思 4984
有毛病 8072	有一事 6776	有电话 5868	有心事 4929
有阳光 8032	有规定 6753	有规模 5788	有职工 4921
有台风 8012	有出路 6736	有敌人 5767	有妈妈 4918
有理论 8002	有更好 6727	有面子 5746	有设备 4885
有节奏 7912	有媒体 6721	有人才 5744	有教师 4876
有记者 7891	有差距 6702	有诚意 5713	有成果 4876
有智慧 7860	有缺点 6699	有粮食 5712	有名气 4793
有动力 7814	有激情 6646	有客人 5704	有父母 4775
有声音 7814	有水平 6622	有人类 5624	有学校 4756
有深意 7716	有新意 6612	有公主 5583	有文字 4744
有产品 7687	有全国 6596	有音乐 5573	有主见 4715
有急事 7559	有回音 6564	有时代 5524	有过错 4687
有故事 7498	有爱心 6559	有数据 5521	有业务 4677
有疑问 7396	有良心 6533	有胆量 5441	有人性 4640

有野心 4624	有儿子 4128	有风度 3633	有文章 3385
有灵魂 4617	有内容 4117	有方法 3631	有天赋 3372
有制度 4611	有家庭 4097	有余力 3625	有建筑 3356
有见地 4607	有灵性 4094	有诗情 3622	有症状 3333
有人民 4583	有法人 4073	有武器 3601	有怨言 3330
有部分 4572	有家人 4065	有对象 3557	有规则 3318
有贡献 4548	有计划 4049	有用处 3550	有房屋 3312
有尊严 4532	有记忆 4045	有益处 3548	有规矩 3286
有精力 4503	有员工 3995	有情绪 3533	有高手 3278
有利益 4452	有顾虑 3990	有成员 3528	有士兵 3263
有多远 4433	有黑色 3990	有气势 3527	有动物 3246
有病人 4426	有代表 3963	有月亮 3527	有诗意 3225
有情况 4412	有方向 3957	有小雨 3525	有大事 3222
有理性 4406	有外人 3949	有结构 3524	有电视 3215
有出息 4397	有生物 3945	有灯光 3502	有情调 3213
有白色 4384	有印象 3939	有半分 3481	有大专 3200
有股权 4367	有分歧 3931	有一口 3479	有脾气 3193
有城市 4343	有兄弟 3897	有好运 3473	有素质 3183
有错误 4315	有功能 3878	有名望 3472	有功夫 3183
有汽车 4311	有群众 3869	有军队 3472	有奇迹 3178
有福气 4305	有质感 3851	有情感 3458	有动作 3158
有条理 4285	有需求 3846	有食欲 3449	有系统 3135
有距离 4264	有物质 3820	有任务 3445	有眼光 3133
有空间 4259	有意向 3783	有项目 3443	有客户 3127
有作者 4234	有表情 3757	有鸭梨 3426	有兴致 3124
有空调 4220	有亲人 3741	有职业 3420	有老婆 3117
有材料 4203	有名字 3737	有交情 3418	有自然 3115
有退路 4187	有大学 3734	有美女 3411	有眼睛 3092
有所得 4155	有情趣 3719	有见识 3406	有农业 3088
有恶意 4151	有本领 3685	有决心 3393	有电子 3079
有眼泪 4144	有老师 3664	有战争 3391	有对策 3058
有分量 4138	有商品 3643	有房子 3387	有小孩 3048
有科技 4132	有金融 3634	有照片 3386	有产业 3038

有中央 3030	有天下 2752	有广告 2530	有位置 2405
有趣味 3025	有人影 2749	有欲望 2527	有核心 2399
有工夫 2968	有哲理 2743	有学术 2526	有血缘 2399
有睡意 2966	有渊源 2743	有老人 2525	有英雄 2394
有价格 2948	有盛誉 2741	有亲戚 2523	有皇帝 2391
有视频 2947	有现货 2740	有底线 2515	有男女 2387
有集体 2924	有工人 2731	有细胞 2512	有建树 2377
有行业 2922	有主力 2725	有功劳 2512	有异味 2372
有生机 2915	有新闻 2717	有农村 2508	有私心 2372
有偏见 2895	有良知 2710	有衣服 2506	有文学 2369
有数量 2886	有敌意 2705	有高低 2505	有金属 2368
有读者 2878	有用户 2704	有事实 2503	有武功 2350
有部门 2864	有爸爸 2695	有可能 2491	有朝气 2348
有明文 2852	有大片 2666	有生气 2491	有意境 2345
有定论 2841	有收入 2647	有阴影 2489	有工程 2343
有体制 2840	有女性 2641	有观众 2485	有干部 2341
有外国 2835	有出声 2627	有生意 2479	有会员 2329
有胆子 2829	有耕地 2621	有偏差 2478	有夫妻 2328
有信号 2826	有损失 2610	有翅膀 2473	有幻想 2320
有颜色 2824	有股份 2599	有农民 2469	有口福 2319
有机关 2818	有盛名 2592	有逻辑 2459	有转机 2317
有局部 2811	有飞机 2590	有蚊子 2458	有江湖 2307
有宗教 2805	有人口 2585	有疗效 2456	有形式 2303
有性命 2804	有背景 2577	有心得 2439	有居民 2302
有成本 2802	有韵味 2577	有疾病 2432	有全球 2298
有权势 2800	有交通 2574	有初中 2427	有微词 2292
有先例 2795	有军事 2566	有看头 2422	有知觉 2291
有礼物 2795	有父亲 2559	有剧毒 2419	有心计 2290
有母亲 2784	有迹象 2553	有小学 2418	有障碍 2288
有结局 2782	有报告 2546	有程度 2415	有神经 2285
有事儿 2765	有红色 2546	有乐趣 2415	有利润 2283
有力度 2756	有主意 2542	有好事 2415	有全局 2283
有高中 2756	有才干 2535	有黄金 2406	有银子 2272

有女儿 2270	有血管 2130	有流量 1993	有传闻 1907
有疑虑 2266	有党员 2129	有规划 1992	有异物 1905
有市民 2265	有暴雨 2129	有一线 1992	有成见 1904
有营养 2256	有耐性 2127	有一帮 1990	有止境 1893
有实质 2255	有借口 2125	有环境 1989	有家族 1890
有青春 2244	有苦难 2114	有妻子 1987	有大雨 1890
有压痛 2242	有身孕 2112	有瑕疵 1986	有空气 1889
有现金 2242	有私人 2110	有暖气 1986	有看法 1887
有电影 2231	有传说 2105	有灵气 1985	有整体 1886
有抗菌 2230	有人道 2101	有销路 1982	有笑容 1884
有人格 2226	有面积 2086	有财富 1980	有天使 1882
有车辆 2225	有漏洞 2085	有家长 1978	有座位 1870
有月饼 2221	有绿色 2083	有个体 1960	有宝宝 1864
有共性 2220	有苦衷 2067	有玻璃 1958	有体育 1863
有温度 2218	有事业 2066	有警察 1958	有信用 1861
有性格 2218	有磁性 2065	有阶级 1956	有机械 1857
有部队 2213	有医疗 2062	有文件 1955	有铁路 1856
有食物 2211	有女生 2062	有年龄 1955	有植物 1853
有特权 2209	有哥哥 2062	有外遇 1954	有药物 1848
有公路 2202	有人像 2057	有上帝 1947	有线索 1846
有机构 2201	有胃口 2055	有老公 1946	有一行 1843
有硝烟 2200	有股票 2046	有故障 1942	有脚步 1843
有猜错 2200	有文艺 2036	有星星 1939	有速度 1841
有对手 2196	有金钱 2035	有风雨 1935	有明星 1841
有医生 2193	有别于 2032	有黄色 1933	有血迹 1835
有毒性 2186	有哲学 2015	有所属 1928	有苹果 1832
有先天 2183	有官员 2014	有好戏 1926	有传言 1831
有身体 2182	有真情 2012	有天理 1926	有特长 1817
有隐情 2178	有威望 2009	有人生 1924	有坏处 1817
有心机 2174	有能量 2007	有名词 1919	有好人 1813
有股东 2168	有空闲 2005	有对方 1914	有节目 1808
有依据 2164	有儿童 2004	有资质 1910	有优点 1807
有戒心 2148	有女子 2004	有外贸 1907	有血性 1804

有胆识 1801	有奇效 1684	有暴力 1616	有思维 1544
有爱人 1782	有骑兵 1682	有传统 1610	有会计 1536
有来历 1776	有前景 1681	有风格 1608	有文采 1536
有命令 1774	有道路 1680	有用意 1607	有粉丝 1536
有能耐 1770	有中心 1678	有专长 1606	有收益 1535
有威信 1766	有皇上 1678	有化学 1605	有主权 1535
有下文 1766	有底气 1676	有势力 1601	有朝廷 1535
有信誉 1761	有胜算 1676	有言语 1600	有行人 1534
有声望 1758	有保险 1673	有泪水 1599	有姑娘 1531
有熟人 1756	有档案 1671	有姐姐 1599	有硕士 1529
有领域 1755	有人们 1671	有弟子 1598	有活路 1524
有学科 1755	有概念 1664	有通知 1595	有差错 1522
有病毒 1748	有传奇 1663	有异动 1592	有嫌疑 1522
有实权 1748	有脑子 1657	有捷径 1591	有钥匙 1522
有细菌 1746	有洁癖 1655	有老鼠 1583	有炎症 1521
有地区 1745	有觉悟 1653	有节操 1580	有实体 1517
有特征 1740	有较长 1652	有大人 1577	有难处 1517
有行为 1740	有同志 1652	有破绽 1573	有刺客 1515
有科研 1736	有负担 1650	有存款 1570	有空隙 1510
有份额 1733	有顾客 1638	有森林 1569	有人文 1508
有主人 1733	有热水 1638	有皮肤 1569	有数字 1507
有根据 1727	有男子 1632	有血液 1568	有作品 1507
有阴谋 1725	有弹力 1630	有效率 1567	有更深 1506
有子女 1724	有代价 1629	有定数 1567	有窗户 1506
有残疾 1722	有天才 1627	有终点 1561	有男生 1501
有说错 1712	有观点 1626	有弱点 1561	有才能 1500
有高人 1711	有滋味 1624	有区域 1551	有心灵 1500
有同事 1709	有医院 1622	有妹子 1551	有形象 1498
有实效 1703	有大功 1621	有武林 1551	有权威 1493
有工资 1703	有纤维 1620	有运气 1548	有手段 1493
有色彩 1701	有指标 1620	有观念 1547	有草原 1492
有罪恶 1699	有丈夫 1619	有博士 1546	有秘密 1492
有到了 1692	有主体 1618	有重量 1545	有章法 1491

有威力 1488	有工厂 1408	有专利 1353	有超人 1297
有时尚 1487	有期限 1407	有贵族 1353	有报纸 1293
有状态 1478	有视觉 1407	有重兵 1351	有信念 1293
有合同 1476	有新人 1404	有一抹 1348	有婚姻 1292
有课程 1470	有后台 1404	有镜头 1348	有是非 1290
有科学 1469	有蓝色 1403	有性质 1345	有异样 1286
有恒心 1469	有水分 1399	有地域 1341	有学历 1281
有肌肉 1468	有程序 1397	有儿女 1341	有司法 1280
有人体 1467	有属性 1394	有闲心 1337	有大有 1280
有全身 1466	有官方 1393	有做声 1335	有鸡蛋 1280
有档次 1466	有头发 1392	有胜负 1332	有师父 1279
有闲暇 1463	有船只 1391	有感应 1331	有蛋糕 1278
有美感 1459	有天意 1386	有少年 1330	有人烟 1276
有细节 1456	有因果 1382	有水钻 1330	有需要 1275
有悬念 1449	有折扣 1381	有本科 1329	有咖啡 1274
有家室 1449	有粘液 1380	有神仙 1328	有软件 1265
有品种 1447	有圣人 1380	有方面 1327	有特性 1261
有福利 1447	有事物 1379	有九成 1327	有奔头 1259
有魔力 1446	有装备 1379	有性别 1326	有创见 1255
有裂缝 1444	有百姓 1379	有律师 1324	有干劲 1254
有围墙 1442	有头绪 1379	有乘客 1324	有动态 1250
有男性 1440	有兵器 1378	有水果 1321	有外伤 1249
有生理 1438	有食品 1377	有信仰 1320	有异性 1245
有公民 1427	有人物 1376	有灵感 1317	有情报 1241
有特效 1426	有机缘 1376	有七成 1313	有涵养 1239
有团队 1425	有让人 1375	有队员 1308	有坏人 1239
有数学 1423	有智能 1368	有阻力 1303	有气氛 1234
有追兵 1413	有人家 1367	有天地 1303	有表面 1233
有认识 1411	有标记 1366	有兵力 1303	有战事 1233
有游戏 1411	有贷款 1365	有船票 1302	有心脏 1230
有妇女 1410	有爱好 1364	有房产 1301	有鲜花 1228
有业绩 1409	有协议 1355	有影子 1299	有蔬菜 1227
有和平 1409	有图片 1354	有彩虹 1298	有数人 1226

有风景 1225	有三成 1174	有特价 1135	有名牌 1087
有新生 1223	有黑幕 1174	有机遇 1134	有态度 1086
有评论 1223	有发票 1172	有异心 1128	有乡镇 1086
有宏观 1223	有药品 1170	有体积 1124	有功名 1084
有基金 1221	有学识 1170	有盈余 1124	有见解 1083
有保健 1218	有模式 1167	有货币 1123	有缘分 1082
有半句 1217	有意愿 1166	有树木 1122	有伏兵 1082
有运动 1215	有法宝 1165	有余悸 1121	有积蓄 1081
有胡子 1215	有等级 1164	有内心 1118	有门路 1081
有子弹 1211	有亲情 1163	有人声 1118	有轻重 1078
有事故 1207	有头脑 1163	有骨头 1114	有本钱 1074
有主导 1203	有天堂 1160	有极好 1113	有魔法 1074
有民间 1202	有垃圾 1159	有姿色 1111	有法制 1072
有共识 1202	有关节 1158	有教授 1110	有军人 1072
有意志 1200	有韧性 1156	有天分 1105	有大臣 1072
有玄机 1200	有品质 1156	有妹妹 1104	有兵刃 1067
有青年 1198	有村民 1155	有尾巴 1103	有鲜血 1064
有大用 1198	有费用 1154	有大哥 1103	有动感 1063
有泡沫 1196	有说法 1154	有缺口 1102	有军官 1063
有造诣 1194	有才气 1154	有大志 1102	有靠山 1061
有闪失 1190	有盼头 1154	有气力 1102	有工具 1060
有过失 1187	有官兵 1153	有经费 1101	有伤痕 1059
有气魄 1185	有香味 1152	有石油 1100	有外汇 1058
有物理 1184	有歧义 1151	有路灯 1100	有诗人 1055
有根基 1184	有正义 1150	有二心 1100	有敌手 1055
有缘故 1184	有美食 1147	有广义 1098	有成分 1055
有误差 1182	有宪法 1144	有后劲 1097	有同伴 1050
有设施 1182	有住宅 1144	有大将 1097	有女孩 1050
有国界 1181	有月光 1144	有措施 1096	有战士 1047
有点心 1180	有真理 1142	有结论 1096	有代沟 1044
有小说 1178	有原料 1141	有模特 1096	有房间 1042
有工商 1177	有水泥 1137	有肿瘤 1092	有高潮 1038
有胃病 1175	有田螺 1136	有字幕 1091	有牛奶 1038

有喜事 1036	有可供 1028	有后果 1018	有秘诀 1010
有火光 1035	有实物 1025	有城镇 1018	有腔调 1009
有时光 1033	有社区 1025	有地址 1017	有皱纹 1009
有外资 1033	有杂质 1025	有同类 1015	有隔阂 1008
有形态 1032	有记错 1023	有利害 1015	有棱角 1004
有电梯 1031	有人缘 1022	有土豪 1014	有痕迹 1004
有体力 1031	有分支 1021	有类型 1012	有淑女 1002
有所长 1030	有图书 1020	有喜色 1012	有病痛 1000
有心肌 1029	有面包 1018	有火炮 1012	

二　有 + v

有可能 277483	有如下 18024	有可以 10694	有停止 8674
有没有 158742	有帮助 17867	有提高 10587	有经历 8588
有想到 84014	有达到 16847	有完成 10212	有回来 8519
有足够 58122	有看见 15362	有继续 10152	有料到 8500
有相当 45672	有形成 15095	有进行 10133	有反应 8453
有得到 41133	有联系 14852	有建立 10102	有表现 8437
有发现 40933	有解决 14630	有遇到 9888	有下降 8364
有看到 34690	有研究 14445	有所谓 9885	有改善 8245
有发生 33803	有考虑 14128	有听说 9696	有打算 7998
有希望 32205	有受到 14118	有想象 9641	有结束 7544
有出现 29872	有听到 13336	有使用 9482	有收到 7433
有话说 28197	有忘记 12988	有实现 9462	有发展 7274
有说话 27461	有就是 12727	有感觉 9338	有留下 7249
有需要 25399	有参加 12296	有认识 9309	有不到 7199
有影响 24610	有把握 12168	有来自 9256	有属于 7136
有选择 23454	有喜欢 12097	有觉得 9236	有安排 7068
有准备 20136	有增加 11538	有引起 9209	有取得 7031
有改变 19579	有能够 11360	有自主 9143	有看过 6995
有报道 19332	有离开 11355	有保证 9120	有开口 6867
有组织 19316	有超过 11153	有放弃 8932	有成为 6856
有相应 19155	有区别 11016	有坚持 8920	有存在 6800
有回答 18674	有不可 10945	有规定 8845	有要求 6681
有注意 18599	有告诉 10840	有促进 8759	有接受 6675

有进入 6650	有提到 4683	有付出 4018	有埋伏 3300
有获得 6598	有产生 4682	有答应 4015	有点点 3284
有理会 6544	有确定 4674	有保障 3994	有知道 3266
有听见 6515	有好转 4653	有发出 3966	有发热 3258
有不能 6444	有期待 4600	有发觉 3941	有处理 3217
有受伤 6191	有令人 4591	有具备 3928	有睡觉 3214
有记载 6060	有依靠 4533	有收获 3912	有感受 3204
有上升 5933	有讲究 4532	有出来 3895	有出血 3185
有采取 5927	有在意 4525	有接触 3889	有动手 3163
有开始 5848	有体会 4466	有拒绝 3859	有后悔 3128
有参与 5836	有创新 4445	有过去 3827	有威胁 3113
有利用 5763	有反映 4390	有适合 3820	有才能 3033
有怀疑 5757	有说明 4374	有失败 3819	有碰到 3029
有降低 5684	有表示 4364	有设计 3755	有呼吸 3029
有决定 5670	有包括 4356	有侧重 3744	有符合 3006
有学习 5298	有失去 4343	有看出 3741	有伤害 2999
有抑制 5290	有免费 4342	有超越 3740	有刺激 2988
有掌握 5276	有完善 4332	有满足 3727	有适应 2963
有提出 5205	有反对 4330	有相关 3700	有开拓 2962
有追求 5112	有采用 4248	有抓住 3699	有增强 2922
有休息 5088	有例外 4225	有结婚 3688	有白费 2908
有值得 5062	有更新 4214	有反抗 3684	有学会 2854
有回头 5043	有等到 4178	有实行 3642	有阻止 2835
有造成 4970	有了解 4171	有强迫 3605	有摆脱 2834
有减少 4967	有恢复 4145	有从事 3599	有体验 2825
有彩排 4960	有感到 4104	有加强 3453	有享受 2816
有回家 4925	有无限 4083	有预感 3452	有面对 2802
有发挥 4830	有回报 4065	有违反 3443	有记录 2787
有防备 4804	有创造 4062	有约定 3431	有吃饭 2787
有不甘 4800	有限制 4062	有出手 3398	有保护 2780
有涉及 4766	有提供 4038	有透露 3392	有解释 2778
有察觉 4748	有说出 4031	有健全 3365	有突破 2752
有控制 4684	有再说 4024	有得罪 3358	有辜负 2744

有担当 2738	有发表 2477	有保留 2188	有投入 1949
有借鉴 2729	有品味 2464	有认为 2184	有保存 1949
有死亡 2721	有给予 2463	有扩大 2177	有感染 1942
有体现 2718	有损害 2453	有加入 2166	有推广 1931
有留意 2712	有跟上 2451	有感动 2166	有指望 1899
有统计 2708	有何妨 2450	有预谋 2165	有承认 1884
有相对 2699	有拿到 2448	有履行 2144	有超出 1883
有遇见 2697	有支持 2433	有说谎 2125	有抬头 1883
有过人 2689	有关心 2422	有显示 2123	有吸收 1875
有放松 2688	有保持 2410	有讽刺 2122	有购买 1874
有走出 2676	有答话 2382	有还有 2102	有推荐 1874
有关注 2673	有买卖 2374	有同意 2091	有操作 1870
有珍惜 2634	有具有 2368	有到达 2083	有肯定 1858
有回忆 2613	有打开 2354	有竞争 2074	有生存 1851
有提及 2611	有投资 2353	有放过 2060	有作为 1850
有反弹 2604	有等待 2342	有重视 2048	有开放 1840
有消失 2596	有不知 2341	有露出 2044	有反复 1815
有不会 2576	有分布 2310	有达成 2034	有无法 1813
有培养 2571	有主张 2302	有明白 2033	有遭到 1797
有交集 2571	有生产 2301	有否认 2030	有减轻 1797
有预料 2562	有脱离 2291	有牺牲 2018	有欺骗 1796
有见面 2562	有意味 2254	有回去 2015	有改进 1793
有来往 2556	有起到 2246	有接近 2003	有变化 1792
有抵抗 2546	有根据 2245	有熟悉 2003	有必胜 1790
有理解 2537	有消除 2245	有制定 1999	有安装 1778
有回应 2530	有预防 2245	有办理 1986	有下雨 1777
有拥有 2517	有表达 2222	有实施 1981	有开展 1773
有落实 2511	有纪念 2213	有协同 1981	有树立 1759
有调查 2506	有回到 2212	有持续 1974	有节制 1755
有增长 2503	有回复 2200	有分析 1961	有愿意 1750
有关联 2498	有破坏 2192	有放下 1960	有杀人 1746
有执行 2483	有交代 2191	有介绍 1958	有变成 1725
有出去 2478	有类似 2190	有集中 1957	有停留 1721

有害怕 1715	有证明 1532	有上班 1365	有生长 1266
有杀害 1714	有公布 1531	有加速 1362	有对应 1266
有知情 1708	有动摇 1531	有诸如 1361	有用于 1264
有污染 1695	有浪费 1514	有羡慕 1361	有战胜 1261
有带来 1693	有维护 1512	有吸引 1360	有中毒 1260
有缓解 1682	有间断 1500	有发动 1354	有奇怪 1260
有收藏 1678	有支撑 1494	有治疗 1354	有赶上 1256
有管辖 1677	有信仰 1494	有抛弃 1349	有实践 1255
有错过 1675	有否定 1486	有冒犯 1349	有略带 1255
有规范 1653	有发作 1483	有减弱 1346	有中断 1241
有升高 1641	有继承 1481	有成长 1342	有活血 1239
有隐瞒 1637	有疑惑 1471	有打扰 1342	有奉献 1238
有苦笑 1630	有尊重 1470	有起伏 1341	有拿出 1235
有防止 1628	有妨碍 1466	有上涨 1340	有承担 1234
有优惠 1615	有照顾 1463	有起床 1340	有对付 1234
有回升 1599	有放假 1462	有牵挂 1340	有思考 1232
有退缩 1594	有吭声 1456	有提起 1333	有吩咐 1232
有倒下 1590	有懂得 1448	有提升 1328	有反驳 1226
有复发 1589	有转移 1446	有背叛 1326	有自尊 1225
有设置 1586	有杀死 1446	有克服 1325	有起来 1224
有咳嗽 1582	有再见 1436	有敢于 1319	有盈利 1223
有抱怨 1581	有通过 1431	有分开 1317	有失眠 1219
有加快 1571	有相信 1416	有违背 1316	有毕业 1214
有认出 1568	有相通 1411	有讨论 1306	有觉察 1214
有支付 1567	有到位 1407	有归属 1303	有商量 1207
有为数 1566	有实验 1405	有停顿 1299	有点头 1203
有开发 1560	有丧失 1404	有感冒 1295	有出席 1202
有过节 1560	有勾结 1404	有尝试 1292	有出台 1199
有责怪 1554	有恋爱 1389	有观察 1292	有设立 1196
有贪污 1548	有想起 1387	有自杀 1285	有阅读 1194
有调整 1536	有布置 1383	有通天 1284	有提前 1193
有露面 1535	有维持 1378	有过敏 1270	有到来 1193
有运用 1535	有计较 1377	有不足 1270	有理睬 1191

有惊动 1190	有分离 1138	有听从 1106	有推动 1054
有醒来 1188	有攻击 1138	有计算 1104	有约束 1051
有复古 1184	有禁止 1137	有急于 1104	有作业 1051
有关系 1179	有读书 1137	有来到 1104	有打破 1049
有呕吐 1177	有依赖 1134	有清除 1103	有批评 1045
有制造 1174	有强制 1131	有暴露 1101	有交待 1044
有消化 1173	有申请 1130	有欣赏 1098	有心动 1043
有重复 1173	有收敛 1129	有损伤 1097	有损坏 1042
有坏死 1172	有修炼 1129	有取胜 1095	有工作 1038
有改革 1170	有隐藏 1128	有导致 1094	有震撼 1038
有遵守 1167	有头晕 1125	有专攻 1091	有防范 1038
有增多 1163	有经营 1124	有残留 1087	有提醒 1037
有结合 1162	有关连 1124	有预见 1086	有强调 1035
有增高 1161	有喘息 1123	有迟到 1080	有落下 1035
有施展 1161	有喝酒 1121	有同情 1080	有回避 1029
有阻碍 1157	有谢谢 1121	有爆发 1077	有通知 1028
有怨恨 1157	有批准 1120	有就业 1076	有挣扎 1026
有冒险 1156	有相反 1118	有不如 1075	有放大 1023
有剩下 1155	有不明 1117	有监督 1069	有收回 1018
有心想 1153	有战斗 1117	有顾忌 1069	有适宜 1016
有向上 1152	有动用 1117	有解放 1067	有加重 1011
有携带 1149	有出门 1117	有牵连 1064	有高达 1010
有合作 1145	有畏惧 1117	有穿透 1062	有侵犯 1010
有在家 1142	有加以 1115	有遭受 1060	有触及 1008
有不忍 1142	有激励 1114	有解毒 1060	有穿过 1007
有启动 1140	有还手 1113	有改造 1057	有不怕 1005
有进去 1139	有兑现 1106	有出生 1056	有放开 1000
有自信 1139	有犯罪 1106	有满意 1055	

三 有 + vn

有影响 17554	有变化 10970	有生产 7750	有保护 6765
有发展 15518	有控股 9455	有教育 7568	有投资 6689
有工作 14635	有进步 8602	有活动 7251	有管理 6482
有创新 11183	有研究 8028	有保障 7092	有竞争 6277

有生活 6008	有清热 2158	有论述 1305	有进口 1031
有相关 5702	有限制 2141	有考试 1299	有辅助 1012
有反应 5357	有分析 2100	有交叉 1288	有联系 1000
有革命 4490	有剩余 2080	有挑战 1259	有致癌 993
有指导 4404	有抵抗 2070	有误会 1257	有节制 982
有经营 4296	有出口 2069	有失误 1236	有调查 979
有体会 4180	有调整 2063	有参与 1219	有交往 978
有行动 3730	有监督 2056	有战斗 1215	有示范 962
有劳动 3726	有损伤 2006	有消费 1213	有污染 959
有回报 3587	有上市 2000	有威胁 1209	有启示 945
有实践 3198	有检查 1977	有变动 1207	有流通 940
有比较 3110	有服务 1949	有贸易 1202	有注册 934
有耳闻 3098	有销售 1948	有所求 1200	有关心 923
有参考 3096	有在场 1871	有交流 1192	有抗癌 917
有调节 3041	有国有 1854	有运动 1185	有娱乐 906
有违法 2959	有建设 1836	有进展 1171	有生存 906
有优惠 2906	有综合 1824	有消炎 1171	有攻击 902
有突破 2749	有争论 1750	有分工 1164	有对外 897
有启发 2685	有顾忌 1688	有象征 1156	有增长 884
有关联 2648	有审美 1652	有波动 1143	有亏损 879
有合作 2610	有长进 1641	有共鸣 1130	有手术 866
有应用 2603	有信仰 1600	有操作 1122	有试验 862
有冲突 2568	有扩张 1585	有好转 1118	有批评 847
有临床 2545	有旅游 1560	有垄断 1111	有约束 847
有免疫 2531	有改革 1552	有运输 1096	有危害 844
有争议 2446	有遗传 1539	有往来 1092	有准备 831
有治疗 2428	有预谋 1464	有改观 1077	有宣传 824
有教学 2399	有牵连 1455	有杀菌 1071	有选择 821
有犯罪 2377	有交易 1425	有诊断 1059	有认知 820
有实验 2368	有设计 1383	有斗争 1046	有病变 812
有移动 2337	有伤亡 1345	有欠缺 1044	有解放 810
有有关 2327	有抵触 1344	有伤害 1039	有奖励 807
有开发 2273	有比赛 1321	有施工 1035	有下岗 800

有干扰 796	有防护 702	有减肥 614	有删节 569
有收费 795	有疏忽 694	有纺织 613	有建筑 568
有防治 788	有遗漏 688	有期望 607	有防伪 565
有后续 782	有参赛 682	有摄像 606	有钙化 555
有主管 770	有消毒 679	有联络 601	有营销 554
有监控 764	有启迪 674	有压迫 600	有胜利 549
有创业 758	有广播 656	有思考 600	有独资 542
有敬业 752	有培训 654	有储蓄 597	有支持 540
有立法 746	有担保 652	有审批 594	有供应 527
有违规 745	有镇痛 652	有仇恨 590	有诉讼 524
有检测 745	有违纪 650	有收获 588	有统计 524
有表演 738	有训练 633	有滋补 587	有防火 521
有执法 736	有微笑 628	有防御 584	有承诺 520
有决策 730	有加工 623	有营业 583	有改动 519
有通信 728	有富余 620	有在职 582	有负债 507
有欺诈 710	有振动 620	有挫折 579	有控制 507
有生育 708	有考核 616	有美容 578	有登记 501
有摩擦 705	有制约 616	有固定 570	有祝福 500

四　　有 + a

有不同 116885	有充分 18778	有鲜明 11479	有充足 8082
有必要 116823	有密切 18705	有严格 10253	有特别 7715
有重要 102376	有类似 15748	有个别 10079	有现实 7616
有明显 88902	有极大 15697	有正确 9989	有浓厚 7286
有较大 71445	有相同 15597	有具体 9888	有先进 7220
有良好 55403	有独特 15378	有科学 9564	有耐心 7162
有重大 38072	有积极 15088	有开心 9459	有稳定 6856
有显著 37713	有巨大 15000	有实际 9379	有普遍 6667
有丰富 36674	有独立 14506	有突出 9226	有自由 6423
有特殊 30339	有广泛 14199	有惊喜 9182	有完整 6408
有明确 27178	有成功 14056	有统一 9061	有典型 6148
有强烈 24148	有严重 13930	有广阔 8866	有幸福 6073
有强大 19858	有固定 13625	有困难 8860	有完全 5997
有直接 19732	有绝对 12041	有深刻 8448	有合适 5939

有遗憾 5937	有高级 4076	有最高 2982	有浪漫 1990
有轻微 5765	有合理 4068	有正式 2980	有恐惧 1945
有相似 5720	有坚定 4045	有优秀 2928	有悲伤 1941
有深远 5719	有异常 3978	有全面 2844	有深入 1927
有多余 5683	有错误 3971	有神秘 2843	有神奇 1893
有深厚 5649	有完美 3912	有疼痛 2780	有不适 1884
有危险 5523	有惊人 3899	有复杂 2771	有不妥 1880
有一样 5519	有基本 3869	有天大 2762	有主观 1835
有一般 5506	有客观 3808	有著名 2758	有自觉 1835
有健康 5391	有新鲜 3768	有不错 2751	有认真 1810
有意外 5361	有不足 3754	有可疑 2733	有消极 1789
有美好 5111	有长远 3592	有犹豫 2711	有敏锐 1760
有伟大 4966	有最好 3591	有失望 2698	有超前 1756
有默契 4927	有好吃 3566	有可爱 2650	有精美 1737
有快乐 4785	有坚强 3522	有漂亮 2645	有麻烦 1737
有美丽 4768	有两样 3493	有坚实 2587	有不利 1722
有传统 4763	有合法 3471	有出色 2545	有头痛 1720
有适当 4723	有崇高 3467	有民主 2530	有黑暗 1707
有自信 4605	有可靠 3435	有紧急 2476	有温暖 1676
有清醒 4555	有简单 3369	有扎实 2473	有华丽 1674
有多难 4540	有雄厚 3328	有恶心 2414	有长足 1670
有根本 4517	有真实 3297	有准确 2395	有伤心 1665
有生气 4492	有详细 3278	有清晰 2298	有好看 1619
有悠久 4464	有有效 3257	有秘密 2283	有最新 1587
有最大 4445	有礼貌 3210	有发达 2260	有感慨 1584
有理想 4418	有实用 3207	有庞大 2256	有丰厚 1580
有普通 4375	有独到 3200	有光荣 2247	有不俗 1551
有浓郁 4339	有平等 3133	有远大 2203	有过硬 1543
有过多 4272	有精彩 3108	有古怪 2146	有善良 1543
有正常 4219	有确切 3075	有正当 2100	有不对 1534
有不良 4205	有权威 3057	有要紧 2053	有兴奋 1520
有成熟 4162	有痛苦 2995	有年轻 2039	有便宜 1516
有蹊跷 4102	有高尚 2982	有不便 2034	有一致 1515

有优异 1515	有绝望 1188	有曲折 985	有方便 829
有严密 1483	有平淡 1187	有最多 985	有文明 828
有短暂 1478	有确凿 1182	有亲爱 985	有关键 827
有公平 1470	有紧张 1175	有迷人 982	有心痛 827
有持久 1459	有温柔 1169	有抽象 978	有相近 826
有连续 1457	有广博 1165	有沉默 978	有好玩 821
有完备 1443	有透明 1157	有最低 966	有辉煌 820
有原始 1418	有进步 1145	有无奈 963	有可怕 819
有微弱 1417	有难过 1125	有孤独 943	有简便 817
有充裕 1396	有彻底 1117	有强劲 932	有确实 816
有配套 1390	有自然 1113	有模糊 926	有激动 816
有安全 1369	有爱国 1112	有像样 926	有厉害 814
有激越 1368	有热情 1109	有豪华 926	有随意 803
有侥幸 1367	有亲切 1105	有珍贵 923	有风趣 801
有及时 1360	有镇静 1096	有热闹 918	有威严 800
有优越 1352	有微小 1095	有详尽 915	有浓烈 797
有卓越 1340	有繁华 1091	有公开 914	有深切 790
有聪明 1315	有不满 1082	有落后 912	有高大 788
有光明 1303	有杰出 1076	有舒适 899	有生动 786
有正规 1299	有高超 1073	有紧密 892	有清新 781
有旺盛 1291	有长久 1072	有真诚 890	有顽强 779
有单一 1288	有虚假 1072	有平静 879	有乐观 776
有清楚 1267	有努力 1056	有细小 878	有惊讶 774
有浓重 1260	有细微 1042	有过时 865	有敏感 772
有恐怖 1251	有愤怒 1034	有熟练 855	有寂寞 764
有单纯 1249	有烦恼 1024	有激烈 855	有气馁 758
有欢乐 1246	有迟疑 1018	有精致 850	有柔软 756
有理智 1239	有有限 1016	有暧昧 847	有清洁 752
有可观 1234	有勇敢 1011	有公正 844	有古老 752
有可恨 1218	有高兴 1006	有陌生 844	有友好 750
有灵活 1217	有主动 1000	有甜美 839	有切实 748
有不安 1202	有凑巧 997	有轻松 838	有漫长 741
有密集 1198	有不当 995	有充沛 831	有正经 737

有不平 734	有严谨 671	有偶然 601	有渊博 545
有封建 730	有平衡 671	有恰当 600	有动摇 544
有精确 724	有畏难 670	有麻木 600	有无聊 541
有优美 724	有宽阔 659	有显赫 599	有懈怠 535
有亲密 724	有严肃 654	有可用 596	有清凉 528
有疯狂 722	有不够 653	有虚伪 596	有中意 527
有剧烈 718	有安定 653	有不悦 595	有性感 526
有团结 717	有为难 653	有分散 587	有紧要 525
有牢固 716	有知名 643	有凶险 586	有活跃 523
有高贵 716	有热心 641	有动人 585	有软弱 523
有坚固 714	有高雅 640	有贫困 580	有纯洁 523
有沉重 712	有幸运 639	有客气 572	有优雅 523
有干净 710	有实在 638	有冷静 571	有高明 522
有平常 705	有温馨 638	有地道 569	有苦涩 519
有直观 702	有过分 634	有反感 567	有强健 515
有宽广 702	有规范 633	有疲惫 564	有细致 513
有好奇 698	有高深 632	有神圣 560	有奇异 513
有脆弱 698	有利 629	有知心 555	有适量 512
有焦虑 694	有吃亏 616	有精辟 554	有惋惜 512
有安静 683	有富裕 613	有和谐 552	有烦心 512
有甜蜜 683	有出众 613	有混沌 552	有赚钱 510
有奇特 682	有明白 607	有愚蠢 552	有坎坷 507
有灿烂 680	有不轨 604	有保温 548	有微妙 506
有适度 678	有抑郁 602	有尖锐 548	有明晰 504
有拘束 678	有强壮 602	有系统 546	有不快 500
有幽默 678			

五　有 + an

有困难 19087	有卫生 3126	有冲动 1706	有幸福 1198
有必要 11157	有麻烦 2773	有努力 1664	有恐惧 950
有危险 9397	有痛苦 2505	有热情 1536	有快乐 732
有矛盾 7779	有礼貌 2403	有民主 1362	有委屈 729
有烦恼 4929	有温暖 2322	有腐败 1206	有稳定 659
有安全 4196	有不满 1908	有健康 1198	有成功 655

有遗憾 645	有苦恼 230	有耐酸 118	有威风 78
有霸气 632	有迟疑 229	有自得 116	有辛苦 71
有妖气 515	有实惠 221	有郁闷 115	有便利 70
有松懈 458	有自信 211	有愤怒 114	有繁荣 70
有喜悦 454	有骄傲 189	有寂寞 113	有悲痛 66
有自由 402	有黑暗 182	有孤独 105	有悲愤 65
有愧疚 387	有辛酸 166	有荣耀 105	有邪恶 63
有伤感 383	有焦虑 157	有苦闷 104	有真诚 62
有奥妙 372	有艰辛 155	有不快 102	有宁静 62
有疼痛 370	有尴尬 140	有安宁 99	有默契 57
有困惑 363	有迷惘 140	有惆怅 96	有公道 56
有悲伤 345	有不足 138	有哀伤 96	有负疚 54
有惊喜 339	有无奈 127	有热忱 95	有懈怠 54
有悲哀 322	有意外 125	有坎坷 93	有独特 53
有耐心 310	有曲折 124	有灵光 91	有温热 53
有忧伤 282	有不安 122	有反感 87	有沉默 53
有欢乐 265	有团结 119	有恐慌 85	有忠诚 50
有忧愁 257			

第十章

"有 + VP"产生机制与动因

"有"是汉语中仅次于"是"的第二高频动词,有多种引申甚至虚化的用法(刘丹青,2011:99)。马建忠(1898)开启了近现代汉语对"有"的研究。现代汉语层面,"有"字句同样也是一种形式多样、表义丰富、使用频率很高的句式(张豫峰,1998:28)。例如:①

(1) a. 这座桥有两层。
b. 张老师有很多书。
c. 教书这个工作很有意义。
d. 小马这个青年有头脑,有眼光。
e. 太阳有九大行星。

组例(1)中"有"表"领有、具有"。a-e分别代表"有"表"领有、具有"的下位分类。

(2) a. 屋里有人。
b. 靠窗户有一把竹椅子。
c. 有情况!他猛地站起来向门外奔去。
d. 有你的电话。
e. 这是菜单,中餐、西餐都有。

---

① 以下五组例句引自刘月华等《实用现代汉语语法(增订本)》,"有"的表义及用法也参照随文论述。详见刘月华等(2001:692—698)。

组例（2）a-e代表"有"表示"存在"的五种情况。

(3) 近年来，中小学教育也有了很大发展。

例（3）中"有"表示"发生和出现"，"有"的宾语是动词。

(4) a. 云的种类很多，有卷云、积云、层云等。
    b. 来客也不少，有送行李的，有拿东西的，有送行兼拿东西的。
    c. 这本书有三百多页。

组例（4）"有"表示"包括"，a、b、c代表三种不同情况。

(5) a. 我学习汉语有六个月了。
    b. 我的小女儿有桌子高了。

组例（5）中"有"用于估计和比较语境中，表示"达到"。（按：a中"有"可解读为"确认"功能；b中"有"具有完句功能。）

虽然刘月华等（2001）列举了现代汉语中"有"字句的通行用例，但上述"有"的这些常规用法并不是我们所要关注的重心。我们所关注的是现代汉语中"有"与动词性成分共现使用的情形（可码化为"V+有"或"有+VP"），以及"有"以"有+VP""V+有"等形态进入句子层面的特殊功能。例如：

(6) 铜镜上刻有花纹　墙上写有"肃静"两个大字（吕叔湘，1999：631）

(7) 因为拍摄《还珠格格》而与林心如结成好友的赵薇与范冰冰，前者27日透露因为有工作在身将缺席婚礼，而范冰冰则还没有决定会不会出席，不过先前她有透露自己就是好姐妹的婚礼军师，有参与挑选婚纱和筹备细节，最大的心愿就是希望认识18年的好友

能成为最美新娘。(《林心如闺蜜团曝光》凤凰网 2016 – 07 – 28)

(8) 另据哥本哈根消息,一批丹麦人昨晚在美国大使馆前面举行了抗议示威,他们打着写有谴责美国对越南的侵略行动字样的标语牌。(《美、瑞典、丹麦人民举行示威》《厦门日报》1965 – 2 – 10)

例(6)(7)(8)中"有"的性质与用法较早引起学界关注与研究。王士元(1965),赵元任(1979/2010),朱德熙(1982),宋玉柱(1989、1991),邢福义(1990),宋金兰(1994),施其生(1996),刘利(1997),吕叔湘(1999),石毓智(2004a),董秀芳(2004),祝晓宏(2004),王森、王毅、姜丽(2006),王国栓、马庆株(2008),左思民(2008),任鹰(2009),兰碧仙(2009),陈前瑞、王继红(2010),王勇、徐杰(2010),郭中(2012)等从句法、语义、语用等角度,将共时与历时演变相结合,对古代汉语、南北方方言中"有"的性质、功能与用法进行了考察。

第十、十一章两章在现有研究成果的基础上,对现代汉语中与动词及动词性成分具有互动关系的"有"进行考察与分析,重点关注"有"在动词及动词性成分后(VP + 有)的用法与功能;着重探讨"有"在动词及动词性成分前(有 + VP)的演变、功能与"有"的演变及性质之间的关系。

本章主要对现代汉语中"有 + VP"结构产生的动因及其演变机制进行分析与探讨。本章英语例句取自 Linguistic Data Consortium (LDC) 和 British National Corpus (BYU-BNC)。

第一节 "有 + VP"的来源

关于"有""有 + VP"的来源,目前学界主要有三种观点:一是来源于南方方言,二是古代汉语的复苏,三是汉语语法内部结构的调整。如若将南方方言中"有 + VP"结构的使用看成对古代汉语的承继,那么"有 + VP"的来源则只会有两种情况,即古代汉语用法的复苏和汉语语法内部结构的调整。

(9) 你有看见他没有？　　[吕叔湘按：有没有看见他？]

——我没（有）看见他。//——我有看见他。（赵元任，1979/2010：331）

——没（有）看见他。//——有看见。

对例（9）中"有"作为"没（有）"的肯定使用，赵元任（1979/2010：331）认为，这是"从广州话（以及台湾闽南话）传入普通话的一个新用法"。"有+VP"的合法化是普通话与南方方言的接触的结果。

宋金兰（1994）在对上古汉语及现存闽方言中"有+VP"结构进行研究后指出，"有"产生的时间比"了、着"要早得多。宋文认为，"有"作为体助词的用法最早或许可以追溯到殷商时期。殷墟甲骨卜辞中就已经出现了带有体助词功能的"有"，"'有'是汉语体助词最早的源头"[①]。闽方言中"有+VP"结构的使用仅是对古代汉语的继承与保留。兰碧仙（2009）持有同样观点："有+VP"结构（按：原文为"有+VP"$_2$结构）最早可追溯到殷商时代的甲骨文。"有"的使用历经一个隐退与复出的过程。"'有'的隐退与'了'的出现有着很重要的关系，'了'的专职身份使得'有+VP'$_2$格式在主流语言中隐退。'有+VP'$_2$复出受方言、外来语、传媒、语言机制、自身优势等因素的影响。"[②]

王国栓、马庆株（2008）认为，普通话中"有+VP"结构用法的出现可能来自粤语，也可能来自台湾话，但台湾话中的"有+VP"较大可能源自闽方言。所以，从源头上看，"有+VP"结构"有可能来自于粤语或闽语，也可能来自二者的结合"[③]。

语言接触或曰方言影响只是语言发展的外部促进因素。深究其原因，"有+VP"结构在普通话中的出现与使用自有其内部规律。

---

① 宋金兰：《"有"字句新探——"有"的体助词用法》，《青海师专学报》1994年第2期，第37页。

② 兰碧仙：《"有+VP"$_2$结构分析》，《集美大学学报》（哲学社会科学版）2009年第3期，第58页。

③ 王国栓、马庆株：《普通话中走向对称的"有+VP（+了）"结构》，《南开语言学刊》2008年第2期，第87页。

石毓智、李讷（2001），董秀芳（2004），王森、王毅、姜丽（2006）等所持观点认为，现代汉语中"有+VP"结构的出现和使用是"有没有+VP"结构类推的结果。石毓智、李讷（2001）指出，普通话中"V+了"结构使用频率极高，具有极强的类推作用，"有+VP"出现的可能性极小。董秀芳（2004）认为，现代汉语中"有"和"了"二者在功能上具有相关性，"有"的使用被"了"阻断（block）。虽然如此，但是在"语法内部发展规律"的要求下，"有"及"有+VP"在普通话中的使用已呈渐增趋势。

普通话中"有+VP"的出现可能首先在"有没有+VP"问句的答语中出现，"有+VP"的使用"有其深刻的认知理据"（石毓智、李讷，2001：281）。董秀芳（2004）对"有"在现代汉语中的使用做出预测：普通话本身存在助动词"有没有"和"没有"，助动词"有"的不存在就使普通话的助动词系统出现了一个空格，语言系统从不平衡走向平衡的内部机制会促使这个空格得到填补。

类似石毓智（2001）、董秀芳（2004）的观点我们可以总结为语法结构内部规律的类推。与此相近的观点还有王森、王毅、姜丽（2006），王国栓、马庆株（2008），郭中（2012）等。此三文从"有"和"没有"，"有+VP"和"没有+VP"，"有没有VP"答语的对称与不对称角度，对"有+VP"在现代汉语中的使用进行论证。

"有+VP""没有+VP"二结构在普通话中的渐趋使用主要是因为"'有没有+VP'在语用和结构上的诱发作用而渐渐形成"（王森、王毅、姜丽，2006：10）。王国栓、马庆株（2008）指出，普通话中"有"和"没有"之间存在形式上的不对称，即存在"没有+NP""没有+VP"和"有+NP"，但是却没有"有+VP"。如：

A. 没有+NP　　C. 有+NP
B. 没有+VP　　D. ？　　←"有+VP"

在类推机制的作用下，D 处可以出现"有+VP"。这样"有"与"没有"形成对称，符合"语言内在平衡性的要求"（郭中，2012：122）。在语法内在机制的影响下，"有+VP"逐渐取得了与"没有+VP"相同的地位，实现了"有""没有"的肯定、否定的对称。

"有"在汉语中是一个多功能词（multifunctional words），具有多种用法与意义。但在现代汉语范畴内，"有+VP"结构的出现却被视为"新兴"的"小众"语言使用。例如：

（10）根据微博流出的内幕，爆料者指出何穗私底下耍大牌，向闺蜜秦舒培抱怨林志玲，而秦舒培原本有受到《我的新衣》的邀请，却临时被换角，心有不满向男友陈冠希诉苦，陈冠希才会替女友和女友的闺蜜出气。（凤凰娱乐 2016-07-30）

（11）周杰伦："因为，我从他们唱……这个在唱的当中其实有被感动到，因为我觉得，他们一直很想要有人冲下来，为他们做点什么。"（《中国新歌声（第一季）》第五期台词脚本）

（12）哈林：你有学过音乐吗？
吴映香：呃……十二岁的时候学过三年流行演唱。（《中国新歌声（第一季）》第五期台词脚本）

类似上述三例，"有+VP"类语法结构的出现与使用是多方面因素共同作用所产生的。古代汉语语法现象的复苏，与南方方言的接触、融合，受外来语（英语）译介的影响，在语言（语法）内部发展机制等的内部因素与外部因素的双重作用下，"有+VP"在普通话中实现了从无到有，正逐渐被人们所接受。

第二节 方言接触与类推

赵元任（1979/2010）较早提出普通话中"有+VP"结构的出现是与南方方言接触的结果。据黄伯荣（1996）对南方方言的调查，共有七种方言使用"有+VP"表示动词的完成体或实现体（石毓智、李讷，2001：272）。陈前瑞、王继红（2010）指出，"部分南方方言动词、形容词前的'有'可以分别确认事件或状态的现实性"，"是一种完成体用法"。以下我们主要对散见于部分著述中的南方方言中"有+VP"的使用情况进行梳理。

在广东、福建等东南沿海南方方言区，"有"字句的使用频次较高，句式功能表达丰富。郑懿德（1985）概括了福州方言"有 + VP"的四种表达功能：第一，"有 + VP"中"有"可以"肯定动作、行为的真实存在"。例如：

(13) 伊厝有养鸡鸭。
他家是养了鸡鸭的。
(14) 街口许间汤池店冥哺有开。
街口那间澡堂晚上是营业的。（例13、14引自郑懿德，1985：310）
(15) 去年冥伊有转来。
去年他回来了。（韩旭，2009：12）

从郑文随文对译的普通话例句可以看出，福州方言"有 + VP"的功能与现代汉语中的"是……的"强调句式具有相似功能。

第二，"有 + VP"表达对动作、行为的发生或事件的存在的确认。例如：

(16) 我有接到通知。
我接到通知了。
(17) 我有共伊拍电话。
我给他打过电话。（例16、17引自郑懿德，1985：310）
(18) 门只行有开。
门这时开着。（韩旭，2009：12）

第三，"有 + VP"可表达做某事的意志、愿望和可能。例如：

(19) 有食蠘其，快来。
要吃螃蟹的，快来！
(20) 有去洗汤其，齐行。
要去洗澡的，一起走！（例19、20引自郑懿德，1985：310）

(21) 有去比赛其侬留下来，无去比赛其同转去。
要参加比赛的留下，不参加比赛的可以回去了。
(22) 明旦有开会。
明天要开会。（例21、22引自：韩旭，2009：12）

此时，"有+VP"中的"有"相当于普通话中的"要"。此外，"有"还具有与普通话"会"相近的功能，可以加在心理动词"想"之前。例如：

(23) 只架车有去泉州。
这辆车会经过泉州的。
(24) 伊有食熏，我无食熏。
他（会）抽烟，我不（会）抽烟。（韩旭，2009：12）
(25) 伊有想去考研究生。
他想去考研究生。
(26) 今年冥五月节，我有想去看耙龙船。
今年端午节，我想去看划龙船。（例23、25、26转引自郑懿德，1985：310）

第四，"有+VP+数量结构"，表示动词后的数量达到某种程度或数量变化的幅度，并表示动作已经发生。例如：

(27) 许日伊有食四五十粒饺。
那天，他吃的饺子足有四五十个。
(28) 伊有行去三四字钟了。
他走了足有十五至二十分钟。
(29) 伊头发有澫蜀半阿。
他头发掉的足有一半儿了。（例27、28、29转引自郑懿德，1985：311）

郑敏惠（2009）在此基础上继续对福州方言的"有+VP"结构进行

探讨，指出"有+VP"结构可以表示对动作完成的确认，可以对动作、行为状态存在的确认。此观点与施其生（1996）对汕头方言的观察结果较为一致。例如：

（30）阿李有叫我甲伊请假。
　　　老李叫了我替他请假了。
（31）伊有来过我只内。
　　　他来过我家里。（此二例援自施其生，1996：26）

韩旭（2009）将此二例中"有"解读为：肯定一种情况的存在。施其生（1996）认为例（31）中"有"具有"经历体"表达功能。

郑敏惠（2009）对福州方言的观察较郑懿德（1985）更加细致：第一，"有+V"的表达功能与"V+完"不同。例如：

（32）汝看完电影过来蜀下。
　　　你看完电影过来一下。
（33）汝有看电影过来蜀下。
　　　你要是看电影过来一下。（此二例引自郑敏惠，2009：94）

第二，"有+VP"中"有"不具有表时功能。例如：

（34）蜀冥我有食牛奶。
　　　昨天我吃了牛奶。
（35）只瞒有边量雨。
　　　现在下着雨。
（36）后日有上堂。
　　　后天要上课。（此三例转引自郑敏惠，2009：94）

"有+VP"在例（34）—（36）中分别出现在过去时、现在时和将来时语境中，所以，"有+VP"不具有表时功能。

第三，"有+VP"的表达功能与"体"无关，仅确认动作的发生或状态的存在。例如：

(37) a. 蜀冥伊有来，我无来。　昨天他来了，我没来。
　　　b. 明旦伊有来，我无来。　明天他来，我不来。
(38) a. 头先无边雨，只瞒有边雨。
　　　　刚才没下雨，现在下着雨。
　　　b. 头先有边雨，只瞒无边雨。
　　　　刚才下了雨，现在没下雨。（郑敏惠，2009：94）

从（37）、（38）两组例子的对比中可发现，"有+VP"可以是对已然VP的确认，也可以是对未然VP的确认，还可以是对持续VP的确认。此与施其生（1996）的观察较为一致。例如：

(39) 你阿是有遇着伊哩请伊来我内坐一下。
　　　你要是遇见他的话，请他到我家里聊一聊。
(40) 听日如果佢有问起呢件事，你就话唔清楚。
　　　明天如果他问起这件事，你就说不清楚。
　　　　　　　　　　　　　（此二例引自施其生，1996：27）

VP所述事件虽多为已然的，但是"有+VP"不排斥未然（施其生，1996：27）。例（35）、例（36）分别为汕头方言和广州方言，其间VP都是未然事件。此外，"有"可以出现在惯常态的事件表达中，在这些句子中动词多排斥体标记。例如：

(41) 邮局星期日也有开门。
　　　邮局星期天也开门的。
(42) 我有经常去睇伊。
　　　我经常去看他的。
　　　　　　　　（此二例，汕头方言，引自施其生，1996：27）

"有"的不表体功能一般也可体现在"有"与体标记的共现，或者

"有"与"了、好"等体标记表达功能却截然不同。例如：

(43) 伊有去过香港。
　　　他去过香港。（郑敏惠，2009：94）
(44) 阿兄有做作业 ≠ 阿兄做了作业了
(45) 阿弟弟有穿裤哩 ≠ 阿弟弟穿好裤了哩。（施其生，1996：27）

福州方言"有"与体标记共现说明，无论 VP 出于什么状态，"有"仅是对 VP 所表动作、行为状态的确认。在汕头方言中，"有+VP"是对"做作业""穿裤子"等动作行为的存在的确认，而"了""好"的体标记则是对动作完成的标记。

此外，郑敏惠（2009）还分析了"有+VP"的语用功能，即强调功能、聚焦功能和完句功能。例如：

(46) "汝今旦是怀是无去上堂?" 你今天是不是没去上课？
　　 "底侬讲其? 我有去!"　　谁讲的? 我真的去了。
　　　　　　　　　　　　　　（郑敏惠，2009：96）
(47) a. 街口许间汤池店冥铺开。
　　　　街口那间澡堂晚上营业。
　　 b. 街口许间汤池店冥铺有开。
　　　　街口那间澡堂晚上是营业的。（郑敏惠，2009：97）
(48) *者个侬图哥打球。
　　　者个侬图哥有打球。
　　　这个小孩打球（郑敏惠，2009：97）

例（46）"有去"具有强调功能，语气强烈。（47）a 仅陈述"澡堂只晚上营业"，"澡堂晚上营业"是（47）b 的信息凸显，这里的聚焦功能实际上也是一种强调。例（48）"有"的加入使得句子成立，是为完句功能。

陈前瑞、王继红（2010）结合已有研究成果对南方方言"有"的分布与演变进行探索,对"有"的完成体表达功能进行细致描绘。其观点对"有"的体表达功能,特别是"有"的完成体表达功能具有较大的推动。根据 VP 的存在形态,"有 + VP"在南方方言中主要有四个阶段分布:

Ⅰ. 有 + SP_S,确认状态的现实性。例如:①

(49) 这双鞋有水。
这双鞋漂亮。(闽南话,张振兴,1983:150)

Ⅱ. 有 + DP_S,确认状态的现实性。例如:

(50) 佢不时都有来新泉。
他常来新泉。(连城客家话,项梦冰,1997:319)

Ⅲ. 有 + DP_E,确认事件的现实性。例如:

(51) 早昏伊有来。
昨天晚上他来了。(闽南话,张振兴,1983:150)

Ⅳ. 有 + DA_E,确认状态变化的结果或状态变化的完成。例如:

(52) ——你睇我块面有红无/你睇我块面有冇红?
你看看我的脸红不红?
——有。/冇。
红了。/没有红。(惠州话,陈淑环等,2006)

陈文认为,在南方方言中"有"语法化遵循"Ⅰ→Ⅱ→Ⅲ→Ⅳ"的

---

① 以下四例援引自:陈前瑞、王继红(2010:47)。"SP_S""DP_S""DP_E""DA_E"中:"SP"指静态谓词(static predicate),"DP"是动态谓词(dynamic predicate),"DA"指变化形容词;"$_S$"指状态(state),"$_E$"指事件(event)。

演变路径。南方方言中,"有"无论是对状态的确认,还是对事件的确认,都属"体"范畴表达功能。对状态的确认属"广义结果体",对事件的确认属"完成体","有"的完成体功能是从结果体用法演变而来(陈前瑞、王继红,2010:47)。

"领有动词向完成体标记的发展"具有类型学上的普遍意义(石毓智、李讷,2001:268)。除了以上一些南方方言外,厦门方言、莆田方言、海丰方言、潮州方言等都有用"有+VP"结构以表示"完成体"(perfect aspect)。

刁晏斌(1998)在对台湾话(台湾话主要属于闽南方言区)进行研究时发现,台湾话在词汇、语法方面不同程度地受到闽南语的影响。语法方面,最典型的是"有"的使用(刁晏斌,1998:390)。例如:①

(53)警方怀疑对方有涉及桃园县长刘邦友官邸血案。(台湾《中央日报》1996年11月26日)

(54)不播有拍到明星住家地址的节目带。(台湾《中国时报》1996年11月28日)

类似例(53)、例(54)"有+VP"用于肯定动作的发生或确认事件的存在,在台湾话的口语甚至书面语中都较为普遍。

改革开放以来,在经济建设、文化交流等的促进下,南北方加速交流与沟通。此过程中,南北语言(方言)交际互动,"有+VP"就在这样的互动中进入了汉语普通话,正逐渐被人们所接受,并被推广使用。类似例(53)、例(54)等"有+VP"结构"新用法"已被现代汉语语言使用者所接受并推广使用。

方言被视为见证语言演变的活化石,往往较多地保留了古代汉语的语音、词汇、语法等现象。以台湾、广东、福建等地区为代表的南方方言大多都在一定程度上保留有古代汉语语法。南方方言对古代汉语语法的继承和沿用,随着经济发展、文化繁荣,在现代媒介的推广下,这些古代汉语语法"遗留"又再次"复兴"被沿用。对古代汉语语法现象的

---

① 此二例引自刁晏斌(1998:390)。

继承，可参考对比第十一章"有+VP"在古代汉语和现代汉语中的存在形态。

当然，"有+VP"结构的使用不仅仅只是古代汉语语法遗留的复兴，也不全是南方方言的推广，更有其自身内在的发展机制。

第三节　肯定、否定表达的不对称

赵元任（1979/2010）认为"有"在现代汉语中的使用起初是作为"没（有）"的肯定形式而出现的，如前文例（9）。再如：

(55) 鲁豫：你<u>有没有计算过</u>，在舞台上的时间加起来一共是多少？总共演过多少场？

郭德纲：<u>没（有）算过</u>，我觉着我在台上的时间肯定要比在台下长。(《鲁豫有约》)

(56) 鲁豫：你一个人在上海读书的时候<u>有没有感觉过</u>孤独？

赵薇：<u>有</u>（感觉过孤独）。我生日的时候自己就趴在被子里哭，其实是为了引起大家的注意。(《鲁豫有约》)

原则上类似上述二例"有没有VP"正反问句形式及其肯定、否定对称答语可码化为：

A：有没有+VP

肯定：有+VP　←对称→　否定：没有+VP

正反问句的答语中，"没（有）"表"过去或完成"（赵元任，1979/2010：331）。在"对称性原则"的类推下，"有+VP"中的"有"也可表示"过去或完成"。但是在现代汉语中，表"过去或完成"的用法借助体标记"了""过"进行表达。例如：

(57) 黄君："你<u>有没有碰见</u>悔恨天？"

楚云："<u>碰见了</u>。"(疯牛倜傥《刀神》)

(58) 官锦云道："你回来可<u>有没有碰见</u>什么人？"
公孙璞道："<u>没有</u>呀。"（梁羽生《鸣镝风云录》）

正反问句"有没有VP"的肯定、否定不对称答语可码化为：

B：有没有 + VP
肯定：V 了　←不对称→　否定：没有 + VP

对比 A、B，"有 + VP"的出现可以看作"汉语普通话的完成体在正反问句这一特定语法环境中，由不对称向对称转化"（石毓智、李讷，2001：280）。"没有 + VP"被看作完成体表达的否定式，而"有 + VP"为对应的肯定表达。朱德熙（1982）也曾注意到"没有 + NP/VP"与"有 + NP/VP"之间的不对称性：

A（肯定）	B（否定）	C（否定）	D（问句）	E（回答问题）
有孩子	没孩子	没有孩子	有孩子没有	有~没有
去了	没去	没有去	去了没有	去了~没有
有去	没去	没有去	去了没有	去了~没有①

现代汉语中只有 A 项是不平行的，但在粤语和闽南话中"没有 + 动词"的肯定形式正好是"有 + 动词"（朱德熙，1982：71）。鉴于现代汉语中完成体表达式"V + 了"的强势运用，"有 + VP"在现代汉语中虽具有出现的条件，但发展缓慢。"有 + VP"很可能会成为现代汉语中"完成体的另外一个变体"（石毓智、李讷，2001：281）。

"有 + VP"在对"有没有 VP"正反问句进行肯定回答时，通常会将 VP 省略，这与"没有 + VP"省略 VP 效果相同。在口语中，"有"的单用更加简洁，对动作、行为或状态更加确认。例如：

(59) 鲁豫：<u>有没有</u>告诉他你六岁的时候就给他献过花？

---

① 原文无此行，为对比方便，我们在此补出一行。

莫文蔚：<u>有</u>，后来我跟他合作拍《色情男女》的时候我就跟他讲了这个故事。(《鲁豫有约》)

（60）鲁豫：现在回过头来看当初，你<u>有没有</u>觉得自己有时候很傻，就是接受记者访问说了一些不该说的话？

赵薇：<u>有</u>，肯定<u>有</u>。(《鲁豫有约》)

"没有"与"有"的肯定、否定不对称通常只体现在后接 VP 上；当后接 NP 时，"没有"与"有"的肯定、否定是对称的。如：

没有办法　有办法　有没有办法　没有时间　有时间　有没有时间
没有机会　有机会　有没有机会　没有问题　有问题　有没有问题
没有理由　有理由　有没有理由　没有关系　有关系　有没有机会

由此可见，现代汉语中"有 + NP"与"有 + VP"的使用及其否定表达也是不对称的。前两章我们对现代汉语中的"有 + NP"结构进行一定的分析与探讨。部分动词能够进入准谓宾动词"有"的宾语位，该位置上的动词属性被重新分析，被解读为动词与名词的兼类词，亦可统称为"名词性成分（NP）"。如果对此类"有 + NP"进行否定，那么则会出现以下情形：

A	B	C	D
有影响	没有影响	有影响工作/影响了工作	没有影响（工作）
有发现	没有发现	有发现问题/发现了问题	没有发现（问题）
有分析	没有分析	有分析形势/分析了形势	没有分析（形势）

A 列为"有 + NP"，B 列为 A 列的对应否定式；D 列为"有 + VP"的否定式，C 列是汉语中"有 + VP"的肯定表达及其替换形式。形式上看，B、D 构成同形格式。根据结构的"平行性原则"，我们认为 C 式中的"有 + VP"结构更符合汉语的表达习惯，也符合汉语肯定、否定表达的对称性要求。例如：

（61）其实大阵的威力九层以上都在阵心上，阵心越强大阵就越强，前提是匹配的阵心。而阵盘的强弱虽然也有影响到阵法的威力，但更多的还在于支撑作用，它如果撑不住阵心带来的威力，那可就惨了。(水平面《命运天盘》)

(62) 雯夏有发现买来的纸张质量并不统一。有时好有时坏，有时厚有时薄，于是便找了一家产品质量稳定的。(子楣《竹林第八闲》)

(63) 的确，记得当初整个游戏中都没有几个四转玩家的时候，在决定开发一条秘密通道时，我们就有分析过皇城的防守作战能力。(为何有雨《网游之生死》)

将上述三例做否定变换：

阵盘的强弱没有影响到阵法的威力
雯夏没有发现买来的纸张质量并不统一
我们没有分析过皇城的防守作战能力

这样的肯定、否定表达更加自然，更加对称。相反，现代汉语现有的"V 了 + O"句法格式的使用在肯定、否定的对比中则显得不太对称。例如：

(64) 我对你的那些想入非非的念头不感兴趣，什么人是不是你的亲妹妹也不是我现在要关心的。但如果这些东西和你正在进行的工作发生了关系，影响了工作，我就必须严厉地批评你、制止你。(易丹、钱滨《数风流人物》)

(65) 想到这里，李轲突然停下，皱眉道："晨儿，这森林有点诡秘。"晨曦不作声了，她也发现了问题。眼前森林依旧生机盎然，但是空中的氛围却显得有些怪异，没有任何能量的气息不代表着没有能量的存在。(仗剑癫狂《仙缘情》)

(66) 公安部副部长杨奇清分析了形势：国民党的潜伏电台至今活动频繁，该潜伏台台长因通报毛泽东访苏的情报有功，已被国民党保密局由少尉提升为少校。而我公安部除了掌握破译的署名 0409

的敌电译文以外，还没有任何其他线索。（赵大义《暗杀阴谋是如何是破灭的》）

例（64）、（65）、（66）的对应否定式应为上文的 D 列结构。D 列结构与 A、B、C 的肯定、否定表达序列呈现对称趋势。类似例（64）—（66）的"V 了 + O"结构则是不对称的表达，虽然"V 了 + O"结构在现代汉语中属强势句法表达。

从词性论的角度看，汉语史范畴内，"有 + VP"出现的时间最早，其可追溯至殷商时期；"有 + VP"中"有"具备被分析为副词的基础，这点前文我们已经指出。"有"作为副词出现时间要远早于"没"。据石毓智、李讷（2001）的考证，"没"的否定用法出现在唐宋时期，起初是名词性否定；至 15 世纪前后，"没"逐渐开始成为动词性否定标记；直至 16 世纪，"没有"在汉语中方可对谓词性成分进行否定。"有没有 + VP"结构在 20 世纪初开始出现，至 20 世纪二三十年代开始迅速扩展至整个汉语。

汉语范畴内"有 + VP"结构自 15 世纪前后开始逐渐退出历史舞台。"有 + VP"结构的退化是汉语语法系统变革的结果，此一时期，汉语否定系统的重建、时体标记系统的建立，"了、着、过"作为体标记的高频强势使用等阻断了"有 + VP"结构的出现。现代汉语范畴内，在语法系统内部发展的平衡机制作用下，"有 + VP"结构在"没有 + VP"结构的类推下，开始复苏。汉语范畴内，"有 + VP"结构的演变大致可构拟为：

有 + VP→ 　　　　　没有 VP→有没有 VP→有 + VP//没有 + VP
有 + NP→没 + NP→　没有 + NP→有没有 + NP→有 + NP//没有 + NP
有 + NP→没 + NP→没 + VP →没有 + VP→有没有 + VP→有 + VP//没有 + VP

无论从汉语语法发展的内部机制对"有 + VP"结构的出现进行分析，还是从汉语历时语法的发展角度对"有 + VP"的出现进行解读，"有 + VP"结构与现代汉语惯用结构"V 了 + O"结构不具有同一性，不可进行等值解读。现代汉语"有"的肯定、否定表达存在不对称性,"有+VP"结构的出现与使用弥补了语法内部机制的不平衡性,也使得"有""没有"肯定、否定表达对称化。惯用结构"V了+O"才是汉语不对称表达的始作俑者。至于"有+VP"与"V了+O"二者在表达上的差异,我们留待下一章节进行分析。

第四节 "have"与"有"的对译

尽管"有"表完成体用法在现代汉语中尚存一定争议,但是这并不能掩盖人类语言类型的普遍特性。"领有"动词向完成体演变具有语言类型学意义,诸如:英语、西班牙语、意大利语、法语等印欧语系,蒙古语、裕固语、保安语、撒拉语等阿尔泰语系,藏语、景颇语、拉祜语、仫佬语等汉藏语系等。

汉藏语系:
藏　语:jɸʔ(有、在,完成体助词)
仫佬语:mɛʔ(有,完成体助词)
景颇语:nga(在,持续体助词)
拉祜语:tsʰɛ(在,完成体助词)
印欧语系:
英　语:have(有,完成体助词)
法　语:avoir(有,完成体助词)
德　语:babe(有,完成体助词)
西班牙语:hay(有,完成体助词)
阿尔泰语系:
蒙　古　语:ɛɛn(有,持续体助词)
西部裕固语:bar(有,持续体助词)
保　安　语:wi(有,完成体助词)
撒　拉　语:var(有,完成体助词)(宋金兰,1994:36—37)

汉语"有"表完成体功能具有语言类型学意义,是世界语言完成体表达功能的重要参数之一，尽管汉语"有"的完成体表达功能存在解读差异。

改革开放以来，中国加速与世界交流与对话；特别是近20年来，中国经济、文化更是极大发展与繁荣。在中国人走出去、外国人走进来的互动中，对外交流成为人们不可或缺的重要事项。英语在这一交流中起到了举足轻重的作用，在英汉双语互动中，英语与汉语相互影响，彼此作用。与汉语相同，英语中表示某人对某物的领有多使用"领有动词" have。① 例如：

(67) Then when they <u>have money</u> they don't know what to do with it. (BYU-BNC)

(68) The picaresque vitality of Richardson's novel begins to wane early in the third volume (a frequent fate of follow-ups) and, as a theatre audience <u>does not have the opportunity to</u> plough through stodgy bits in their own time, we felt it made for better drama to kill Pamela (in the novel she comes near to death) before the dramatic conflict itself dies. (BYU-BNC)

例(67)、例(68)可直译为汉语"有钱""有机会"，例(68)准确的翻译是"没有机会"。也即英语"have NP"对译汉语的"有 NP"。

同时，与汉语相比，英语中存在专属完成体标记，即从领有动词"have"演变而来。例如：

(69) The decision process was difficult, and after much deliberation, we <u>have selected</u> eight winners! (LDC)

(70) Over the past 18 years, we <u>have produced</u> nearly 200 corpora in over 20 Asian languages, primarily in Chinese, Arabic, Japanese and Korean. (LDC)

(71) Finally, I will talk about recent efforts in developing public

---

① 英语对应汉语存在动词"有"多直译为"there be"结构。

shared tasks for this field, and the lessons we have learned from them for designing similar shared tasks in the future. (LDC)

（72）Draft letter which I have not got, it's very very rough, for the press. (BYU-BNC)

（73）The fact that I have not scored yet spices the match up for me. (BYU-BNC)

（74）When you are young, you have not finished growing. (BYU-BNC)

如上述例句所示，英语完成体肯定式表达为"have + V - ed"，对应的完成体否定表达式为"have not + V - ed"。英语中完成体肯定表达与否定表达对称。英汉对译过程中，含有"have"的英语多被翻译为"有"。根据"have"所出现的语境，汉语对译可分为"有没有 VP"和"有 + VP"结构句。例如：

（75）——Have you ever thought about writing and publishing a book? (NTD-NRC)
你有没有想过写作并出版一本书？
——Yes, I have. 有想过。
——No, I haven't. 没有。

这样的直译显得更加直接，意思清楚、流畅，更易于被人们所接受与使用。正是由于这样的对译与直译，汉语使用者在潜移默化中接受了"有 + VP"结构，一定程度上促进了"有 + VP"的使用与推广。

在对英语的直译过程中，"有"不仅可以对译"have"的完成体用法，在一定的情况下，"有"还可以被用来确认或强调动作、行为的发生及事件、状态的存在。例如：

（76）Duke: what's Antonio here?
　　　Antonio: Ready, so please, your Grace. (The Merchant of Venice)

——安东尼奥有没有来？

——有（来），殿下。

(77) Did any of you discuss surrendering?

　　　Yes, sir. We did. We were all wounded … (Courage Under Fire)

——有没有考虑投降？

——有（考虑）。我们都受伤了……

伴随着类似的英汉对译和直译，"有＋VP"结构在汉语中的使用更加频繁，更加为使用者所接受并推广。

第五节　小结

作为古代汉语语法的遗存，"有＋VP"结构在南方方言中得到了较为完整的继承与发展，使用较为广泛，功能、用法较为丰富。改革开放以来，在南北方经济交流、文化发展的作用下，南北语言接触、融合，相互借鉴与影响。此过程中，以台湾话为代表的闽南方言、以香港话为代表的粤方言，以福州话为代表的东南沿海方言等被北方语言社团所模仿与学习。"有＋VP"正是在这样的语言接触与融合过程中逐渐被北方语言社团所接受并使用。

在英汉对译、互译与直译的过程中，"have"与"有"的互动同样促进了"有＋VP"的使用。即英汉之间存在以下对应关系：

　　　Have something　　↔　　有＋NP
　　　Have＋V－ed　　　↔　　有＋VP
　　　Have not＋V－ed　↔　　没有＋VP

英语领有动词及其完成体用法表达肯定、否定对称，在类推机制的作用下，汉语中"有＋NP"与"有＋VP"结构对称。汉语"有"具备向完成体标记演变的类型学意义。

任何语法现象的出现与发展仅有外部因素的诱发与促进是远不够的。

汉语"有"与"没有"肯定、否定的不对称，在语法发展内部的平衡机制作用下，逐渐走向对称。在类推机制的作用下，"有+VP"打破"了"的阻断，实现"有+VP"与"没有+VP"的对称。即汉语中存在以下对称表达：

有没有+NP　↔　有+NP　↔　没（有）+NP
有没有+VP　↔　有+VP　↔　没（有）+VP

惯用句法格式"V了+O"为不对称结构。"有+VP"的历时存在形态及其功能具有其特殊性。

第十一章

"有 + VP"的历时演变及其功能

"有"所处句法位置的不同,对其性质的解读也随之不同。"有 + VP"中的"有"不同于"有 + NP"的"有";即使是与动词或动词性成分构成句法组合,"有VP"中的"有"也与"V有"的"有"不同。目前,"有"的动词说、助词说和副词说是学界所持三种主流观点,详见邢福义(1990)、宋金兰(1994)、施其生(1996)、吕叔湘(1999)、董秀芳(2004)、郭中(2012)等。

"有"的词性、功能与用法存在多重解读。对"有"的功能与用法的讨论离不开其所依存的句法语境。线性序列上,"有"与 VP 的组构存在双重可能:"有 + VP"和"VP + 有"。"有 + VP"和"VP + 有"两结构中"有"的功能与用法是存有差异的,不能混作一谈。"有"的确认表达功能是否存在"体"解读可能?如果"有"能够表达"体"的概念,那么究竟是一种什么体,是完成体,经历体,还是经历完成体?表体的同时是否能传递"时"的概念?

对"有"的功能、用法的判断应建立在全面的语言调查研究的基础之上,根据"有"所处的句法语境、所在的句子结构及不同的变换形式,进行不同的解读与分析。同时,应严格区分"有"的功能与"有"所处结构的功能之间的不同。

"有 + VP"中"有"具有表示肯定与确认的用法,其功能是对 VP 所代表事件及动作行为的认同,随着演变的深入,"有"既具有客观用法,又具有主观情态表达功能。"VP + 有"或"V 有"与"V 了/着/过"具有类似性,在众多因素的作用下,"有"具有向"体"范畴用法演变的趋势。"V 有"中"有"是表完成体、实现体还是持续体,应结合语言事实进行分析。

本章在第十章的基础上,首先对"有+VP"的历时存在形态进行分析,以此找寻"有+NP"在古代汉语和现代汉语范畴内是否存在发展演变的内在关系;其次对"有+NP"的结构属性及其功能进行深入解读。在对"有+VP"进行论述的同时,兼及对"V有"句法组合的讨论。

第一节 古代汉语范畴内的"有+VP"

对古代汉语范畴内"有+VP"的存在形态的分析有助于我们从源头上追溯"有+VP"的历时演变过程。

一 "有+VP"的繁盛期

汉语中,"有"产生的时间比"了""着""过"要早,① 最早或可追溯到殷商时期。"有"是"汉语体助词最早的源头"(宋金兰,1994:36)。兰碧仙(2009)所持观点认为,"有+VP"结构最早可追溯到殷商时代的甲骨文。例如:②

(1) 于己丑有来。(《甲骨文合集》)
(2) 贞,在北史有获羌?(《甲骨文合集》)

起初(甲骨文),"有"主要表示事物的存在,动词性较弱;当"有"与动作性较强的动词共现时,"有"的存在义虚化。兰碧仙(2011)认为,"'有'(按:原文为'有₂')主要位于动宾结构和少量光杆动词前,由'存在'义虚化为'强调存在'。"例如:③

---

① 据李讷、石毓智(1997:89—94),石毓智、李讷(2001:139—147)的考证:"了"在魏晋南北朝时期可以出现在"动+宾+补"格式中的补语位置,表示动作的完成,直到宋代初期"了"开始挪前,成为一个体标记。"过"的本义是"通过某一空间位置",出现于魏晋南北朝时期,"过"在元明时期才真正成为一个体标记。"着"最早是个动词,最早出现在东汉,"着"真正表示动态行为的正在进行的用法在元代以后才逐渐出现。
② 例(1)引自兰碧仙(2009:59),例(2)引自兰碧仙(2011:59)。
③ 例(3)、例(4)引自兰碧仙(2011:60)。

(3) 王福勿有伐。(《甲骨文合集》)

(4) 已巳卜，贞有梦王溺。(《甲骨文合集》)

表 11 – 1　　　　　《甲骨文合集》"有 + V"统计①

哉	告	食	降	梦	获	来	用	改	入	去
6 例	5 例	4 例	3 例	2 例	2 例	2 例	1 例	1 例	1 例	1 例

周朝及先秦时期，"有 + VP"使用强化，"有"虚化表强调或肯定 VP 所代表的事件或动作行为的发生。根据兰碧仙（2011）的考证，我们将其研究成果进行二次统计制表。如下：

表 11 – 2　　　　　周朝文献与先秦典籍"有 + VP"统计

郭店楚简	睡虎地秦简	里耶秦简	上博简	尚书	论语	孟子	左传	周朝金文
0 例	0 例	1 例	3 例	5 例	3 例	10 例	14 例	15 例

"有 + VP"结构在先秦汉语中句法形式复杂，形式上存在多种变换，语义上存有不同表达。张文国、张文强（1996）结合实际用例根据"有"与"VP"间的不同关系，总结出先秦汉语"有 + VP"结构存在及变换形式。参见表 11 – 3。

表 11 – 3　　　　　先秦汉语"有 + VP"结构及其变换②

序号	结构码化	例句	来源
1	有 + V	故作者不详，学者受其殃，非者有庆。	荀子·正论
2	有 + [ ] + V	其无欲见，人命之；其有欲见，人饵之。	韩非子·外储说

---

① 表 11 – 1 中仅列出了数量可数的动词部分动词，此外还有数量较多的祭祀专用动词"酒、伐、岁（岁）、报、彳"等，此处暂不列出。

② 例句来源张文国、张文强（1996：63—64）。张文共总结 12 种结构关系，在对原文结构进行码化过程中，我们将其归纳为 10 种。结构码化 V 代表动词，VP 代表动词性短语（VP_1 + VP_2 可视作连动结构），O 代表宾语（O_1 + O_2 实为双宾结构），R 代表补语，[ ] 代表状语成分。

续表

序号	结构码化	例句	来源
3	有 + V + O	子产为政,有事伯石,赂与之邑。	左传·襄公三十年
4	有 + [ ] + V + O	人生实难,其有不获死乎?	左传·成公二年
5	有 + V + R	公曰:"诸侯有讨于政,未捷。"	左传·僖公七年
6	有 + [ ] + V + R	行有不谦于心则馁矣。	孟子·公孙丑
7	有 + [ ] + V + O + R	翟人有献丰狐、玄豹之皮于晋文公。	韩非子·喻老
8	有 + V + O + R	有能一日用其力于仁矣乎,我未见力不足者。	论语·里仁
9	有 + V + O_1 + O_2	故可以有夺人国,不可以有夺人天下。	荀子·正论
10	有 + VP_1 + VP_2	有自门间射阳越,杀之。	左传·定公八年

先秦时期"有"源于存在动词。"有 + VP"结构所处句子中存在两个动词,且这两个动词间不具有连动关系。张伯江、方梅(1996)指出:"汉语的所谓'连动式'从来都不是一个稳定的结构形式,在比较紧凑的'$V_1 + V_2$'组合中,只能有一个动词作为语义焦点,另一个则必然是辅助成分。"石毓智、李讷(2001)从"时间一维性对动词句法特征的制约"角度将前者视为"主要动词",把"辅助成分"称为"次要动词"。① 也就是说,在"时间一维性"的制约下,"有 + VP"结构所在句式中只有一个"主要动词"。对上述先秦汉语中的 10 种关系例句分析可知,在"有 + VP"结构中,只有 VP 与指示时间信息的句法特征有关,是"主要动词"的承载单位。"有"只能作为"次要动词"走向虚化。

另外,从基本信息负载单位(PIBU$_S$)与语法化的互动关系中也可解读出"有"的演变趋向。在"有 + VP"中,VP 作为基本信息负载单位,可充当整个结构的语义侧面等价物(profile equivalent)。"有"作为非基本信息负载单位,最易语法化,最终从词逐步降格(reduction)为体标记,尽而黏附于(attachment)后接 VP。

上文我们已经指出,学界目前对"有"的词性论主要持三种观点,即动词说、助词说和副词说。我们认为,汉语"有 + VP"结构中的

---

① 有关"时间一维性"及"时间一维性对动词句法特征的制约"的相关论述,可参阅石毓智(1995:1—5),石毓智、李讷(2001:375—381)。

"有"是副词,是从存在动词演变而来的表确认、肯定功能的副词。例如:

(5) 行有不慊于心,则馁矣。(《孟子·公孙丑上》)
(6) 王曰:"溺人必笑,吾将有问也,史黯何以得为君子?"(《左传·哀公二十年》)
(7) 任人有问屋庐子曰:"礼与食孰重?"(《孟子·告子下》)
(8) 子路有闻,未之能行,唯恐又闻。(《论语·公冶长》)

"有+VP"中"有"的功能是对VP所代表的动作行为或动作事件的确认与肯定,也就是说"有"表"确认存在"。此时期,"有+VP"既可以出现在未然(将来)时态中,如例(5)、例(6);也可以出现在已然(过去)时态下,如例(7)、例(8)。

VP作为"有"确认或肯定的动作、行为或事件,在交际中属于言者着重强调的部分,是语义焦点。所以,"有+VP"中"有"同时具有焦点标记的功能。

发展到两汉及魏晋南北朝时期,"有"更进一步虚化,"有+VP"中VP的结构类型也更为复杂化。这一时期"有+VP"结构的使用是对先秦汉语的固化。例如:①

(9) 子华使于齐,冉有为其母请粟。(西汉·司马迁《史记》)
(10) 何次道为宰相,人有讥其信任不得其人。(南朝宋·刘义庆《世说新语》)
(11) 客有问陈季方:"足下家君太丘,有何功德,而荷天下重名?"(南朝宋·刘义庆《世说新语》)

例(9)"有+VP"中VP前被插入介词结构状语,这在表11-3中可以找出对应的结构编码形式。例(10)"有讥其信任不得其人"可视为"有"后加主谓结构"讥其信任不得其人"。例(11)"客有问陈季方"

---

① 例(9)、例(10)转引自韩旭(2009:6),例(11)源于兰碧仙(2011:61)。

是"有+VP"前加主语。如果将例（10）中"讥其信任不得其人"主谓结构码化为"S+V"，S 在此例中是谓词性结构（事件主语），一旦把 S 看作名词性成分（或曰"名词化""指称化"），"有+VP"结构可码化为"有+N+VP"。"有+N+VP"在先秦时期是存在的，表示"存在 N（人或物）要 VP（动作、行为、事件）"。例如：①

（12）有农植其耨而歌焉。（《上博五·弟子问》）
（13）有自门前射阳越杀之。（《左传·定公八年》）

对比例（12）、例（13）可以发现，两例间是"有+N+VP"与"有+VP"的区别，差异为 N 的缺省。在"有+N+VP"结构中，"有"仍是存在动词；但"有+VP"中，"有"已经虚化为表确认、肯定的副词。兰碧仙（2009、2011）将虚化的"有"标记为"有$_2$"，表存在的动词"有"为"有$_1$"。"有+N+VP"结构的存在也从侧面验证了"有+VP"中"有"是由表存在义的动词虚化而来的事实。

二　"有+VP"的渐衰期

隋唐五代至宋代期间，"有+VP"结构或曰"有"表确认与肯定的副词性用法很少出现。究其缘由，我们认为，魏晋以后"有"在汉语中经历了更深程度的语法化，"有"更加虚化了。在此时期的资料中虽可以检索到"有+VP"的用例，但是"有"的功能与魏晋之前存在较大差异。例如：

（14）平地无险，犹尚艰难，就当深入，还道宜利，兵有进退，不可如意。（《三国志·魏书·程郭董刘蒋刘传》）
（15）甲寅，制曰："自古帝王皆以厚葬为诫，以其无益亡者，有损生业故也。"（《旧唐书·唐玄宗李隆基传》）
（16）须知娇贵，自知娇艳，有不搽红粉也相宜。（《南宋·戏文·张协状元》）

---

① 此二例援引自兰碧仙（2011：60）。

例（14）中"进退"已发生指称化，动作陈述变为指称动作的行为，"有"在此处仅起到凑足音节的韵律之功能。例（15）中"有损"已经走向词汇化。① 例（16）中"有"仅起加强语气的作用。

目前，学界较通行的观点认为，"有+VP"最晚用例出现在元代的《老乞大》和《朴世通》中。例如：②

（17）小人岂敢有违。（《朴世通》）
（18）想念之心，无日有忘。（《朴世通》）
（19）黑夜道场里你有来么？我有来。（《朴世通》）
（20）你那里有来？这两日不见。你来怎么这般黄瘦？（《朴世通》）

孙锡信（1992）认为，在《老乞大》《朴世通》中，"有"用在动词前可以表示"动作行为的确切性或可严整性"（转自徐复岭，2010：83）。这与我们所论述的"有"的确认副词用法功能相似。"有违""有忘""有来"等"有+VP"结构中"有"都是对VP的确认。

元代以后，"有+VP"结构散见于一些文学著作中，用法较为"特殊"，有的已经固化或词汇化。例如：

（21）先从马院里入来，就杀了养马的后槽一人，有脱下旧衣二件。（施耐庵《水浒传》）
（22）李逵唱个诺道："拜揖，节级哥哥，小衙内有在这里。"（施耐庵《水浒传》）
（23）贾母便问："近来可有添些什么新书？"（曹雪芹《红楼梦》）
（24）宝玉笑道："昨儿有扰，今儿晚上我还席。"（曹雪芹《红

---

① "有损"作为动词，已被《现代汉语词典（第7版）》《现代汉语规范词典（第3版）》收录。
② 此四例转引自徐复岭（2010：83）。

楼梦》）

（25）哪，这话皇天后土，实所共鉴，有渝此盟，神明殛之。（文康《儿女英雄传》）

（26）然则方才那些显应怎见得不是他二位神灵有知，来完成这桩好事？（文康《儿女英雄传》）

例（23）、例（24）中"可有""有扰"已经走向词汇化，例（25）、例（26）中"有渝此盟""神灵有知"具有习语用法，例（21）、例（22）中"有+VP"可看作古代汉语"有"表确认用法的遗存。

"有+VP"在古汉语中的"渐退"与汉语中标记动作完成、进行、实现的体标记"了、着、过"等的兴起有着一定的联系。"有"确认或肯定VP的存在，也就肯定或确认了VP的发生、完成。"有"从魏晋时期开始出现衰退趋势，而"了""过"则自此一时期逐渐流行。"有"及"有+VP"在宋元时期渐至消亡，但是"了""过"则在这个时段完成了由动词向时体标记的转化。"了""过"等时体标记一经产生便具有极高的使用频率，势必会"阻断"（block）"有"的功能与使用。

综观古代汉语中"有"的发展与演变，"有"在与VP的互动使用中，从表存在义动词语法化为表确认、肯定的副词。即"有"从肯定事物的存在语法化为确认或肯定VP所代表的动作、行为、事件的发生；且"有"在语法位置上呈现出唯状分布特点。结合张谊生（2000/2014）对汉语副词的划分界定标准，我们认为：古代汉语中"有"既不是"以表示词汇意义为主的描摹性副词"，也不是"以表示语法意义为主的限制性副词"，而是"表示说话者对事件、命题的主观评价和态度"（按：情态义）的评注性副词。"有"在确认VP发生的同时，对VP（相关命题或述题）进行主观评注。

第二节 现代汉语范畴内的"有+VP"

第十章已对现代汉语中"有+VP"结构的出现动因与机制做了适度分析。正是在众多因素的共同作用下，"有+VP"在现代汉语中正逐渐被言语受众所接受与推广。伴随"有+VP"的使用频次的渐增，"有"的属性不再被视为单一的存在动词,在与 VP 的互动中,"有"的属性被赋予更多的解读可能。

一 模式化形态下的"有 + VP"

所谓模式化形态下的"有 + VP",指的是部分"有"后接动词或动词词素,"有 V"走向词汇化的形态,同时尚有一些"有 V"出现在固化形式的习语、成语中的形态。

《现代汉语词典(第 7 版)》(2012:1588)对"有 + V"的解释为"用在某些动词的前面组成套语,表示客气"。例如:

(27)"大少爷,老爷书房有请。"仆人在门外说着。(言妍《如意合欢》)

(28)恭喜少侠闯关成功,就请跟我去见沈天王吧。他终于笑了,在经历了数日激战之后,他第一次从心里笑了出来。他带着得体的笑说:有劳先生带路。(《闯关》厦门日报 2000 - 11 - 22)

类似的"有 + VP"双音节结构还有"有失""有望""有待""有赖""有伤""有碍"等。例如:

(29)久闻荆先生大名,今日得见,快慰平生,只因此台必须避人耳目,是以有失远迎,恕罪恕罪。(古龙《小李飞刀》)

(30)台湾作家苏雪林生于 1899 年,很快便要过百岁诞辰了,而且有望进入二十一世纪,成为一生跨越三个世纪的人瑞。(刘心武《苏雪林痛诋曹雪芹》)

(31)他能否达到收拾残局,力挽狂澜,保住本派力量的目的,还有待观察。(新华社 2004 年 12 月新闻报道)

(32)前景黯淡的企业有赖发展三产扭亏,经济效益好的企业则靠发展三产壮大实力。(1994 年《报刊精选》)

(33)在过去的几年里,台湾当局领导人说过不少有伤两岸民众感情的话,做过不少有损国家统一的事。(1996 年《人民日报》)

(34)他认为施政报告中为中英会谈设下期限的提法有碍中英合

作，既打击了香港市民的信心，又使顺利交接增加困难。（1993 年《人民日报》）

"有失""有望""有待""有赖""有伤""有碍"等在现代汉语中已不同程度地发生词汇化，对此我们已在前文做出论述。这些"有+VP"内部结构关系结合紧密，难以插入其他修饰性或限制性成分。

除了"有失""有望""有待""有赖""有伤""有碍"等已经走向词化的"有+VP"外，一些"有+VP"还能够进入成语、习语或固化结构，即"有X有Y""有X无Y""有X必Y"等。例如：

有张有弛　有吃有喝　有始有终　有说有笑　有来有往　有问有答
有备无患　有教无类　有恃无恐　有始无终　有增无减　有损无益
有征无战　有来无回　有意无意　有求必应　有闻必录　有问必答

二　非模式化形态下的"有+VP"

虽然"有+VP"的使用在现代汉语中存在限制，但是"有+VP"的使用却并不仅仅局限在以上情形。非模式化形态下的"有+VP"指的是"有+VP"进入句子或言语交际中的实时存在形态。实际言语使用中，"有+VP"结构形态可以更加丰富。例如：

（35）我们需要考虑的是，怎样把蛋糕做大一些，让大家都<u>有吃</u>。（1994 年《报刊精选》）

（36）每次课堂上老师<u>有提问</u>，他就把手举到天上，肩膀越过耳朵，直到欠起屁股全身趴在桌上，向前斜着身子如同一枚将要向老师发射过去的火箭嘴里连声恳求：老师，老师……（王朔《看上去很美》）

（37）杰哥你好，我是 James，我是你 22 年的歌迷了，那记得五年前的时候，你<u>有来上海拍这个电视剧</u>，那当时我们在上海的一帮子的歌迷，<u>有跟你做这个近距离的接触</u>。（《鲁豫有约》）

（38）现在所有小朋友都知道强奸是怎么回事了，电影里<u>有演过</u>，一个镜头：陈强老地主觍着脸扬着下巴嘿嘿笑着伸手去摸……

（王朔《看上去很美》）

（39）身为王子不可以随意向人低头的，你的父王<u>有教过</u>你吧？（水野良《罗德岛战记》）

（40）"真得有假八路！"村长老大爷却肯定的道，态度一点儿都不像在开玩笑，边上警卫连的战士们有些傻眼，虽然<u>有听说过</u>敌人<u>有冒充过</u>八路军或游击队，但群众的眼睛是雪亮的，八路军的气质很难能够伪装得出来，能让村民们认为算是假八路的，一定是仿得程度很高的那种受过专门训练的敌人。（华表《国破山河在》）

（41）那杰哥我跟你也挺有缘的，今年过年的时候，因为我也在美国，所以你来美国开演唱会的时候，我<u>有去参加</u>。（《鲁豫有约·王杰》）

（42）她<u>有告诉你</u>是她自己一厢情愿的吗？（玛格丽特·魏丝、崔西·西克曼《龙枪传奇》）

（43）刘海明身边的长毛刚刚抽出冲锋枪，随即被他喝住了："我<u>有让你上去</u>吗！"（杜青《终极士兵》）

（44）我刚才<u>有给你打过电话</u>，信号不太好的，就是我的一个孩子2岁多，近期感觉孩子比较多动，有时候是会经常哭闹，感觉比平时要好动，目前饮食情况基本是正常的，晚上睡觉容易醒，想问问这个情况是需要去医院进行检查吗？（摇篮网）

（45）令人惊讶的是她找钱的速度非常快，从没听说她<u>有把钱找错</u>的，所以人们总是放心地接过她递来的东西，从不用查看。（《乡间小贩》厦门晚报 2002 - 10 - 13）

（46）他妈的，老子什么坏事都没干，二话不说封号了，造谣倒是都半年封号以示公允，你会不会太恶心了，你每天照镜子<u>有被自己吓到</u>嘛？（BCC·微博语料）

例（35）—（46）中"有 + VP"结构可抽象码化为表 11 - 4。

表 11 - 4　　　　现代汉语"有 + VP"结构形式化统计

序号	结构码化	有 +	例句
1	有 + V	单音节/双音节动词	（35）（36）

续表

序号	结构码化	有+	例句
2	有+V+O	动词+宾语	(37)
3	有+V+R	动词+补语	(38)
4	有+V+A+O	动词+体标记+宾语	(39)
5	有+V+C	动词+小句	(40)
6	有+V1+V2	连动结构	(41)
7	有+V+O1+O2	动词+双宾语	(42)
8	有+V1+N+V2	兼语式结构	(43)
9	有+[ ]+V+O	介宾状语+动词+宾语	(44)
10	有+把	把字句	(45)
11	有+被	被字句	(46)

对比表11-3与表11-4，可以发现，现代汉语"有+VP"结构的存在形态与先秦汉语"有+VP"的存在形态具有较大一致性。汉语从先秦发展到现代，其间汉语自身结构发生了较大的调整，双音节结构的大量出现、动补结构的产生、时体标记"着、了、过"的产生，"把"字句、"被"字句的出现，以及欧化语法现象等都对汉语"有+VP"结构的发展与演变产生了重要影响。而这些现象的产生在一定程度上改变了"有+VP"结构在汉语中的传承。这也是为什么"有+VP"结构在先秦汉语较为发达，在魏晋南北朝至近现代汉语中"被抑制"的原因。"有+VP"结构在现代汉语中的"复现"，除了众多诱因的促发，还因为其自身有着独特的性质与功能。

第三节 "有+VP"的结构性质解读

"有+VP"的结构属性的解读与"有"的性质和功能的界定具有不可分割性。

一 "有"的词性论

目前，"有"的动词说、助词说和副词说是学界所持三种主流观点。

宋金兰（1994）指出："不具备独立性，而附着于前面的动词；它不表示词汇意义，只表示语法意义，是一个表示体范畴的语法成分。""体从本质上看是一种信息，因为信息的核心便是'事物运动的状态及状态变化的方式'，而体正是表现动作进行的状态的。体助词是人们通过语言获取体信息的一种手段。"① 对此，吕叔湘（1999）持有不同意见。吕叔湘认为"有"是动词，表示存在，"用在动词后面，结合紧凑，类似一个词"②。同一现象的二重解读，其间存在演变关系。体助词"有"是由表示"存在"义的动词"有"虚化而来（宋金兰，1994：36）。

施其生（1996）对汕头方言中的"有"及"有 VP"结构进行了研究，指出"就汕头方言而论，'有'字句的'有'是个助动词"③。董秀芳（2004）对"有没有 VP"结构进行研究，证明"有没有"是助动词；但在普通话中，"有"的出现较"有没有"晚，助动词"有"的出现是一个"类似逆构词的造词过程"④。助动词"有"同样由动词"有"语法化而来。

邢福义（1990）指出："在叙述性'有没有 VP'中，'有'和'没有'具有纯状语性……可以归入副词，划到然否副词一类。"郭中（2012）也认为"有 VP""有没有 VP"结构中的"有"及肯定句答语中的"有"是表肯定的副词。"有"是从动词虚化而来的副词。

那么，"有"究竟是动词、助词还是副词？争议的背后，总的认识尚属一致。即"有+VP""V 有"中"有"都是由动词语法化而来，在词源上应属动词。句法分布不同，"有"的演变路径也随之改变。当"有"后附于动词后，构成"V 有"或"V 有 O"时，"有"的分布与时体助词"了、着、过"的典型分布具有相似性，在类推机制的作用下，"有"具备被重新分析为助词或体助词的基础。⑤

---

① 宋金兰：《"有"字句新探——"有"的体助词用法》，《青海师专学报》1994 年第 2 期，第 36 页。
② 吕叔湘：《现代汉语八百词（增订本）》，商务印书馆 1999 年版，第 631 页。
③ 施其生：《论"有"字句》，《语言教学与研究》1996 年第 1 期，第 30 页。
④ 董秀芳：《现代汉语中的助动词"有没有"》，《语言教学与研究》2004 年第 2 期，第 7 页。
⑤ "了、着、过"由动词向助词的语法化过程、动因与机制等可参看李讷、石毓智（1997），石毓智、李讷（2001）等论述。"有"与"了、着、过"之间的语用差异见下文分析。

当"有"处于VP之前构成"有VP"结构时,将"有"当动词看则句中出现两个动词,"有"与V或VP之间不可能是连谓关系。在时间一维性的作用下,"只有一个(动词)可以具有与指示时间信息有关的句法特征。这个动词称作主要动词,其余的为次要动词"。① "有VP"中"有"居状语位,具备副词化基础。

所以,我们认为,现代汉语"有+VP"结构中,"有"是动词,但同时存在助词、副词解读的句法语义基础。正如施其生(1996)所论述的那样,"有+VP"中,"有"是助词,其作用是肯定事件现实性,VP为"有"所肯定的对象,充当"有"的内容宾语;"有+VP"是述宾结构,"有"是准谓宾动词(朱德熙,1982:59)。

二 "有"的评注性副词化

现代汉语"有+VP"中"有"具有唯状分布性,是副词,是从存在动词语法化而来的表示对VP的发生或存在进行主观确认的评注性副词。上文我们已经指出,"有"可表示对VP发生或存在的确认与肯定。陈前瑞、王继红(2010)指出,"确认"比"肯定"更能概括"有"字句各种用法较为抽象的语法意义。"确认事件现实性的用法是一种完成体用法,而确认状态的现实性是一种广义的结果体用法。"(陈前瑞、王继红,2010:47)

"有"作为评注性副词在"有+VP"结构或句式表达中具有"完成体"用法。从存在动词或领有动词演变为完成体标记,具有语言类型学的普遍性,二者间存在演变的内在"认知机制"。石毓智、李讷(2001)对该认知机制进行了介绍,转引如下:

> Langacker(1991:211)认为,领有动词的基本语义可分解为两部分:在过去某一时间占有某种东西,而且该东西在某一时间参照点仍具有一定的用途。
>
> 领有动词与完成体标记的语法意义内在对应关系:

---

① 石毓智:《时间的一维性对介词衍生的影响》,《中国语文》1995年第1期,第1页。

领有动词		完成体标记
过去某时"拥有"	←――→	发生于过去某时的行为
具有现时用途	←――→	该行为与现时有关联性

例如：

（47）我<u>有</u>一本书。（刘丹青，2008）
（48）黄信道："大人放心！我探视的时候<u>有见过他半夜练武</u>，心里有数。"（水瓶座·杰《三国求生记》）

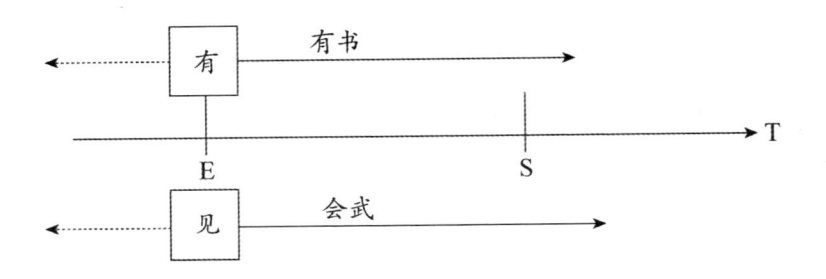

在时间轴上，E 代表事件发生时间（event time），S 代表说话时间（speak time）。E 左向为事物或状态的不存在，E 右向之上代表"我有车"并且在现时说话时刻还"拥有"；E 右向之下对"见过他练武"事件的确认，并且致使言者及听者做出现时判断，言及对象"会武"。从例（56）中"有见过他半夜练武"还可推断出，"有+VP"在此处是对过去已然事件的确认，表过去完成体。例（56）中"有"与"过"共现从一个侧面证明，"有"的体用法不属于"时"的范畴。"有"的体用法主要表示"动作的进程和状态的变化，说明动作和状态在某一时间内的种种情况"（房玉清，1992：14）。

汉语及汉语方言中"有"既可以表示领有，也可以表示存在。那么"有+VP"中表确认的"有"究竟是从存在动词演变而来，还是从领有动词演变而来？换句话说，汉语范畴内，"领有"和"存在"之间的演变关系（或说蕴涵关系）又是怎样的？孙文访（2015）基于对 70 种语言的调查与统计，总结出动词"有"的概念意义扩展顺序，并对"存在"和"领有"之间的蕴涵关系进行构拟。详见表 11 – 5。

表 11 – 5　　　　　　动词"有"概念意义扩展顺序表①

语言	领有	存在	处所	判断
英语、德语等印欧系语言	+			
汉语、壮侗和苗瑶语族诸语言	+	+		
藏语等藏缅语族诸语言	+	+	+	
锡伯语	+	+	+	+

孙文访（2015）将"有"所表概念之间的蕴涵关系概括为：领有 > 存在 > 处所 > 判断。在蕴涵等级内，如果"有"在一种语言中可以表示判断，那么其也可以表示领有、存在和处所。即右项蕴涵左项。对汉语而言，"有"仅表示领有和存在，并且存在蕴涵领有，即有"存在"必有"领有"，但有"领有"不一定有"存在"。② 现代汉语中"有 + VP"结构或句式的形成可能会经历以下的演变过程：

$$S_{有生}+有+NP \rightarrow S_{无生}+有+NP \rightarrow （S）+有+E_{[S=（NP）+VP]} \rightarrow （S）+有+VP$$
$$领有 \qquad\qquad 存在_{（事物）} \qquad\qquad 存在_{（事件）} \qquad\qquad 确认$$
$$A \quad 隐喻\rightarrow B \quad 隐喻\rightarrow \quad C \quad 转喻\rightarrow \quad D$$

由 B 到 C 的演变是由事物的存在到事件（E，event）的存在。事件 E 可码化为一个"类小句"，即 E = S（S = NP + VP）。C 式可变换为：S + 有 + NP + VP。"有 + NP + VP"可分析为兼语结构，其中兼语成分 NP 可省略，构成 S + 有 + VP。所以，C 式是个临界的过渡结构，其间"有"既可以是存在动词，也可以是表示确认的虚化了的"有"。从 A 到 B 的演变是个隐喻的过程，即"有"从表人的领有到某物的存在；从 B 到 C 的

---

①　原表见孙文访（2015：57）。

②　任鹰（2009）观点与此相反：当存在地的 NP 由处所名词向一般名词发展，并进而向表人名词或者具有领主身份的机构名词过渡时，那么空间性减弱，领有性增强，空间存在关系就变成了领有关系。

演变也同样是个隐喻阶段，即"有"从表事物的存在到表事件的存在；而从 C 到 D 的演变则是转喻的过程，即"有"从对事件的存在演变为对事件或事件存在发生的确认。

语言事实具有客观表达性，但是对语言事实的解读却存在主观性。从客观领有语法化为主观确认，在演变过程中，"有"的主观化程度表达伴随强化。"有"的语法化与主观化是个互动过程，即语法化程度越高，"有"的主观化程度也更强。"有"虽然表客观的存在，但是在领有属性的解读上具有言者的主观能动性。换言之，"有"表领有的主观化程度要比"有"表存在的高。这也是"有"在领有功能上走向更深层次语法化的原因。

语言主观化视域下，"有"对事物存在、对事件发生的确认多带有主观色彩。"有 + VP"句法格局中，"有"的虚化程度不断深化，句法位置的唯状分布，诱发"有"的副词化解读。鉴于"有"的主观化表达功能，"有"具备评注性副词的解读依据。现代汉语"有 + VP"的句法格局，"有"可解读为评注性副词。此即"有"从领有动词语法化为评注性副词的内在语义理据。

第四节 "有"与体

"有"与动词或动词性结构组配进入句子交际层面，伴随不同的切入视角，"有"的属性被作不同的解读。"有"究竟能否表达"体"的概念，如果表"体"，又是何种"体"？"有"与传统的体标记（或体助词）"了、着、过"之间又有何种关系？

一 "有"的体存在功能

施其生（1996）指出，"有 + VP"中"有"的作用在于"肯定后面的谓词词性成分所述事态的客观现实性。具体地说，'有'的意义是'肯定一种情况存在'，即肯定有这么一回事"。虽然，施文所持观点针对的是南方方言，但却具有指导性意义。祝晓宏（2004）认为，"有"缺乏独立陈述性，当其出现在对话语境中时，其功能主要是"表示对某一动作行为或状态的确认"。

"有"表肯定与确认得到了普遍的认可:王森、王毅、姜丽(2006),王国栓、马庆株(2008),陈前瑞、王继红(2010),郭中(2012)等结合普通话或方言研究实例分别提出了各自的观点。王森、王毅、姜丽(2006)指出,"有+VP"表示确认,通常出现在是非问、正反问等的肯定答语中,是"一种新生的表肯定的动词谓语句"。"有+VP"中"有"的作用是"对处在各种时态下的事件表示确认。确认的范围是它后面的整个部分"①。郭中(2012)将"有+VP"中的"有"视作副词,"不仅具有表示肯定求证的功能,还具有表示确认的功能,而且在语义上有侧重确认强调客观事件的倾向"。"有+VP"则侧重表示"对问话人所问事件的确认,有一种强调的意味在里面"②。

与上述观点有所不同的是,陈前瑞、王继红(2010)认为"有"字句"确认事件现实性的用法是一种完成体用法,而确认状态的现实性是一种广义的结果体用法,前者是从后者发展而来"。在南方方言中,"有"可看作"广义结果体的一种形式标记"③。

"体"概念的引入对"有"的研究具有较大的促进作用。"有"是否属"体"范畴是存在争议的。王士元(1965)提出,副词"没有"中的"有"在表层结构中与体助词"了"构成一对变体,"有"是体标记。宋金兰(1994)指出"V有"结构中"有"具有"完成体、持续体、实现体"用法。刘利(1997)结合古代汉语、近代汉语和现代汉语方言相关语言事实,对"有+VP"进行了研究,认为"有"具有完成体用法,其功能是"标志着动词所表示的动作行为的既成或实现(finished or realization)"④。

"有"作为动词在汉语中有着极高的使用频率。"有"是存在动词,还是领有动词?一直是存有争议的一个问题。"有"是表存在,还是表领

---

① 王森、王毅、姜丽:《"有没有/有/没有+VP"句》,《中国语文》2006年第1期,第16页。
② 郭中:《肯定副词"有"及其问答功能》,《求索》2012年第11期,第124页。
③ 陈前瑞、王继红:《南方方言"有"字句的多功能性分析》,《语言教学与研究》2010年第4期,第52页。
④ 刘利:《古汉语"有VP"结构中"有"的表体功能》,《徐州师范大学学报》(哲学社会科学版)1997年第1期,第66页。

有，具有较强的语境依赖性。"S+有+O"的句式原型下，主语 S 的抽象化程度在一定程度上与"有"的性质解读具有互动关系。本书第八章根据名词的抽象化程度的不同分出两个连续统，即 S 的抽象化连续统与"有"的"存在↔领有"连续统。所以，我们可以将"有"的存在与领有功能进行统一概括：领有即存在，存在即对事实的确认，对事实的确认意味强调。

"有"的语法化与主观化是个互动过程，即语法化程度越高，"有"的主观化程度也更强。其间，"有"由客观存在到客观领有，从客观领有至主观领有，自主观领有语法化为主观确认。"有"从领有动词演变为评注性副词，其语法化过程并未停止。"有"体功能用法的出现是其深度语法化的外在体现，是评注性副词"有"进一步语法化的产物。例如：

(49) A："谁网死他们呢？有没有说？"
　　B："一个叫泰瑞的人。你在学校没念历史吗？"
　　A："我<u>有去</u><u>上历史课</u>，不过那是两码子事儿。谁是泰瑞？"
　　B："我一点都不清楚，理查的某个朋友吧。"（约瑟芬·铁伊《时间的女儿》）

(50) 不说这个了，今天我<u>有去了</u>Y 国玩哦，这些天一边玩一边搜集情报，好累哦！（十三级风暴《网游之邪霸天下》）

(51) "你怎么知道我身上这件衣服只有一九九而已，难不成你也<u>有去买过</u>？"邵芷好奇地问道。（子缨《情妇当道》）

例（49）"有去上历史课"是较为典型的"有+VP"结构，结构中"有"的功能是表"确认"，是对过去发生的事情的确认，即对"上过历史课"的确认。例（49）中"有"是对客观事件发生的确认。句中"有"同时具有完句功能，"有"不可删除。将例（49）中"有"删除处理后：

(49′)？我<u>去</u><u>上历史课</u>，不过那是两码子事儿。谁是泰瑞？

删除处理后，原有句子意义发生改变。删除"有"后，例（49）原有事件的过去时凸显情态消失。

例（50）、例（51）中，"有+VP"结构中动词 V 都后接表过去完成的体标记"了"和"过"。"了"和"过"的使用凸显了事件发生的过去时，事件在言者陈述时已发生且完成。"有去了Y国""有去买过"都为对过去已完成事件的确认，"有"只表主观确认功能。例（50）、例（51）中，"有"同样具有不可删除性：

（50′）不说这个了，今天我<u>去了</u>Y 国玩哦，这些天一边玩一边搜集情报，好累哦！

（51′）"你怎么知道我身上这件衣服只有一九九而已，难不成你也<u>去买过</u>？"邵芷好奇地问道。

"有"删除后，例（50）、例（51）由主观陈述句式变为客观表达句式。删除"有"后的句子只是对过去发生事件的客观陈述，而原有句式对事件发生的主观确认功能在"有"删除后也随之消失。

无论"有"是表对事件完成的客观确认，抑或是对事件发生的主观确认，"有+VP"句式下，"有"都可被分析为评注性副词。

"有"语法化深度的加深，必然导致其自身功能的泛化，其自身语义的解读也更加虚化。例如：

（52）红豆从玄间的八卦里回过神，思索了好一会儿："疾风啊，说起来这两天他也挺奇怪的。以前都不怎么和大家去吃饭喝酒的，这两天都<u>有去</u>。而且看起来精神不错的样子，跟玄间真是鲜明对比呢……"（幽朔流光《暗夜里的舞蹈》）

（53）虽然这么说……但是！宫野老师！水和报纸事先买好就好了呀！我想你一定想用水和报纸来当你<u>有去</u>便利超市的证据吧？！（青山刚昌《新帝丹高中杀人事件》）

例（52）、例（53）与例（49）—（51）结构相似，都是"有去"，但是此二例中"有"的确认功能虚化，"有+VP"结构所在句式向外传递过去完成体表达功能。例（52）、例（53）中"有去"可分别替换为"去了"和"去过"：

(52′) 红豆从玄间的八卦里回过神，思索了好一会儿："疾风啊，说起来这两天他也挺奇怪的。以前都不怎么和大家去吃饭喝酒的，这两天都<u>去了</u>。而且看起来精神不错的样子，跟玄间真是鲜明对比呢……"

(53′) 虽然这么说……但是！宫野老师！水和报纸事先买好就好了呀！我想你一定想用水和报纸来当你<u>去过</u>便利超市的证据吧?!

鉴于"有"与"了""过"的等功能替换，我们可以认为，"有"同样具备完成体表达功能。"有"与"了""过"一样，是"体助词"，可被看作"体标记"。所以，汉语"有"在使用中存在"动词""副词""助词"多重解读。

汉语"有"从存在动词经领有动词向评注性副词演变，最终语法化为助词。"有"的体用法功能表达是在"有"作为评注性副词的基础上经过重新分析而来的。"有"在表体功能的同时，存在主观确认功能的再解读。由副词向助词的演变符合实词语法化的演变规律。"从人类语言共性的角度来看，领有动词向完成体标记的发展是人类的一个普遍现象。"[①]"有"的时体表达功能具有"语言类型学上的普遍性"。

汉语不借助特有的形态去表达特定的语言功能，汉语所凭借的多为虚词的使用和语序的改变。这是汉语的特点，是区别于英语等印欧语的独特之处。汉语借助领有动词表完成体具备类型学上的普遍共性，同时具备语言分析的简洁性。虽然如此，"有"与传统的体助词（或体标记）"了、过、着"仍具有一定的不同。

二 "有"与"着、了、过"

"有"与动词的互动过程中，其词性存在"动词""副词""助词"

[①] 石毓智、李讷：《汉语语法化的历程——形态句法发展的动因和机制》，北京大学出版社2001年版，第268页。

三种不同的解读。在"V 有"句法组配中,"有"与体标记"着、了、过"在句法分布、语用功能上具有相似性。"有+VP"结构中,"有"与"了""过""着"的"体"纠葛一直存在。

实际上,汉语范畴内,"有"与"着、了、过"分属不同的语法下位体系,但"有"与体助词"着、了、过"却存有使用纠葛。动词后加"有"与动词后加"着、了、过"之间具有句法相似性,"有"在此句法语境中的属性解读具有可类推性。

朱德熙(1982:69—72)对动词后"着、了、过"性质及其用法有过经典论述:"着""加在动词后头表示动作或变化的持续(已经开始,尚未结束)","有的动词本身表示动作,但加'着'以后表示动作结束以后遗留下来的状态";"了""表示动作处于完成状态,跟动作发生的时间无关";"过""表示曾经发生某事或曾经经历某事"。为此,我们选取一组例子,并将"有"与"着、了、过"进行替换。例如:

a. 台上坐着主席团　山上架着炮　石头上刻着字　墙上挂着一幅画
b. 台上坐了主席团　山上架了炮　石头上刻了字　墙上挂了一幅画
c. 台上坐过主席团　山上架过炮　石头上刻过字　墙上挂过一幅画
d. 台上坐有主席团　山上架有炮　石头上刻有字　墙上挂有一幅画

a 组"V 着","着"标记动作或状态的持续,为持续体标记;b 组"V 了","了"标记动作的完成或实现,属完"完成—延续"体标记(金立鑫,1998:105);c 组"V 过","过"用在动词后表示动作的完结,标记动作或状态的过去存在,属"经历完成"体标记,金立鑫(1998)将其归结为"完成—不延续"体标记。虽然都标记动作的完成,但是"了"所标记的动作、状态在说话时间依然存在,而"过"所标记的动作、状态已不存在(房玉清,1992:19)。在 d 组则相对复杂:

d1. 台上有主席团　山上有炮　石头上有字　墙上有一幅画
d2. 台上坐主席团　山上架炮　石头上刻字　墙上挂一幅画

通过对 d1、d2 的对比,可以发现"V 有"中:"有"强调存在,即某地存在某物;V 强调事物存在的方式。也就是说 d 组中,"V 有"是状中式偏正结构，V 在此做状语，强调存在的方式。当然，事物的存在是建立在动作发生的基础之上的，即"有"的存在是以 V 的发生为前提。

接下来，我们看第五组例子：

e. 门开着　门开了　门开过　门有开

e 组"门开着"义为门原来就开着，且状态持续；"门开了"指门原来是关的，说话时刻开了；"门开过"指门原来开着，说话时刻门关了；"门有开"是对门开着这个状态的确认。所以，"门有开"不等于"门开了"，"有 + V"与"V + 了"不具有等同性。

"有 + VP"对动作行为或事件状态的确认与"体"究竟有无关系？为此，我们对"门有开"做如下变换：

f. 门有开　门有开着　？门有开了　门有开过

"有 + VP"的范畴内："门开着"是现行状态，"门开过"是过去事件；"门有开着"是对现行状态的确认，"门有开过"则是对过去事件的确认。不同的是"门开了"，"了"标记动作的发生与完成，动作的发生与完成则标志某一事件状态的存在；同时，已发生的动作行为即为过去，但动作造成的状态具有现实相关性。

对过去动作行为发生的强调（即对过去事件的强调），一般用"有 V 过"；对现实状态存在的确认，通常使用"有 V 着"。所以，"有 V 了"结构在现代汉语范畴内较少被使用。"有 V 了"结构的较少使用并不意味"有"具有与"了"相同的体标记功能。

需要指出的是，"有"的确认功能与"过"的经历完成体用法属两种不同的语法范畴。

（54）a. 我以前有打过电话给她。（病态忧郁《暗地繁华》）
　　　b. 他们之前也有讨论过这个办法。（富饶《再创大汉》）
　　　c. 今天早上的事情，我刚才有检讨过。（半堕落的恶魔《大唐御医》）

对此，我们可以将其码化为"有 + VP + 过"。例（54）中"有"与"过"都可以进行删除：

(54′) a1. ？我以前打电话给她。
　　　a2. 我以前有打电话给她。
　　　a3. 我以前打过电话给她。
　　　b1. ？他们之前也讨论这个办法。
　　　b2. 他们之前也有讨论这个办法。
　　　b3. 他们之前也讨论过这个办法。
　　　c1. ？今天早上的事情，我刚才检讨。
　　　c2. 今天早上的事情，我刚才有检讨。
　　　c3. 今天早上的事情，我刚才检讨过。

对比例（54′）中三组变换删除的例句，可以发现，a1、b1、c1 的可接受度低，说明"有"和"过"在现代汉语中都具有完句功能。对比 a2、b2、c2，可以发现"有"除了完句功能外，还具有焦点标记功能，"有"后 VP 为言者所要传递的语义重心，是新信息。而 c1、c2、c3 中"过"在完句的同时，只是侧重对过去事件的客观陈述。

类似 c1、c2、c3 这样的句子，"过"标记动作行为及动作行为所造成的事件曾经发生过，是一种过去式，表一种经历。所以，我们将 c1、c2、c3 类似句子统称为"经历体事件句"。而（54）中 a、b、c 所代表的则是另外一类句子类型。如："打过电话给她"是过去发生的事件，"有打过电话给她"是现实陈述；"有"的加入使得原有陈述（"打过电话给她"）具有"现实相关性"。"有打过电话给她"是对过去动作、行为、事件的确认。

宋玉柱（1991）将类似下列的"NP_L + V + 过 + NP"句式称为"经历体存在句"。例如：

(55) 窗子上曾经贴过两张剪纸。
　　　这里挂过一把小提琴。（宋玉柱，1991：1）

在"$NP_L+V+过+NP$"句式中,"动词表示存在方式,'过'表示这种存在方式曾经有过,也就是表示一种经历"(宋玉柱,1991:1)。"$NP_L+V+过+NP$"句式中"V 过"也可以用"有"进行替换,替换后与上文"墙上挂有一幅画"相同。"V 有"中 V 表示事物 NP 的存在方式,"有"表存在。此外,"$NP_L+V+过+NP$"句式可以加入"有",构成"$NP_L+有+V+过+NP$"句式。如:

(55′) 窗子上曾经有贴过两张剪纸。
这里有挂过一把小提琴。

"有"的加入使得原有"经历体存在句"的由过去存在变为对过去存在的现实确认。"有+V 过/VP 过"是从现实的角度对过去的经历进行主观确认。例(55)变换前后相比,"经历体存在"是一种过去存在,"有+V 过/VP 过"则是对过去存在的主观确认,表达中具有言者主观性。

所以,现代汉语中"有"与"着、了、过"分属于不同的语法下位范畴。在不同的句法条件下,其语法意义与功能属性不同。

"有+VP"的组配中,"有"是带有主观确认功能的评注性副词。"有+VP"与"VP+有"二者间的"有"属性截然不同。"有"表确认功能源自"有"的领有动词用法。

"有"从领有动词演变为具有主观确认功能的评注性副词,经过隐喻与转喻两个过程(前文已有分析)。"有+VP"结构在近代汉语中的隐现与汉语语法系统的调整具有可验证性。"了"的出现在一定程度上阻断了"有+VP"的使用。"有+VP"结构的隐现时间与体标记"了"的出现时期吻合。

第五节 小结

"有"作为汉语中一种多功能(polyfunctional)语法形式,其功能的形成与属性的解读在历时的发展中呈现不同特征。"有+VP"结构(或句式)在古代汉语范畴中历经"繁荣"与"衰退"两个阶段。"有+VP"结构在古代汉语中的演变与汉语史的历时发展轨迹相吻合。"有"从魏晋时期开始出现衰退趋势,而"了""过"则自此一时期逐渐流行。"有"

及"有+VP"在宋元时期渐至消亡,但是,"了""过"则在这个时段完成了由动词向时体标记的转化。"了""过"等时体标记一经产生便具有极高的使用频率,势必会"阻断"(block)"有"的功能与使用。

"有"在古代汉语范畴内即存在由存在动词向表确认与肯定功能的副词演变。"有"从肯定事物的存在语法化为确认或肯定VP所代表的动作、行为、事件的发生;且"有"在语法位置上呈现出唯状分布特点。古代汉语中"有"可"表示说话者对事件、命题的主观评价和态度"(按:情态义)的评注性副词。"有"在确认VP发生的同时,对VP(相关命题或述题)进行主观评注。"有"是评注性副词。

"有"的评注性副词用法在现代汉语范畴内逐渐兴起,使用范围逐步扩大,正陆续被汉语使用者所接受。在历时与共时的传承与发展中,"有"的属性存在多重解读,即"有"可被解读为动词、副词与助词。我们认为,"有"的动词、副词与助词解读之间存在内在演变关系。汉语"有"的演变遵循以下语法化连续统:

存在动词→客观领有→主观领有→客观确认→主观确认→主观评注→体助词

"有"的语法化与主观化是个互动过程,即语法化程度越高,"有"的主观化程度也更强。从客观存在语法化为主观确认,"有"的主观化程度表达伴随强化。

现代汉语范畴内,"有"与"了""过"的等功能替换,"有"与"了""过"一样,是"体助词",可被看作"体标记"。"有"的体助词功能是在"有"作为评注性副词的基础上经过重新分析而来的。"有"与"着、了、过"分属于不同的语法下位范畴。在语言类型学的普遍共性制约下,"有"的确认功能可作完成体用法解读,当然,这只能被视作"广义的完成体"。

当然,"有"在现代汉语中正在向完成体标记演变,但"这种体标记的用法还很有限"(左思民,2008:43),其间仍有诸多问题。比如,刘丹青(2011a)、温锁林(2012)等提到的"有"具有表多、表大的语用倾向;"有"的焦点标记功能、指称标记功能等,与"有"的主观确认功能之间是否存在演变关系?这些有待我们进一步去梳理与探讨。

第十二章

结　　语

基于前人的研究成果，我们有选择地对现代汉语"有 X"结构的功能、演变及其相关问题进行了一定深度的描写、分析与探讨，取得了一些突破，得到了一些结论，但也存在有待进一步研究的问题。

第一节　研究结论

"有 X"词汇化、语法化与构式化过程既有共性结论，也存在差异化功能表现。

一　演变趋势与共性

"有感、有望、有意"都可以看作 VO 式述宾结构词，起初都是二价不及物动词。"有感、有望、有意"通常通过后置介词"于"或前置介词"对"引介语义指涉对象，形成"对 + O + 有 X"和"有 X + 于 + O"结构。当"对 + O + 有 X"结构介词宾语冗长时，言者选择作宾语置后处理，通常选择"有 X + 于 + O"结构表达式。

"有 X 于 + O"内部结构层次是"有 X + [于 + O]"，而非"[有 X 于] + O"。随着使用频度的提升，"有 X 于 + O"内部结构被重新分析，由"有 X + [于 + O]"被重新分析为"[有 X 于] + O"。重新分析过程存在一个句法与韵律的"错配"(mismatching)，即韵律上"有 X 于"和句法上"于 + O"之间的错配。此错配过程可视为"于"的附缀化过程。

在双音节韵律机制的制约下，受语用经济性的影响，三音节超音步结构"有 X 于"是不稳定结构体，难以进入汉语词汇库藏，"于"终将走上零形化。"于"的零形化诱发"有 X"词族属性的重新解读。"于"的零形化直接导致"有 X"的及物化。"于"零形化后,"有 X"处在 SVO 句式框架的典型动词位,即"S + 有 X + O",在类推机制的作用下,"有 X"被重新分析为及物动词。

"有 X + O"结构宾语既可以是名词或名词性成分(NP),也可以是事件或事件结构(VP)。"有 X + NP"和"有 X + VP"的同构是"有 X"进一步语法化的前提和基础语境。"有 X + VP"是"有 X"副词化的基础,"有 X + VP"结构框架下,"有 X"呈现黏谓分布。"有 X + VP"结构与汉语典型的"adv. + VP"状中结构相同,在"adv. + VP"状中结构的强势类推下,"有 X"被重新分析为副词性单位。"S + 有 X + VP"是孕育"有 X"副词化的句法语境,其源结构为"S + 有 X + NP"。

"有 X"词汇化是历时与共时相结合的过程。"有望、有感、有意、有幸、有失、有待"等"有 + X"出现在不同历史时期,经历不同的演变路径,在共时层面却呈现出相似的词汇化连续统,即"跨层结构→韵律词→语法词→词汇词"。完成词汇化,"有 X"进一步发生语法化,从实词向虚词或者从语法性较低的成分向语法性更高的成分演变。"有望、有幸、有意"的副词化,"有感"的形容词化,"有待"的形式动词化,"有失"的附缀化等都是"有 X"进一步语法化的结果。

"有"的语法化、"有 + X"的词汇化和"有 X"的语法化通常都涉及"有、有 X"的句法语义地位。"有、有 X"的语义信息负载量与其是否会发生语法化具有内在联系,特别是在"有、有 X"与动词或动词性成分的组配中。当"有"失去语义核心地位时,"有"更易于发生语法化;同样,"有 X"与 VP 的谓语核心分配也决定"有 X"的演变。此即 If two elemenrs in a phrase or clause differ significantly in information-bearing status, the non-PIBU elelment may be reduced and attracted to the PIBU element(Croft, 2001/2009: 268)。

"有 X"语法化程度加深,主观化程度表达强化,外在体现即其句法位置的左移外围化。"有 X"词汇化后充当句子的谓语核心,但是随着演变程度的深化,"有 X"的句法地位发生转移,从谓语核心逐渐向修饰成分转化。"有幸、有待、有意、有感、有望"等走向副词化的过程即是其失去句法核心地位的过程。"有 X"进一步语法化,从谓语核心的修饰成分向整个谓语的修饰成分演变，也就是"有 X"的限定或修饰辖域扩大化，句法位置逐渐左移，外围化。此可谓"有 X"语法化的"逆向减量"原则，与 Bolinger（1952）所提出的"线性增量"原则相对立。"有 X"句法位置左移外围化也是其主观化强化的过程，"有 X"的词汇意义弱化，其语用功能义强化。"有 X"的演变符合质量守恒定律之"得失守恒"原则。

二 功能表征差异化

"有 X"的句法、语义、语用功能因其演变程度的不同而存有差异。"有望"既可以构成"有望 VP"结构，也可以形成"VP 有望"结构。二者间"有望"都是对述谓核心的修饰、描摹与限定。前置、后置均不能改变"有望"与 VP 之间的句法关系，"有望"是状语副词，"VP 有望"中"有望"为后置状语。"有望 VP"和"VP 有望"在信息编码传递上存有差异，"有望 VP"的核心焦点是 VP，句子的信息焦点是有望实现的事件；"VP 有望"的陈述焦点在于事件实现的可能性。"有望"的语法化是其副词化程度不断深化的过程，也是其主观情态强化的过程。"有望"表未然时体性特征不断被凸显，其原词汇意义则逐渐退化。"有望"正向以表示情态意义为主的评注性副词演变。"有望"与"无望""在望"在句法分布、情态表达及发展演变上存有不对称性。

"有意"黏谓唯状分布，是具有实际词汇意义的描摹性副词。"有意"在对谓语核心进行描摹的同时向外传递言者的主观态度与情感，"S 有意 VP"是汉语主观化表达句式。"S 有意 VP"句式倾向第三人称主语，"VP"通常多为自主动词，"有意"基于言者对情景的认定，通过焦点化手段传递言者的主观态度，是一种主观化词汇标记。"有意"由句内谓语核心副词逐渐向句子"高层谓语"演变，修饰整个谓语，由描摹性副词逐渐向评注性副词演变。"有意"评注功能获得过程必然会是主观意志性增强，动作伴随性减弱的表情强化过程。

"有幸"在"S 有幸 VP"句法语境下可充当基础谓语，也能够充当多重谓语的高层谓语。"有幸"句法位置较为灵活，可充当形容词性状语和副词性状语。"有幸"是具有实际词汇意义兼具评注功能的描摹性副词，通常多表达言者对涉事命题或述题进行主观陈述，以此表明其主观态度。"有幸"作为焦点信息的凸显标志,标记其后接成分为语义表达的重心,多是新信息,是言语交际的中心。当对某一事物或事件进行主观表述时,"有幸"的涉事论元,可以是主语也可以是话题成分,通常是有指成分,并且是定指成分。"有幸"的评注性副词属性有其历时演变渊源,是对古代汉语用法的保留与继承。"有幸"在表达功能上符合会话交际的礼貌原则。

作为尚处演变中的形式动词,"有待"抑制进入其后动词的陈述性,凸显动词的指称性;"有待 VP"中 VP 的动作性或动词特征越明显,"有待"的形式化特征越显著。"有待"具有完句功能,使用中不可删除。为了达到精确描摹、强化语势、避免繁复的语用效果,"有待 VP"可连用、并用与合用。"有待"具有特殊的语用功能,是指称化动词标志、受事前置标志、焦点标志和未然性弱化否定标志。"有待于 VP"在使用中具有与"有待 VP"相同的功能与句法分布,"有待于 VP"与"有待 VP"起源不同,"有待 VP"的形成与"于"是否脱落无关。"亟待""急待"与"有待"具有相似的句法分布与功能。"亟待""急待"在使用时更强调事态解决、事件实现、动作发生的急迫性。

"有失"的否定义生成是词义演变的结果。"有失 X"的适量否定与完全否定表达是程度划分问题。"有失"句法位置趋向固定,黏附于其后附成分"X"。"有失"用法泛化,词义虚化,表现出黏着化趋势,逐步失去独立词地位,发生附缀化。"有失 + X [+ 贬义]"结构是正常的语义演变现象,是语言表达的自我调节手段,也是一种语用需求和必然结果。"有失 + X [+ 贬义]"结构中"有失"比"有失 + X [+ 褒义]"结构中"有失"的语法化等级更高。"有失、失之、失于"的词汇来源不可能是"有失于""有失之"和"失之于"。"有失、失之、失于"可以对同一述谓成分进行否定具备否定置换性。"有失 X、失之 X、失于 X"的内部结构关系不同。"有失"的语法化程度要高于"失之"和"失于"。

"有 + $NP_{双}$"是现代汉语中使用较为频繁的具有特殊语义功能的能产构式之一。"有 + $NP_{双}$"构式由固有构件存现动词"有"及变项"$NP_{双}$"加合构成。"有"是存现动词,具备原始词汇意义与功能。连续统概念视域下,"有"表存在与领属,"$NP_{双}$"的抽象化程度,"有 + $NP_{双}$"构式化层级都以连续统的形式呈现。"有+NP$_{双}$"的构式化与语法化程度不断提升。"NP$_{双}$"的抽象化程度越高,"有+NP$_{双}$"形式越固化,语义整合度越高,构式整体越能够被程度副词修饰,"有NP$_{双}$"具备形容词的属性与功能。"有NP$_{双}$"属性义解读符合人类的认知心理。NP的空间性、有界性及可计量性伴随其抽象演变,NP的量级由可清晰计量向模糊计量过渡。对抽象名词"量"的判定多采用"社会平均值"作为计量起点,因此其认知凸显度更高。

"有NP$_{双}$"充当不同句法成分与其构式化程度之间存在相关性。"有NP$_{双}$"能否充当句子基本信息负载单位(PIBUs)直接决定其是否发生语法化,决定其与句中其他谓语成分VP的句法关系分配。高层谓语结构"有NP$_{双}$+VP"在汉语典型的"adv.+VP"结构的强势类推下,"有NP$_{双}$"具备被重新分析为副词的极大可能。"有NP$_{双}$"结构的构式化程度最高端是趋向副词化。过程中,"有NP$_{双}$"主观化程度深化,"有NP$_{双}$"获得"主观大量义"功能解读。"有NP$_{双}$"副词用法的出现表明"有+NP$_{双}$"结构的构式化程度在使用中一直在持续深化。

作为古代汉语语法的遗存,"有+VP"结构在南方方言中得到了较为完整的继承与发展。改革开放以来,南北语言接触、感染、融合,"有+VP"在现代汉语中正逐渐被言者接受与推广。此外,在英汉对译、互译与直译的过程中,"have"与"有"的互动同样促进了"有+VP"的使用。类推机制的作用下,"有+VP"打破汉语原有"有"与"没有"肯定、否定表达的不对称性,实现"有+VP"与"没有+VP"的对称。

"有+VP"结构(或句式)在汉语范畴中历经"繁荣→衰退→复兴"三个阶段。"有+VP"结构在古代汉语中的演变与汉语史的历时发展轨迹相吻合。"有"在古汉语范畴内即存在由存在动词向表确认与肯定功能的副词演变。"有"从肯定事物的存在语法化为确认或肯定VP所代表的动作、行为、事件的发生;且"有"在语法位置上呈现出唯状分布特点。古代汉语中"有"可"表示说话者对事件、命题的主观评价和态度"(按:情态义)的评注性副词。"有"在确认VP发生的同时,对VP(相关命题或述题)进行主观评注。"有"是评注性副词。

在历时与共时的传承与发展中,"有"的属性存在多重解读。"有"的动词、副词与助词解读之间存在内在演变关系。汉语"有"的演变遵循以下语法化连续统：

> 存在动词→客观领有→主观领有→客观确认→主观确认→主观评注→助词

"有"的语法化与主观化是个互动过程，即语法化程度越高，"有"的主观化程度也更强。从客观存在语法化为主观确认，"有"的主观化程度表达伴随强化。"有"的体助词功能是在"有"作为评注副词的基础上经过重新分析而来的。"有"的时体表达功能具有"语言类型学上的普遍性"。"有"与"着、了、过"分属于不同的语法下位范畴。在语言类型学的普遍共性制约下，"有"的确认功能可作完成体用法解读，当然，这只能被视作"广义的完成体"。

第二节　研究不足与展望

"有 X"演变过程中，"有 X"的性质界定一直存在争议。受历时演变的影响，共时层面，"有 X"是词，但还可以是 VO 式述宾结构，是跨层短语。此可归结为语法化过程中的"歧变"现象（沈家煊，1994：19）。词汇化完成，"有 X + VP"句法结构中"有 X"是形容词性状语，还是副词性状语？截至目前，仍未有合理、统一的界定标准。究竟是副词，还是形容词是判定问题，也是演变问题。这些有待我们进一步系统地去研究与分析。

副词词性地位的确定应该是结合词语自身的句法功能，以其语法意义为基础进行细致界定。"有 X"的唯状分布与"有 X"的黏谓分布，即"状语 + 谓语"与"述语 + 谓宾"之间的纠葛。"有 X"副词属性的界定是否有范围过大之嫌？换言之，我们所持有的副词范围动态可变的判定是否有失偏颇？这些问题同样存在争议，有待解决。

基于《现代汉语规范词典（第 4 版）》对"有"的释义，我们绘制了"有"的语义图，以此与结论部分构拟的"有"的语法化连续统对比。

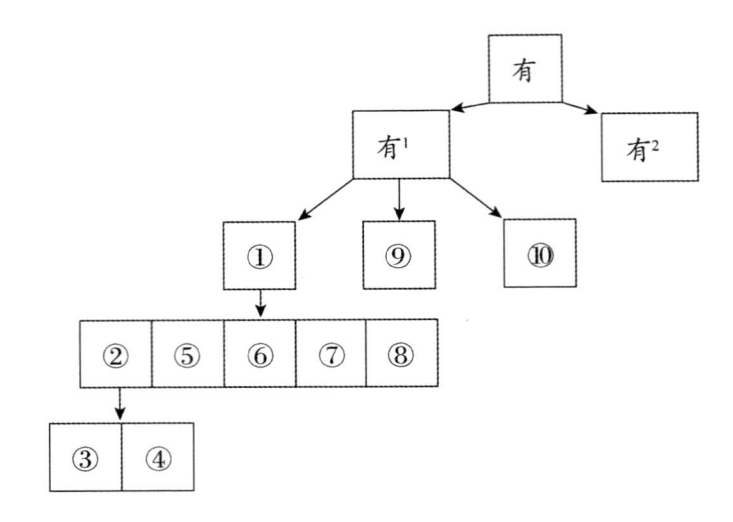

动态语法视角下,"有"的语义图分布及其各义项之间的关系呈现多元化,有待统一。

参考文献

白丹：《"要多 X 有多 X"构式研究》，哈尔滨师范大学，硕士学位论文，2013 年。

边媛：《现代汉语表情态的"有 + N"结构研究》，哈尔滨师范大学，硕士学位论文，2011 年。

蔡玮：《带定指兼语的"有"字句》，《镇江师专学报（社会科学版）》2000 年第 2 期。

蔡玮：《"有"字句中的预设》，《修辞学习》2003 年第 2 期。

蔡维天：《谈"有人""有的人"和"有些人"》，《汉语学报》2004 年第 2 期。

蔡瑱：《上海高校学生"有 + VP"句使用情况调查分析》，《语言教学与研究》2009 年第 6 期。

曹翔：《谓词能否直接充当"有"的宾语》，《哈尔滨学院学报》2001 年第 6 期。

曹田园：《"是/有 +（一）个 + X"存在句研究》，山东师范大学，硕士学位论文，2012 年。

曹秀玲、王清华：《从基本话语到元话语——以汉语让转义"X 然"类词语为例》，《中国语文》2015 年第 6 期。

曾常红、王佳毅：《20 世纪 90 年代以来"有"字句研究述评》，《邵阳学院学报》（社会科学版）2004 年第 2 期。

陈蕾：《构式"有 + VP"的认知理据》，《重庆科技学院学报》（社会科学版）2010 年第 10 期。

陈蕾：《认知视野下构式"有 + VP"的解读》，《长春师范学院学报》（人文社会科学版）2010 年第 1 期。

陈琳：《论现代汉语中的"有 + VP"句式》，暨南大学，硕士学位论文，2007 年。

陈平：《释汉语中与名词性成分相关的四组概念》，《中国语文》1987 年第 2 期。

陈平：《试论汉语中三种句子成分与语义成分的配位原则》，《中国语文》1994 年第 3 期。

陈艳：《表存在"有"字句的语篇功能研究》，吉林大学，硕士学位论文，2008 年。

陈宝勤：《汉语词汇的生成与演化》，四川大学，博士学位论文，2004 年。

陈昌来：《由代动词"来"构成的述宾短语及数量词的功能》，《河南大学学报》（社会科学版）2011 年第 1 期。

陈昌来：《汉语常用双音词词汇化和语法化研究》，学林出版社 2017 年版。

陈桂琴、唐丽娜：《汉语存现动词"有"诱发宽式推论现象语用分析》，《学术交流》2012 年第 7 期。

陈虹先：《"没（有）什么 + X"格式的句法特征》，《语文学刊》2010 年第 4 期。

陈前瑞：《完成体与经历体的类型学思考》，《外语教学与研究》2016 年第 6 期。

陈前瑞：《语法化与汉语时体研究》，学林出版社 2017 年版。

陈前瑞、王继红：《南方方言"有"字句的多功能性分析》，《语言教学与研究》2010 年第 4 期。

陈淑环：《负迁移根源探讨——以惠州方言的"有"字句为例》，《宜宾学院学报》2009 年第 4 期。

陈文博：《"有一种 X 叫 Y"构式的语义认知考察——从语法构式到修辞构式的接口探索》，《当代修辞学》2012 年第 2 期。

陈信春：《"有"字句单句复句的划分》，《河南大学学报》（社会科学版）1984 年第 5 期。

陈叶红：《从南方方言的形成看"有 + VP"结构的来源》，《甘肃联合大学学报》（社会科学版）2007 年第 4 期。

陈叶红：《试论"有"字的意义和性质》，《十堰职业技术学院学报》2007 年第 3 期。

储泽祥：《"细节显现"与"副+名"》，《语文建设》1997 年第 6 期。

储泽祥：《"名+数量"语序与注意焦点》，《中国语文》2001 年第 5 期。

储泽祥、刘琪：《类推而来的"有不有"——地方普通话特征性构式的个案研究》，《语言研究》2014 年第 3 期。

崔娜：《现代汉语普通话中的"有+VP"句式》，《云南师范大学学报》（对外汉语教学与研究版）2013 年第 4 期。

崔应贤、刘钦荣：《现代汉语》，北京师范大学出版社 2014 年版。

刁晏斌：《台湾话的特点及其与内地的差异》，《中国语文》1998 年第 5 期。

刁晏斌：《试论现代汉语形式动词的功能》，《宁夏大学学报》（人文社会科学版）2004 年第 3 期。

刁晏斌：《两岸四地"有+VP"形式考察》，《励耘学刊》2012 年第 1 期。

刁晏斌、李艳艳：《试论"有+单音节动素"式动词》，《语言教学与研究》2010 年第 1 期。

丁声树等：《现代汉语语法讲话》，商务印书馆 1961/1999 年版。

董淑慧：《"V+上+数量"构式的语义功能及其语法化》，《汉语学习》2012 年第 5 期。

董祥冬：《"V+有"的词汇化进程》，《湖北社会科学》2009 年第 1 期。

董秀芳：《无标记焦点和有标记焦点的确定原则》，《汉语学习》2003 年第 1 期。

董秀芳：《现代汉语中的助动词"有没有"》，《语言教学与研究》2004 年第 2 期。

董秀芳：《汉语中动名之间的"于/於"功能的再认识》，《古汉语研究》2006 年第 2 期。

董秀芳：《词汇化与话语标记的形成》，《世界汉语教学》2007 年第 1 期。

董秀芳：《汉语句法的演变与词汇化》，《中国语文》2009 年第 5 期。

董秀芳：《词汇化：汉语双音词的衍生和发展（修订本）》，商务印书馆 2013 年版。

董秀芳：《从存在义到不定指代义和多量义："有 X"类词语的词汇化》，

《历史语言学研究》2014 年第 2 期。

董秀芳：《汉语词汇化和语法化的现象与规律》，学林出版社 2017 年版。

窦焕新：《台湾普通话中的"有＋动词"研究》，《渤海大学学报》（哲学社会科学版）2006 年第 3 期。

窦焕新：《也谈"有＋VP"中"有"的性质》，《渤海大学学报》（哲学社会科学版）2011 年第 3 期。

杜娟：《基于 CIS 棋型的"有一种 X 叫 Y"认知研究》，四川外国语大学，硕士学位论文，2014 年。

段晓燕：《"有所"的句法、语义和词汇化研究》，北京大学，硕士学位论文，2012 年。

樊长荣：《"有"字引介数量名主语的理据》，《语言研究》2008 年第 3 期。

范继淹：《很＋动词结构》，《中国语文》1961 年第 8 期。

范继淹：《无定 NP 主语句》，《中国语文》1985 年第 5 期。

方磊：《汉语"有"的焦点标记功能》，渤海大学，硕士学位论文，2012 年。

方梅：《篇章语法与汉语篇章语法研究》，《中国社会科学》2005 年第 6 期。

方梅：《汉语对比焦点的句法表现手段》，《中国语文》1995 年第 4 期。

方秋香：《"有这么……（吗）？"构式研究》，浙江师范大学，硕士学位论文，2014 年。

房玉清：《动态助词"了""着""过"的语义特征及其用法比较》，《汉语学习》1992 年第 1 期。

冯佳：《现代汉语"有 VP"结构中"有"的定性问题研究》，《昆明学院学报》2009 年第 4 期。

冯胜利：《论汉语的"韵律词"》，《中国社会科学》1996 年第 1 期。

冯胜利：《汉语韵律句法学》，上海教育出版社 2000 年版。

付习涛：《关于构式"有＋VP"》，《中国地质大学学报》（社会科学版）2006 年第 5 期。

傅远碧：《关于"有"构成的几种特殊句型》，《绵阳师范高等专科学校学报》1999 年第 3 期。

高珏珏：《"有（一）点"的语法化及其相关问题研究》，浙江师范大学，硕士学位论文，2013年。

高名凯：《汉语语法论》，商务印书馆1957/2011年版。

高慎贵：《用"有"的存在句试析》，《逻辑与语言学习》1990年第2期。

高再兰：《兼语式"有"字句的篇章功能》，《淮北煤炭师范学院学报》（哲学社会科学版）2007年第3期。

高再兰：《"有……着"句式的结构特点与语义倾向》，《汉语学习》2012年第2期。

高再兰：《有＋C及相关句式研究》，安徽师范大学，硕士学位论文，2002年。

葛玉：《汉语"有"字存在句的语义分析》，湖南大学，硕士学位论文，2008年。

耿直：《基于语料库的比较句式"跟、有、比"的描写与分析》，北京大学，博士学位论文，2012年。

古川裕：《外界事物的"显著性"与句中名词的"有标性"——"出现、存在、消失"与"有界、无界"》，《当代语言学》2001年第4期。

顾鸣镝：《"有N"和"有V"的同构性研究》，《语言教学与研究》2016年第4期。

顾志刚：《"是"字存在句——兼析"有"字存在句》，《南通师专学报》1992年第2期。

管娟娟：《论"有＋VP"句》，《柳州职业技术学院学报》2006年第1期。

郭锐：《汉语词类划分的论证》，《中国语文》2001年第6期。

郭锐：《现代汉语词类研究》，商务印书馆2002年版。

郭锐：《语义结构和汉语虚词语义分析》，《世界汉语教学》2008年第4期。

郭锐：《形容词的类型学和汉语形容词的语法地位》，《汉语学习》2012年第5期。

郭锐：《共时语义演变和多义虚词的语义关联》，《山西大学学报》（哲学社会科学版）2012年第3期。

郭中：《肯定副词"有"及其问答功能》，《求索》2012年第11期。

郭锡良：《介词"于"的起源和发展》，《中国语文》1997年第2期。

韩旭:《现代汉语"有+VP"句式研究》,上海外国语大学,硕士学位论文,2009年。

何清强、王文斌:《"be"与"有":存在论视野下英汉基本存在动词对比》,《外语学刊》2014年第1期。

何子章:《"很+有+名词"及相关句式结构与语义分析》,《襄樊学院学报》2010年第1期。

贺君:《存在动词对举格式"有X无Y"及其相关格式研究》,延边大学,硕士学位论文,2012年。

贺阳:《"程度副词+有+名"试析》,《汉语学习》1994a年第2期。

贺阳:《汉语完句成分试探》,《语言教学与研究》1994b第4期。

贺阳:《定语的限制性和描写性及其认知基础》,《世界汉语教学》2013年第2期。

贺子晗:《现代汉语"有VP"结构探讨》,《湖南科技学院学报》2014年第1期。

胡建刚:《述语为"有"、"是"、"在"的存在句的语义、句法分析》,《暨南大学华文学院学报》2001年第2期。

胡建华:《现代汉语不及物动词的论元和宾语——从抽象动词"有"到句法–信息结构接口》,《中国语文》2008年第5期。

胡建华:《论元的分布与选择——语法中的显著性和局部性》,《中国语文》2010年第1期。

胡建华:《句法对称与名动均衡——从语义密度和传染性看实词》,《当代语言学》2013年第1期。

胡丽珍、雷冬平:《语气副词"还好"的形成及其功能研究》,《古汉语研究》2015年第1期。

胡倩琳:《"程度副词+有+NP"分析》,四川师范大学,硕士学位论文,2010年。

胡裕树、范晓:《动词形容词的"名物化"和"名词化"》,《中国语文》1994年第2期。

胡袁园:《"有"字句研究》,南京师范大学,硕士学位论文,2005年。

黄伯荣:《汉语方言语法类编》,青岛出版社1996年版。

黄伯荣、李炜:《现代汉语(第二版)》,北京大学出版社2016年版。

黄伯荣、廖序东：《现代汉语（增订五版）》，高等教育出版社 2011/2014 年版。

黄健秦：《"有"类平比标记的来源、发展及其机制》，《对外汉语研究》2010 年第 1 期。

黄立鹤：《汉、英完成体标记"有"与 HAVE 之语法化对比考察》，《四川教育学院学报》2009 年第 12 期。

黄立鹤：《英语 have 与汉语"有"之对比——聚焦语用法的语法化》，《语言学研究》2013 年第 2 期。

黄雪斌：《"有什么 X（的）？"构式研究》，浙江师范大学，硕士学位论文，2013 年。

吉益民：《"有一种 X 叫 Y"构式的多维考察》，《语言教学与研究》2011 年第 2 期。

吉益民：《"有 A 无 B"变项的认知关联及其构式语义》，《安庆师范学院学报》（社会科学版）2014 年第 1 期。

贾娟：《现代汉语"有 + VP"结构特征简析》，《沈阳农业大学学报》（社会科学版）2008 年第 1 期。

江蓝生：《同谓双小句的省缩与句法创新》，《中国语文》2007 年第 6 期。

江蓝生：《概念叠加与构式整合——肯定否定不对称的解释》，《中国语文》2008 年第 6 期。

江蓝生：《句法结构隐含义的显现与句法创新》，《语言科学》2013 年第 3 期。

江蓝生：《汉语语法化的诱因与路径》，学林出版社 2017 年版。

江倩倩：《汉语"有 VP"结构的演变》，北京大学，硕士学位论文，2012 年。

解正明：《基于社会认知的汉语有标记构式研究》，北京语言大学，博士学位论文，2007 年。

解正明：《社会语法学》，中国社会科学出版社 2008 年版。

金晶：《"V 了 + 有 + 数量短语 + （NP）"中"有"的用法特点》，《汉语学习》2012 年第 3 期。

金佳丽：《表示否定义的"有什么好 X 的"结构及其相关研究》，上海师范大学，硕士学位论文，2014 年。

金立鑫：《"Posi. 有 N"和"Posi. 是 N"》，《语言教学与研究》1995 年第 3 期。

金立鑫：《试论"了"的时体特征》，《语言教学与研究》1998 年第 1 期。

金立鑫：《解决汉语补语问题的一个可行性方案》，《中国语文》2009 年第 5 期。

金钟赞：《试论"双音节＋于"的句子成分》，《语言研究》2004 年第 3 期。

康梅花：《"有 VP"句式研究及其教学探讨》，重庆大学，硕士学位论文，2014 年。

赖慧玲：《名词的量性特征和"有＋名词"结构》，《苏州大学学报》（哲学社会科学版）2009 年第 3 期。

兰碧仙：《"有＋VP"$_2$结构分析》，《集美大学学报》（哲学社会科学版）2009 年第 3 期。

兰碧仙：《据出土文献再论先秦汉语"有$_2$＋VP"结构中的"有$_2$"》，《汉字文化》2011 年第 4 期。

雷冬平：《现代汉语"有/无＋Prep/V"类词的词汇化及其动因》，《汉语学习》2013 年第 1 期。

雷冬平：《语气副词"好在"的语法化环境研究》，《汉语学习》2015 年第 5 期。

雷冬平、罗华宜：《连词"再有"的形成及其话语标记功能研究》，《保定学院学报》2013 年第 6 期。

黎锦熙：《新著国语文法》，湖南教育出版社 1924/2007 年版。

李宝伦：《汉语否定词"没（有）"和"不"对焦点敏感度的差异性》，《当代语言学》2016 年第 3 期。

李慧：《"有 A 无 B"格式的认知解释》，《青春岁月》2012 年第 14 期。

李明：《说"有＋NP＋VP"》，华中师范大学，硕士学位论文，2003 年。

李讷、石毓智：《论汉语体标记诞生的机制》，《中国语文》1997 年第 2 期。

李唐：《"有"字句的四种语义模式》，《河北民族师范学院学报》2014 年第 1 期。

李霞：《〈金瓶梅词话〉中的复杂"有"字句》，《语言研究集刊》2008

年第 1 期。

李行健：《现代汉语规范词典（第 3/4 版）》，语文出版社 2014/2022 年版。

李莹、徐杰：《形式句法框架下的现代汉语体标记研究》，《现代外语》2010 年第 4 期。

李栋臣：《"有失""失之"辩》，《语文知识》1995 年第 1 期。

李国宏、刘萍：《状语性状的主观性及语义表现》，《现代外语》2014 年第 2 期。

李慧媛：《"有"的标记功能及其语法化》，山西大学，硕士学位论文，2007 年。

李力维：《英语 have + –en 与汉语"有 + VP"完成构式对比分析》，《西南科技大学学报》（哲学社会科学版）2012 年第 4 期。

李临定：《现代汉语动词》，中国社会科学出版 1990 年版。

李奇瑞：《"有"字的一种特殊用法》，《汉语学习》1986 年第 5 期。

李善熙：《汉语"主观量"的表达研究》，中国社会科学院，博士学位论文，2003 年。

李泰洙：《〈老乞大〉四种版本语言研究》，语文出版社 2003 年版。

李婷婷：《汉语的话语标记"还有"——兼论"再/又/也 + 有"》，河南大学，硕士学位论文，2010 年。

李文龙：《"有 – V"句式语法化现象》，《海外英语》2013 年第 16 期。

李先银：《容器隐喻与"有 + 抽象名词"的量性特征——兼论"有 + 抽象名词"的属性化》，《语言教学与研究》2012 年第 5 期。

李向农：《时点时段的内涵及构成与汉语社会的时间观念》，《世界汉语教学》1995 年第 2 期。

李秀华：《"构式——语块"理论在对外汉语"有"字句教学中的应用》，华中科技大学，硕士学位论文，2013 年。

李艳惠、陆丙甫：《数目短语》，《中国语文》2002 年第 4 期。

李宇明：《所谓名词词头"有"新议》，《中州学刊》1982 年第 3 期。

李宇明：《能受"很"修饰的"有 X"结构》，《云梦学刊》1995 年第 1 期。

李宇明：《领属关系与双宾句分析》，《语言教学与研究》1996 年第 3 期。

李元军：《"NP1＋有＋NP2＋VP"与"There be"、"have/has"句型对比分析》，湖南大学，硕士学位论文，2013年。

李宗江：《句法的功能悬空与语法化》，载吴福祥、洪波主编《语法化与语法研究（一）》，商务印书馆2003年版。

李宗江：《语法化与汉语实词虚化》，学林出版社2017年版。

梁东汉：《新编说文解字》，山西教育出版社2006年版。

林箭：《"有一种X叫Y"的语言构式分析》，《黑龙江教育学院学报》2014年第9期。

林晶鸿：《莆田方言"有＋AP/VP"中的"有"》，华东师范大学，硕士学位论文，2013年。

林太安：《"有"字兼语式初探》，《殷都学刊》1986年第4期。

林泰安：《"有"字连动式初探》，《河南师大学报》（社会科学版）1981年第4期。

林泰安：《这个"有"可以看作介词》，《汉语学习》1986年第5期。

林泰安：《介词"有"字三探》，《殷都学刊》1993年第4期。

刘晶：《浅析"有"字句的句式系统》，《内蒙古师范大学学报》（哲学社会科学版）2007年第6期。

刘利：《古汉语"有VP"结构中"有"的表体功能》，《徐州师范大学学报》（哲学社会科学版）1997年第1期。

刘林：《现代汉语焦点标记词研究——以"是"、"只"、"就"、"才"为例》，复旦大学，博士学位论文，2013年。

刘钦：《现代汉语"有A无B"格式成员的词汇化等级分析》，《励耘语言学刊》2016年第1期。

刘顺、潘文：《现代汉语"有着"句的考察与分析》，《语言教学与研究》2007年第3期。

刘顺：《汉语数量配比义受事主语句及生成动因》，《云南师范大学学报》（对外汉语教学与研究版）2015年第1期。

刘微：《表程度义的"有＋X"句式研究》，华中师范大学，硕士学位论文，2013年。

刘岩：《现代汉语运动事件表达模式研究》，南开大学，博士学位论文，2013年。

刘春卉:《"有+属性名词"的语义语法特点——兼谈与名词性状化无关的一类"很+名"结构》,《山东师范大学学报》(人文社会科学版)2007年第1期。

刘丹青:《语法化中的更新、强化与叠加》,《语言研究》2001年第2期。

刘丹青:《语法调查研究手册》,上海教育出版社2008年版。

刘丹青:《"有"字领有句的语义倾向和信息结构》,《中国语文》2011年第2期。

刘丹青:《汉语史语法类型特点在现代方言中的存废》,《语言教学与研究》2011年第4期。

刘丹青:《汉语中的非话题主语》,《中国语文》2016年第3期。

刘丹青、徐烈炯:《焦点与背景、话题及汉语"连"字句》,《中国语文》1998年第4期。

刘富华:《"是"和"有"表存在的异同》,《对外汉语研究》2008年第00期。

刘红妮:《汉语非句法结构的词汇化》,上海师范大学,博士学位论文,2009年。

刘红妮:《词汇化与语法化》,《当代修辞学》2010年第1期。

刘乃仲:《关于〈"打碎了他四个杯子"与约束原则〉一文的几点疑问》,《中国语文》2001年第6期。

刘润清:《关于Leech的"礼貌原则"》,《外语教学与研究》1987年第2期。

刘苏乔:《表比较的"有"字句浅析》,《语言教学与研究》2002年第2期。

刘月华等:《实用现代汉语语法(增订本)》,商务印书馆2001/2014年版。

刘志富:《基于语义特征的无标记量大"有+N"的表义机制考察》,《三峡论坛》2016年第2期。

柳士林:《论"很+有/象+X"结构"X"的语义性质》,《湖州师范学院学报》2010年第4期。

卢建:《可换位摹物状语的句位实现及功能分析》,《语言研究》2003年第1期。

卢鸿莉：《"有+名"结构中"有"词性再议》，《淮北煤炭师范学院学报》（哲学社会科学版）2010年第2期。

卢秋蓉：《汉语存在句"NP_1–VP（有/是）–NP_2"中NP_2的语义探析》，《长春教育学院学报》2013年第10期。

鲁川：《汉语语法的意合网络》，商务印书馆2000年版。

陆俭明：《关于语义指向分析》，《中国语言学论丛》1997年第1辑。

陆俭明：《再谈"吃了他三个苹果"一类结构的性质》，《中国语文》2002年第4期。

陆俭明：《"句式语法"理论与汉语研究》，《中国语文》2004年第5期。

陆俭明：《词语句法、语义的多功能性：对"构式语法"理论的解释》，《外国语》2004年第2期。

陆俭明：《句法语义接口问题》，《外国语》2006年第3期。

陆俭明：《现代汉语》，北京师范大学出版社2012/2014年版。

罗建邦、范美群：《从三个平面看"V有"和"V了"之差异》，《江西科技师范学院学报》2006年第3期。

罗建邦、范美群：《"V有"式"V""有"之关系及相关问题》，《重庆师范大学学报》（哲学社会科学版）2006年第1期。

罗耀华、李向农：《揣测副词"或许"的词汇化与语法化》，《古汉语研究》2015年第3期。

罗竹风：《汉语大词典》，上海辞书出版社2011年版。

吕吉宁：《"有"字句的语法化考察》，北京语言大学，硕士学位论文，2004年。

吕叔湘：《中国文法要略》，商务印书馆1942/2014年版。

吕叔湘：《汉语语法分析问题》，商务印书馆1979/2010年版。

吕叔湘：《中性词与褒贬义》，《中国语文》1983年第5期。

吕叔湘：《现代汉语八百词（增订本）》，商务印书馆1999/2009年版。

马建忠：《马氏文通》，商务印书馆1898/2007年版。

马清华：《汉语语法化问题的研究》，《语言研究》2003年第2期。

马庆株：《多重定名结构中形容词的类别和次序》，《中国语文》1995年第5期。

马庆株：《结构、语义、表达研究琐议——从相对义、绝对义谈起》，《中国语文》1998 年第 3 期。

马庆株：《自主动词和非自主动词》，《著名中年语言学家自选集·马庆株卷》，安徽教育出版社 2002 年版。

梅祖麟：《现代汉语完成貌句式和词尾的来源》，《语言研究》1981 年第 00 期。

梅祖麟：《介词"于"在甲骨文和汉藏语里的起源》，《中国语文》2004 年第 4 期。

孟倩玫：《论现代汉语"有+VP"句式的用法和意义——从"你有替我买点白兰地吗？"说起》，《海外华文教育》2013 年第 4 期。

孟艳丽：《"有"的语法意义及其成因》，《解放军外国语学院学报》2009 年第 1 期。

孟昭水、范淑华：《谈"有"的有界性》，《泰安师专学报》2001 年第 5 期。

倪林生：《"有失"与"失之"辩》，《语文学习》2007 年第 Z1 期。

牛永娟：《汉语"有一种……叫（做）……"构式的范畴化研究》，河南大学，硕士学位论文，2012 年。

潘红彬、袁晓静：《概念整合理论视域下"有 X1 有 X2"的认知分析》，《考试周刊》2014 年第 60 期。

潘玉坤：《先秦誓盟语"有如 N"解——兼议"有"的助动词用法》，《古汉语研究》2012 年第 1 期。

庞加光：《"有+数量结构"：从客体观照到主体观照》，《当代语言学》2015 年第 2 期。

彭茹：《"X 有的是 Y"句式的研究》，广西师范大学，硕士学位论文，2007 年。

彭睿：《构式语法化的机制和后果——以"从而"、"以及"和"极其"的演变为例》，《汉语学报》2007 年第 3 期。

彭睿：《语法化·历时构式语法·构式化——历时形态句法理论方法的演进〈语言教学与研究〉》2016 年第 2 期。

彭利贞：《说"很有 NP"》，《语文研究》1995 年第 2 期。

朴正九：《从类型学视角看汉语形容词谓语句的信息结构》，《中国语文》2016 年第 4 期。

齐沪扬：《语气副词的语用功能分析》，《语言教学与研究》2003年第1期。

齐沪扬：《现代汉语》，商务印书馆2007/2015年版。

祁从舵：《〈祖堂集〉中"有+人名+VP"构式的功能特征与历史演变》，《语文研究》2011a年第3期。

祁从舵：《论"有·专名+VP"的语篇特征与传信功能》，《北方论丛》2011b年第3期。

饶宏泉：《量词的性质和数量表达的核心——语序类型学的研究》，《安徽师范大学学报》（人文社会科学版）2012年第1期。

任庆：《现代汉语"有+VP"格式研究》，上海师范大学，硕士学位论文，2009年。

任鹰：《"领属"与"存现"：从概念的关联到构式的关联——也从"王冕死了父亲"的生成方式说起》，《世界汉语教学》2009年第3期。

荣晶、丁崇明：《两种不同性质的"有+N"结构》，《中国语言学报（第十六期）》，商务印书馆2014年版。

邵敬敏：《现代汉语通论（第二版）》，上海教育出版社2007/2015年版。

邵敬敏：《汉语框式结构说略》，《中国语文》2011年第3期。

邵敬敏：《关于框式结构研究的理论与方法》，《语文研究》2015年第2期。

申少帅：《基于自主/依存联结分析模型的现代汉语"有"字量度结构研究》，河南大学，博士学位论文，2016年。

申云玲：《"有没有/有+VP"句法结构的嬗变及其相关问题研究》，山西大学，硕士学位论文，2007年。

沈阳：《词义吸收、词形合并和汉语双宾结构的句法构造》，《世界汉语教学》2009年第2期。

沈阳：《变换移位、提升并入、拷贝删除及其他——与结构变换相关的句法分析理论及在汉语句法研究中的应用》，《外语教学与研究》2016年第2期。

沈威：《动词"有"和形容词性宾语》，《汉语学报》2012年第3期。

沈家煊：《"语法化"研究综观》，《外语教学与研究》1994年第4期。

沈家煊：《"有界"与"无界"》，《中国语文》1995年第5期。

沈家煊：《英汉对比语法三题》，《外语教学与研究》1996 年第 4 期。

沈家煊：《不对称和标记论》，江西教育出版社 1999 年版。

沈家煊：《语言的"主观性"和"主观化"》，《外语教学与研究》2001 年第 4 期。

沈家煊：《"糅合"和"截搭"》，《世界汉语教学》2006 年第 4 期。

沈家煊：《"移位"是"移情"——析"他是去年生的孩子"》，《中国语文》2008 年第 5 期。

沈家煊：《汉语词类的主观性》，《外语教学与研究》2015a 年第 5 期。

沈家煊：《词类的类型学和汉语的词类》，《当代语言学》2015b 年第 2 期。

沈家煊：《名词和动词》，商务印书馆 2016 年版。

施春宏：《名词的描述性语义特征与副名组合的可能性》，《中国语文》2001 年第 3 期。

施春宏：《从构式压制看语法和修辞的互动关系》，《当代修辞学》2012 年第 1 期。

施春宏：《"招聘"和"求职"：构式压制中双向互动的合力机制》，《当代修辞学》2014 年第 2 期。

施春宏：《构式压制现象分析的语言学价值》，《当代修辞学》2015 年第 2 期。

施春宏：《互动构式语法的基本理念及其研究路径》，《当代修辞学》2016 年第 2 期。

施春宏：《构式的观念：逻辑结构和理论张力》，《东北师大学报》（哲学社会科学版）2016 年第 4 期。

施其生：《论"有"字句》，《语言教学与研究》1996 年第 1 期。

石毓智：《时间的一维性对介词衍生的影响》，《中国语文》1995 年第 1 期。

石毓智：《语法的认知语义基础》，江西教育出版社 2000 年版。

石毓智：《语法的形式和理据》，江西教育出版社 2001 年版。

石毓智：《论汉语的结构意义和词汇标记之关系——有定和无定范畴对汉语句法结构的影响》，《当代语言学》2002 年第 1 期。

石毓智：《汉语的领有动词与完成体的表达》，《语言研究》2004a 年第

2 期。

石毓智:《论社会平均值对语法的影响——汉语"有"的程度表达式产生的原因》,《语言科学》2004b 年第 6 期。

石毓智:《语法的概念基础》,上海外语教育出版社 2006 年版。

石毓智、李讷:《十五世纪前后的句法变化与现代汉语否定标记系统的形成——否定标记"没(有)"产生的句法背景及其语法化过程》,《语言研究》2000 年第 2 期。

石毓智、李讷:《汉语语法化的历程——形态句法发展的动因和机制》,北京大学出版社 2001 年版。

时宾:《也论介词"于"的起源和发展》,《中国语文》2003 年第 4 期。

宋金兰:《"有"字句新探——"有"的体助词用法》,《青海师专学报》1994 年第 2 期。

宋玉坷:《古汉语"有"的代词用法》,《语言教学与研究》1983 年第 1 期。

宋玉柱:《介词"有"应该肯定》,《汉语学习》1987 年第 2 期。

宋玉柱:《完成体动态存在句》,《汉语学习》1989 年第 6 期。

宋玉柱:《经历体存在句》,《汉语学习》1991 年第 5 期。

宋玉柱:《"失之于……"和"有失于……"》,《语文建设》2002 年第 5 期。

苏宝荣:《〈说文解字〉导读》,陕西人民出版社 1993 年版。

苏瑞卿:《上古汉语的"有+谓词"》,《辽宁师范大学学报》(社会科学版) 1988 年第 6 期。

岁延玲:《"有"语法化过程》,《韶关学院学报》2013 年第 3 期。

孙凡:《现代汉语结果体研究》,吉林大学,博士学位论文,2012 年。

孙晶:《从粤方言影响看"有+VP"结构形成的认知过程》,《现代语文》2011 年第 2 期。

孙晶:《现代汉语"有+VP"结构中"有"与完成体标记"了"的差异》,《现代语文》(语言研究版) 2015 年第 2 期。

孙宏林:《由"V+有"构成的存在句》,《世界汉语教学》1996 年第 2 期。

孙焕焕:《汉语中"有+VP"结构的语法化》,河南大学,硕士学位论文，2012 年。

孙娜娜：《论"有+N"结构中 N 的语义偏移》，华中师范大学，硕士学位论文，2011 年。

孙文访：《基于"有、是、在"的语言共性与类型》，《中国语文》2015 年第 1 期。

唐善生：《"程度副词+名词"与"程度副词+有+名词"结构》，《华中师范大学学报》（人文社会科学版）2000 年第 3 期。

唐善生：《"有+NP"的结构语义特征与程度副词选择》，《绥化学院学报》2005 年第 1 期。

唐秀伟：《"很+N"与"很+有+N"句法结构和功能之比较》，《学术交流》2010 年第 3 期。

陶言敏、冯建秋：《也谈现代汉语中"有"的完成体用法——与石毓智先生商榷》，《淮北煤炭师范学院学报》（哲学社会科学版）2008 年第 3 期。

童山东：《"有（无）+名+动"句式不应划入兼语式》，《岳阳师专学报》1980 年第 3 期。

万文莉：《"很+有+N/NP"的多角度研究》，华中师范大学，硕士学位论文，2013 年。

万中亚：《"有+N"结构中 N 的语义偏移现象分析》，《汉语学习》2007 年第 5 期。

汪国胜、杨黎黎、李沛：《构式"要多 A 有多 A"的跨句语法化》，《语文研究》2015 年第 2 期。

王彬：《"有失"和"失之"的三个平面的分析》，《时代文学》（理论学术版）2007 年第 1 期。

王灿龙：《词汇化二例——兼谈词汇化和语法化的关系》，《当代语言学》2005 年第 3 期。

王灿龙：《试论"不"与"没（有）"语法表现的相对同一性》，《中国语文》2011 年第 4 期。

王灿龙：《"有所 X"式与"无所 X"式及相关问题》，《中国语文》2014 年第 4 期。

王灿龙：《"有"字结构式的语义偏移问题》，《语法研究和探索（十八）》，商务印书馆2016年版。

王成英：《现代汉语"有+N$_{(双)}$"语义偏移现象新探》，《第六届东亚汉语教学研究生论坛暨第九届北京地区对外汉语教学研究生学术论坛论文集》，2016年。

王丹荣：《"X有Y+那么+A"构式分析》，《平顶山学院学报》2014年第1期。

王刚：《话语标记"（你）有所不知"研究》，《湖州师范学院学报》2015年第5期。

王国栓、马庆株：《普通话中走向对称的"有+VP（+了）"结构》，《南开语言学刊》2008年第2期。

王红斌：《"有字句"中"有"后面的数量名结构》，《烟台师范学院学报》（哲学社会科学版）2000年第2期。

王静：《"NP1+V+有+NP2"类存在句研究》，复旦大学，硕士学位论文，2011年。

王珏：《释"有+名"式名词》，《周口师范学院学报》2006年第1期。

王军：《"有（一）点儿"的词汇化与语法化》，《新课程（教育学术）》2011年第1期。

王玲：《句法结构的定量分析——以"有+VP"格式为例》，《汉语学习》2011年第4期。

王森、王毅、姜丽：《"有没有/有/没有+VP"句》，《中国语文》2006年第1期。

王姝：《汉语领属构造的可让渡梯度》，《语言教学与研究》2012年第3期。

王寅：《构式压制、词汇压制和惯性压制》，《外语与外语教学》2009年第12期。

王寅：《构式语法研究》，上海外语教育出版社2011年版。

王寅：《构式压制和词汇压制的互动及其转喻机制——以英语语法体和动词体为例的分析》，《外语教学与研究》2013年第5期。

王勇、周迎芳：《"有"字句的历时考察和横向比较》，《华中师范大学学报》（人文社会科学版）2012年第5期。

王勇、徐杰：《汉语存在句的构式语法研究》，《语言研究》2010年第

3 期。

王敏：《非范畴化"有 + 名"主观程度义分析》，《语文建设》2016 年第 35 期。

王明月：《句末"有 + 数量结构"的构式及话语功能探析》，《语言教学与研究》2014 年第 5 期。

王士元：《现代汉语中的两个体标记》，《国外语言学》1990 年第 1 期。

王士元、袁毓林：《现代汉语中的两个体标记》，《国外语言学》1990 年第 1 期。

王世凯、张亮：《"给我"与"给你"的结构与功能》，《渤海大学学报》（哲学社会科学版）2014 年第 3 期。

王世凯：《新编现代汉语教程》，上海交通大学出版社 2016 年版。

王晓春：《从"书店有售"说起——论现代汉语完成体新格式"有 + V"的语法化》，《现代语文》2008 年第 10 期。

王艳红：《"有 + N + VP"分析》，延边大学，硕士学位论文，2004 年。

王志恺：《现代汉语字组"有 X"的词汇化倾向》，华中师范大学，硕士学位论文，2007 年。

魏红、储泽祥：《"有定居后"与现实性的无定》，《世界汉语教学》2007 年第 3 期。

魏晓晖、王采秋：《现代汉语里"有 + VP2"结构浅析》，《华中人文论丛》2013 年第 2 期。

温锁林：《汉语的性状义名词及相关问题》，《语言教学与研究》2010 年第 1 期。

温锁林：《"有 + 数量结构"中"有"的自然焦点突显功能》，《中国语文》2012 年第 1 期。

温锁林、范群：《现代汉语口语中自然焦点标记词"给"》，《中国语文》2006 年第 1 期。

温锁林、刘元虹：《从"含蓄原则"看"有 + NP"的语义偏移现象》，《汉语学报》2014 年第 1 期。

文昌荣：《说"有所待"》，《语文教学与研究》1985 年第 9 期。

吴庸、黄健平：《"有"字存在构式的隐性比较义及认知理据研究》，《外语研究》2015 年第 2 期。

吴春相：《现代汉语"数+量+形"结构的机制和动因——从语法构式到修辞构式》，《当代修辞学》2015 年第 1 期。

吴福祥：《汉语语法化演变的几个类型学特征》，《中国语文》2005 年第 6 期。

吴福祥：《关于语言接触引发的演变》，《民族语文》2007 年第 2 期。

吴福祥：《语法化的新视野——接触引发的语法化》，《当代语言学》2009 年第 3 期。

吴福祥：《多功能语素与语义图模型》，《语言研究》2011 年第 1 期。

吴福祥：《语序选择与语序创新——汉语语序演变的观察和断想》，《中国语文》2012 年第 4 期。

吴福祥：《结构重组与构式拷贝——语法结构复制的两种机制》，《中国语文》2014 年第 2 期。

吴福祥：《语义图与语法化》，《世界汉语教学》2014 年第 1 期。

吴福祥：《语法化与语义图》，学林出版社 2017 年版。

吴福祥、冯胜利、黄正德：《汉语"数+量+名"格式的来源》，《中国语文》2006 年第 5 期。

吴庚堂：《"有"字句中的虚实指》，《广东技术师范学院学报》（社会科学）2012 年第 4 期。

吴继峰：《试析"有什么好 X 的"》，《海外华文教育》2012 年第 4 期。

吴为善：《双音化、语法化和韵律词的再分析》，《汉语学习》2003 年第 2 期。

吴为善：《"有 + $N_双$"的熟语化趋势及其语义倾向探源》，《语法化与语法研究（六）》，商务印书馆 2013 年版。

吴为善、吴怀成：《双音述宾结果补语"动结式"初探——兼论韵律运作、词语整合与动结式的生成》，《中国语文》2008 年第 6 期。

伍文英：《"有 + VP"格式研究》，湖南师范大学，硕士学位论文，2003 年。

武果：《副词"还"的主观性用法》，《世界汉语教学》2009 年第 3 期。

夏秀文：《带有定兼语的"有"字句句法、语义及语用分析》，《海外华文教育》2009 年第 1 期。

肖青青、云兴华、王莉：《"有"字句的变异运用》，《榆林学院学报》

2015年第1期。

肖治野：《表存在和数量的"是"字句与"有"字句》，《遵义师范学院学报》2006年第3期。

谢逢江：《"有失牵强"之类不能成立》，《阅读与写作》1999年第10期。

谢氏花、肖奚强：《现代汉语"有"字句与越南语"co"字句对比研究》，《语言研究》2014年第4期。

谢雯瑾：《"于"及其"V/A于X"的发展与演化》，上海师范大学，硕士学位论文，2008年。

谢质彬：《说"有所……"》，《语文建设》2000年第8期。

谢质彬：《"有失偏颇"和"失之偏颇"》，《语文建设》2001年第2期。

邢福义：《"有没有VP"疑问句式》，《华中师范大学学报》（哲学社会科学版）1990年第1期。

邢福义：《说"S‖V〈得〉有｜NP"句式》，《语言战略研究》2017年第1期。

邢福义、汪国胜：《现代汉语（第二版）》，华中师范大学出版社2011年版。

邢福义、谢晓明：《现代汉语语法研究中理论与事实的互动》，《汉语学报》2013年第3期。

熊颖：《汉语"有"字句的语法化研究评述》，《现代企业教育》2013年第1期下。

熊学亮、刘国辉：《也谈礼貌原则》，《四川外语学院学报》2002年第3期。

熊仲儒：《准领属性主谓谓语句的句法分析》，《汉语学习》2015年第3期。

熊仲儒：《汉语量度有字句的句法分析》，《语言教学与研究》2016年第4期。

徐杰：《"打碎了他四个杯子"与约束原则》，《中国语文》1999年第3期。

徐杰：《自然语言交际中的语码解读和知识匹配》，《世界汉语教学》2001年第4期。

徐杰：《语义上的同指关系与句法上的双宾语句式——兼复刘乃仲先生》，

《中国语文》2004年第4期。

徐翠荣：《近代汉语"程度副词+有+NP"结构研究》，湖北大学，硕士学位论文，2011年。

徐复岭：《〈老乞大〉〈朴通事〉中存在"有+VP"句吗？——普通话中"有+VP"句成因的一点异议》，《汉字文化》2010年第2期。

徐利新：《说"很有……"结构》，《广西民族学院学报》（哲学社会科学版）2005年第s1期。

徐烈炯：《语言学理论与语言事实》，《现代外语》1997年第3期。

徐烈炯：《汉语是话语概念结构化语言吗？》，《中国语文》2002年第5期。

徐阳春：《"有+NP+VP"结构考察》，《语言教学与研究》2015年第2期。

许璇：《"要多A有多A"构式分析》，《吉林广播电视大学学报》2012年第5期。

薛宏武：《现代汉语"有"、"有"字结构与"有"字句》，武汉大学，博士学位论文，2006年。

薛宏武：《现代汉语"有"、"有"字结构与"有"字句》，《长江学术》2007年第1期。

薛宏武：《对现代汉语"V有"结构的认识问题》，《华中科技大学学报》（社会科学版）2008年第4期。

薛宏武：《"有所"的语法化及其表量功能的形成》，《古汉语研究》2009年第3期。

薛宏武：《古代汉语"有"的意义、功能与特性》，《长江学术》2012a年第3期。

薛宏武：《"有着"语义语法功能的形成及其"着"的问题》，《汉语学习》2012b第5期。

薛宏武：《"有"的核心信息功能与特性——兼论无定主语/话题句》，《汉语学习》2014年第1期。

薛宏武、闰梦月：《"有请"的语法化及"有"作为主观表达词缀的形成机制》，《汉语学报》2011年第2期。

薛宏武、闰梦月：《论古汉语专名"有M"结构及其"有"的性质》，

《古汉语研究》2012年第2期。

闫新艳：《浅谈表评价义的"有＋N"结构》，《新疆教育学院学报》2006年第2期。

杨帆：《"有＋VP"产生机制初探》，《语文知识》2011年第2期。

杨玲：《"有＋NP＋VP"的句法、语义、语用特点》，《成都大学学报》（社科版）1999年第2期。

杨雪：《"有＋VP"句的研究》，宁波大学，硕士学位论文，2013年。

杨雪、陈月明：《再论"有＋VP"构式中的"有"》，《现代语文》2012年第4期。

杨子、熊学亮：《"动词＋他/它＋数量短语"结构的构式分析》，《汉语学习》2009年第6期。

杨素英、黄月圆：《体标记在不同语体中的分布情况考察》，《当代语言学》2013年第3期。

杨文全：《现代汉语》，重庆大学出版社2010/2015年版。

杨永龙：《从"形＋数量"到"数量＋形"——汉语空间量构式的历时变化》，《中国语文》2011年第6期。

杨永龙：《实词虚化与结构式的语法化》，学林出版社2017年版。

杨玉玲：《认知突显性和带"有"的相关格式》，《修辞学习》2007年第5期。

杨月蓉：《谈"有所"》，《汉语学习》1987年第3期。

姚占龙：《也谈能受程度副词修饰的"有＋名"结构》，《汉语学习》2004年第4期。

姚占龙：《祈使性否定副词"少"的产生及其语用解释》，《语文研究》2014年第1期。

姚振武：《〈汉语"数＋量＋名"格式的来源〉读后》，《中国语文》2008年第3期。

易红：《汉英"有/Be"存在句定指效应研究》，《盐城工学院学报》（社会科学版）2014年第2期。

殷琦：《"有一种A叫B"构式研究》，浙江师范大学，硕士学位论文，2012年。

殷志平：《动词前成分"一"的探讨》，《中国语文》1999年第2期。

游汝杰：《福州方言的"有"字句和过去时标志，伍文姬主编《汉语方言共时与历时语法研讨论文集》，暨南大学出版社1999年版。

于鑫：《"有"字存在句与俄语6bITb存在句的对比研究》，《解放军外国语学院学报》2011年第3期。

于根元：《副＋名》，《语文建设》1991年第1期。

于秀金：《组合—映射模型与"V了/过＋数量名"结构的时体研究——以"吃了/过一个苹果"为例》，《语言教学与研究》2013年第4期。

余成林：《藏缅语"有/在"类存在动词研究》，《民族语文》2011年第3期。

郁步利：《表示存在的"there be"和"有"字句及翻译》，《安徽农业大学学报》（社会科学版）2010年第6期。

袁金平：《新蔡葛陵楚简"大川有介"一语试解——兼论上古汉语中"有"的特殊用法》，《语言学论丛（第四十二辑）》，商务印书馆2010年版。

袁毓林：《句子的焦点结构及其对语义解释的影响》，《当代语言学》2003年第4期。

袁毓林：《容器隐喻、套件隐喻及相关的语法现象——词语同现限制的认知解释和计算分析》，《中国语文》2004年第3期。

袁毓林：《汉语词义识解的乐观主义取向——一种平衡义程广泛性和义面突出性的策略》，《当代语言学》2014年第4期。

袁毓林：《汉语反事实表达及其思维特点》，《中国社会科学》2015年第8期。

袁毓林、李湘、曹宏、王健：《"有"字句的情景语义分析》，《世界汉语教学》2009年第3期。

詹开第：《有字句》，《中国语文》1981年第1期。

詹卫东：《一个汉语语义知识表达框架：广义配价模式》，《计算语言学文集》，清华大学出版社1999年版。

詹卫东：《论元结构与句式变换》，《中国语文》2004年第3期。

张爱朴：《英语虚化动词结构研究——以 Give＋Vn、Have＋Vn、Take＋Vn 为例》，上海外国语大学，博士学位论文，2013年。

张斌：《新编现代汉语（第二版）》，复旦大学出版社2008年版。

张丹:《概念整合理论下"有"的复合心里空间及意义构建》,《中国科教创新导刊》2012年第8期。

张伯江:《现代汉语的双及物结构式》,《中国语文》1999年第3期。

张伯江:《汉语连动式的及物性的解释》,《语法研究和探索》(九),商务印书馆2000年版。

张伯江:《汉语限定成分的语用属性》,《中国语文》2010年第3期。

张伯江:《现代汉语形容词做谓语问题》,《世界汉语教学》2011年第1期。

张伯江:《从"来"的代动词用法谈汉语句法语义的修辞属性》,《当代修辞学》2014年第4期。

张伯江、方梅:《汉语功能语法研究》,江西教育出版社1996年版。

张国宪:《语言单位的有标记与无标记现象》,《语言教学与研究》1995年第4期。

张国宪:《现代汉语形容词的体及形态化历程》,《中国语文》1998年第6期。

张国宪:《现代汉语形容词的典型特征》,《中国语文》2000年第5期。

张国宪:《性状的语义指向规则及句法异位的语用动机》,《中国语文》2005年第1期。

张和友:《词汇性还是功能性:论"有+VP"结构及其"有"的性质》,《语言研究集刊》2015年第2期。

张黎:《"有意"和"无意"——汉语"镜像"表达中的意合范畴》,《世界汉语教学》2013年第1期。

张敏:《认知语言学与汉语名词短语》,中国社会科学出版社1998年版。

张韧:《转喻的构式化表征》,《外国语》2007年第2期。

张韧:《参照点处理对概念内容的限制:"有"字句的证据》,《外国语》2012年第3期。

张英: 《"有+NP+VP"结构探析》,暨南大学,硕士学位论文,2009年。

张济卿:《也谈"Posi. 有 N"和"Posi. 是 N"》,《语言教学与研究》1996年第4期。

张九阳:《滥用"有失XX"和"失之XX"四例》,《汉语学习》1985年第 2 期。

张赛英：《印尼学生习得汉语"有"和"在"的偏误分析》，福建师范大学，博士学位论文，2012 年。

张文国、张文强：《论先秦汉语的"有（无）＋VP"结构》，《广西大学学报》（哲学社会科学版）1996 年第 3 期。

张先亮、郑娟曼：《汉语"有"字句的语体分布及语用功能》，《修辞学习》2006 年第 1 期。

张先亮、郑娟曼：《试论篇章对"有"字句主宾语的制约》，《华东师范大学学报》（哲学社会科学版）2005 年第 4 期。

张新华：《与无定名词主语句相关的理论问题》，《北京大学学报》（哲学社会科学版）2007 年第 6 期。

张新华：《释"有"》，《语言教学与研究》2011 年第 5 期。

张秀松：《国外语法化研究中的争论》，《语文研究》2011 年第 1 期。

张秀松：《从世界语言拥有结构的语法化看汉语相关现象》，《中国语文》2011 年第 1 期。

张艳艳：《"A 有/没有 B（这么/那么）X"中"A"和"B"的关系及其认知理据》，《绥化学院学报》2007 年第 3 期。

张谊生：《现代汉语副词研究（修订本）》，商务印书馆 2000/2014 年版。

张谊生：《助词与相关格式》，安徽教育出版社 2002 年版。

张谊生：《从错配到脱落：附缀"于"的零形化后果与形容词、动词的及物化》，《中国语文》2010 年第 2 期。

张谊生：《从标记词"的"在相关分布中的隐现与位置看副词、区别词的性质》，《汉语学习》2011 年第 3 期。

张谊生：《预设否定叠加的方式与类别、动因与作用》，《语言科学》2011 年第 5 期。

张谊生：《试论叠加、强化的方式、类型与后果》，《中国语文》2012 年第 2 期。

张谊生：《现代汉语副词状语的标记选择》，《汉语学报》2012 年第 4 期。

张谊生：《现代汉语》，中国人民大学出版社 2013 年版。

张谊生：《从前加到后附："（有）所"的跨层后缀化研究——兼论"有所"的词汇化及其功能与表达》，《汉语学报》2014 年第 1 期。

张谊生:《贬抑性否定规劝构式"你少 X"研究——兼论"你少 X"与"你别 X"的区别》,《湘潭大学学报》2015 年第 5 期。

张谊生:《汉语否定的性质、特征与类别——兼论委婉式降格否定的作用与效果》,《汉语学习》2015 年第 1 期。

张谊生:《与汉语虚词相关的语法化现象研究》,学林出版社 2017 年版。

张谊生:《试论"有加"的附缀化与"X 有加"的构式化》,《中国语文》2017 年第 3 期。

张谊生、顿婷:《副词"有望"的功能、特征与发展》,《汉语学报》2010 年第 1 期。

张豫峰:《"有"字句研究综述》,《汉语学习》1998 年第 3 期。

张豫峰:《"有"字句的语用研究》,《河南大学学报》(社会科学版) 1999 年第 3 期。

张豫峰:《"有"字句的语义分析》,《中州学刊》1999 年第 3 期。

张豫峰:《表比较的"有"字句》,《汉语学习》1999 年第 4 期。

张豫峰、范晓:《"有"字句的后续成分》,《语言教学与研究》1996 年第 4 期。

张占山、张孟梅:《表存在的"有"与"是"的分布条件及其认知解释》,《同济大学学报》(社会科学版) 2008 年第 1 期。

章丽燕:《"有 + $N_{双}$"构式的整合度高低及其层级分布》,上海师范大学,硕士学位论文,2011 年。

赵春利、石定栩:《主谓间"有 + NP/VP"的句法语义研究》,《语言学论丛(第四十四辑)》,商务印书馆 2011 年版。

赵春利、石定栩:《两岸四地汉语"有信心"句式的异同》,《汉语学报》2014 年第 2 期。

赵建军:《作为话题标记的"有"》,《汉语学习》2013 年第 1 期。

赵涛涛:《"有 VP"句式的多视角研究》,华中师范大学,硕士学位论文,2007 年。

赵小东、黄宜凤:《世说新语》存在动词"有"引导的兼语句研究》,《西昌学院学报·社会科学版》2006 年第 3 期。

赵小军:《汉语"有"字存在句和俄语 blTb 存在句的对比》,《赤峰学院学报》(汉文哲学社会科学版) 2009 年第 5 期。

赵元任著，吕叔湘译：《汉语口语语法》，商务印书馆 1979/2010 年版。

甄珍：《现代汉语主观极量构式"要多 A 有多 A"研究》，《汉语学习》2015 年第 1 期。

郑辉：《试析"有什么 X（的）"的句法结构及语用》，《现代语文》2015 年第 1 期。

郑敏惠：《福州方言"有＋VP"句式研究》，福建师范大学，硕士学位论文，2003 年。

郑敏惠：《福州方言"有＋VP"句式的语义和语用功能》，《福建师范大学学报》（哲学社会科学版）2009 年第 6 期。

郑懿德：《福州方言的"有"字句》，《方言》1985 年第 4 期。

郑懿德：《表比较的"有"字句》，《语言研究和探索》（八），商务印书馆 1997 年版。

中国社会科学院语言研究所词典编辑室编：《现代汉语词典（第 6/7 版）》，商务印书馆 2012/2016 年。

钟璇：《"有＋v"的语里意义和存在原因》，《现代语文》2009 年第 7 期。

钟燕：《对韩教学中"有""是""在"存在句的教学策略研究》，上海外国语大学，硕士学位论文，2014 年。

周建成：《〈"有失""失之"辨〉之商榷与补充》，《阅读与写作》1995 年第 10 期。

周启红：《"有 X 好 VP 的"构式意义及历史形成》，《宁夏大学学报》（人文社会科学版）2014 年第 2 期。

周思佳、陈振宇：《"一量名"不定指名词主语句允准条件计量研究》，《语言科学》2013 年第 4 期。

周秀红：《汉语"有＋所"的历史发展考察及其趋向凝固的环境成因分析》，《科教文汇》2008 年第 4 期。

周一民：《现代汉语（第 3 版）》，北京师范大学出版社 2010/2015 年版。

朱军：《反问格式"有什么 X"的否定模式与否定等级——互动交际模式中的语用否定个案分析》，《中国语文》2013 年第 6 期。

朱磊：《汉语"有"与英语"have"比较的诠释学探索》，上海外国语大学，硕士学位论文，2004 年。

朱霞：《"（NP1）＋有＋NP2＋VP"句式考察和探源》，上海师范大学，硕士学位论文，2010年。

朱楚宏：《论现代汉语"有所"句式的语义特征》，《荆州师专学报》1998年第6期。

朱德熙：《"存在"和"有"》，《新闻业务》1961年第2期。

朱德熙：《语法讲义》，商务印书馆1982/2010年版。

朱德熙：《现代书面汉语里的虚化动词和名动词》，《北京大学学报》（哲学社会科学版）1985年第5期。

朱德熙：《变换分析的平行性原则》，《中国语文》1986年第2期。

朱景松：《现代汉语虚词词典》，语文出版社2007年版。

朱声琦：《上古无指代词"有"》，《语言教学与研究》1984年第2期。

朱文雄：《这个"有"还应看作动词》，《广西民族学院学报》（哲学社会科学版）1995年第2期。

祝东平：《存在和判断与客观和主观》，《山西财经大学学报》2012年第4期。

祝晓宏：《"有+VP"结构新探》，《语文学刊》2004年第6期。

宗守云：《说"V+有+数量结构"构式》，《语言教学与研究》2013年第5期。

宗守云：《说主观游移量构式"V+上+数量结构"》，《当代修辞学》2016年第1期。

宗守云、赵东阳：《论主观轻贬量构式"V+他+数量结构"》，《广西师范大学学报》（哲学社会科学版）2016年第2期。

邹韶华：《中性词语义偏移的原因及其对语言结构的影响》，《语法研究和探索（四）》，北京大学出版社1988年版。

邹韶华：《语用频率效应研究》，商务印书馆2001年版。

左思民：《论"体"的本质属性》，《汉语学习》2008年第4期。

左思民：《试论"有"的一种虚化现象》，《对外汉语研究》2008年第1期。

奥托·叶斯柏森：《语法哲学》，商务印书馆1988/2009年版。

太田辰夫：《中国语历史文法（修订译本）》，蒋绍愚、徐昌华译，北京大学出版社1958/2003年版。

Adamson, S. 2000 *A lovely little example: Word order options and category shift in the pre-modifying string*［J］. In O. Fischer, A Rosenbach & D. Stein (eds.). Pathways of Change: Grammaticalizatioa in English［C］. Amsterdam/Philadelphia: Benjamins, 39 – 66.

Adele E. Goldberg 著:《构式: 论元结构的构式语法研究》, 吴海波译, 北京大学出版社 2007 年版。

AdeleE. Goldberg 著:《运作中的构式: 语言概括的本质》, 吴海波译, 北京大学出版社 2013 年版。

Bernard Paul Sypniewski. 1996 *Functional Superposition*［J］. The Twenty-third LACUS Forum: Provo. UT. /http: // elvis. rowan. edu/ ~ bps/ling/Lacus96. Pdf.

Blank, Andreas. 2001 *Pathways of lexicalization*［C］//Martin Haspelmath, Ekkehard König, Wulf Oesterreicher & Wolfgang Raible, eds. Language Typology and Language Universals. Vol. II. Berlin and New York: Walter de Gruyter, 1603 – 1604.

Bolinger, Dwight. 1952 *Linear Modification.* Publications of the Modern Language Association of America 67, 1117 – 1144.

Breban, T. 2010 *English Adjectives of Comparison: Lexical and Grammaticalized Uses.* Berlin/New York: Mouton de Gruyter.

Brinton, Laurel J. &. Elizabeth Closs Traugott. 2005*Lexicalization and Language Change.* Cambridge: Cambridge University Press.

Bybee, J. et al. 1994 *The Evolution of Grammar.* Chicago: Chicage University Press.

Clark, Eve V. 1978Existential, locative and possessive construction, in Joseph H. Greenberg (ed.). Uuaversals of human lauguage. 4. 85 – 126. Stanford: Stanford University Press.

Crismore Avon. 1989*Talking with Readers: Metadiscourse as Rhetorical Act.* New York: Petr Lang.

Denison, D. 2005 *History of the sort of construction family.* http: // www. humanities. manchester. ac. uk/medialibrary/llc/files/david-denison/Helsinki_ ICCG2. pdf.

Diesing, Molly. 1992 *Indefinites.* Cambridge, Mass: MIT Press.

Drocourt, Y - Z. 1993 *Evolution syntaxique des classificateurs chinois*, *du* 14*eme siècle av. J. C. au 17 eme siècle. Paris*, These de Doctorat de TEHESS.

Fauconnier, Gilles & Mark Turner. 2003 *The Way We Think: Conceptual Blending and the Mind's Hidden Complxities*. NewYork: Basic gooks.

Fillmore, C. 1975 *An alternative to checklist theories of meanings*. In Proceedings of the 1st Annual Meeting of the Berkey linguistic Society. 121 - 31. Berkeley: Berkeley Linguistics Society.

Fillmore, C. 1977 *Scenes and frames semantics*. In Zampolli, A. ed., Linguistic structures processing. 55 - 81. Amsterdam: Benjamins.

Finegan, E. 1995 *Subjectivity and subjectivisation: An introduction*. In D. Stein and S. Wright, eds. Subjectivity and Subjectvisation: Linguistic Perspectives. Cambridge: Caznbridge University Press, 1 - 15.

Frajzyngior, Iygmunt. 2008 *Grammaticalization typology and semantics: Expanding the agenda* [C] //María losé López Couso & Elena Seoane. eds. Rethinking grammaticalization: new perspectives. Amsterdam/Philadelphia: John Benjamins, 64 - 66.

Fraurud, K. 2001 *Possessives with extensive use: A source of definite article?* In I. Herslund, eds, Dimensions of Possession. Amsterdam/ Philadelphia, PA: John Benjamins, 243 - 267.

Ghesquière, L. 2010 On the subjectification and intersubjectification paths followed by the adjectives of completeness. In K. Davidse, L. Vandelanotte & H. Cuyckens (eds.). Subjectificatioa, latersubjectificatioa and Grammaticalization. Berlin/New York: Mouton de Gruyter, 277 - 314.

Givón, T. 1979 *On Understandang Grammar*. New York: Academic Press.

Givón, T. 1984/1990 *Syntax: A Functional typological Introduction* (vol. II). Amsterdam / Philadelphia: John Benjam Publishing Company.

Goldberg, A. E. 1995 *Construction: A Construction Grammar Approach to Argument Structure*. Chicago: The University of Chicago Press.

Good, Jeff (ed.). 2008 Linguistic Universals anal Language Change. Oxford: Oxford University Press.

Haiman, J. 1985 *Natural Syntax*. Cambridge: Cambridge University Press.

Heine, Bernd. 1997 *Possession: Cognitive Sources, Forces, and Grammaticalization*. Cambridge: Cambridge University Press.

Himmelmann, Nikolaus P. 2004 *Lexicalization and Grammaticalization: Opposite or Orthogonal?* In Bisang, Himmelmann & Wiemer eds. What Makes Grammaticalization—A Look from Its Fringes and Its Components: 19 – 40. Berlin & New York: Mouton de Gruyter.

Hoey, Michael. 2001 *Textual Interaction: An Introduction to Written Discourse Analysis*. London Routledge.

Hopper Paul J & Traugott, E. C. 2003 *Grammaticalization*. 2nd edn. Cambridge: Cambridge University Press, 235.

Hopper, J Paul & Elizabeth ClassTraugott 1993 Grammaticalization, Cambridge University Press. (《语法化学说》外语教学与研究出版社剑桥大学出版社 2001 年)

Kay, P. & C. Fillmore. 1999 *Grammatical Constructions and linguistic Generalizations: The 'What's X doing Y' construction*. Language (75): 1 – 33.

Kim, Yokyung. 1997 *A situation Semantic Account of Existence*. Ph. D. Dissertation, Standford University.

Lakoff and Johnsen. 2003 Metaphors we live by, London: The university of Chicago press, 29 – 31.

Langacker, R. W. 1977 *Syntactic reanalysis*. In Lied, C. ed. Mechanisms of Syntactic Change. 57 – 139. Austin: University of Texas Press.

Langacker, R. W. 1991 *Foundations of Cognitive Grammar* Vol. II. Stanford: Stanford University Press.

Langacker, R. W. *Grammar and Conceptualization*. Berlin/New York, NY: Mouton de Gruyter, 1999.

Langacker, R. W. 2008 *Cognitive Grammar: A Basic Introduction*. Oxford: Oxford University Press.

Langacker, R. W. *Foundations of Cognitive Grammar (volume Ⅰ): Theoretical Prerequisites*. 牛保义、王义娜、席留生、高航译,《认知语法基础 (第一卷) 理论前提》, 北京大学出版社 2013 年版。

Langacker, R. W. 1987 *Foundations of Cognitive Grammar: Theoretical Prerequisites. Stanford, CA: Stanford Universjty Press.

Lehmann, Christian. 2002 *New Reflections on Grammaticalization and Lexicalization.* In Wischer and Diewald, eds. *New Reflections on Grammticalization: Proceedings from the International Symposium on Grammaticalzation*, 17 – 19, June 1999, Potsdam, Germany. Amsterdam. (Typological Studies in Language 49).

Li, C. N. and S. A. Thompson. 1989 *Mandarin Chinese: A Functional Reference Grammar.* Los Angeles, CA: University of California Press.

Li, Charles N and Sandra A. Thompson. 1981 *Mandarin Chinaese: A FunctionalReference Grammar.* Berkeley, University of California Press.

Li, Charles N. Thompson, S. A. & Thompson, R. M. 1982 已然体的话语理据：汉语助词"了"，见戴浩一、薛凤生主编《功能语义与汉语语法》，北京语言学院出版社 1994 年版。

Lyons, John. 1977 Semantics (2vols), Cambridge: Cambridge University Press.

Meittet, Antonine. 1912 *L'evoiutivn des formes grammnaticale* [J]. Scientia (Rivista di Scienza), 12, p131.

Michaelis, L. Type. 2004 *Shifting in Construction Grammar: An Integrated Approach to Aspectual Coercion.* Cognitive Linguistics (15): 1 – 67.

Palmer, F. R. 2001 *Mood and Modality* (2 edition). Cambridge: Cambridge University Press.

Susan, Wright. 1995 *Subjectivity and experiential syntax* [A]. Subjectivity and Subjectivisation, edited by Dieter Stein and Susan Wright [C]. Cambridge: Cambridge University Press.

Tayler, J. R. 2003 *Linguistic categorization* (3 edition). Oxford: Oxford University Press.

Thompson, Sandra A. 1988 *A discourse approach to the cross-linguistic category "adjective"*. In John Hawkins (ed.), Explaining Lauguage Uuaversals, 167 – 185. Oxford: Basil Blackwell.

Trask, Robert Lawrence. 1996 *Historical Linguistics.* New York: Edward Arnold.

Traugott, C. E. 1989 *On the rise of epistemic meanings in English*: *an example of Subjectification in semantic change.* Language, 65.

Traugott, E. C. and Richard B. Dasher 2002 *Regularity in Semantic Change.* New York: Cambridge University Press.

Traugott, E. C. 1995. *Subjectification in grammaticalization.* In D. Stein & S. Wright (eds.). Subjectivity aad Subjectivisation. Cambridge: Cambridge University Press, 31–54.

Traugott, E. C. 2010 *(Inter) subjectivity and (inter) subjectification*: *A reassessment.* In K. Davidse, L. Vandelanotte & H. Cuyckens (eds.). Subjectificatioa, lntersubjectification and Grammaticalization. Berlin/New York: Mouton de Gruyter, 29–71.

Traugott, E. C. 1988 *Pragmatic strengthening and grammaticalization* [C] // S. Axmaker., A., Jaisser & H. Singmaster. eds. Proceedings of the 14th Annual Meeting of the Beley Linguistic Society. Berkeley: Berkeley Linguistic Sciety, 406

Traugott, EliZabeth C. and Richard B Dasher. 2002. *Regularity in Semantic Change.* New York: Cambridge University press.

William Croft 1991 *Syntactic Categories and Grammatical Relations.* Chicago: University of Chicago Press.

William Croft. 2001 *Radical Construction Grammar*: *Syntactic Theory in Typological Perspective*, Oxford University Press. 张伯江导读：《激进构式语法——类型学视角的句法理论》，世界图书出版公司2009年版。

后　　记

　　书稿即将付梓，我的内心却惶恐不安。毕业后，博士论文《"有X"的功能演化及相关现象专题研究》就仿佛履行完它的使命，其间虽有几篇被拆出发表，但整体却一直没有进行大修。2021 年，我以博士论文为基础申请到了中国社会科学院创新工程出版资助，借机以《"有X"的历时演变与共时功能研究》为题，将博士论文正式出版。

　　书稿设置了八个研究任务，通过专题化形式，对"有X"进行词汇化、语法化与构式化分析，同时对"有"的属性进行讨论，既有历时追踪，也有共时描写，较为全面地考察"有"的历时演变规律。但是，应该指出，这些"有X"不论从共时角度看，还是从历时角度看，都是不均质的，既不属于相同形态句法范畴，也无共同形态句法特征。不论从个案的共时特征分析，还是历时规律描写，都难以实现理论升华。书稿涉及的理论框架主要包括词汇化、语法化、构式化以及主观化。这些理论框架在学界并无统一认知。特别是词汇化和语法化，过去几十年来理论家们所秉持的立场和研究方法差异甚大，篇幅原因，行文中我们虽然阐明了研究立场，但是没有给出精准的理论概括和简介。这些将是我们后续改进的目标和方向。

　　工作后，愈发觉得读书求学是人生最快乐的事。回望来时的路，我想借此机会感谢在我成长过程中给予帮助与指引的师长、亲人与朋友。

　　感谢我敬爱的导师张谊生先生！2014 年，蒙先生不弃，有幸拜入"张门"，追随先生攻读博士学位，学习先生严谨的治学精神和豁达的人生态度。先生一直勉励我们不忘初心，潜心从事科研工作。每当懈怠的时候，翻一翻先生当年为我们修改的论文底稿，看到"大师红"，就仿佛看到了先生对学术的严谨态度、对学问的不懈追求、对年轻学人的期许与指引。先生与李师母对我们的生活关怀备至，上学期间、毕业之后，每每相遇，总会与我们谈聊人生。二老永远是我们年轻人学习的榜样！书稿完成后，先生欣然作序，令本书增辉。

上海师范大学有着悠久的语言学研究史，能够在上海师范大学学习是我的幸运，衷心感谢齐沪扬先生、陈昌来教授、宗守云教授、曹秀玲教授！感谢论文评审、答辩专家卢英顺教授、吴春相教授、王双成教授！

感谢我尊敬的博士后合作导师吴福祥先生！2017 年，在我面临新一轮人生选择时，先生给予我新的建议与机会，让我在中国社会科学院语言研究所获得了进一步深造！先生为人谦逊，治学严谨，学术视野广阔，理论语言学素养极高，是国内汉语史研究、语法化研究的领军人物。每每座谈，先生总是鼓励我多读学术经典。遗憾的是，先生第一轮给开的书单，至今我还没读完。工作后，先生不时向我传授人生经验，让我受益匪浅。向先生致敬！

感谢我的硕导王世凯教授！老师开启了我的语言学研究之路；在我成长的关键时刻，老师总能给出最合理的建议。老师之于我，亦师亦友。感谢渤海大学夏中华教授！感谢上海外国语大学金立鑫教授！感谢北京大学杨荣祥教授！感谢首都师范大学洪波教授！感谢中国人民大学陈前瑞教授、朱冠明教授！

拙作的出版得到了中国社会科学院创新工程出版资助，同时也得到了语言研究所领导们和老师们的大力支持。感谢张伯江所长！感谢杨永龙教授、赵长才研究员、杜翔研究员！感谢张骅处长、华武老师！感谢中国社会科学出版社张林老师！

感谢我的父母与家人义无反顾的理解与支持！

写进一人容易，言尽感恩不易……感谢诸位良师益友一路的帮助与提携！谢谢你们！

张亮

2022 年 9 月于良乡